U0530776

本书为国家社科基金项目
"二战后中国哲学在美国的英译、传播和接受研究"
（15BYY019）的成果。

中国哲学典籍在当代美国的译介与传播

谭晓丽 ◎ 著

中国社会科学出版社

图书在版编目(CIP)数据

中国哲学典籍在当代美国的译介与传播/谭晓丽著. —北京：中国社会科学出版社，2022.2
ISBN 978-7-5203-9742-1

Ⅰ.①中… Ⅱ.①谭… Ⅲ.①哲学—古籍—翻译—研究—中国—现代②哲学思想—文化交流—研究—中国、美国—现代 Ⅳ.①B2

中国版本图书馆 CIP 数据核字（2022）第 027271 号

出 版 人	赵剑英
选题策划	郭晓鸿
责任编辑	张　玥
责任校对	季　静
责任印制	戴　宽

出　　版	中国社会科学出版社
社　　址	北京鼓楼西大街甲 158 号
邮　　编	100720
网　　址	http://www.csspw.cn
发 行 部	010-84083685
门 市 部	010-84029450
经　　销	新华书店及其他书店

印　　刷	北京明恒达印务有限公司
装　　订	廊坊市广阳区广增装订厂
版　　次	2022 年 2 月第 1 版
印　　次	2022 年 2 月第 1 次印刷

开　　本	710×1000　1/16
印　　张	25.5
插　　页	2
字　　数	395 千字
定　　价	138.00 元

凡购买中国社会科学出版社图书，如有质量问题请与本社营销中心联系调换
电话：010-84083683
版权所有　侵权必究

目　录

序言 …………………………………………………………………（1）

前言 …………………………………………………………………（1）

第一章　20世纪以来中国哲学典籍在美国的英译概况 ………（1）
  1　美国20世纪上半期的中国哲学典籍英译（1900—1949）………（3）
  2　美国20世纪中后期的中国哲学典籍英译（1950—1979）………（12）
  3　20世纪80年代以来美国的中国哲学典籍英译 ………………（30）
  4　小结 …………………………………………………………（59）

**第二章　第二次世界大战后中国哲学在美国英译的历史
　　　　文化背景** ……………………………………………（60）
  1　历史文化语境的影响 ………………………………………（61）
  2　第二次世界大战后美国对中国哲学典籍的赞助人及
　　相关翻译政策 ………………………………………………（65）
  3　中国哲学研究的学术团体和学术期刊 ……………………（76）
  4　美国高校相关院系和研究机构 ……………………………（81）
  5　当代美国的汉学研究与中国哲学典籍的英译 ……………（87）
  6　小结 …………………………………………………………（95）

第三章　学术型、通俗型及大众型的中国哲学典籍英译 ……（97）
  1　第二次世界大战后中国哲学典籍在美国的学术型代表作 …（98）

2 第二次世界大战后中国哲学典籍在美国的通俗型
    代表译作 ………………………………………… （126）
   3 中国哲学典籍在美国传播的特殊形式——漫画中国思想
    系列英译 ………………………………………… （146）
   4 小结 ……………………………………………… （157）

第四章 中国哲学典籍中术语的英译 ……………… （160）
   1 中国哲学术语英译所面临的问题 ……………… （161）
   2 中国哲学术语的英译现状 ……………………… （163）
   3 中国哲学术语的英译方法 ……………………… （167）
   4 小结 ……………………………………………… （179）

第五章 第二次世界大战后中国哲学典籍英译在美国的传播 …… （181）
   1 第二次世界大战后中国哲学典籍在美国的传播途径 ……… （183）
   2 第二次世界大战后中国哲学典籍英译作品在美国的传播
    范围及影响力 …………………………………… （209）
   3 小结 ……………………………………………… （236）

第六章 中国哲学典籍译作在美国的读者评价 …… （239）
   1 专业读者发表的国际期刊书评 ………………… （240）
   2 普通读者在亚马逊图书网上的阅读评论 ……… （276）
   3 通俗型译作的读者网评 ………………………… （288）
   4 小结 ……………………………………………… （290）

第七章 美国汉学家访谈及普通读者问卷调查 …… （294）
   1 美国汉学家眼中的中国哲学典籍英译与传播 … （294）
   2 美国普通读者问卷调查 ………………………… （330）
   3 小结 ……………………………………………… （340）

目 录

第八章　中国哲学典籍英译及世界传播的未来构想 …………（344）
 1　翻译与传播的内容 ……………………………………（345）
 2　翻译的方法 ……………………………………………（349）
 3　传播的对象 ……………………………………………（351）
 4　传播的方式 ……………………………………………（363）
 5　结语 ……………………………………………………（368）

参考文献 ……………………………………………………（369）
后记 …………………………………………………………（387）

序　言

王建开

2004年在清华大学召开的"第四届亚洲翻译家论坛"上，我与谭晓丽初次相识。再次接触已是2008年，那年我开始在复旦大学招收博士生（翻译方向），谭晓丽是通过笔试后参加复试者之一。从提交的材料看，她发表的文章数量多且质量好，具有扎实的科研基础，得到各位考官的一致肯定，脱颖而出。

一个学者，有能力发表文章是应具备的基本要求，而能够长期推出好的科研产品，不仅因其勤奋，更能证明其学术追求和理想，谭晓丽在读博前的成绩已显出这一品质。

不出所料，谭晓丽在读博的第一年，3篇论文已然见刊（其中一篇登顶《中国翻译》），达到了复旦大学博士生发表文章（俗称"小论文"）的数量要求（后来减为2篇），并在3年内如期毕业。她的博士学位论文题为《和而不同——安乐哲儒学典籍合作英译研究》，后由中央编译出版社出版（谭晓丽，2012）。毕业后她顺势争取到国家留学基金委资助，赴夏威夷大学访学，跟随安乐哲教授做研究（安乐哲曾于2015年来复旦大学翻译系做讲座，我有幸得其签名）。然后，谭晓丽再接再厉，申报了课题《二战后中国哲学在美国的英译、传播和接受研究》，获国家社科基金项目立项（15BYY019）。她如此持之以恒，必铸成一番事业。

《中国哲学典籍在当代美国的译介与传播》一书即是谭晓丽一系列研究的集大成之作，从一开始的个案研究（博士学位论文）到影响研究（国家社科基金项目），其研究的关注点从译者和译介范式转到译介接受，由点到面，不断进入新的天地，可见其逐渐登高望远的学术道路。这是一种随着研究思路日臻成熟而及时辨清方向并转向的能力（懂得何时转向以及转到哪里去），也是做研究最终应养成的能力（成功的要害所在），并非人人可得。以我个人为例，起初是研究译入（代表作《五四以来我国英美文学作品译介史（1919—1949）》），之后转向译出研究（《中国当代文学作品英译的出版与传播》），目前则在撰写《中国翻译文学研究史概论》，呈现从具体（探讨翻译事件和翻译现象）到整体（探索研究方法）的演进以及由里而外的转向，思考不断完善。

作为国家"走出去"战略必不可少的支点，对外翻译及其研究方兴未艾，其中，哲学典籍英译是重要的组成部分，也是学术研究的热点。一些高校积极参与各种翻译项目（"大中华文库""中华学术外译"等），并投入力量进行研究，为此设立了典籍英译研究机构并开设典籍英译课程（王建开，2020：179 - 180、210 - 215）。在这样的背景下，谭晓丽《中国哲学典籍在当代美国的译介与传播》一书的问世，对推动外宣事业的进一步前行、促进译介的接受效果有着特殊意义。

总体而言，此书对有关论题作了多方面探讨，为相关的学术研究提供了诸多有价值的借鉴。

首先，此书将《论语》《大学》《中庸》等作品归于哲学典籍，甚为恰当，也从一开始便与众不同（国内的典籍英译研究更多关注其文学性）。的确，这些作品兼具文学性和哲学性，但本质上是用文学手法写就的哲学思考，以这个角度来探讨更能得其深意。海外学者亦倾向于将其视为哲学著作，这也符合原作的内容，《大学》《论语》《孟子》《中庸》大体上是讲修身。美国夏威夷大学教授安乐哲专攻中国哲学，为此翻译了《论语》（1998）、《孝经》（2009）、《孙子兵法》（1993）、《中庸》（含合译）等，意在更好地研究中国哲学（翻译过程中可以领悟到读原文所觉察不到的含义）。他的《论语》《孝经》英译本题名分别为 1. *The Analects of Confucian：A Philosophical Translation*；2. *The Chinese Classic of Family Reverence：A Philosophical Translation of the Xiaojing*，其中使用了"Philosophical Translation"，意图显而易见。他声言："我

序　言

们是哲学家，不要把自己混同于汉学家，因为我们承认中国传统思想的核心是哲学。如果谈到文字、版本等问题，应该承认汉学家们具有权威，但是一谈到形而上学实在论（metaphysical realism）或超越（transcendence）等问题，他们就完全不知所云，他们根本不知道柏拉图与怀特海有什么区别。"[1] 正是从哲学的角度，安乐哲质疑西方汉学家在字词上的翻译：将"天"译作大写的 Heaven，引起西方读者的误解；将"义"译作 righteousness（《圣经》用语），其本义是"按照上帝的意志行动"（obey the will of God）；将"仁"译作 benevolence（葛·瑞汉 [A. C. Graham] 译，仿照刘殿爵的译文）或 humanity（陈荣捷、杜维明译）。对此，安乐哲在《论语》英译本中表示了批评："翻译家们难逃其责，因为他们在翻译中大量使用西方哲学史上的关键术语，结果使中国人的书读起来就像 2500 年来西方思想家著作的儿童版。其后果是多半西方哲学家认为中国那些传统根本算不上是'哲学'，由此可见，这样的翻译对向西方译介中国思想的贡献实际是零。……简单说吧，我们不加甄别、随手用来翻译中国哲学核心概念的这套术语，所传递的其实并非中国哲学。"[2] 作为对策，安乐哲选择将"义"译作 appropriateness（"适宜"之意，"义者宜也"），将"仁"译作 authoritativeness，具有"礼貌""创作""权威"等含义。其理由是，不宜用 benevolence 或 humanity 应对《论语》中的"仁"，因为如此是将"仁"视为普适性（universal）概念，破坏了它的个别性。他使用 authoritativeness 应对"仁"，该英文词具有"礼貌""创作""权威"等含义。另外，在《中国哲学资料书》一书中，安乐哲将"仁"译作 consummate person/conduct，视"仁"和"人"两个概念为同一个词。他另外指出，老子《道德经》的无为、无欲、无知不能译作 no action、no desires、no knowledge，而应译为 noncoercive action（最好的关切）、unprincipled knowing（没有偏见的了解）、objectless desire（不要占有外物）。他的这些见解对于典籍英译（如"中华学术外译"）及其研究具有警示和借鉴作用，目前国内学者

---

[1] 胡治洪、丁四新：《辨异观同论中西——安乐哲教授访谈录》，《中国哲学史》2006 年第 4 期。
[2] 潘文国：《从"格义"到"正名"——翻译传播中华文化的必要一环》，《华东师范大学学报》（哲学社会科学版）2017 年第 5 期。

也基本照搬西方学者给出的译名，把孔子的"仁"译成基督教色彩浓厚的 benevolence，这在对外传播中值得警惕，否则容易引起海外读者不正确的理解，有损原著的含义。

当然，一个文本的意义，不可能只有一种解读，不同的认识是客观存在。回到上述的"仁"，其含义的丰富及不确定给不同时代的人留下了理解多样化的空间。请看《中华思想文化术语1》的译文（释义）："Ren: The basic meaning of the term is love for others. Its extended meaning refers to the state of harmony among people, and the unity of all things under heaven. Ren（仁）constitutes the foundation and basis for moral behavior. It is also a consciousness that corresponds to the norms of moral behavior. Roughly put, ren has the following three implications: 1) compassion or conscience; 2) virtue of respect built upon the relationship between fathers and sons and among brothers; and 3) the unity of all things under heaven."[1]

中外学者对中国哲学典籍的解读不尽相同，从学术研究上看来，实属正常。在某些具体问题的理解上，即使是国内学者之间、海外学者之间也有分歧，见仁见智，美国学者费乐仁（Lauren Pfister）对安乐哲的《中庸》英译本便持有不同看法。但是，汉学家以西方的思维来"格义"中国文化的核心观念（蓝莉：2015），对于他们来说是习惯，但我们不能将其奉为圭臬，这是需要注意的。美国的梭罗在《瓦尔登湖》里引用《论语》（英译）片段，辜鸿铭当年译述《孔子的言论》《中庸》时，也引用歌德（Goethe）、席勒（Schiele）、爱默生（Emerson）、罗斯金（Ruskin）的言论阐释儒家思想，力图以此改变西方人对中国的负面看法。但他们二人的著述不属于学术探讨，不是一个性质。

其次，《中国哲学典籍在当代美国的译介与传播》一书将考察重点放在译本接受而不是译本、放在当代读者的接受而非以往（20世纪前），这样的关注尽显此书作者的当下意识，也是目前国内研究亟须补足之处。

哲学典籍是最早走出去的中国文化书籍，媒介为汉籍原著（郑志民

---

[1] 中华思想文化术语编委会编：《（汉英对照）中华思想文化术语1》，外语教学与研究出版社2015年版，第52页。

等，1992：42-44；张西平等，2014）以及西方语言译本。1591—1593年间罗明坚将"四书"（《大学》《中庸》《论语》《孟子》）译为拉丁文（手稿），殷铎泽和郭纳爵于1662年出版《中国之智慧》，包括孔子传记及拉丁文版《大学》前五章和《论语》前五章。拉丁文版《中国贤哲孔子》（Confucius Sinarum Philosophus）1687年在巴黎出版（中文标题《西文四书直解》，缺《孟子》），此为柏应理汇集多人的著译而成。1700年，卫方济翻译了《四书》中的《中庸》《孟子》，后入编1711年出版的拉丁文版《中国六大经典》（Sinensis Imperii Libri Classici Sex），包括《大学》（Adultorum schola），《中庸》（Immutabile medium），《论语》（Liber sententiarum），《孟子》（Mencius），《孝经》（Filialis observatia），《小学》（Parvulorum）。（Löwendahl，2008；张西平，2016：177-179）该译本的"序"解释说，其译本意在让欧洲读者知道中国经典包括哪些内容以及能帮助他们了解中国人是怎样思想的。

这些书籍代表中华文化的智慧，其核心观念在西方（英语世界）产生了影响。（艾田蒲、许钧等，2008）但此影响是不断变化的，19世纪前，西方学术界的主动接受使得中国哲学思想进入了欧美的知识体系，成为汉学（中国学）研究的传统。20世纪之后，在复杂的全球语境中（中外文化交流的历史氛围与此前大相径庭），当代的西方读者或学术界如何看待和接受中国哲学典籍，尤其是各国普通大众怎样看待中国哲学典籍，对于"走出去"及对外译介研究，是非常值得深入探讨的课题，同时也是薄弱环节（误区不少，如对传播效果的无端批评）。

相对而言，中国哲学典籍在20世纪以前西传的研究较为充分，至少英译本的西传是如此（马祖毅等，1997：33-93；张西平，2016）。

《中国哲学典籍在当代美国的译介与传播》涉及中国典籍在当代的对外传播，兼具学术价值和现实意义。

再次，此书论述了第二次世界大战后中国哲学典籍在美国英译的三种类型，即学术型、通俗型及大众型，独具眼光。

评价对外译介的效果有多层因素和指标要参考，其中一项是区分不同类别的作品之接受度，以及不同群体的接受度，这正好是国内相关研究的一个误区，例如，以严肃文学的读者群体标准去度量通俗文学读者的接受标准,殊不知,这两个读者群体的诉求大不相同。

一般的同类型研究关注点多落在学术型英译上,此外的其他例子有所忽略。假如仅以学者(汉学家)的英译来论述产生的影响,结论难免以偏概全。中国哲学典籍英译本的读者至少可分成专业读者和普通读者两个群体,他们的阅读目的和对译本的要求各不相同(王建开,2020:261-265),针对他们的底本形式和译介方式也不一样。在影响评价时应加以区别,不能一概而论,也不可将二者对立起来,用一方的接受状况来否定另一方。

中国文化和文学英译在海外的效果如何评价,尤其是通俗型、大众型英译的接受情形,是当前学术界的重要工作,也是十分薄弱的一环,亟须加强。在这方面,《中国哲学典籍在当代美国的译介与传播》一书做了一个很好的突破,尤其是对大众型英译的关注。

中国哲学典籍的海外读者并非只有学者(大学教师和学生),如果采用恰当的底本形式,同样可以赢得大众读者,例如漫画本。这方面,较为成功的例子有台湾作家蔡志忠(Chih-chung T'sai)漫画本的英译,此书的第三章作了专门论述,堪称亮点,也对中国哲学典籍英译的创新有所启示。

漫画书英译本最成功的例子当属台湾作家蔡志忠,他说:"漫画可以让他们[读者]轻松越过哲学的门槛,好像是给了他们一颗糖果,让他们感觉到哲学不是生涩的、苦的东西";又说"就像我看一本希伯来文的图书,不知道里面讲的是什么,但是通过漫画就可以知道里面的内容。这就是漫画的威力"(章红雨,2013:08)。他的作品英译本因此受到出版者和读者的欢迎。美国普林斯顿大学出版社于1992、1994年分别出版了蔡志忠绘、布莱恩·布雅英译的《庄子说:自然的箫声》(*Zhuangzi Speaks: The Music of Nature*)中英文对照版和《禅语》(*Zen Speaks: Shouts of Nothingness*),前者的出版方介绍说:"通过蔡志忠的热情和技巧,庄子学说的最早及核心部分可供千百万华语圈的人们阅读,否则他们没有机会欣赏道家的重要著作。这本连环漫画书经由布莱恩·布雅的英译如今西方读者可以阅读了。全书每页的边际附有庄子选段的文言中文。英译文及有趣的卡通画面使人想起了庄子崇尚的自然状态，即他所提倡的一种对生活的态度：放弃欲念、雄辩和壮志，倾听自然界/本性的音乐。"这部漫画版《庄子说》英译本曾被用作美国加州大学圣地亚哥分校的上课教材以及美国印第安纳大学高中课程暑期研讨班的教材。（王建开，2014：49-54）北京现代出版社2005—2007年）出版了"中国传统文化经典：蔡志忠漫画（中英文对照版）"（*The Wisdom of the Classic in Comics*），此系列2008年在澳洲重新出版，另有新加坡出版的漫画版《论语》英译本（Sia，1997），其中充满富有现代气息的生动画面，虽然建筑是古代式样、人物也穿古装，但同时融入了大量当代社会的场景及普通人生活中的常见现象，例如，小轿车、现代警察持枪抓坏人、吉他手街头演奏、众人喝啤酒、排队等公交车、歌厅演唱等。这样的画面使得孔子的说教和智慧贴近当代读者，无疑会受到普通读者的喜爱。蔡志忠的漫画系列1994年起先后被译为英语及其他20多种文字，其中《论语》英译本在全球44个国家销量达4000多万册。（谭晓丽、Brian Bruya，2021）。关于这一点，今后仍需继续研讨，寻求更多的突破口，推进"走出去"的实效。

最后，《中国哲学典籍在当代美国的译介与传播》一书资料丰富，仅参考文献即可见近百种外文论著和超百部中文论著，资料的充分，保证了论述有据。

一部学术著作的价值，除了要有独到的见解，还需提供有力的材料，尤其是新资料，资料新则论点新。此书对诸多英译者及其英译本的评述即是一例，埃兹拉·庞德、陈荣捷、安乐哲和郝大维、罗思文、艾文荷和万百安、伯顿·沃森、西蒙·利斯、爱德华·森舸澜、魏鲁南、梅贻宝、狄百瑞、秦家懿等，都是相关研究不可或缺的。

尤其是对伯顿·沃森（Burton Watson）的评述，极有参考价值。沃森（曾受教于华裔学者王际真）的英译包括《庄子》，有评语认为："华兹生（注：沃森的另一译名）的译文用的是流畅的当代英语，译文中甚至用了不少口语词和俚语，还用了不少成对词跟汉语原文的连绵词相对应，读起来琅琅上口、通俗易懂，是《庄子》英译本中的佼佼者。"（汪榕培，1999：37）此语的评论者汪榕培自己也出版了《庄子》的英译本，其说自然专业性强，可信度高，绝非恭维。

"联合国教科文组织各国代表作品丛书"（UNESCO Collection of Representative Works, 1948—2005）收入中国代表作品 28 部（Chinese Series, 1958—1969 年出版），其中有 7 部为沃森所译（裘克安，1991：53-55），可见其权威地位。他是一个多产译者，翻译了大量中国作品，向英语读者介绍了中国诗歌、历史和哲学，这方面的贡献或许无人能及（Balcom, 2005：7）。他的英译作品入选《诺顿世界文学选集》（Lawall et al, 2002：1376-1379）和《贝德福德世界文学选集》（Davis et al, 2003），后者汇集了西方文学和世界文学中的一流作品。这两部选集具有较高学术性、权威性，主要作为大学教材，通常用于欧美大学课堂，多次再版。其中，《诺顿世界大学选集》2002 年出第二版，并专门配备二册教学参考书（Berggren, 2002），入选此选集的作品兼顾专业读者和普通读者，拥有的读者多、影响广，是作品经典化的一个重要途径。

沃森的《论语》英译本是哥伦比亚大学一年级学生的公选课教材，他希望学生在首次接触《论语》时就留下印象，知道这是一本什么样的书以及其中重要的思想是什么（Watson, 2009：167-168）。为此，他的译文做到了即考虑原文，又兼顾译入语读者的语言期待。美国汉学家伊维德说："与韦利相比，我更喜欢华兹生的译诗，因为它更贴近于原诗。"（Idema, 1985：296）另一位美国汉学家傅汉思认为，"在当今还健在的人群中，没有第二个人可以像华兹生那样用优雅的英文为读者翻译这么多中国文学、历史和哲学作品。从这位孜孜不倦的翻译家笔下译出的每一本新书，都让人感到如此欣慰"。（Frankel, 1986：288）因为这些成就，沃森的英译作品获得了多个重要奖项，包括 1965 年美国古根海姆研究奖（Guggenheim Fellowship）、1981、1995 年两次获得笔会美国中心"笔会翻译奖"（PEN American Canter, PEN Translation Prize）、2005 年美国艺术与文学研究院（The American Academy of Arts and Letters）"文学奖"，和 2015 年笔会美国中心"拉夫·曼海姆翻译终身成就奖"（The PEN/Ralph Manheim Medal for Translation）。

对沃森及其他汉学家英译的深入研究，可窥见其翻译思路和手法，为中国作品更好地"走出去"提供借鉴。譬如，对沃森成功译介杜诗的考察，有助于对中国古诗译介策略的思考（林嘉新，2020：180-190）。

序　言

总之,《中国哲学典籍在当代美国的译介与传播》一书架构宏大,涉及面广,触及论题的各个重要方面,可概括为以下几点:译者及其主要英译本的述评、英译本的各种翻译手法分析、赞助人(政府、高校、出版机构等)、汉学研究与英译的关系、英译本的传播途径(孔子学院的课程、报刊媒体、广播电视、译作的馆藏等),以及接受效果,包括译作的销售排名、书评、读者网评、访谈汉学家等,这些因素都不同程度地影响到接受。这样的研究几乎是全方位的、整体的,是作者学术生涯的集大成之作。作者在深入分析的同时更提出个人的见解和建议,在同类型研究中有显得独特,尤其是关于传播和效果的论述,给学术界带来了新的推力,有助于纠正印象式的主观批评,对于外译实践和研究无疑有着良好的助益。

以上的评析显然过于简略,无法覆盖此书的全部精华,若读者细加品读,定会识其价值、得益良多。

与此同时,此书所涉及的各个方面,值得继续探究和深挖。譬如,在接受和影响上,如何找到更多的客观数据(英译本被用作中国文、史、哲课程的教材、被编入欧美的大学教材,进入欧美知识体系),这需要更充分的外文文献和实地调查来支撑。还有中国文化和文学通过英译本逐步走向西方的学术界和广大读者,最终沉积为世界文学经典的经典化的过程研究。另外,美国是中国文化和文学对外传播的主要市场和代表,但不是唯一的。应多关注其他国家和地区的接受,以达到多元化传播,不能以美国作为例子断言整个英语世界或欧洲的接受情况。

近年来,谭晓丽的兴趣从中国哲学典籍英译的具体研究转向更加广阔的领域:英译史,这是一个有足够积淀之后的自然转折。从具体到宏观的转向(个案研究的积累最终会上升到宏观的总体研究)。目前她是教学、科研、行政三肩挑(担任其所在学校国际交流处的领导职务),挑战巨大。但以她的能力,相信会有更多、更好的成果问世,我们期待着。

王建开

2021年3月于复旦大学

前　言

"哲学"这个概念来自日本哲学家对古希腊语"philosophy"一词的翻译，指的是讨论宇宙、人生的终极原理以及认识此种原理的方法和学问。如果把哲学看作一个类型，而非专指西方哲学形态，在这个类型里面，西方哲学是其中一个特例，那么与它有相似点的，可以归为此类的都可以叫"哲学"。自古以来，中华文明就孕育了关于宇宙人生的思想，包含在诸子百家、易学、魏晋玄学、宋明理学乃至清代义理学的一些典籍之中，因此说，中国是有"哲学"的。当然，中国哲学与西方哲学包含的范围、特点有所不同，两者关注的问题也有所不同，但这并不妨碍它成为"哲学"。法国启蒙主义思想家伏尔泰曾说过："欧洲的王族同商人发现东方，只晓得求财富，而哲学家则在那里发现了一个新的精神与物质的世界"。现代社会中，中国思想不时地发挥着精神引领和价值观重塑的作用："一战"后，西方"垮掉的一代"青年曾在它的指引下向古老的东方寻找启示与救赎之路；20世纪六七十年代，不少西方学者对西方价值观和美国领导世界的能力产生怀疑，开始将注意力转向中国等非西方国家的文化传统，从中寻求社会变革与进步的动力。对于当今世界来说，中国哲学更是意义深远。粮食短缺、环境恶化、极端天气、恐怖主义、疾病蔓延、收入不均等一系列问题，成为威胁人类生存及可持续发展的全球性"困境"。为摆脱这一困境，世界需要从包括中国哲学在内的多元思想文化中汲取智慧，这就要求非西方文化传统发展一种广义的哲学观念，在世界范围内推广，解构西方中心的立场，这样才能真正促进跨文化的哲学对话，发展21世纪的人类智慧，创造人类社会更美好的未来。而中国哲学要发展成为世界性的思想资源，必须借助翻译这一媒介。

本书为作者国家社会科学基金项目"二战后中国哲学在英国的英译、传播和接受研究"（15BYY019）的最终成果，考察了中国哲学典籍在当代美国的翻译与传播，一方面，第二次世界大战以后，美国成为世界汉学中心，拥有全球最多、最优秀的汉学人才，汉学活动最为活跃，中国典籍的英译成果也最多，能为本研究提供大量的分析素材和案例；另一方面，美国已成为西方文化的典型代表，引领西方文化的发展潮流和趋势。在美国翻译和传播中国哲学必定会对其他西方国家产生辐射作用。而且，中美两国在文化传统、意识形态、价值体系上相距甚远。近年来，随着中国的崛起，两国开启了全方位的竞争，此种背景之下，美国社会是否还有翻译和传播中国哲学的需求和可能？该研究具有明显的文化战略意义。

本书力求突出三个特点：一是根据20世纪以来中国哲学典籍在美国英译的阶段性特点，分三个历史阶段讨论中国哲学典籍在美国的英译状况，包括翻译的时代语境和社会背景、赞助人、翻译的作品、译者、代表作品的风格与特色、翻译策略与方法、相关政策和规范，等等，将翻译的内部和外部因素相结合，试图回答这样一些基本问题：译什么？谁在译？怎样译？为何译？二是多视角考察中国哲学典籍译作在美国的传播状况。从书刊出版、图书销售、图书馆藏、国际会议、学术研讨、课堂讲授、人文交流到网络传播等方式，讨论中国哲学典籍在美国通过大众、人际和网络等媒介传播的情况，并提出改善其传播模式的建议。三是通过多种形式和渠道在美国开展社会调查，对调查结果进行综合和统计分析，从而了解美国的哲学专业人士对英译中国哲学的认识、体会、建议与美国普通读者对中国哲学的认识和接受的广度、深度和准确度，由此获得第一手资料，为分析中国哲学在美国的英译和传播过程中存在的问题，制定未来中国哲学的翻译与传播战略，提供有效借鉴。

值得注意的是，本书讨论的范围限于美国本土学者及美国华人学者对中国哲学典籍的英译，不包括中国及其他国家学者的中国典籍英译，目的是想反映美国（学者）对中国哲学典籍的主动译介，了解第

前言

二次世界大战后的美国社会文化语境下谁在翻译中国哲学典籍？译了什么？为何翻译？如何翻译？译得怎样？了解翻译活动在各个时期呈现出的不同特点，各个时期的相关翻译政策及占主导地位的翻译策略及方法，以及各个时期翻译的发起、出版、传播的路径，以期对中国哲学的对外译介产生启示和借鉴作用。

本书的顺序是从翻译的外部语境到文本内部再到外界传播和接受，由八个章节组成。第一章介绍了20世纪以来中国哲学典籍在美国的英译概况，将20世纪至今中国哲学在美国的译介分为20世纪上半期、20世纪50年代至80年代和20世纪80年代至今三个阶段，简要介绍了各阶段的主要翻译作品和翻译家队伍。因翻译产生的历史文化语境不同，每个阶段的翻译均呈现出各自的特征及发展趋势。

第二章详细介绍了第二次世界大战后中国哲学典籍在美国译介的历史文化语境，重点介绍了美国政府、私人基金会、高校等相关研究机构、学术期刊、学术团体等赞助人；与翻译相关的政策条款以及作为诗学的美国汉学的发展，揭示与中国哲学相关的翻译活动是如何受到外部因素的影响和操控的。

第三章将第二次世界大战后美国产生的中国哲学典籍英译作品分为学者型译本、普通型译本和大众型译本三种类型，选择了陈荣捷、安乐哲、艾文荷、伯顿·沃森、西蒙·利斯、森舸澜和蔡志忠的翻译作品作为各种类型的代表作，进行了详细分析，讨论了译者的文化观、翻译观、翻译目的对其所采用的翻译方法产生的影响以及各代表性译本的翻译风格，是文本内部研究。

第四章专门讨论哲学关键词的英译问题。哲学术语的英译是关系到经典的哲学本旨是否能得以准确理解和再现的关键问题。第四章专门讨论哲学关键词的英译。针对中国哲学术语独特性、多义性、模糊性和变化性的四个特征，分析了字面译、音译、意译、创译和语境法几种常用的翻译方法各自的利弊及适用情况，提出"中西融通法"，即把握术语的具体内涵，尽量采用那些已在英语读者中普及，进入英语体系的中国术语的音译名称，或适当运用西方文化诠释，改造英语词汇等手段，在表达上寻求译入语读者的认同，改善术语译名的接受度。

— 3 —

传播是翻译活动的重要环节，没有传播，翻译就无法达到交流的目的。第五章讨论第二次世界大战后中国哲学典籍在美国的传播。第二次世界大战以后，中国哲学典籍在美国主要通过三种媒介向专业人士与普通受众传播——大众传播媒介、人际传播媒介和网络传播媒介，而且形成了各种媒介交叉互动的格局。但是，大多数译作没有利用多种传播媒介，传播渠道、传播方式和传播受众都很有限，传播和接受情况并不理想。首先，被译介进入美国图书市场的中国哲学典籍种类还不够多；其次，大学课堂、学术讲座、研讨、国际会议等传播渠道限于学历层次高的读者；最后，与中国典籍传播相关的人文交流、文化活动大多流于形式。在大众传播渠道中，中国哲学典籍的英译作品主要通过纸质书、期刊等载体，很少运用报纸、广播等传媒面向大众传播，改编成为漫画、影视作品的中国典籍更是屈指可数。更重要的是，在美国，用于中国哲学思想传播的专门网站、网页、栏目和博客很少，还有巨大的潜力没有挖掘。

　　第六章考察美国专业读者与非专业读者对中国哲学典籍的英译作品的评论，发现专业读者关注译本的总体质量、准确性、内容和风格传译等问题，也关注译本的副文本价值、术语的翻译、选词等具体问题；而非专业读者更关注译著的经典化、翻译质量与准确性、实用性、可读性、注释是否有效以及排版、编辑和印刷等问题。他们的评论形塑着读者的阅读观，并起到了影响译者、影响翻译的作用。

　　第七章是对美国不同层次的六位汉学家译者的访谈以及大众读者的问卷调查，较为全面地反映了当代美国的译者和读者对中国哲学典籍在美国的英译、传播及接受的现状之认识和思考，以及对未来做法的建议。

　　结论部分是对中国哲学典籍英译及传播的未来构想。从翻译与传播的内容、翻译的方法、传播的对象和路径、传播的方式等方面提出建议，提倡以历史的、发展的、开放的眼光看待中国哲学典籍的英译、传播与接受问题，为建立开放而多元的翻译与传播空间，为实现不同思想文化间的平等交流创造条件。

谭晓丽
2021 年 1 月

第一章 20世纪以来中国哲学典籍在美国的英译概况

美国是一个仅有两百多年历史的移民国家,与其欧洲宗主国在民族传统、思想文化上的渊源颇深。因此,中国哲学在美国的研究、翻译及传播的历史不长。在美国,学术界没有研究中国哲学的传统,普通民众也没有学习、了解中国哲学的诉求。与此相对,数百年前,欧洲就开始了对中国的研究,但大多是对中国历史文化、语言文字的研究,中国哲学的研究一直是包含在其中的,处于从属的地位。早期的传教士汉学家们从宗教的角度去解读和翻译中国典籍,使得中国哲学蒙上了一层宗教色彩。加之中国哲学主要是对人生及社会政治生活一系列关系之意义的追问,使得它长期以来被排除在西方哲学话语之外。很多情况下,"中国哲学在美国仅限于学术研究的层面,缺乏广泛的民间基础,中国哲学既不能作为普通人的精神信仰并对他们的生活产生实质性的影响,也无法成为知识分子的精神力量,不能与主流意识形态形成交流与互动的关系"[①]。因此,一直以来,美国的人文学科体系中从未出现过"中国哲学"这门学科,即便后来,美国大学的一些院系开设了"中国哲学"及相关课程,其学科地位也很边缘,无法挑战"西方哲学"的主流地位。

应美国汉学和中国学研究的需要,大量的中国典籍文献被译介进入美国的学术场域,其中包含了中国哲学的内容。第二次鸦片战争以后,

[①] 崔玉军:《陈荣捷与美国的中国哲学研究》,社会科学文献出版社2010年版,第13页。

美国卷入了对中国的侵略，派遣传教士来华，开始了其对中国的研究。美国的早期汉学研究深受欧洲传统汉学的影响，偏重对中国的语言文字、名物制度和史料考证，学术成果包括一些编撰的词典和介绍中国文化、历史、文献、典章制度和地方风俗之类的著作和译作，一些带有哲学思想的中国经典的译作，如《老子》《论语》《中庸》等亦在其中。后来，出于经济发展与战略部署的需要，美国汉学已不满足于这种传统的内部研究，而是把重点转向对中国社会作总括性的介绍，例如美国传教士汉学家卫三畏（Samuel Wells Williams）的著作《中国总论》。总体说来，20世纪上半期，美国传教士和汉学家对中国典籍的翻译从数量和影响上远远不及欧洲传教士和汉学家的成果。到了20世纪50年代后，美国对中国的研究出现了戏剧性的转变，促成这一转变的原因是多种多样的，首要原因是第二次世界大战之后，美国的综合实力迅速上升，占据了世界主导地位，在中西方的文化交流中掌握了更多的话语权；其次，第二次世界大战以后，亚太地区，尤其是中国的战略重要性凸显，使得美国加强了对中国的研究。这一时期，美国政府从财力、机构和人员等方面大力支持对中国的区域性研究，民间基金会也给予了不少援助。加之，20世纪50年代之后，欧洲各国因战争的影响，汉学领军人物的流失，已经失去了往日汉学研究中心的地位，美国一跃取代了欧洲，成为西方汉学研究的重镇。一方面，美国汉学家着重挖掘和探讨中国儒学的现代性和普世性，形成了美国本土新儒家及旅美华人学者为代表的第三代新儒家；另一方面，美国汉学家们把中国典籍英译作为汉学研究的基础性工作在进行，出现了两类译者，一类是美国本土学者，如狄百瑞（William Theodore. de Bary）、伯顿·沃森（Burton Watson）、约翰·诺布洛克（John Knoblock）、梅维恒（Victor H. Mair）、戴维·亨顿（David Hinton）、安乐哲（Roger T. Ames）、郝大维（David L. Hall）、万百安（Bryan W. Van Norden）、艾文荷（Philip J. Ivanhoe）等中国研究及翻译专家；另一类是以陈荣捷、秦家懿、成中英等为代表的旅美华人学者，他们从各自的文化视角和学科背景出发，面向美国社会各层次的读者对象，对中国典籍采用了综合性的诠释和翻译，使译本呈现出跨学科、多元化的特色。

第一章　20世纪以来中国哲学典籍在美国的英译概况

因此，对第二次世界大战后中国哲学典籍在美国的译介开展研究，无论是地域范围还是学术方面，都具有代表性和标杆性，基本能够反映这一时期中国哲学典籍在英语世界的译介及传播现状。

根据美国汉学（中国学）和中国典籍英译的发展特点，本书把中国哲学典籍在美国的英译历程分为三个阶段：第一阶段为20世纪上半期即第二次世界大战之前，这一时期，美国对中国的研究和翻译尚在起步阶段，大多继承欧洲的汉学传统，继续以往对语言研究、史料考证的人文研究的路子。第二阶段为20年代50年代至80年代，是美国汉学和中国学走向独立和自主的阶段。这一阶段，美国对中国的研究，包括对中国社会、政治、经济、文化的研究，深受中美关系的影响。以现代中国为对象的中国研究发展迅猛，对中国古代文化的研究也在客观上相应得到了发展，出版了大量的中国古代典籍译作。第三阶段指20世纪80年代之后，随着中国的改革开放和对外交流，美国对中国的研究呈现出多元化的局面，一大批年青学者对中国哲学典籍做出了跨学科、多元化的诠释和翻译，译者队伍呈现专业化、学术化的特色。本书从第二阶段起，重点考察第二次世界大战后中国哲学典籍在美国的英译、传播和接受情况，以揭示其对当前中国思想文化作品外译的启示及指导作用。本章从翻译史的角度，从上述三个阶段来介绍美国20世纪以来，中国哲学典籍的英译概况。

1　美国20世纪上半期的中国哲学典籍英译(1900—1949)

1.1　翻译发生的历史、文化语境

国外对于中国的研究，分为汉学（Sinology）和中国学（Chinese Studies）两个分支。汉学起源于16世纪来华的欧洲传教士，是以中国古代的语言、文字、历史、文化、宗教、文学为对象，以考古、文字、训诂、诠释等人文学科的方法开展的研究。可以说，汉学已经囊括了几乎所有与中国相关的知识形态。汉学具有的历史较长，以欧洲各国的研究为盛；中国学则发端于第二次世界大战前后的美国，研究重点是当代中国的政治、经济和文化，甚至也包括对于海外华人的研究。第二次世界大战以后，美国很快取代了欧洲成为世界中国研究中心。

欧洲传教士于19世纪初进入中国。18世纪60年代后，欧洲各国陆续完成了工业革命，急于寻求海外市场，中国和一些亚洲国家成为首选，为此，他们派遣传教士作为先遣队进入中国，对中国开始了经济和思想上的入侵。无奈当时的清政府实行闭关锁国的政策，欧洲商人无法大批进入中国经商和传教，只有在中国广东、澳门一代从事地下贸易活动。但不久之后，这种情况就发生了改变。第一次鸦片战争以后，外国传教士取得了保教权，其传教活动不再受清政府的约束，大批欧洲传教士进入中国。为了顺利传教，他们学习中国文字，研究中国文化，撰写关于中国的报告乃至翻译中国经典，在汉学方面做出了重要的贡献。

美国传教士来华时间较晚。裨治文（E. C. Bridgman）算是第一个来华的美国传教士、汉学家。来到中国不久，他便拜英国著名的汉学家马礼逊（Robert Morrison）为师，开始学习汉语。1832年，他创办了《中国丛报》（*Chinese Repository*），并担任主编。"《中国丛报》是外国人在中国境内创办的第一份西文期刊，内容十分广泛，涉及儒家、宗教、农业、经典、文学作品等方面，特别注意报道当时中国的政治、经济和外交"[①]，是早期美国汉学的一大贡献。

另一位美国传教士卫三畏是美国早期汉学研究的先驱者，也是美国第一位汉学教授。他的代表作《中国总论》（*The Middle Kingdom*）对19世纪中期的中国做了全面、细致的研究，试图把中国文明作为一个整体介绍给当时的美国读者，是早期美国汉学的奠基之作。此书后来得到美国中国学巨擘费正清的高度评价，认为它"颇像今日一门区域研究方面的课程大纲"[②]。

值得注意的是，这些新教传教士的著作在内容上偏重对中国做整体性的介绍。"他们关注中国的现实问题，注重对中国社会做多方面的介

[①] 崔玉军：《陈荣捷与美国的中国哲学研究》，社会科学文献出版社2010年版，第47页。
[②] John King Fairbank, "Assignment for the 70's", *American Historical Review*, Vol. 74, No. 3, 1969, pp. 861–879.

绍和研究，是一种与欧洲传统汉学不同的研究风格"[1]。这一时期美国汉学的发展，实际上是后来美国中国学的前奏。

第一次世界大战之际，欧洲各列强忙于交战，无暇顾及远东地区及中国的事务。美国虽也加入了"协约国"一方参战，但参战时间较短，所受影响不大，因此尚有余力插手亚太事务，扩张其在中国的势力范围。通过成立"福特基金会""洛克菲勒基金会""卡耐基基金会"等私人基金会，美国开始赞助对中国、日本等亚洲国家的研究。一些从事中国研究的学术团体也纷纷成立，如"太平洋关系学会"（Institute of Pacific Relations）、"哈佛燕京学社"（Harvard-Yenching Institute）等，客观上推动了美国汉学的发展。第二次世界大战后期，美国加入了世界反法西斯战争同盟，中国军民顽强抗战并取得了重大胜利，有力地牵制了日本向太平洋地区的进攻力量，使得美国在一定程度上改变了对中国的态度，亚太地区与中国的战略地位也因此凸显。1943年，美国废除了《排华法案》，1948年又通过了《援华法案》，决定对中国和亚洲的研究继续投入大量资金。随后，世界汉学中心逐渐从欧洲转向美国，研究的重点也由中国的典章制度转向区域性研究，即便这样，也在客观上刺激了中国典籍的研究和英译。

不过，20世纪的前50年间，由美国传教士或汉学家英译的以及在美国出版的中国哲学典籍译作的种类不多，仅有14部。

1.2 译作与译者简介

20世纪初期，美国汉学家选择翻译的中国哲学典籍以先秦儒家的作品居多，而鲜有其他哲学流派的经典被译成英文。道家经典是个例外，特别是《道德经》，从这一时期开始，就被频繁地译介进入英语文化，后来成为在美国译介最多的外国经典。

保尔·卡罗斯（Paul Carus）是英语世界早期译介《道德经》的代表人物，其《道德经》英译是在许多研究东方思想的汉学家的帮助下完成的。卡罗斯出生于德国，在德国图宾根大学获得博士学位，之后来

---

[1] 崔玉军：《陈荣捷与美国的中国哲学研究》，社会科学文献出版社2010年版，第49页。

到美国，定居芝加哥。1887 年，卡罗斯创建了开庭书局（Open Court Publishing Co.）和同名学术期刊《开庭》（*Open Court*），1890 年又创建了学术期刊《一元论》（*The Monist*）。这两种期刊吸引了当时全世界最重要的哲学家，成为欧美学术界非常重要的哲学研究阵地①。

1903 年，卡罗斯和日本学者铃木大拙（D. T. Suzuki）合作英译并出版了《道德经》（*The Canon of Reason and Virtue*；*Lao-tze's Tao The King, with Introduction, Transliteration and Notes*），这是第一部由西方哲学家合作翻译的道家经典。因深受自身文化宗教的影响，卡罗斯对《道德经》的解读具有浓厚的基督教色彩。他认为《道德经》与基督教的思想和观点有许多相似之处。在他看来，老子之"道"与希腊语中的"逻各斯"相对应，相当于"言词、原因"的意思，即"上帝之言"。而且，老子主张以德报怨、复归于婴儿、反朴归纯、不争、不抗，等等，都与基督教的义理有相似之处。因此，从卡罗斯对"道"的解读和翻译来看，与其说是在翻译《道德经》，不如说是卡罗斯借老子之口来表达自己的"原因论"。

可在当时，这个译本却得到了西方学界的广泛好评，此后多次再版。甚至在 1958 年，即该译本出版 50 多年之后，仍有学者称之为"可能是英语世界中最好的译本之一"②。

1906 年，卡罗斯和铃木大拙又合作翻译了另外两种道家经典《太上感应篇》（*Taishang Ganying Pian, Treatise of the Exalted One on Response and Retribution*）和《阴骘文》（*YinZhi Wen, the Tract of the Quiet Way, with Extracts from the Chinese Commentary*），但影响都不及其《道德经》译本。

传教士亨克（F. G. Henke）是美国第一位研究并翻译王阳明哲学的汉学家。他早年来到中国传教，之后回国学习，获得博士学位后，被邀请回中国担任金陵大学哲学和心理学教授。在金陵大学任教期间，他发表了一系列王阳明思想研究的论文，随后，亨克开始翻译王阳明的著作。1916 年，他的译作《王阳明哲学》（*The Philosophy of Wang Yang-*

---

① 参见崔玉军《陈荣捷与美国的中国哲学研究》，社会科学文献出版社 2010 年版，第 67—68 页。

② Smith Huston, *The Religions of Man*, New York: Haper & Brothers, 1958, p. 199.

ming）由开庭书局出版，内容包括《传习录》《大学问》《阳明传记》《语录》《书信》等。

《王阳明哲学》英译本一经出版，随即引起了学界的关注和反响，但批评意见较多，如陈荣捷认为"亨克译本对王阳明哲学的研究来说是一个不错的代表性读物，但是语言较差，可读性不强"[1]，"于理学尚未入门，更不识参考《传习录》之中文评论与日文注解，因而错误百出"[2]。

相对于《老子》《庄子》《论语》《孟子》等重要的中国古代典籍来说，《墨子》较少为人关注。英语世界中第一个翻译《墨子》的是中国学者梅贻宝。在其博士学习期间，梅氏就开始了对《墨子》的研究，他节选翻译了《墨子》，其中收录了《墨子》中的36章，名为《墨子的伦理及政治论著》（*Motse, the Neglected Rival of Confucius*），于1927年由伦敦的普罗赛特出版社（Prosthetic）出版。梅氏的《墨子》英译以具有一定中国语言文化知识的、愿意参考译文注释进行阅读的英语读者为目标读者，主要采用的是异化的策略和直译的方法，提供了翔实的注解，保留了原著的语言风格和文化特色。该译著具有很高的学术价值，至今仍是英语世界研究《墨子》的重要参考文献之一。

《墨子》的另一位英译者伯顿·沃森就曾提及梅氏译本对其的启发：

"I am particularly indebted to the last for many valuable suggestions on how to render Mo Tzu in English."[3]

"我尤其感谢后者为我如何将《墨子》译成英文提供了诸多宝贵的建议。"

同时期，集古代儒家思想之大成的典籍《荀子》也受到了美国汉学家的关注。1928年，美国汉学家德效骞（Homer H. Dubs）出版了《荀

---

[1] Chan, Wing-tsit, "Review Confucius: The Great Digest and Unwobbling Pivot by Ezra Pound", *Philosophy East and West*, Vol. 3, No. 4, 1954, pp. 371–373.
[2] [美]陈荣捷：《王阳明与禅》，台北：学生书局1984年版，第151页。
[3] Watson Burton, *Hsun Tzu: Basic Writings*, New York: Columbis University Press, 1963, p. 17.

子》选译本（The Works of Hsuntze），选译了《荀子》中的19章。德氏的翻译方法是字对字译，目的是要译文准确。他在序言中阐明了自己的翻译方法："……我觉得若要使译文更为精确，逐字直译会比译文本身的文学性来得重要。"[①] 这种译法产出的译文，自然缺乏流畅性，可读性不强。除了逐字直译以外，德效骞还使用音译法处理一些专有名词，再辅以当时已有的各种译名来解释。"德效骞的《荀子》英译虽不是全译本，但却是美国汉学界最早的《荀子》英译，也是美国汉学界研究《荀子》的第一部专著"[②]。

埃兹拉·庞德（Ezra Pound）是美国著名的诗人、文学评论家及翻译家。虽然一生从未到过中国，却非常推崇中国的儒家思想，其文学创作与翻译深受中国古典文论的影响。第一次世界大战后，出于对西方资本主义价值体系的怀疑和批判，庞德将注意力转向了东方思想。"他深信《大学》中有一种充满和谐与秩序的理想，并深信惟有悟守《大学》所倡导的这种秩序，才能解决西方社会的各种危机，创造出一个太平盛世"[③]。

庞德的《大学》译本（Ta Hio: the Great Learning）出版于1928年，是美国第一部《大学》的全译本和单行本。那时，庞德尚未开始学习汉语，也没有读过《大学》的原著，因此，该译本不是从汉语原本译出，而是在法译本的基础之上改写而成的。后来，庞德对其第一个《大学》译本做了修订，加上另一部儒家经典《中庸》的内容，于1947年出版。此时，庞德的汉语水平有了很大的提升，翻译中多处采用了"拆字法"，以凸显汉字的意象性效果。

林语堂是享有世界声誉的华人学者和作家，以文字优美典雅著称。他于20世纪30年代移居美国，在此期间，不仅创作了多部文学作品，还向英语世界译介了三部中国古代哲学文献，被称为"智慧丛书系列"，向英语读者揭示了中国人的精神世界及文化信仰，满足了他们对

---

① Dubs Homer H., trans., *The Works of Hsuntze*, London: Arthur Probsthain, 1928, p.5.
② Knoblock John, trans., *Xunzi: A Translation and Study of the Complete Works*, Stanford: Stanford University Press, 1988, p.120.
③ 王文：《庞德与中国文化》，博士学位论文，苏州大学，2004年，第28页。

第一章　20世纪以来中国哲学典籍在美国的英译概况

中国文化的好奇心,深受普通读者喜爱。

《孔子的智慧》(*Wisdom of Confucius*)不是一个独立的全译本,它汇集了众多儒家经典的英文节译本,如《中庸》《大学》《论语》《孔子世家》及《孟子·告子》的英译等,将它们按照不同的主题排列顺序,"通过汲取儒学经典的智慧哲思,以诗意雅致的文字和美妙流畅的英语,于幽默睿智中,对孔子和儒家思想进行了完整而系统的论述"①,至今仍在美国畅销。它虽算不上学术型译作,却一直以来是英语世界的读者了解孔子及其学说的入门读物。

顾立雅(H. G. Creel)是美国汉学界的先驱学者之一,也是美国孔子研究的权威人士,曾担任芝加哥大学东方语文系主任、美国东方学会会长、亚洲学会会员等学术职务。顾氏为美国当代著名的儒学研究者,其著作对西方汉学界的孔子研究产生了较大的影响。

为满足美国学生学习汉语的需要,顾立雅选择翻译了几部古代儒家经典,先后出版了《汉语文言进阶》三卷本英译本,第一卷是1938年出版的《孝经》节译(*Literary Chinese by the Inductive Method, etc. vol. 1. The Hsiao Ching*),第二卷是1939年出版的《论语》节译(*Literary Chinese by the Inductive Method, vol. 2. Selections from the Lun Yu*),第三卷是1952年出版的《孟子》节译(*Literary Chinese by the Inductive Method Vol. 3, Mencius: Book I-III*),均由洛克菲勒基金会资助,芝加哥大学出版社出版,作为教科书使用。"这些选译本,注重对汉语语言和语法的注释,对原作的思想内涵挖掘不深,相对于顾氏在儒学研究领域的成果来说,这些译本在学界的影响并不大"②。

除了上述先秦典籍的英译作品之外,20世纪50年代之前,美国学者也开始了中国哲学史的研究和翻译。卜德(Derk Bodde)是一位在中国长大的美国汉学家,在美国和欧洲完成了高等教育,获得莱顿大学汉学博士学位。第二次世界大战后,卜德担任过美国哲学学会会员和美国

---

① 杨静:《美国二十世纪的中国儒学典籍英译史论》,博士学位论文,河南大学,2014年,第42页。
② 杨静:《美国二十世纪的中国儒学典籍英译史论》,博士学位论文,河南大学,2014年,第41页。

东方学会主席，1985 年获得美国亚洲协会杰出学术奖（Distinguished Scholarship Award）。卜德英译了中国当代哲学家冯友兰的《中国哲学史》（*A History of Chinese Philosophy*），1937 年在北京出版。

以下就该时期中国哲学典籍英译本的基本情况，采用表格形式详细列举如下。

表1-1　美国20世纪上半期的中国哲学典籍英译作品（1900—1949）

序号	出版年	译者	译本	出版社及或出版地
1	1900	Epiphanius Wilson	*Chinese Literature: Comprising the Analects of Confucius, the Shi-King, the Sayings of Mencius, the Sorrows of Han, and the Travels of Fa-Hien*	New York: Colonial Press
2	1900	Epiphanius Wilson	*The Wisdom of Confucius*	New York: Colonial Press
3	1903	Paul Carus	*The Canon of Reason and Virtue*	La Salle: Illinois
4	1906	T. D. Suzuki & Paul Carus	*Taishang Ganying Pian, Treatise of the Exalted One on Response and Retribution*	Chicago: Open Court
5	1906	T. D. Suzuki & Paul Carus	*YinZhi Wen, the Tract of the Quiet Way, with Extracts from the Chinese Commentary*	Chicago: Open Court
6	1916	F. G. Henke	*The Philosophy of Wang Yang-ming*	Chicago: Open Court
7	1927	Yi-Pao Mei	*The Ethical and political Works of Motse*	London: A. Prosthetic
8	1928	Homer H. Duds	*The Works of Hsuntze*	London: Arthur Probsthain
9	1928	Ezra Pound	*Ta Hio: the Great Learning*	Seattle: University of Washington Book Store
10	1937	Derk Bodde	*A History of Chinese philosophy*	Peiking: Henri Vetch
11	1938	Yutang Lin	*Wisdom of Confucius*	New York: Random House
12	1938	H. G. Creel	*Literary Chinese by the Inductive Method, etc. vol. 1. The Hsiao Ching*	Chicago: University of Chicago Press
13	1939	H. G. Creel	*Literary Chinese by the Inductive Method, vol. 1. Selections from the Lun Yu*	Chicago: University of Chicago Press
14	1947	Ezra Pound	*Confucius: the Unwobbling Pivot & the Great Digest*	New Jersy: Parsippany, N. J

1.3 翻译活动特征分析

在前面，我们回顾了 20 世纪前半叶中国哲学典籍在美国的英译情况。归纳起来，这一时期美国汉学家及华人学者对中国哲学典籍的英译和出版有如下特点：

第一，大多数译本的选材限于先秦时期。

前面我们讨论过，早期美国对中国的研究和典籍翻译多受欧洲汉学的影响，以先秦典籍为主，偏重语言文字、名物制度和史料考证等，且以儒家经典居多，如《论语》《孟子》《大学》和《中庸》这《四书》以及《荀子》，这与儒家思想是中国古代社会的国家意识形态有关，传教士和汉学家也用力最多。其他中国古代典籍在这一时期的译介很少，仅有《道德经》和《墨子》两种，《道德经》的英译本数量最多。先秦以后的哲学典籍在这一时期基本被忽视，仅有《王阳明哲学》和冯友兰的《中国哲学史》两种被译介到美国。因此，不少美国人对中国哲学的发展形成了错误的印象。对此，陈荣捷曾说道：

> 百年以来，中国哲学之研究几限于理雅各氏所译之《四书五经》与其所译及别人所译之《老》、《庄》。虽宋明理学家著作如张子《正蒙》等早有法文译本，王阳明之《传习录》与《朱子全书》之若干卷亦有英译，然皆不流行。遂至在美国人心中，所谓中国哲学不外乎先秦哲学[①]。

这种现象，一方面强化了中西学者"秦汉之后无哲学"的主流观念，另一方面也忽视了宋明以后和近现代中国哲学的进一步发展。

第二，海外传教士和汉学家是早期美国英译中国哲学的主要力量。随着美国对中国侵略的加深，越来越多的传教士和汉学家被派往中国。他们长期在中国居住，对中国的社会、政治、文化和思想等都有所了解，便充当了第一批中国研究的专家，有些回到美国后担任了大学教

---

① [美]陈荣捷:《王阳明与禅》，台北：学生书局1984年版，第106页。

师,如德效骞、亨克、卜德和顾立雅等人,是当时美国研究中国的主要力量。

但由于这一时期美国对中国的研究和翻译尚处于起始阶段,一些汉学家对中国语言文字和哲学思想的研究不够深入,整体的翻译质量不高,如亨克翻译的《王阳明哲学》。个别译者还以基督教思想来诠释中国经典,如卡罗斯的《道德经》英译,明显加入了宗教的色彩。

一些在美的华人学者也加入了中国哲学典籍英译的行列,如梅贻宝和林语堂,他们主要采用选译、编译的方法,以中国古代哲学思想的精华片段,用流畅、优美的英文来吸引读者,在美国读者中产生了较大影响。

第三,出现了一些具有开创性的翻译活动和翻译作品。这一时期是美国英译中国哲学的起步期,因此,不少英译活动和作品都具有开创性意义。例如,庞德1928年的《大学》译本是美国第一个《大学》的全译本;德效骞的《荀子》译本也是美国最早的《荀子》英译本。美国政府和各大基金会资助的学术机构和团体开始赞助中国典籍的英译,如顾立雅的《孝经》译本就是由洛克菲勒基金赞助出版的。

2 美国20世纪中后期的中国哲学典籍英译(1950—1979)

2.1 翻译发生的历史与文化语境

第二次世界大战期间,"太平洋战争"的爆发使得亚太地区及中国的战略地位凸显,"东京审判""马尼拉审判"等国际大审判又暴露了美国奇缺高层次的英汉双语翻译人才的问题。这时,美国开始意识到,传统的以语言文学为主的汉学研究已远远不能满足其现实需求,自己急需一批通晓汉语的专家,开展对中国现实问题的区域性研究,以服务其对华政策。有过中国学习和生活背景的美国本土学者、由于各种原因滞留在美的华人学者以及从亚洲战场上归国的美国年轻军人学者便充当了中国研究的主力军。这一期间,哈佛大学正式实施了对中国的区域性研究规划,成立了东亚研究中心,开设了将中国区域研究和汉学研究结合的相关课程,标志着美国汉学正式转向中国学。第二次世界大战以后,

第一章　20世纪以来中国哲学典籍在美国的英译概况

因意识形态上的分歧，美国与新成立的中华人民共和国走向了对立面，双方于1950年介入了朝鲜战争，促使中美两国成为敌对国家，并断绝了一切往来，直到"冷战"结束之后才恢复交往关系。这期间，美国国内盛行"麦卡锡主义"，直接冲击了美国的汉学研究，致使一大批中国问题的专家遭到迫害。另外，伴随着美国中国学的兴起，美国对中国的研究开始向"外部研究"转型，即倾向于结合政治、社会、经济等外部因素，将历史研究与现实问题的研究有机结合起来，却忽略了对中国自身发展的了解及对中国思想内涵的挖掘，导致这一时期的中国哲学典籍研究和翻译进入低迷期。

20世纪60年代到70年代迎来了中国哲学典籍在美国英译的高潮。这一时期，无论是国际形势还是美国国内局势都发生了重大变化。国际方面：第三世界国家的民族解放运动风起云涌，最终导致了全球殖民体系土崩瓦解。解构主义、后现代主义的兴起在思想领域掀起了轩然大波，动摇了人们对西方价值观和优越感的信念。国内方面：美国于20世纪60年代卷入了越南战争，遭受重创，浪费了不少财力，导致了不少人员伤亡。全国反战情绪高涨，加之美国的民权运动、水门事件的爆发，使得很多美国人对美国的全球影响力及西方的传统观念、精神信仰产生了怀疑。美国汉学家们开始对西方史学中的"西方中心主义"提出质疑，并且把目光转向中国社会的内部因素，来寻找中国历史发展的内在动力。这种研究中国的新趋势就是人们所说的"中国中心观"（China Approach）或"中国中心取向"（China Orientation）。这一转变促使研究和翻译中国典籍的学者逐渐将重点放在对中国思想本身的研究上来，开始关注中国典籍内在的宗教性和哲学性，逐渐形成了史学、比较哲学、比较宗教学等诠释进路，并且不再局限于先秦典籍的研究，将研究对象扩大到汉代以后的中国经典，结合旅美华人学者对宋明新儒学的推介，催生了中国哲学在美国英译的第一个高潮。

2.2　主要译作与译者简介

2.2.1　埃兹拉·庞德的《论语》《大学》和《中庸》英译

埃兹拉·庞德（Ezra Pound）是现代美国诗人和文学评论家，意象派诗歌运动的创始人及代表人物。他从中国古典诗歌、日本俳句中受到启发，创造出"诗歌意象"的理论，为东西方诗歌的互鉴做出了杰出贡献。起初，庞德并不识中文，阅读了《四书》的法译本之后，开始对儒家思想文化产生了浓厚的兴趣，倾其一生致力于研究儒家经典及中国文化，翻译了《大学》《中庸》《论语》《诗经》等四部儒家典籍，并不断地修改再版。

1950年，当时美国有影响的刊物《哈德逊评论》（Hudson Review）连续登载了庞德的《论语》英译（The Analects），引起了巨大反响，于1952年出版了单行本。其《大学》和《中庸》合译本（Confucius: the Great Digest, the Unwobbling Pivot and the Analects）于1951年再版。1954年，庞德的《诗经》（The Confucian Odes, the Classic Anthology Defined by Confucius）英译本出版。译者运用了高度意象化和自由格律来尝试翻译，在译诗中融合了其对中西诗歌传统和儒家诗教思想的体悟，引起美国的新诗运动人士的关注和效仿，也对中国当代诗歌创作产生了深远的影响。

庞德不懂汉语，对中国文化也知之甚少，早期对中国典籍的翻译基本是从法文译本转译，后来多依靠词典，创译的成分很大，但这并未减少其对中国语言文字和古典文学的热爱。在他看来，汉字中的象形文字完美结合意象与概念，表意作用更为生动，以致他过于迷恋象形文字，将其组成部分拆开来翻译，造成的误译很多。其翻译受到陈荣捷的批评"并没有从中国典籍的思想内涵出发去翻译，只是沉迷于拆字游戏"[①]。

2.2.2 魏鲁南的《论语》和《孟子》英译

魏鲁南（James R. Ware）是哈佛燕京学社的第一个研究生。他于1929年来华，在金陵大学任教，从1950年起开始撰写中国哲学方面的著作，翻译中国经典，是该时期向美国介绍中国哲学的重要美国学者之一。

魏鲁南的《论语》译本是美国第一部由本土译者翻译并出版的《论

---

① Chan Wing-tsit, "Review Confucius: The Great Digest and Unwobbling Pivot by Ezra Pound", *Philosophy East and West*, Vol. 3, No. 4, 1954, pp. 372 – 373.

语》全译单行本。它的语言是通俗易懂的现代英语,体例安排只有英译正文,没有原文对照,也不用注释,只在正文之前有一个简短的序言,介绍了孔子的生平及其所处的历史、社会、政治和宗教环境,并附有插图,很适合大众读者阅读。"该译本一个显著特点是使用新造词来翻译原著中的核心术语,如'君子'和'小人'分别译做'Great man''Petty man','仁'译做'manhood at-it-best','心'译做'heart and mind','道'译做'right procedure/right process'"[1],等等。当代美国汉学家倪德卫认为,"这样的翻译不是地道的英文表达,不易被读者接受"[2]。陈荣捷的书评认为,魏鲁南的《论语》英译是"一个解释性强的自由译。尽管它不注重批判性、不注重历史和考据,但语言通俗易懂、不加注释、可读性强,使得孔子的思想显得风趣幽默、亲切且有活力,特别适合初学者"[3]。

2.2.3 梅贻宝的《墨子》和《荀子》英译

20世纪上半期,英译中国哲学典籍的旅美华人学者寥寥无几,只有林语堂一位。到了20世纪中期,随着美国中国学的兴起,华人学者国际地位的提升,越来越多的旅美华人学者开始从事中国典籍英译及传播的事业,并产生了较大的影响,著名华人学者,爱荷华大学的东方学教授梅贻宝(Y. P. Mei)就是其中一位。

作为在美研究中国哲学的华人代表,梅贻宝曾三次参加了在夏威夷大学召开的"东西方哲学家会议"。博士学习期间,梅氏就开始了对《墨子》的研究,翻译并出版了英语世界中第一个《墨子》译本,其《荀子》英译于1951年发表。此外,梅贻宝还参与编译了《中国传统资料集》。

梅译《荀子》对原著的内涵有深刻的认识和把握。"首先,梅氏有明确的版本意识,在《荀子·正名篇》的英译文中明确指出自己翻译

---

[1] 杨静:《美国二十世纪的中国儒学典籍英译史论》,博士学位论文,河南大学,2014年,第46页。

[2] Nivison, David S., "On Translating Mencius", *Philosophy East and West*, Vol. 30, No. 1, 1980, pp. 93–122.

[3] Chan Wing-tsit, "Review Confucius: The Great Digest and Unwobbling Pivot by Ezra Pound", *Philosophy East and West*, Vol. 3, No. 4, 1954, p. 345.

所参考的原本注释。其次,他有清晰的翻译思路:一、交代'名'的来源和作用;二、指出'正名'的三个基本要点:'名'的缘由,'名'的使用条件和'定名'的原则;三、指出荀子正名所使用的逻辑;四、指出'圣人'与'君子','君子'与'小人'对'名'的不同界定;五、交代这一部分的主旨是讨论欲望和判断的心理状态"①。

2.2.4 狄百瑞的《中国传统资料集》

20世纪中期以后,在美国以中国为研究对象的学科中,除了费正清等人的中国学之外,最引人注目的就是陈荣捷和狄百瑞两人的中国哲学研究和翻译。此期间美国的中国哲学研究最重要的成果是《中国传统资料集》(Sources of Chinese Tradition)和《中国哲学资料书》(A Source Book in Chinese Philosophy)。

狄百瑞(William Theodore. de Bary)在哥伦比亚大学先后获得了硕士、博士学位,并获得富布莱特奖学金赴中国学习。他在中国哲学研究特别是明代思想研究方面,不仅是参与者,还是一个重要的促进者和组织者。"他是26本中国研究著作的作者或主编,是哥伦比亚大学新儒学讨论班的创办者"②。

《中国传统资料集》(Source of Chinese Tradition)由狄百瑞主编,著名的汉学家伯顿·沃森和华人学者陈荣捷、梅怡宝等人承担编译工作。该书是第一部向西方全面介绍中国古代重要思想文献的著作,有两个突出的特点,第一,该书将中国历史上最重要的思想家论述选译成了英语,正如主编狄百瑞所说:"为一般读者提供理解中国文明,特别是理解反映在历经数千年而进入到现代时期的思想和宗教传统中的这一文明的背景"③。该书分为五个部分:第一部分是诸子百家时期哲学典籍的英译,包括《论语》《孟子》《荀子》《大学》《中庸》《书经》《诗经》和《易经》的英译。第二部分主要收录了两汉时期重要的思想家对于宇宙、历史、政治、经济、文化和教育的看法。第三部分是关于魏晋南

---

① 杨静:《美国二十世纪的中国儒学典籍英译史论》,博士学位论文,河南大学,2014年,第50—51页。
② 崔玉军:《陈荣捷与美国的中国哲学研究》,社会科学文献出版社2010年版,第111页。
③ Bary De., ed., *Sources of Chinese Tradition*, New York: Columbia University Press, 1960, preface.

北朝和隋唐时期的新道家、道教及中国佛学的思想。第四部分为宋以后各朝代的儒学思想。第五部分是鸦片战争到中华人民共和国成立时期，中国与新世界的思想交流。

该书的第二个特点是：突出了中国传统思想中的形上因素。狄百瑞在书中说道："那些对形而上学和神秘心理学没有兴趣的人可能不明白，为什么像佛学和新儒学（实际上在翻译和解释中也最为困难）占了几乎三章的篇幅，而中国思想中更多易读易懂的材料却被剔除。原因是我们希望呈现的是中国传统的广度和深度，而不是那些最容易理解和最有吸引力的部分。"①

《中国传统资料集》出版后受到了学界的热烈欢迎。经过华霭仁等中国哲学专家的修订先后重版了四次，显示了其在西方学界的重要价值。

2.2.5 陈荣捷的中国哲学典籍英译

陈荣捷（Wing-Tsit Chan）是美国当代最重要的中国哲学专家之一，是多部哲学百科全书中国哲学条目的主编和主要撰文者，也是海外宋明理学，尤其是朱子学的研究权威。有学者总结了陈荣捷的学术成就："首先，陈荣捷是有史以来在海外讲授中国哲学和从事中国哲学专门研究时间最长的华人学者。其次，他是最早在美国推动新儒学研究的华人学者。最后，陈荣捷的贡献表现在他的经典翻译上。可以说，陈荣捷在美国推动中国哲学的研究和翻译上所作出的巨大贡献，无人能望其项背。"②

陈荣捷在美从事中国哲学的研究、英译和推广长达五十余年，其学术生涯大致分为两个阶段：20 世纪 30 年代至 60 年代，由于中国研究在美国尚处于起步阶段，陈荣捷的研究主要集中于中国哲学、宗教的概述和介绍，代表作品有《现代中国的宗教倾向》（*Religious Trends in Modern China*）（1954）、《中国哲学纲要与注释书目》（*An Outline and an Annotated Bibliography of Chinese Philosophy*）（1959）和《中国哲学资料书》（*A Source Book in Chinese Philosophy*）（1963）等。这一阶段，陈荣捷的贡献还在于向西方推广中国古典哲学思想。他是第一届"东西方

---

① Bary De, ed., *Sources of Chinese Tradition*, Volume I, New York: Columbia University Press, 1960, p. 8.

② 崔玉军：《陈荣捷与美国的中国哲学研究》，社会科学文献出版社 2010 年版，第 19—20 页。

哲学家会议"的发起人和筹办者,该系列会议"实际上担当了类似于'美国中国哲学学会'的角色"①,会议决定创办《东西方哲学》期刊,为中国哲学典籍的英译研究成果提供了难得的发表平台。"现在该刊已经成为世界著名的学术刊物,也是英语世界中国哲学研究的主要期刊"②。

在其学术生涯的后 20 年里,陈荣捷集中精力关注宋明理学的研究及其著作的翻译,尤其是对朱熹思想的研究,学术著作有《朱熹与新儒家》(*Chu His and Neo-Confucianism*)等。

除学术研究之外,陈荣捷还是中国哲学典籍英译领域的大师。除编译《中国哲学资料书》之外,他还英译了儒、释、道三家经典,包括新儒家的《传习录》(*Instructions for Practical Living and Other Neo-Confucian Writings*,1962)、《近思录》(*Reflections on things at hand*,1967)和《北溪字义》(*Neo-Confucian Terms Explained*,1986);道家的《庄子》(*the Philosophy of Chuang Tzu*,1929)和《道德经》(*The Way of Lao Tzu*,1963),以及佛教典籍《六祖坛经》(*The Platform Scripture*:*The Basic Classic of Zen Buddhism*,1963)等。

如果说狄百瑞主编的《中国传统资源》是从宗教、文化和思想方面介绍中国传统,那么陈荣捷的《中国哲学资料书》(*A Source Book in Chinese Philosophy*)则是从哲学的层面上介绍中国传统。"该书称得上中国哲学思想的资料汇编,全书分为 44 章,上溯孔、老之前,下迄冯友兰、熊十力,共 45 位中国哲学家的主要著述,将中国哲学发展史上重要的哲学家和哲学著作一网打尽"③。

《中国哲学资料书》既注重对中国哲学发展的全面介绍,也注重整理中国哲学的内在发展脉络,"力图用历史的眼光,不仅在现代、中世纪、古代而且在儒道佛三家都始终保持一种平衡"④。例如,该书用了超

---

① 崔玉军:《陈荣捷与美国的中国哲学研究》,社会科学文献出版社 2010 年版,第 120 页。
② 崔玉军:《东西方哲学家会议与中国哲学研究在美国的发展》,《国外社会科学》2005 年第 4 期。
③ 崔玉军:《陈荣捷与美国的中国哲学研究》,社会科学文献出版社 2010 年版,第 113 页。
④ Chan Wing-tsit ed., *A Source Book in Chinese Philosophy*, Princeton, N. J.: Princeton University Press, 1963, p. 9.

第一章　20世纪以来中国哲学典籍在美国的英译概况

过四分之一的篇幅介绍了宋明时期新儒家的思想（主要是宋代儒学），同时也没有忽视佛、道两家的思想。这种"平衡"的方法，使他的眼光集中于中国哲学自身的发展，而不为西方学者的研究兴趣所左右。

《中国哲学资料书》的编写注重吸收古今中外中国哲学的研究成果。陈荣捷本着严谨治学的态度来从事该书的编写和翻译。他批评西方学者翻译先秦典籍时不参考注疏，或只参考一二家注疏。而他本人的翻译和研究，则"参考多家。《老子》注三百以上，《庄子》注亦过百。予不敢谓全数看过，然参考不少，注脚可以见之"[1]。为了让读者弄明白中国思想家之间在历史上和哲学上的关联，他根据三项原则来从事该书的编写和翻译工作，即有名词必有解释，有术语必有翻译，有引文必溯其源或必说明之[2]。

《中国哲学资料书》对哲学概念的翻译亦有突出的贡献。中国哲学文献翻译中难度最大的就是核心术语的翻译。中国哲学概念众多，具有模糊性、多义性及变化性等特点，为翻译工作带来了困难。而且，如何在翻译中让同一术语的译名保持一致，也是一个复杂的问题。如果同一概念有不同的译名，则很难让西方读者对此概念形成一个明确的看法。从这个角度讲，中国哲学的翻译中保持概念和命题的一致性非常必要且非常重要。对于这一问题，陈荣捷在《中国哲学资料书》后专附一篇说明，谈论中国哲学概念的翻译方法。他指出："每个汉字都有几种不同的含义，不同译者所强调的方面也有所不同，翻译也应采用不同的方法，例如，专属中国文化的、意义复杂的概念，如'阴'和'阳'最好音译；有的则最好意译，像《大学章句》和《二程遗书》这样的书名；而有的像'文'、'自然'等一词多义的概念，最好根据具体情况做具体处理。"[3]

除了《中国哲学资料书》之外，陈荣捷还英译了《近思录》《传习录》。《近思录》是首次被译为英语，不但"为研究和理解宋代新儒学提供了精心选择的材料，且为新儒学与其他哲学传统的评价和比较提供

---

[1] ［美］陈荣捷：《中国哲学文献选编》，台北：巨流图书公司1993年版，第2页。
[2] 参见［美］陈荣捷《王阳明与禅》，台北：学生书局1984年版，第34页。
[3] 崔玉军：《陈荣捷与美国的中国哲学研究》，社会科学文献出版社2010年版，第258页。

了一个基础"①。在翻译该书时,陈氏保持了其一贯的翻译风格,即有词必释、有名必传,有引必溯其源。《近思录》英译的出版,"对已有的英译中国哲学经典而言,期待已久而令人振奋"②。之后,陈荣捷还英译了王阳明的《传习录》《大学问》及《王文成公全书》。倪德卫对《传习录》的英译评论说道:

> 陈教授的翻译流畅而正确,其优点不仅仅是准确达意。他的注释非常好,其句句追寻其出处的做法让人敬佩。他对日本注家的了解对他的工作颇有助益③。

1986年,陈荣捷又英译了陈淳的《北溪字义》,其内容主要是阐释朱熹的理学思想,而不是疏解四书原义。这部书对朱熹的哲学术语做了详细的阐释,借此抨击陆象山的学说,发展了朱熹的心性之学。至此,宋明新儒学最主要的文献全部有了英译。陈荣捷的新儒学文献的翻译填补了西方该领域的空白,为促进美国的新儒学研究提供了一手资料。"他的翻译引起了美国哲学界和汉学界的高度关注,众多学者发表书评,(Nivison 1964; C. M. Schirokauer 1964; Haeger 1969; Shih 1970; W. Chan 1972; Hansen 1989)称赞他严谨的治学态度、准确的翻译和翔实的注释,以及他为新儒学在美国的发展做出的巨大贡献"④。

2.2.6 伯顿·沃森的中国哲学典籍英译

伯顿·沃森是美国当代著名的中国典籍翻译家。他年轻时曾加入海军去过日本,在那里初次接触了汉语,从海军退役后回国在哥伦比亚大学学习日语和中文。伯顿·沃森受到了著名华人学者、翻译家王际真的

---

① Chung-ying Cheng, "A Review of Reflection of Things at Hand", *Philosophy East and West*, Vol. 20, No. 4, 1970, pp. 32–34.

② Chung-ying Cheng, "A Review of Reflection of Things at Hand", *Philosophy East and West*, Vol. 20, No. 4, 1970, pp. 32–34.

③ Nivison, David S., "Reviewed Work (s): Instructions for Practical Living and Other Neo-Confucian Writings by Wang Yang-ming and Wing-tsit Chan; The Philosophy of Wang Yang-ming by Frederick Goodrich Henke", *Journal of the American Oriental Society*, Vol. 84, No. 4, 1964, p. 84.

④ 杨静:《美国二十世纪的中国儒学典籍英译史论》,博士学位论文,河南大学,2014年,第54页。

第一章　20世纪以来中国哲学典籍在美国的英译概况

影响，并得到王氏的亲自指导，翻译并出版了几个版本的《史记》译文。此后，他便与翻译中国经典结下了不解之缘。

伯顿·沃森在英语世界重塑中国经典，跨诗、史、哲、佛四个领域，取得了杰出的成就，为中美文化交流做出了重大贡献。1958 年至 2007 年，伯顿·沃森在哥伦比亚大学出版社出版了其英译的中国经典 24 部，其中有《墨子》《荀子》《韩非子》《庄子》等中国哲学典籍的英译。

1963 年，伯顿·沃森选译本《荀子入门》(Hsun Tzu: Basic Writings) 出版。沃森认为，荀子的思想是其时代最系统、最完整的哲学思想，他的选译本要能够反映荀子哲学思想的精华。因此，他选译了"《荀子》中的《劝学篇》、《修身篇》、《王制篇》、《议兵篇》、《礼论篇》、《乐论篇》、《解蔽篇》、《正名篇》和《性恶篇》等最能反映荀子哲学思想的部分，由哥伦比亚大学出版社出版。沃译《荀子入门》被列入哥伦比亚大学东方经典翻译系列丛书 (Translations from Oriental Classics Series)，后于 1967 年在伦敦再版"[①]。

沃森同年选译的《墨子入门》(Mo Tzu: Basic Writings) 亦由哥伦比亚大学出版社出版。"该译本选译了《墨子》现存 53 篇中的 13 篇，集中反映了墨家关于乐、命、博爱等墨家哲学思想的核心内容"[②]，于 1964 年和 2003 年再版。该译本有重要的参考价值，不仅为许多专业人士评介，也成为诸多美国高校选作中国研究的教材。"沃森的译文多采用解释性翻译和归化的翻译方法，可读性很强，用词和造句体现出较为明显的交际性和普及性特点"[③]，既适合英美学者，也适合普通读者。

1964 年，哥伦比亚大学出版了沃森英译的《韩非子入门》(Han Fei Tzu: Basic Writings)，2003 年再版。"该译本集中反映了法家关于如何巩固和加强国家权力的思想"[④]，是美国出版的第一个《韩非子》英译本。

[①] 李秀英：《华兹生的汉学研究与译介》，《国外社会科学》2008 年第 4 期。
[②] 李秀英：《华兹生的汉学研究与译介》，《国外社会科学》2008 年第 4 期。
[③] 廖志阳：《〈墨子〉英译概观》，《中南大学学报》2013 年第 2 期。
[④] 李秀英：《华兹生的汉学研究与译介》，《国外社会科学》2008 年第 4 期。

1964年，哥伦比亚大学又出版了沃森翻译的《庄子入门》（*Chuang Tzu: Basic Writings*），内容包括"内七篇"和其他一些篇目。1968年，沃译《庄子全书》（*The Complete Works of Chuang Tzu*）也由该社出版，此后分别于1969年、1970年和1996年再版。"这个全译本被学术界公认为是目前为止最好的《庄子》译本，使用的是流畅的现代英语，通俗易懂、琅琅上口，很受欢迎"①。该书已被收入联合国教科文组织代表性著作选集《中国系列丛书》（*UNESCO Collection of Representative Works, Chinese Series*）。

2.2.7　秦家懿的宋明理学著作英译

秦家懿（Julia Ching）是海外著名华人女学者，是宋代著名词人秦观的后裔。秦家懿出生于上海，第二次世界大战后随家人迁往海外，在澳大利亚国立大学攻读博士学位，师从著名华裔学者柳存仁先生。之后，得到狄百瑞等美国学者的推荐，秦家懿来到美国，任教于耶鲁大学和哥伦比亚大学。1978年，秦家懿应邀到加拿大多伦多大学，担任中国文化和哲学教授。

从踏上学术之路起，秦家懿就对王阳明思想产生了浓厚兴趣。1972年，她翻译出版了《王阳明哲学书信集》（*The Philosophical Letters of Wang Yang-ming*），主要内容为王阳明对人性、义理等儒家思想的思考。与传教士亨克英译的《王阳明哲学》相比，该译本"尽管也有几处漏译和误译，但翻译句式灵活，语言流畅，可读性较强，对英语世界的王阳明思想研究来说不失为一部难得的参考"②。

秦家懿的译作《智慧获得：王阳明之道》（*To Acquire Wisdom: the Way of Wang Yang-ming*, 1976）更显示了译者对王阳明思想深层次的理解和把握。"全书分为两个部分：第一部分是王阳明的思想漫游历程；第二部分是王阳明的7篇论文和25首诗。书后的附录包括王阳明师徒传承谱系、该书的重要概念的翻译及解释，以及日韩王阳明学的简要介绍"③。

---

① 李秀英：《华兹生的汉学研究与译介》，《国外社会科学》2008年第4期。
② Lau, D. C., "Review The Philosophical Letters of Wang Yang-ming by Julia Ching; Wang Yang-ming", *Bulletin of the School of Oriental and African Studies*, University of London, Vol. 37, No. 2, 1974, p. 493.
③ 崔玉军：《陈荣捷与美国的中国哲学研究》，社会科学文献出版社2010年版，第133页。

第一章 20世纪以来中国哲学典籍在美国的英译概况

该译本是西方学界研究王阳明思想的重要文献之一。译者秦家懿从多个方面用心考察了王阳明思想，特别是王阳明和佛、道两家的关系以及王阳明思想中的宗教成分，这也为她日后转向比较宗教研究奠定了基础。

黄宗羲的《明儒学案》（The Records of Ming Scholars，1987）也被秦家懿翻译。"《明儒学案》是中国第一部严格意义上的学术史专著，系统记载、总结了明代学术思想的流派及发展演变。该典籍以王阳明的心学发端为主线，论述了明代210位学者及其学派的传承关系，是明代思想史、哲学史、学术史的专著。秦家懿从中节选了部分进行翻译，有详细的图表、词汇表、中文和日文的阅读和参考材料，共336页，已然是鸿篇巨制"[①]。"该译本不仅是美国而且是西方第一部黄宗羲著作的英译本，就连美国宋明理学研究的先驱人物陈荣捷在其《中国哲学资料书》的编译中都忽略了黄氏及其著作"[②]。该译本对研究明代历史及儒学的学者和学生来说，都是一部弥足珍贵的参考书。

秦家懿还以比较宗教研究著称。除了撰写《中国宗教》《朱熹的宗教思想》之外，她还和德国学者孔汉思合作，撰写了《中国宗教与基督教》《中国宗教与西方神学》两书，在中文学术界也有很大的影响力。

2.2.8 《易经》的英译

《易经》是中华民族思想、智慧的结晶，被誉为"大道之源"。早在20世纪初期，德国汉学家卫贤礼就与劳乃宣合作完成了《易经》的德译工作，于1924年出版，是公认的最能体现原著思想的译本，产生了广泛的影响。但当时的英语世界还没有《易经》的译本，卫贤礼希望《易经》能译成英语，让更多的西方读者从中获得智慧。通过在全美范围的层层挑选，最终选定了卡利·贝恩斯（Baynes, Cary F.）承担《易经》的德译英工作。贝恩斯的《易经》英译本"得到了卫礼贤父子的高度评价，先后再版了24次之多，在英语世界广受欢迎"[③]，

[①] 杨静：《美国二十世纪的中国儒学典籍英译史论》，博士学位论文，河南大学，2014年，第87页。

[②] Sih Paul K. T., "Review A Source Book of Chinese Philosophy", *The Journal of Asian Studies*, Vol. 23, No. 3, 1964, pp. 462–463.

[③] 马祖毅、任荣珍：《汉籍外译史》，湖北教育出版社1997年版，第60页。

"在美国年销量就达到 10 万余册,不愧为当今西方英语国家最通用的标准本《易经》"①。

这一时期美国出版的还有布罗菲尔德(Blofield)和克里·沃尔瑟姆(Clae Waltham)的《易经》英译本。布罗菲尔德的《易经》英译本(1968)流畅易懂,注释颇有价值,而且是唯一包含卦名发音指南的版本。克里·沃尔瑟姆的《易经》英译本(1969)面向普通大众读者,译文语言简洁流畅、可读性较强。

2.2.9 其他中国哲学及宗教典籍的英译

20 世纪的中后期,美国明显加强了对中国的研究和对中国典籍的英译,从这一时期美国译者对中国典籍的选材即可看出,不仅先秦各思想流派的作品基本都有了英译,宋明理学也因陈荣捷、狄百瑞和秦家懿等人的大力推介进入了美国学界和大众的视野。此外,这一时期,还有汉代儒家的古文学派以及新道家的作品被译成英文在美国出版,如 Timoteus Pokora 英译了桓谭的《新论》(*Hsin-lun and other writings by Huan T'an*,1975)。魏晋时期最为奇特的作品之一《世说新语》主要收集了当时士大夫的言谈轶事,有很多内容是关于三四世纪的道教和佛教,且具有很高的文学和美学价值,Richard Mather 英译并评注了此书(*Shih-shuo Hsin-yu: A New Account of Tales of the World*,1976)。

佛家学派中最具中国特色的是禅宗佛教,该宗派的重要文献《坛经》(*Altar Platform*)相传为慧能法师所作,内容丰富、文字通俗,在这一时期有了两种英译本(*The Platform Scripture: The Basic Classic of Zen Buddhism*,1963;*The Platform Sutra of the Sixth Patriarch: The Text of the Tun-hung ms*,1967)。《坛经》的传播促使禅宗佛教迅速分裂为好几个门派,其中最著名的就是激进的"临济"宗。该学派有几部集子,一部是《传心法要》,常为流行的文集引用,还有两部是《碧岩录》和《无门关》,在这一时期出现了几种英译(*I-hsuan, The Zen Teaching of Rinzai*,1976);*Two Zen Classics: Mumonkan and Hekiganroku*,1977),译文使用了日语对汉语姓名的拼注法。到了 18 世纪,晚清的知识分子开始接触西方科学。

---

① 杨静:《美国二十世纪的中国儒学典籍英译史论》,博士学位论文,河南大学,2014 年,第 49 页。

第一章 20世纪以来中国哲学典籍在美国的英译概况

清末思想家、教育家颜元主张实用主义思想，其哲学四部曲已有一部英译（*Preservation of Learning*，1972）。戴震的著作《原善》更富有哲理，与他的《孟子》评注一起被译成英文（*Inquiry into Goodness: A Translation of the Yuan Shan*，1971）。

以下就该时期中国哲学典籍英译本和译者的基本情况，采用表格形式详细列举如下。

表1-2　美国20世纪中后期的中国哲学典籍英译作品（1950—1979）

序号	出版年	译者	译本	出版社及或出版地
1	1950	Ezra Pound	*The Analects*	Hudson Review
2	1950	James Roland Ware	*The Best of Confucius*	Garden City, N. Y.: Halcyon House
3	1950	Cary F Baynes	*The I ching; or, Book of changes*	Princeton, N. J.: Princeton University Press
4	1951	Ezra Pound	*Confucius: the Great Digest, the Unwobbling Pivot*	New York: New Directions Pub. Corp.
5	1951	Y. P. Mei	*Hsün-tzu on Terminology*	Philosophy East and West, Vo. 1 51-66
6	1951	Gustav Haloun	*Legalist Fragments: Part I Kuan-tsi and Related Texts*	Asia Major NS II
7	1952	Ezra Pound	*Confucian Analects*	New York: Kasper and Horton
8	1952	H. G. Creel	*Literary Chinese by the Inductive Method Vol. 3, Mencius: Book I-III*	Chicago: University of Chicago Press
9	1953	Y. P. Mei	*The Kung-sun Lung-tzu*	Harvard Journal of Asiatic Studies 16
10	1954	Ezra Pound	*The Confucian Odes, the Classic Anthology Defined by Confucius*	New York: Laughlin
11	1955	James Roland Ware	*The Sayings of Confucius: the Teaching of China's Greatest Sage*	New York: New American Library
12	1960	De Bary	*Sources of Chinese Tradition, Volume I*	New York: Columbia University Press

续表

序号	出版年	译者	译本	出版社及或出版地
13	1960	James Roland Ware	Sayings of Mencius	New York： New American Library
14	1961	Mary Lelia Makra & Paul K. T. Sih	The Hsiao ching = Xiao jing	New York： St. John's University Press
15	1961	Y. P. Mei	Hsün Tzu's Theory of Education： With an English Translation of the Hsün Tzu, Chapter I, An Exhortation to Learning	The Tsing Hua Journal of Chinese Studies
16	1962	Wing-Tsit Chan	Instructions for Practical Living and Other Neo-Confucian Writings	New York： Columbia University Press
17	1963	Wing-Tsit Chan	A source book in Chinese philosophy	Princeton, N. J.： Princeton University Press
18	1963	Wing-tsit Chan	The Way of Lao Tzu (Tao-te Ching)	Indianapolis： Bobbs-Merrill
19	1963	Wing-tsit Chan	The Platform Scripture： The Basic Classic of Zen Buddihism	New York： St. John's University Press
20	1963	Burton Watson	Hsun Tzu： Basic writings	New York： Columbia University Press
21	1963	Burton Watson	Mo Tzu： Basic Writings	New York： Columbia University Press
22	1963	James Ware	The Sayings of Chuang Chou	New York： Mentor Classics
23	1964	Burton Watson	Chuang tzu： Basic Writings； The Complete Works of Chuang tzu	New York and London： Columbia University Press
24	1964	Burton Watson	Han Fei Tzu： Basic Writings	New York： Columbia University Press
25	1964	Feng Yun-lan	New Selected Translation with an Exposition of the Philosophy of Kuo Hsing	New York： Paragon
26	1965	Chu Chai & Winberg Chai	The Sacred Books of Confucius, and Other Confucian Classics	New Hyde Park, N. Y.： University Books

第一章 20世纪以来中国哲学典籍在美国的英译概况

续表

序号	出版年	译者	译本	出版社及或出版地
27	1965	Chu Chai	Humanist Way in Ancient China: Essential Works of Confuciam	New York: Bantam Books
28	1966	James R. Ware	Alchemy, Medicine, Religion in the China of A. D. 320: The Nei Pien of Ko Hung Pa-p'u tzu	Cambridge: MIT Press
29	1967	Burton Watson	Basic writings of Mo Tzu, Hsun? Tzu, and Han Fei Tzu	New York: Columbia University Press
30	1967	Wing-Tsit Chan	Reflections on things at hand; the Neo-Confucian anthology compiled by Chu Hsi and Lu Tsu-Ch'ien	New York: Columbia University Press
31	1967	Philip B. Yampolsky	The Platform Sutra of the Sixth Patriarch: The Text of the Tun-hung ms	New York: Columbia University Press
32	1968	J. Blofeld	I Ching, the Book of Changes: A New Translation of the Ancient Chinese Text with Detailed Instructions for Its Practical Use in Divination	New York: E. P. Duttonp
33	1969	Ezra Pound	Confucius: the Great digest, the Unwobbling pivot, and the Analects	New York: New Directions Pub. Corp
34	1969	Clae Waltham	Yi Jing: the Chinese Book of Changes	New York: Ace Pub. Corp.
35	1970	Y. P. Mei	Hsün Tzu's Theory of Government: With an English Translation of the Hsün Tzu, Chapter IX, Kingly Government	The Tsing Hua Journal of Chinese Studies
36	1970	J. Murphy	Secrets of the I Ching	New York: Penguin Group
37	1971	Clae Waltham	Shu Ching: Book of History. A Modernized Edition of the Translations of James Legge	Chicaco: H. Regnery Co. 41
38	1971	Cheng Chung-ying	Inquiry into Goodness: A Translation of the Yuan Shan	Honolulu: East-West Center Press

续表

序号	出版年	译者	译本	出版社及或出版地
39	1971	Ann-ping Chin & Mansfield Freeman	Tai Chen on Mencius: explorations in Words and Meaning: A Translation of the Meng Tzu tzu-I shu-cheng with a Critical Introduction	New Haven
40	1972	Julia Ching	The Philosophical Letters of Wang Yang-ming	Canberra: Australian National University Press
41	1972	Mansfield Freeman	Preservation of Learning	Los Angeles: Monumenta Serica Institute
42	1975	Timoteus Pokora	Hsin-lun and other writings by Huan T'an	Ann Arbor: Center for Chinese Studies, University of Michigan
43	1976	Julia Ching	To Acquire Wisdom: the Way of Wang Yang-ming	New York: Columbia University Press
44	1976	Irmgard Scloegl	I-hsuan, The Zen Teaching of Rinzai	Berkeley: Shambhala
45	1976	Richard Mather	Shih-shuo Hsin-yu: A New Account of Tales of the World	Minneapolis: University of Minnesota Press
46	1977	Katsuki Sekida, ed. and with introd. by A. V. Grimstone	Two Zen Classics: Mumonkan and Hekiganroku	New York: Weatherhill
47	1978	Lawrence Faucett	The Sayings of Confucius: a New Translation of the Analects Based Closely on the Meaning and Frequency of the Chinese characters	San Diego, Calif.: Faucett
48	1979	Ariane Rump & Wing-tsit Chan	Wang Pi, Commentary on the Lao-tzu	Honolulu: University of Hawaii. Press

2.3 翻译活动特征分析

20世纪50年代至80年代，美国的中国哲学研究最明显的变化就是由局部到整体的变化，这一点，可从这一时期的中国哲学典籍在美国的英译和出版得到清晰的体现。随着战后西方汉学中心向美国转移，以及美国对亚太地区，特别是对中国的文化战略需要，美国对汉学研究加

第一章　20世纪以来中国哲学典籍在美国的英译概况

大了投入，翻译及出版的中国哲学典籍英译本不仅数量较多，涵盖范围广，而且质量较高，影响范围广。从20世纪50年代至80年代这30年间，一共出现了48种中国哲学、宗教典籍的译本，数量是上一时期（1900—1949）50年间在美国出现的中国哲学典籍译本（14种）的3倍多，且集中在60年代至80年代之间（37种），因此，这一时期可算作中国哲学典籍在美国英译的一次高潮。

所谓局部，是指此前中国哲学研究和英译的重点放在先秦时期，除了《四书》《五经》之外就是《老子》《庄子》，且认为这些就是中国哲学的全部。直到狄百瑞、陈荣捷等一批学者在美国大力推介新儒学，使得朱熹、王阳明、黄宗羲等宋明理学思想家的著作在美国得以首次面世，颜元、戴震等清代儒家的著作也首次有了英译。除了上述儒家和道家等主要哲学流派的作品之外，狄百瑞主编的《中国传统资源》和陈荣捷编译的《中国哲学资料书》还译介了名家、阴阳家、法家、早期佛教和现当代哲学家的思想，使得美国学界对中国哲学第一次有了较全面的认识，"最重要的价值是对当时美国学界的中国（或者中国哲学）研究去向形成了挑战"[①]。此前，美国对中国的研究形成了两个极端：少数汉学家重视中国先秦的思想，认为先秦之后中国哲学就无进一步的发展；而美国的中国学家则专注于近代中国问题。20世纪50年代至80年代中国哲学在美国的译介，不仅大大拓展了美国学界的中国哲学视野，而且开辟了美国研究中国哲学的新方向。

这一时期美国的中国哲学典籍的研究和翻译还有一个显著的特点，就是由对典籍宗教内涵的关注逐渐转向对哲学内涵的关注。由于历史原因，早期的美国汉学家多是传教士出身，他们多从宗教的立场来看待中国哲学，用神学的视角来解读和翻译中国哲学典籍，这样不免将中国哲学看作宗教，也不免将中国宗教与基督教相比，从而妨碍了对中国哲学真面目的认识。

这一时期，旅美华人学者成为中国哲学典籍英译的重要力量。因为华人译者对中国典籍的理解更加准确、深刻，对中国文化有着较高的修

[①] 崔玉军：《陈荣捷与美国的中国哲学研究》，社会科学文献出版社2010年版，第135页。

养和体认，他们的研究和翻译多能克服以往西方汉学家以西释中、以耶释儒、释道的缺陷，体现中国哲学与西方哲学的差异性和独特价值，这些旅美华人学者（如陈荣捷、梅贻宝、秦家懿等人）的成果开始在美国汉学界引起巨大反响，将中国典籍的哲学内涵和文化精髓逐渐展现在美国读者面前。

3 20世纪80年代以来美国的中国哲学典籍英译
3.1 翻译活动发生的历史与文化语境

20世纪80年代以后，"冷战"逐渐进入尾声，中国的战略地位逐渐降低，美国政府及基金会对中国研究的资助也因此大量减少。于是，20世纪80年代，美国出现了一个汉学发展的短暂低潮，从事中国研究的学生生源锐减。这一时期，新近加入中国典籍英译事业的译者较少，新出版的译本也不多，只有11种，如陈荣捷英译出版了《北溪字义》（1986），秦家懿英译出版了《明儒学案》（1987），等等。

"经历了短暂的低迷期，20世纪80年代以来，中美正式建交，中国实行了对外开放政策，为美国重新认识中国传统文化奠定了政治和外交基础"[①]，对中国哲学的世界化有着非常重要的意义。同时，20世纪70年代，"多元文化主义"已在世界范围内成为文化主流，在这样的政治、文化背景下，美国实行了全面开放的对华政策。

通过中美双方的交流，双方对彼此的著述有了最直接的了解。一方面，中国学者获准出国讲学、开会、访学和进修，而美国学者也能够方便进入中国内地做实地考察，并与中国同行当面交流切磋；另一方面，文化交流还促进了中国与海外学者之间的交流项目，更多的华人学者通过各种方式或短期居住，或长期定居在国外，他们中有不少是中国哲学领域的专业人才，目前活跃在美国学术界的几位华人学者，如李泽厚、倪培民、李晨阳等人，就是从中国内地迁往美国的。

这一时期开始的中外文化交流，为中国哲学在美国的发展和国外学

[①] 杨静：《美国二十世纪的中国儒学典籍英译史论》，博士学位论文，河南大学，2014年，第66页。

术队伍的建设创造了很好的环境：老一辈学者仍活跃在学术研究的前沿，他们培养出来的新一批人才也已经崭露头角，涌现出如安乐哲、郝大维、梅维恒、韩禄伯、柯勒瑞、艾文荷、万百安等一大批翻译过多部中国古代经典的年轻译者。一个更明显的特点是：这一时期的译者大多是受过正规学术训练的某一领域的专家，对中国文献的研究和翻译都有各自的视野，既不拘泥于以往注重历史、考据的研究，也对以费正清为代表的"外向型"研究的方法提出批评。他们从中国哲学典籍的思想内涵出发，运用最新考古学的研究成果和各种跨学科的视角和研究方法对中国哲学典籍展开了多元化的诠释，英译并出版了多部中国哲学典籍译作，安乐哲、郝大维等译者甚至出版了一系列译作，成为集大成的新一代译者。

20 世纪 80 年代以来的美国学术界的中国哲学、宗教经典翻译呈现出相当繁荣的局面。据不完全统计，近 30 年来，单是儒、道两家的经典在美国的英译就超过了 100 种，此外，还有兵家、法家、名家、中国佛教典籍的英译……几乎所有的中国哲学、宗教流派的重要典籍在这一时期都有了英译本。以下是这一时期重要译作和译者的简要介绍。

3.2 主要译作和译者简介

3.2.1 《论语》的英译

20 世纪 90 年代后西方出现了数量较多（10 部）的《论语》英译本，其中 7 部是在美国出版的，它们是：托马斯·柯勒瑞（Thomas Cleary）的《孔子精要》(*The Essential Confucius*, 1992)；黄继中（Chichung Huang）的《论语》(*The Analects of Confucius*, 1997)；西蒙·利斯（Simon Leys）的《论语》(*The Analects of Confucius*, 1997)；安乐哲和罗思文（Roger Ames & Henry Rosemont）的《论语的哲学阐释》(*The Analects of Confucius: A Philosophical Translation*, 1998)；白牧之和白妙子（E. Bruce Brooks & A. Taeko Brooks）的《论语辨》(*The Original Analects*, 1998)；戴维·亨顿（David Hinton）的《孔子论语》(*Confucius: The Analects*, 1998)；雷蒙·道森（Raymond Dawson）的《孔子论语》(*Confucius: The Analects*, 1998)；爱德华·森舸澜（Edward Slingerland）的《孔子论语与传统评注》(*Confucius: Analects, with Selections from Traditional*

Commentarie，2003），以及伯顿·沃森（Burton Watson）的《论语》英译（*The Analects of Confucius*，2007）。

与以前的译本相比，这一时期出现的《论语》英译本有这样一些特点："第一，有意避免西方文化前见对诠释的影响，尽量依据原典，力图回归儒家独特的思想；第二，研究与诠释相结合，多数译本的解读建立在跨学科研究的基础上，融入了历史学、考古学、比较哲学、比较宗教学的最新研究成果；第三，诠释的进路大体可归为面向文本与历史的定向和面向理论和现实的定向"①，也可以分为创造性诠释、现代性诠释、历史及哲学诠释，等等，分别以西蒙·利斯的译本、白牧之和白妙子的合译本以及安乐哲和罗思文的合译本为代表。

西蒙·利斯的《论语》英译以挖掘经典的现代性和普世性为目的。译者认为，孔子思想具有超越时空的普遍意义，"经典有一种永恒性，但需要通过新的诠释和发展在现代获得生命"②。在这种理念的引导下，他倾向于使用现代的、西方的观念和词汇来翻译。例如：

"礼之用，和为贵。先王之道，斯为美；小大由之。有所不行，知和而和，不以礼节之，亦不可行也。"《论语·学而篇》

"In daily courtesy ease is of price. This was the beauty of the old kings' ways; this they followed in small and great. But knowing this, it is not right to give way to ease, unchecked by courtesy. This also is wrong."③

"君子食无求饱，居无求安，敏于事而慎于言，就有道而正焉，可谓好学也。"《论语·学而篇》

"A gentleman who is not a greedy eater, nor a lover of ease at home, who is earnest in deed and careful of speech, who seeks the righteous and profits by them, may be called fond of learning."④

---

① 王琰：《〈论语〉英译与西方汉学的当代发展》，《中国翻译》2010年第3期。
② 王琰：《〈论语〉英译与西方汉学的当代发展》，《中国翻译》2010年第3期。
③ Leys Simon, *The Analects of Confucius*, New York and London: W. W. Norton & Company, 1997, p.6.
④ Leys Simon, *The Analects of Confucius*, New York and London: W. W. Norton & Company, 1997, p.6.

第一章 20世纪以来中国哲学典籍在美国的英译概况

以上两句译文的一些用词中，我们不难看出，译者对于原文的理解带有现代的观念，因此用词也带有当代西方文化色彩，缩小简化了中国古代思想术语的语义范围。如第一句中的"courtesy"和"ease"，"courtesy"虽有"礼节""礼貌""谦恭有礼"之意，却没有《论语》中"礼"这一术语包含的"礼法""规范""社会典章制度"等含义。"ease"一词所指的"轻松""安逸""不拘小节"也显然与孔子所说的"和"大相径庭。第二句中，译者将"有道"译为"seek the righteous and profit by them"，似乎在表达"寻求正义而由此获益"，"正义"是一个典型的西方概念，并非"有道"想表达的意思。这样的翻译显然是译者出于对现实问题的思考做出的创造性诠释。虽富有现实和普遍意义，但难免有损原著的思想内容和文化特色。

白牧之、白妙子夫妇是当代美国汉学家，麻省大学阿姆赫斯特分校（University of Massachusetts Amherst）亚洲语言与文学系的教授。他们负责的"战国研究项目"是一项史学课题——运用考据学的视角和方法研究中国先秦时期文献的成书年代及过程。

白氏夫妇的《论语辨》（*The Original Analects: Sayings of Confucius and His Successors*）是其战国研究的一项成果。译者从语义学、考据学等角度研究，确定了《论语》中的每一章的成书年代。他们认为，"《论语》的最终形成时间不是公元前5世纪，而是公元前249年左右。《论语》中《里仁第四》，成书于孔子死后，即前479年，是最原始的核心部分"。其他内容则"是以每12.7年一篇或每一代人（25年）两篇的速度层层累积起来的"[①]。这种关于典籍成书过程及年代的考据论称为"层累论"（accretion theory）。根据这一理论假说，白氏夫妇"不仅确定了《论语》各篇的成书年代，而且将《论语》视为一部儒家思想形成史，是孔子的弟子和后裔应各自时代需求'发明'的内容，是政治博弈的产物"[②]。

[①] 金学勤：《论美国汉学家白氏夫妇的〈论语〉"层累论"成书说》，《四川大学学报》（哲学社会科学版）2009年第2期。

[②] 杨静：《美国二十世纪的中国儒学典籍英译史论》，博士学位论文，河南大学，2014年，第76页。

《论语辨》出版后,受到学术界的高度关注。赞同者认为这是《论语》阐释的一种新方法(Henderson,1999),反对者则认为白氏的论证猜测多于事实,缺乏可信的证据,是"循环论证"(Slingerland,2000)。

安乐哲和罗思文翻译的《论语》主要有三个特点:第一,这是有史以来第一部由两名专业哲学家合作翻译的《论语》译本。第二,这是首次以"哲学翻译"为目的的译作。因此,该译作的书名就叫《论语的哲学阐释》(*The Analects of Confucius: A Philosophical Translation*),以区别于其他的《论语》译本。两位译者选用了一套新的词汇用于中国哲学术语的翻译。第三,译者选用的是1973年出土的定州《论语》版本。译者认为,这个《论语》的早期版本会帮助人们澄清一些解读方面的困惑。

这里所谓的"哲学翻译",不仅要解读、再现文本蕴含的哲学意义,而且要通过语境重构的方式来诠释、翻译。也就是说,译者先建立《论语》得以生长的哲学文化语境,对其特色形成整体认识,在此基础上进行文本诠释和翻译,并在其中体现《论语》异于西方哲学的表述方式,建构起孔子哲学的话语体系。译者的这种目的和翻译特点不仅表现在他们对哲学关键词的诠释和翻译上,还表现在其遣词造句中。该译本具有鲜明的语言特色,表现了汉语思维的独特性。

例如,《学而篇》有这样一章:

子曰:"学而时习之,不亦乐乎?"

试比较理雅各(James Legge)、刘殿爵(D. C. Lau)和安乐哲、罗思文的翻译。

The Master said, "Is it not pleasant to learn with a constant perseverance and application?[①]

The Master said, "Is it not a pleasure, having learned something,

---

[①] Legge James, *The Chinese Classics*, Vol. I: *Confucian Analects, the Great Learning, and the Doctrine of the Mean*, Hong Kong: Anglo-Chinese College Press, 1861, p. 65.

to try it out at due intervals?"①

The Master said: "Having studied to, then repeatedly apply what you have learned is this not a source of pleasure?"②

原文的"学"一词,安乐哲、罗思文分别使用了"study"和"learn"两个词,前者强调的是"学习"的过程,后者则表示所学的东西,属于"达成性"词汇。但理雅各和刘殿爵的译文就没做相应的区分。之所以这样翻译,是因为安乐哲、罗思文认为,中国古代思想家们把过程性和变化性看作是事物的自然条件,而非事物的形式,因此,唯有"过程性"和"动态性"的词汇才能反映中国古代思维。

3.2.2 道家经典的英译

20世纪80年代以来,美国出现了数量众多的道家经典的翻译,其中《道德经》的英译本最多,影响最大的要数韩禄伯(Robert G. Henricks)的译本。韩禄伯是美国著名的汉学家、道家思想研究的领军学者,其博士论文的研究对象就是新道家的代表人物嵇康的思想,其中包含一些对嵇康著述、言论的英译。韩禄伯翻译了《道德经》的两个版本:马王堆帛书《老子》和郭店竹简《老子》,他的马王堆《老子》英译自出版以来曾多次重印。另一位著名汉学家梅维恒(Victor H. Mair)也英译了《道德经》。梅氏任教于宾夕法尼亚大学,他除了翻译中国古代文献之外,还致力于敦煌变文研究。梅氏英译《道德经》的目的是证明印度佛经与《道德经》之间的关系以及早期中国与印度之间的重大联系。此外,加拿大学者林理彰(R. Lynn)英译的王弼注本《道德经》也颇有影响。

必须要指出的是,一些不懂汉语的西方译者,对中国文化也仅有一知半解,凭借中国学生的帮助,也翻译了《道德经》这部艰涩难懂的哲学典籍。这固然与《道德经》的市场效应有关,也反映了部分西方译者对中国哲学的傲视态度。这些译者有 Stephen Mitchell, Witter Bynner 和 Thomas H. Miles, 等等。Stephen Mitchell 的《道德经》英译,明

---

① 杨伯峻、刘殿爵:《论语》,中华书局2008年版,第3页。
② Ames Roger T. & Rosemont, Henry, *The Analects of Confucius: A Philosophical Translation*, New York: The Ballantine Publishing Group, 1998, p. 71.

显将基督教和西方哲学引入了典籍的诠释和翻译①,译作却取得了极好的市场效益,在亚马逊图书网的销量排名为第3489名,遥遥领先于亚里士多德、歌德、狄更斯、但丁等哲学大师和文学巨匠的作品译本的销量排名,也比《道德经》的其他英译排名靠前②,原因在于英语世界的普通读者更愿意享受被"归化"、简化及同化过的"假翻译"带给他们的舒适感。

这一时期美国出现的《庄子》译本也不少。托马斯·柯勒瑞(Thomas Cleary)英译的《道的要义》(*The Taoist Classics*)于1991年在哈泼(Haper)出版社旧金山分社出版,这个译本包括《道德经》全文和《庄子》的内篇,翻译的文字通畅,但相对原文来说不大忠实。

1994年,班坦(Bantan)出版公司出版了美国汉学家梅维恒编译的《庄子的道家故事——逍遥游》(*Wandering on the Way: Early Daoist Tales and Parables of Zhuangzi*)。该译本独具特色,"把汉语诗体部分全部用英语的诗体来翻译;另外,译者把术语汇编分为人名、地名、典故三个部分,对所列的条目都进行了简要的解释"③。

出版商认为,相对于广泛的大众读者市场,《庄子》英译本不多,有必要推出新的译本。1996年,企鹅出版公司(Arkana: Penguin Books)推出了《庄子》的全译本。此外,还有戴维·亨顿的《庄子内篇》(*Chuang-tzu: the Inner Chapters*, 1997)、Sam Hamill 和 J. P. Seaton 的《庄子精要》(*The Essential: Chuang Tzu*, 1998)等。这些译作特色鲜明,均有可圈可点之处。

最近十多年中,西方对《淮南子》的研究日渐升温,从政治哲学、思想史和文献学、哲学(宇宙论)等多个角度展开了研究和翻译。美国出现的《淮南子》英译本也不少。达特茅斯学院的梅杰(John S. Major)1993年出版了《西汉思想中的天与地》,书中选译了《淮南子》的第

---

① Stephan Durrent, "Book Reviews: Packaging the Tao", *Rocky Mountain Review of Language and Literature*, Vol. 45, No. 1/2, 1991, pp. 75–84.

② Goldin Paul R., "Those who Don't Know Speak: Translations of the Daodejing by People Who Do Not Know Chinese", *Asian Philosophy*, Vol. 12, No. 3, 2002, p. 192.

③ 文军、甘霞:《国内〈庄子〉英译研究:回顾与前瞻》,《广东外语外贸大学学报》2012年第3期。

三、第四和第五章（*Heaven and Earth in Early Han Thought*，1993）。1998年，安乐哲与其师刘殿爵选译了《淮南子》的第一章《原道篇》（*Tracing Dao to Its Source*，1998）。

此外，还有多部道家经典文献被美国汉学家翻译成英语。例如，宾夕法尼亚大学的里基特（W. Allyn Rickett）博士学位论文里包含了《管子》英译。约翰诺布洛克与其弟子王安国（Jeffrey Riegel）翻译了《吕氏春秋》（*The Annals of Lv Buwei*，2000），道家的另一部典籍《列子》在美国也有了英译（*Lieh-tzu：A Taoist Guide to Practical Living*），由著名的香巴拉（Shambhala）出版社2013年出版。

3.2.3 《荀子》的英译

相对于《论语》《孟子》和《易经》来说，《荀子》的英译本不多，且出版时间较晚。《荀子》最早由英国汉学家译介进入英语世界，后来，随着世界汉学中心向美国转移，《荀子》逐渐进入美国汉学界的视野，有学者长期从事《荀子》的研究，其中代表人物为约翰·诺布洛克。

1893年，英国汉学家理雅各英译了《荀子》的《性恶篇》，这是英语世界中最早的《荀子》英译。20世纪80年代之前，由美国汉学家英译并出版的《荀子》节译本有1928年德效骞的《荀子选》和1951年梅贻宝的《荀子·正名篇》《荀子·劝学篇》和《荀子·王制篇》。1963年，伯顿·沃森选译了《荀子》中的9篇，汇编成《荀子入门》。但至此为止，英语世界尚未有一部《荀子》的全译本。

约翰·诺布洛克（John H. Knoblock）为美国当代著名汉学家。从20世纪60年代末，诺布洛克就开始了《荀子》的英译工作，直到1992年完成。译文分别在1988年、1990年和1995年出版，这是西方第一部《荀子》英文全译本。

诺布洛克的《荀子》英译旨在为英语世界提供一部全面的、学术型译作。他在书中写道："我尽量悉数查阅了用中文和日文撰写的评论文章和著作，且注意到了中国和西方研究中国哲学的最新动态。我的目的是拿出一个面向有文化教养的人的英译本，借以充分传达荀子哲学论点的含义"[1]。

---

[1] Knoblock John, trans., *Xunzi：A Translation and Study of the Complete Works. Vol. II*, Stanford, Calif：Stanford University Press, 1990, p. 7.

因而，诺氏的《荀子》英译带有长篇的副文本，其中有原著的背景介绍、版本说明，且附有好几种文字的参考文献目录，为西方汉学界提供了丰富的研究资源。不仅如此，诺氏还列举了其译本与其他最新相关成果比对的显著特点："一是它包括大量的阐释材料，用来解释专门术语、人物、事件；二是每篇前附有详细的导言，概述全篇的哲学观点及其与其他哲学家思想的联系；三是附有大量注释，必要时还加注汉字，以便当版本文字上有出入，或不同校注者说法不一时，借以说明译文所取说法的依据；四是卷前有总序，分章讨论荀子的生平，他对后世的影响，他所生活的知识圈，以及古代中国人用来表述关于自然和社会的基本概念的术语。"①

诺布洛克意识到，《荀子》是一部具有鲜明中国文化特色的古代典籍，将其介绍给西方读者，西方哲学的词汇场中缺少一些关键术语，而没有这些术语，就无法使用适当的措辞提出命题。"对于这个难题，诺氏的解决方法是紧扣原文；照字直译，辅以各种补偿手段，尽量'原汁原味'地传达原文的含义"②。

对于研究《荀子》和古代中国哲学的人士来说，诺氏的《荀子》译本"是最全面和细致的。作者旨在完成一部直译本，全面地表述《荀子》哲学思想的原始内涵"③。

除了《荀子》外，诺布洛克还翻译过《墨子》《韩非子》和《吕氏春秋》等先秦典籍，其中，《韩非子》和《吕氏春秋》在美国各仅有两种英译。

3.2.4 《墨子》的英译

整个 20 世纪，英语世界一直都有《墨子》的译本出版。最有影响的两个节译本是 1927 年梅贻宝的《墨子的伦理及政治论著》及 1963 年伯顿·沃森的《墨子入门》，在前面已有介绍。

2001 年，美国新一代中国哲学研究专家菲利普·艾文荷和万百安

---

① 蒋坚松：《文本与文化——评诺布洛克英译本〈荀子〉》，《外语与外语教学》1999 年第 1 期。
② 蒋坚松：《文本与文化——评诺布洛克英译本〈荀子〉》，《外语与外语教学》1999 年第 1 期。
③ AS Cua, "Review Xunzi: A Translation and Study of the Complete Works, Volume 1: Books 1-6 by John Knoblock; Xunzi", *Philosophy East and West*, Vol. 41, No. 2, 1991, p. 215.

第一章 20世纪以来中国哲学典籍在美国的英译概况

共同编译了《中国哲学经典读本》(Readings in Classical Chinese Philosophy)，2005年再版。该书选译了孔子、墨子、老子、孟子、庄子、荀子和韩非子七家的重要论述，其中《墨子》的部分章节为全书的核心。译文简洁流畅，表意明晰，有较为详细的注释，注释的内容涉及词汇解释、人物及地名简介，为读者了解原著提供了丰富的参考信息。

2010年，哥伦比亚大学出版社出版了伊恩·约翰斯顿（Ian Johnston）的《墨子全译》(The Mozi: A Complete Translation)，此书是英语世界首部翻译《墨子》全篇的文本。

约翰斯顿的《墨子全译》主要面向两类读者：一类是没有中文背景的，却对中国及墨家哲学文化有兴趣的普通读者；另一类是中英文水平较高，且对《墨子》原著感兴趣的专业读者。在译本的序言中，他表达了翻译的目的和意义：

> "My hope is that despite its deficiencies, recognized and as yet unrecognized, this work will prove to be of interest and value both to scholars of Chinese and to students of philosophy more generally; and will play some part in establishing Master Mo Zi and the school he engendered in their proper place of prominence in early Chinese philosophy and Chinese intellectual history"[1].

"尽管还存在已知或未知的缺陷，我希望这本书，能让中国研究学者和哲学专业的学生感兴趣并为他们提供参考价值；同时也希望能为墨子和他所创立的学派在中国早期哲学和中国学术史上确立其合适的地位发挥作用"（作者译）。

约翰斯顿的这部译作虽然出版时间不长，但已引起了西方学界的关注。美国汉学家梅维恒将此书誉为"一项杰出的成就"[2]，"将这位被不

---

[1] Ian Johnston, The Mozi: A Complete Translation, Hong Kong: The Chinese University Press of Hong Kong, 2010, p. xv.
[2] 廖志阳：《〈墨子〉英译概观》，《中南大学学报》2013年第2期。

公正地忽视了的中国古代思想家（墨子）重新带到了我们身边"①。

3.2.5 《易经》的英译

《易经》在西方的翻译和研究影响范围最为广泛，满足了不同层次译者和读者的需求。20世纪下半期以来，《易经》在西方的翻译与传播呈现一派繁荣的景象，《易经》研究从欧洲拓展到美洲，各种语言各种风格的译本越来越多，其解读途径越来越多元化。

美国汉学家托马斯·柯勒瑞翻译了宋、明、清代学者的三部《易经》的评注，即《道家易经》(*The Taoist I Ching*, 1986)、《佛教徒易经》(*The Buddhist I Ching*, 1987)、《易经：致治之书》(*I Ching, The Tao of Organization*, 1988)，分别展现了道教、佛教、儒家对易学的理解，但都不是完整的翻译。《道家易经》是翻译清代著名道士所著《周易阐真》。该翻译基本准确，但不太自然且有所疏漏。《佛教易经》是翻译明代僧人智旭所著《周易禅解》。该译本误译了一些概念，没有脚注或参考书目。《易经：致治之书》包括《易经》文本和程颐注疏的翻译。该译本的尾页声称"本书对于商业战略有着特别的应用价值"。由于过于追求为管理者提供指导，译文中出现了一些现代英语中商业领域的词汇，与原文的语场格格不入，如"候"译为"supervisor"，"君子"译为"leader"或"man of affairs"，"臣"译为"workers"，"公"译为"leader"。

著名的美籍华人学者林理彰（R. Lynn）的《易经》译本《易经：依据王弼解释而作的新译本》(*The Classic of Changes: A New Translation of the I Ching as Interpreted by Wang Bi*, 1994) 遵循王弼的注疏，是一部学术价值很高的作品。林氏认为王弼的注解是第一个哲学的注解。在该译本的导论部分，他用了22页的篇幅论述《易经》的演变和智慧以及翻译原则，包括王弼的生平和他对经典的注解方式，还有西方研究《易经》的名词解释、索引等，尤其是在《易经》的译文中穿插王弼和孔颖达等人的注释的翻译，极具特色。翻译的指导思想是忠实原文的字面意义、再现原作的话语风格②。译文清晰易懂，既不逐字死译也不随

---

① 廖志阳：《〈墨子〉英译概观》，《中南大学学报》2013年第2期。
② Lynn, Richard John trans., *The Classic of Changes: A New Translation of the I Ching as Interpreted by Wang Bi*, New York: Columbia University Press, 1994, p.8.

第一章　20世纪以来中国哲学典籍在美国的英译概况

意发挥，注解详尽。

美籍华裔学者阿尔弗雷德·黄（A. Huang）的英译《完整易经》（*The Complete I Ching*，1998）的副标题是"道学大师所译的定本"。他发现西方《易经》的译本都不是绝对忠实于原意，都被加上了译者的思想，被西化了。黄氏认为理想的译本应该是以英文的形式和中文的本质出现[①]。他在译文前面列举了该译本的十大贡献，包括解释易道、分析64卦的结构及卦辞的意义、纠正卫礼贤等人的误译[②]。他在翻译中遵循"述而不作"和"宁信不达"两个原则。

夏含夷（Shaughnessy, Edward L.）毕业于斯坦福大学，其毕业论文就是对《易经》的翻译和研究。1984年起，夏含夷任芝加哥大学东亚语言与文学系教授，并于1997年出版了《易经》（*I Ching: The Classic of Changes*）译本。该译本是英语世界第一个参考了1973年马王堆出土的帛书版的《易经》帛书译本，该译本把马王堆本和传统本的两种汉字刊印在一起，马王堆本缺失的内容就用传统本里的内容代替并且放在方括号里面加以区别。

卡赫（S. Karcher）是西方当代一位多产的《易经》译者。《易大传》（*Ta Chuan, the Great Treatise*，2000）译本内涵丰富，包括儒家和道家的思想、占卜术里的宇宙观及译者自身的见解。《易经——变化之典籍》（*I Ching: The Classic Chinese Oracle of Change*，2002），是逐字翻译，另外每个字词始终都用同一个英语单词对译。《完整易经：变革的神话》（*Total I Ching: Myths for Change*，2004）既自由又富有诗意，有不少地方做了更改或添加。《简易易经》（*I Ching Plain and Simple*，2009）富有启发性和实用性，使用方便。卡赫把《易经》的写作和讲演作为自己的谋生方式，其作品是以商业化和大众化为归依，所以他还出版了《情人〈易经〉》（*The Lover's I Ching*，1999）和《实用〈易经〉大全》（*The I Ching Kit*，2005）等应用型作品。

[①] 参见 Huang Alfred trans., *The Complete I Ching: The Definitive Translation*, Rochester, Vt.: Inner Traditions, 1998, p. 17.

[②] A. Huang, *The Complete I Ching: The Definitive Translation*, Rochester, Vt.: Inner Traditions, 1998, pp. 20 – 26.

著名汉学家闵福德（Iohn Minford）的《易经》译本（*I Ching*, 2014）是英语世界的最新版本，历经 12 年所作，收录了过去数百年间中国学者的各种解读，对每一卦象都做了详细解释，其读者对象非专家学者而是对占卜英译感兴趣的普通读者。该译本分为两个部分：第一部分是"智慧之书"，以传统的方式解读《易经》及其点评；第二部分"卜卦"，把《易经》回归为青铜器时代的占卜手册来翻译。该译本还在多处提供了拉丁文译文，辅以英文释义，一方面是给人一种古老、神秘的感觉，另一方面是要强调这本书真正的意思是不可知的。

这一时期《易经》在美国的英译热潮中，华人学者可以说充当了推波助澜的重要作用，由华人学者翻译的《易经》占大多数，林理彰就是这些华人学者中的一员，还有黄克孙（Huang Kerson）的《易经》（*I Ching*, 1987）译本，冯家福（Gia-fu Feng）和妻子苏贝利合译的《易经》（*Yi Jing*, 1988），倪清和（Hua Ching Ni）翻译的《易经与不变的真理》（*The Book of Changes and the Unchanging Truth*, 1990），黄氏（Alfred Huang）1998 年的《易经全译》（*the Complete I Ching：the Definitive Translation*, 1998）及成中英（Chung-Ying Cheng）的《易经的哲学翻译》（*Philosophy of the Yi：Unity and Dialectics*, 2010）。

3.2.6 《孙子兵法》的英译

《孙子兵法》是中国现存最早的兵书，也是世界上最早的军事著作，其内容博大精深，思想精邃富赡，逻辑缜密严谨，被奉为"兵学圣典"。同时，它也被"公认为最富哲理性的兵书，其思想已超越了单一的军事领域，拓展到政治、外交、经营管理、体育竞技等各个领域"[1]。《孙子兵法》被译成了多种文字，有各种类型和层次的译本，在世界各地广为传播，并在全球掀起了一股《孙子兵法》的热潮。

《孙子兵法》的英译历史已有百余年，出版过不少质量高、影响大的英译本，其中代表性译作有英国汉学家瞿林奈（Lionel Giles）的译本和美国军事家格里菲思（Samuel B. Griffith）的英译本。到了 20 世纪 80 年代至 90 年代间，《孙子兵法》的英译已呈现出百花齐放的局面。其

---

[1] 屠国元、吴莎：《〈孙子兵法〉英译本的历时性描写研究》，《中南大学学报》2011 年第 4 期。

第一章 20世纪以来中国哲学典籍在美国的英译概况

中，詹姆斯·克拉维尔（James Clavell）的译本"基本采用归化的翻译策略，虽然以翟林奈的译本为底本，但删去了大量汉字与注释，并加了自己的评注，其注释多从人文角度出发，着重于译文的通俗性，使得西方读者更易于接受"（屠国元、吴莎，2011：188）。1988年，托马斯·柯勒瑞英译《孙子兵法》（*The Art of War*）也由香巴拉出版社出版，将《孙子兵法》与道家思想联系起来探讨，尝试对该典籍做出新的诠释。

该阶段《孙子兵法》在美国的英译有一个明显特点，即翻译目的从先前的军事研究转变为普及中国文化与古代哲学思想。如詹姆斯·克拉维尔认为："孙子的思想对我们的生存有着至关重要的意义。……战争的真正目的是为了和平"[1]，托马斯·柯勒瑞也特别强调《孙子兵法》中蕴含着"丰富的人文主义内涵"[2]。

到了20世纪80年代末，《孙子兵法》在西方各国出现了更多的英译本，其基本原则和精辟哲理已在各领域广泛运用。1993年，美国汉学家安乐哲以山东临沂银雀山汉墓出土的西汉《孙子》简本为依据，出版了《孙子兵法：第一个含有银雀山新发现竹简本的英译本》（*Sun-tzu: the Art of Warfare: a New Translation Incorporating the Recently Discovered Yin-chuen-shan Texts*）。译者从哲学的角度阐释《孙子兵法》，认为军事哲学思想是中国政治性哲学典籍探讨的普遍主题。同年，拉尔夫·索耶（Ralph D. Sawyer）翻译出版了包含《孙子兵法》的《武经七书》，该译本以资料翔实的论证，体现对原典军事策略的应用研究的注重。1999年，加里·加葛里亚蒂（Gary Gagliardi）翻译出版了《孙子之言·兵法》。译者采用了逐字、逐句译的方法，力求准确地再现原著。为方便读者对照阅读，译本采用了汉英对照版。这说明，西方学者越来越重视中国典籍的内涵，希望读者准确、完整地掌握原著的思想内容。

2002年，美国丹马翻译小组（Denma Translation Group）也出版了一个《孙子兵法》的英译本。译文在形式上与原文十分接近，风格简

---

[1] Clavell James, *The Art of War*, New York: Delacorte Press, 1983, p. 7.
[2] Cleary Thomas, *The Art of War*, Boston: Shambhala Publication, 1988, p. 8.

练,文体介乎诗歌与散文之间,再现了原作的节奏和韵律,且不在正文中加注。译作着重强调《孙子兵法》的哲学思想,而非实用价值。2009年,梅维恒也翻译出版了其《孙子兵法》。"该译本也尝试保留原著的最初结构及文本格式,深入探讨了道家思想与孙子哲学之间的紧密联系,并就如何让古典时期的文本为当代读者广泛接受这一问题展开了详细的讨论"①。

3.2.7 伯顿·沃森的中国佛教英译

前面已有介绍,在 20 世纪 60 年代,伯顿·沃森向英语世界译介了四部中国古典哲学经典,它们是《荀子》《墨子》《韩非子》和《庄子》,译作均由美国的权威学术出版社——哥伦比亚大学出版社出版,译作大受欢迎,并得到许多学界人士的引用,其中《庄子全书》被收入联合国教科文组织代表性著作选集《中国系列丛书》。

20 世纪 80 年代之后,伯顿·沃森把注意力转向了中国古典文学、史学和佛教。其中中国佛教的代表英译作品有 1993 年哥伦比亚大学出版社出版的《维摩经》(*The Vimalakirti Sutra*),1997 年出版的《莲花经》(*The Lotus Sutra*)英译,1999 年出版的《临济录》(*The Zen Teachings of Master Lin-chi: a Translation of the Lin-chi Lu*)以及 2001 年出版的沃译《莲华经》节选本《莲花经精华选译》(*The Essential Lotus: Selections from the Lotus Sutra*)。沃森翻译的《莲华经》糅合诗体与散文体,流畅而优美,深受读者喜爱,在很长的时间里都是英语世界佛经翻译的标准范本。

伯顿·沃森的中国经典译著,面向广大的普通读者,具有浓厚的现代英语散文特征,语言简朴平易,风格自然优美,却颇能传神地再现原著之风采,使得其译著在美国普通读者中大获好评,同时也在汉学界得到了广泛认可,为他赢得了优秀翻译家的殊荣。沃森的翻译项目大多得到了美国各大基金会的赞助,例如,福特基金会(Ford Foundation Overseas Fellow)、哥伦比亚大学的卡廷研究基金(Cutting Fellowship)曾资助他从事《史记》的研究和翻译。沃森的译作均由权威的学术出版机

---

① 屠国元、吴莎:《〈孙子兵法〉英译本的历时性描写研究》,《中南大学学报》2011 年第 4 期。

构哥伦比亚大学出版。

3.2.8 戴维·亨顿的中国哲学典籍英译

20世纪90年代末，美国汉学家戴维·亨顿向英语世界的读者译介了中国古代儒、道两家最著名的四部典籍——《论语》《孟子》《道德经》和《庄子》。

1998年，美国"对位"出版社（Counterpoint Publishing）同时出版了亨顿的《论语》（*The Analects*）和《孟子》（*Mencius*）英译本，均面向英语世界的普通读者。两部译著的体例完全一样，副文本部分简短扼要。译者在"导言"中简要介绍了孔孟思想及其产生的时代背景，在注释中只交代主要人物信息，没有对疑难章句和字词的详细解释，在"核心术语表"中"只介绍了'礼'、'仁'、'义'、'道'、'德'、'天'和'怨'七个概念"[①]。

亨顿在其《论语》《孟子》英译本中尽量将儒学核心术语的译名保持一致，这与他对孔孟思想的认识有关。他在《论语》英译本的序言中说道："孔子所处的社会正经历由神文化到人文化的转变，因此孔子注重人与人、人与社会的关系，试图通过重新阐释一些词语来建立自己的哲学思想。如孔子重新定义了'礼'，使其由一种祭祀文化转为人的日常行为规范"[②]，进而用"礼"来定义其他概念。因此，核心术语译名的一致是亨顿译本的一大特色。

在表达上，亨顿的译文主要有以下特点：

一是用词浅显、流畅可读。例如，《学而》篇有一句"弟子入则孝，出则悌，谨而信，泛爱众而亲仁"，亨顿译为"In your respect your parents home and your elders when away. Think carefully before you speak and stand by your words. Love the whole expanse of things and make an intimate of Humanity."而理雅各的《论语》英译中这一句的译文则是"A youth when at home should be filial and abroad respectful to his elders. He should be earnest and truthful. He should overflow in love to all and cultivate the friend-

---

[①] 金学勤：《通俗简练 瑕不掩瑜——评戴维·亨顿的〈论语〉和〈孟子〉英译》，《孔子研究》2010年第5期。

[②] Hinton David, *The Analects of Confucius*, Washington, D. C.：Counterpoint, 1998, p.22.

ship of the good."相比而言，亨顿选用的是"respect""love""think"和"stand by"这样一些常用的、较为口语化的动词。

二是大量采用缩写形式，并采用第二人称，口语体十足。例如，亨顿把《里仁》篇中的"朝闻道，夕死可矣"译为"If you hear the way one morning and die that night, you die content"。译者使用了第二人称代词"you"，让读者仿佛置身于孔子面前，直接聆听孔子的教导。

亨顿的中国哲学典籍英译虽然语言通俗、行文简练、语气亲切，但也存在着一些普遍的问题。一是因语言文化差异造成的误译。例如，亨顿在其《道德经》英译中，把"万物"译成"the ten thousand things"，"百姓"译成"the hundred-fold people"。二是意译过度。例如，亨顿把"子张学干禄"译为"Adept Zhang was studying, hoping for rewards"。"干禄"一词被译为"rewards"，显然不能涵盖原文概念的全部意义，是一处简化的例子。亨顿的中国古代典籍翻译简朴、通俗、自然、清新，赢得了众多赞誉。

3.2.9 安乐哲与合作者的中国典籍哲学英译

安乐哲是当代国际汉学界的领军人物，美国夏威夷大学哲学系荣休教授，北京大学讲座教授，国际儒学联合会副会长。20世纪80年代中期，安乐哲开始了其比较哲学研究和中国哲学典籍英译的学术生涯，先是与郝大维合作，就中西哲学比较先后共合著了六部学术专著，其中代表作有《通过孔子而思》《期待中国：中西哲学文化比较》《汉哲学的文化探源》，等等。

在其众多的学术著作中，安乐哲表示："中国哲学的体系是由诸如《论语》、《中庸》、《道德经》及《孙子兵法》等深奥的哲学著作组成，这些文献的哲学性至今未曾得到西方应有的重视。在西方，这些著作最初是由传教士翻译，近代则是由汉学家翻译，而西方哲学家们只是个别附带着研究一点中国哲学文献"[①]，"最初，中国哲学文献由于传教士翻译的'基督教化'而为西方读者所熟知，晚近则被汉学家套进诗化、

---

① 杨静：《美国二十世纪的中国儒学典籍英译史论》，博士学位论文，河南大学，2014年，第77页。

第一章 20世纪以来中国哲学典籍在美国的英译概况

神秘化及超自然化的世界观框架里"①,"西方学术界对中国哲学的了解方式存在着致命的缺陷"②。

本着会通中西哲学,让西方人了解真正的中国哲学,并以此来反思自己的文化传统之目的,安乐哲开始着手重译中国思想典籍,从1993年到2009年的16年间,他分别与刘殿爵(D. C. Lau)、郝大维、亨利·罗思文(Henry Rosemont)三位译者合作翻译了7部中国古代典籍:《孙子:战争的艺术》(Sun-tzu: The Art of Warfare, 1993)、《孙膑:战争的艺术》(Sun-bing: The Art of Warfare, 1996)(与刘殿爵合译)《原道》(Yuan Dao: Tracing Dao to its Source, 1998)(与刘殿爵合译)、《论语的哲学诠释》(The Analects of Confucius: A Philosophical Translation, 1998)(与罗思文合译)、《切中伦常:中庸的英译与新诠》(Focusing the Familiar: A Translation and Philosophical Interpretation of the Zhongyong, 2001)(与郝大维合译)、《道德经:富有意义的生命》(Daodejing: Making This Life Significant, 2002)(与郝大维合译)以及新近出版的《孝经》(The Chinese Classic of Family Reverence: A Philosophical Translation of The Xiaojing, 2009)(与罗思文合译)。

安乐哲等人的中国哲学典籍译作附带序言、注释、附录等副文本,其中包含了大量的中西对比哲学、对比语言学研究的内容,也有译者关于中国典籍翻译的认识,学术价值不菲,不仅是翻译作品,也是学术著作,代表了文化典籍译介的新趋势。在翻译实践上,安乐哲与合译者主张把中国典籍放回原著的哲学语境中去诠释,之后在英语中选择或创造一个相应的词汇来表达。但是,译者们并没有借助标准词典来选择相应的对等词,在他们看来,"现有的汉英词典蕴涵着一种与它们所要翻译的文化格格不入的世界观"③。在对英、汉语言哲学特点分析、比较的基础上,安乐哲与其合作者们具体运用了创造新词、音译加注和动名词模糊化等翻译方法,以反映他们对中国古代思想的诠释。

---

① 杨静:《美国二十世纪的中国儒学典籍英译史论》,博士学位论文,河南大学,2014年,第77—78页。

② 杨静:《美国二十世纪的中国儒学典籍英译史论》,博士学位论文,河南大学,2014年,第78页。

③ [美]安乐哲:《和而不同:比较哲学与中西会通》,北京大学出版社2002年版,第116页。

例如,"仁"这一关键的儒学概念,安乐哲和罗思文分别选择了"authoritativeness"和"authoritative"作为它在英文中的对应,其根据是他们对儒学的整体理解。首先,儒家思想中的"内圣外王"重在"圣"的要求,即把道德修养放在社会性存在及其活动的首位,所谓"自天子以至于庶人,皆以修身为本"(《大学》)。其次,"圣道"体现了一种"实践理性"的精神,而实践高于理论,这正是中国哲学思维的特点。据此,安乐哲等运用了"authoritative"与同源词"authority"之间的联想,后者在英语中的意思即为"团体的代表",译者对这两个词汇之间的联系有这样解释:"仁者是一个公认的典范。其他人在绝无外在强制的情况下,心悦诚服于其成就,并且遵循其模式,修养自己的人格"①。接着又说明,"成人之路不是已经设定的,仁者必须是一个开拓创新者,而'礼'则是一个内在化的过程,将决定个人定位的社会角色和人际关系人格化"(同上)。作为一名以英语为母语的译者,安乐哲还认为,"authoritative"是一个多义词,具有"礼貌""创作""权威"等含义和功能,符合儒学的总体精神。因此,在安氏与他人合作的《论语》《中庸》等经典的哲学翻译中,"authoritative"作为"仁"的译名首次出现,给读者留下了深刻的印象和意味深长的思考。

译者们这种建构的努力有着十分重要的目的,就是要改变西方学界无视或漠视中国哲学的现状,为中国哲学在西方争得话语权,提供一种独特的文明价值观和思维方式,从而解决西方乃至全球面临的问题和危机。这与海外新儒家以及其他西方儒家思想研究者的努力是一致的,这种努力已经成为西方儒学重要的组成部分。杜维明就声称,"如果没有安乐哲、南乐山等人的参与,儒学研究将明显萎缩"②。

3.2.10 艾文荷和万百安编译的《古典中国哲学读本》

20世纪80年代之后,美国本土涌现出一批中国哲学研究专家和译者,艾文荷和万百安无疑是这一批年轻学者中的代表人物。艾文荷毕业于斯坦福大学,研究领域主要是儒学和新儒学,也涉及道家。在其博士论文基础上,艾氏出版了专著《儒家传统中的伦理学:孟子和王阳明

---

① [美]安乐哲、罗思文:《论语的哲学诠释》,中国社会科学出版社2003年版,第51页。
② 杜维明:《儒家传统与文明对话》,河北人民出版社2006年版,第167页。

第一章 20世纪以来中国哲学典籍在美国的英译概况

思想》，其中承认王阳明心性学派的儒家内在传承，但同时指出佛、道两家对王阳明思想的影响，认为正是因为吸收了这两家的思想，王阳明才建构起一个以心性论为基础的思想。南乐山对此书的评价很高，认为它一经出版，"西方哲学家没有理由不像他们尊敬柏拉图和笛卡尔那样尊敬这些思想家了"[①]。

万百安也是在斯坦福大学获得博士学位，后去瓦瑟学院任教，担任哲学系教授。万百安的研究领域为中国哲学，侧重于先秦哲学和孟子的研究，是一位非常活跃的学者，与中国的交流也很多，主要论著有《解开〈论语〉中的"一以贯之"》《孟子与德性伦理》《中国哲学中的德性伦理与效果论》等，译著有《孟子》，引起了学界的广泛关注。

2001年，由艾文荷和万百安合作编译的《古典中国哲学读本》出版，是这一时期重要的经典英译文集。该书分为七章，共收录了七位中国哲学家的著作，参与译事的有南加州大学的森舸澜（Edward Gilman Slingerland）（《论语》译者）、惠特学院（Whittier College）哲学系主任克杰尔伯格（Paul Kjellberg）（《庄子》译者）、犹他大学哲学系的哈顿（Eric Hutton）（《荀子》译者）、斯坦福大学亚洲语言系的萨伦（Joel Sahleen）（《韩非子》译者），艾文荷翻译的是《墨子》和《老子》，万百安翻译的则是《孟子》。"每一章之前，译者都首先简单地介绍了作者的基本情况，然后是文本翻译，最后则附有相关的参考文献。两位编者还撰写了《引言》，详细地介绍了春秋、战国时期的社会、文字、宗教等基本情况，以便为读者提供基本的思想史背景。在《前言》中，编者介绍编译该书的目的是介绍中国早期哲学典籍的基本内容。该书最后是四个附录：历史人物、年代剪标、重要文献和重要术语。此外，译本正文中还添加了很多注释，对读者可能产生的疑惑作了简单的解答或说明。这样一来，尽管所选的经典文献不是全译本，但因为编者和译者的细心周到，读者能够很容易理解原文的思想精神"[②]。此书是继陈荣捷的《中国哲学资料书》之后第二部重要的中国哲学经典英译文集，

[①] Neville Robert Cummings, *Boston Confucianism; Portable Tradition in the Late-modern World*, Albany, N.Y.: State University of New York Press, 2000, p.46.

[②] 崔玉军：《陈荣捷与美国的中国哲学研究》，社会科学文献出版社2010年版，第166—167页。

产生了较大的影响，于 2005 年再版。

下面就美国 20 世纪 80 年代之后中国哲学典籍译本和译者的基本情况，采用表格形式详细列举如下。

表 1-3　　20 世纪 80 年代以来美国的中国哲学典籍英译作品

序号	出版年	译者	译本	出版社及或出版地
1	1983	Robert G. Henricks	Philosophy and Argumentation in Third-Century China: The Essays of Hsi K'ang	Princeton University Press
2	1983	James Clavell	The Art of War	New York: Delacorte Press
3	1984	Derek Walters	The T'AI Hsuan Ching: The Hidden Classics	Sterling Pub Co Inc.
4	1986	Chan Wing-Tsit	Neo-Confucian Terms Explained: the Pei-his tzu-i	New York: Columbia University
5	1986	Thomas Cleary	The Taoist I Ching	Boston: Shambhala
6	1987	Julia Ching	The Records of Ming Scholars	Honolulu: University of Hawaii Press
7	1987	Huang Kerson	I Ching	New York: Workman Pub
8	1987	Thomas Cleary	The Buddist I Ching	Boston: Shambhala
9	1988	John Knoblock	Xunzi: a Translation and Study of the Complete Works, Volume I, Books 1-6	Stanford, Calif. Stanford University Press
10	1988	Thomas Cleary	Sun Tzu, The Art of War	Boston-Shaftsbury: Shambala
11	1988	1. Gia-fu Feng 2. Sue Bailey	Yi Jing: Book of change (I ching)	Mullumbimby, N. S. W.: Feng Books
12	1988	Thomas Cleary	I Ching: the Tao of Organization	Boston: Shambhala
13	1989	Margaret Pearson	Wang Fu and the Comments of a Recluse	Tempe, Arizona: Center for Asian Studies, Arizona State University
14	1989	Burton Watson	The Tso Chuan: Selections from China's Oldest Narrative History	New York: Columbia University Press
15	1989	Yoav Ariel	Kung-ts'ung-tzu: The Kung Family Masters' Anthology: A Study and Translation of Chapters	Princeton: Princeton University Press

第一章　20世纪以来中国哲学典籍在美国的英译概况

续表

序号	出版年	译者	译本	出版社及或出版地
16	1989	Robert G. Henricks	Lao-tzu Te-Tao Ching: A New Translation Based on the Recently Discovered Ma-wang-tui Text	New York: Ballantine Books
17	1990	Victor H. Mair	Tao Te Ching: The Classic Book of Integrity and the Way	New York: Bantam
18	1990	Hua-Ching Ni	The Book of Changes and the Unchanging Truth	Malibu, Calif.: Shrine of the Eternal Breath of Tao
19	1990	John Knoblock	Xunzi: a Translation and Study of the Complete Works, Volume II, Books	Stanford, Calif.: Stanford University Press
20	1990	Chin, Ann-ping	Tai Chen on Mencius: Explorations in Words and Meaning	New Haven: Yale University Press
21	1990	Kenneth K. Tanaka	The Dawn of Chinese Pure Land Buddhist Doctrine: Ching-ying Hui-yüan's Commentary on the Visualization Sutra	Albany: State University of New York Press
22	1990	Guangming Wu	The Butterfly as Companion: Meditations on the First Three Chapters of the Chuang Tzu	Albany: State University of New York Press
23	1990	William Theodore De Bary & Irene Bloom	Classics of the Chinese tradition and Buddhism. Mencius	New York: Columbia University Press
24	1991	Koun Yamada	The Gateless Gate	University of Arizona Press
25	1991	John Ewel	Dai Zhen: the Unity of Moral Nature	Journal of Chinese Philosophy 18, No. 4
26	1991	Alan Kam-Leung Chan	Two Visions of the Way: A Study of the Wang Pi and the Ho-Shang Kung Commentaries on the Lao-Tzu	State University of New York Press
27	1992	Thomas Cleary	I Ching: the Book of Change	Boston: Shambhala
28	1992	Thomas Cleary	The Essential Confucius: the Heart of Confucius' Teachings in Authentic I Ching Order: a Compendium of Ethical Wisdo	San Francisco: Harper San Francisco

续表

序号	出版年	译者	译本	出版社及或出版地
29	1992	Thomas H. Miles	Tao Te Ching: About the Way of Nature and Its Powers	New Nork: Garden City Park, Avery
30	1993	Roger T. Ames	Sun-tzu: the Art of Warfare: a New Translation Incorporating the Recently Discovered Yin-chuen-shan Texts	New York: Ballantine Books
31	1993	David K. Reynolds	Reflections on the Tao te ching: a New Way of Reading the Classic Books of Wisdom	New York: W. Morrow
32	1993	John S. Major	Heaven and Earth in Early Han Thought	Albany: State University of New York Press
33	1993	Burton Watson	The Vimalakirti Sutra	New York: Columbia University Press
34	1994	Richard John Lynn	The Classic of Changes: a New Translation of the I Ching as Interpreted by Wang Bi	New York: Columbia University Press
35	1994	John Knoblock	Xunzi: a Translation and Study of the Complete Works, Volume III, Books	Stanford, Calif.: Stanford University Press
36	1994	Victor Mair	Wandering on the Way: Early Daoist Tales and Parables of Zhuangzi	New York: Bantam Books
37	1994	Michael Nylan	The Canon of Supreme Mystery: A Translation with Commentary of the Tai Hsuan Ching	Albany: State University of New York Press
38	1994	Michael Lafargue	Tao and Method: A Reasoned Approach to the Tao-te-ching	Albany: State University of New York Press
39	1996	Palmer, Martin, Elizabeth Breuilly, Chang Wai Ming and Jay Ranmsay.	The Book of Chuang Tzu	Arkana: Penguin Books
40	1996	Edward L. Shaughnessy	I Ching: the Classic of Changes	New york: Ballantine Books

第一章 20世纪以来中国哲学典籍在美国的英译概况

续表

序号	出版年	译者	译本	出版社及或出版地
41	1996	R. Rutt	Zhouyi: The Book of Changes	Richmond, Surrey: Curzon Press
42	1996	Roger T. Ames & D. C. Lau	Sun-bing: The Art of Warfare	Albany: State University of New York Press
43	1997	Chichung Huang	The Analects of Confucius: a Literal Translation with an Introduction and Notes	New York: Oxford University Press
44	1997	David Hinton	Chuang Tzu: The Inner Chapter	Washington, D.C.: Counterpoint
45	1997	Burton Watson	The Lotus Sutra	New York: Columbia University Press
46	1997	Leys Simon	The Analects of Confucius	New York: W. W. Norton & Company
47	1998	Chichuang Huang	The Analects of Confucius: Lun Yu: A Literal Translation with an Introduction and Notes	New York: Oxford University Press
48	1998	Mary Clark	I Ching	Shaftesbury, Dorset; Boston: Element
49	1998	Alfred Huang	The Complete I ching: the DefinitiveTranslation	Rochester, Vt.: Inner Traditions
50	1998	David Hinton	Mencius	Washington, D.C.: Counterpoint
51	1998	David Hinton	The Analects of Confucius	Washington, D.C.: Counterpoint
52	1998	W. Allyn Rickett	Guanzi: Political, Economic, and Philosophical Essay from Early China: a Study and Translation	Princeton: Princeton University Press
53	1998	Jack Cai Emma Yu	The Analects of Confucius: A Standard Version with a Chinese	Madison, WI: Americd-rom Publ. Co.
54	1998	E. Bruce Brooks & A. Taeko Brooks	The Original Analects: Sayings of Confucius and His Successors	New York: Columbia University Press
55	1998	David H. Li	The Analects of Confucius: a New-Millennium Translation	Bethesda, Md.: Premier Pub.

续表

序号	出版年	译者	译本	出版社及或出版地
56	1998	Roger T. Ames & Henry Rosemont	The Analects of Confucius: a Philosophical Translation	New York: Ballantine books
57	1998	Roger T. Ames & D. C. Lau	Yuan Dao: Tracing Dao to its Source	New York: Ballantine books
58	1998	Jack Cai Emma Yu	The Analects of Confucius: A Standard Version with a Chinese	Madison, WI: Americd-rom Publ. Co.
59	1998	Victor H. Mair	Wandering on the Way: Early Taoist Tales and parables of Chuang Tzu	Honolulu: University of Hawaii Press
60	1998	Sam Hamill & J. P. Seaton	Essential Chuang Tzu	Boston: Shambhala Publications
61	1998	Rickett, W. Allyn	Guanzi: Political, Economic and Philosophical Essay from Early China: a Study and Translation	Princeton, N. J.: Princeton University Press
62	1999	Paul Rakita Goldin	Rituals of the Way: The Philosophy of Xunzi	Open Court
63	1999	Richard John Lynn	The Classic of the Way and Virtue: A New Translation of the Tao-te ching of Laozi as Interpreted by Wang Bi	New York: Columbia University Press
64	1999	Burton Watson	The Zen Teachings of Master Lin-chi: a Translation of the Lin-chi Lu	New York: Columbia University Press
65	1999	S. Karcher	The Lover's I Ching	Boston: Houghton Mifflin
66	2000	Robert G. Henricks	Lao Tzu's Tao Te Ching: A Translation of the Startling New Documents Found at Guodian	New York: Columbia University Press
67	2000	Stephen Mitchell	Tao Te Ching: A New English Version	New York: Harper Collins
68	2000	John Knoblock & Jeffrey Riegel	The Annals of Lu Buwei	Stanford: Stanford University Press
69	2001	Ivanhoe, P. J., & Bryan W. Norden	Readings in Classical Chinese Philosophy	New York; London: Seven Bridges Press
70	2001	Moss Roberts	Dao de jing: the Book of the Way	Berkeley, CA.: University of California Press

续表

序号	出版年	译者	译本	出版社及或出版地
71	2001	A. C. Graham	Chuang-tzu: The Inner Chapters	Indianapolis, IN: Hackett Pub. Co.
72	2001	Roger Ames & David Hall	Focusing the Familiar: A Translation and Philosophical Interpretation of the Zhongyong	Honolulu: University of Hawaii Press
73	2001	Burton Watson	The Essential Lotus: Selections from the Lotus Sutra	New York: Columbia University Press
74	2001	Joel J. Kupperman	Classic Asian Philosophy: a guide to the essential texts	New York: Oxford University Press
75	2002	Philip J. Ivanhoe	The Daodejing of Laozi	Indianapolis, IN: Hackett Pub. Co.
76	2002	James D. Sellman	Timing and Ruleship in Mater Lu's Spring and Autumn Annals	State University of New York Press
77	2002	E. Hacker, Moore S & Patsco L.	I Ching: An Annotated Bibliograph	New York: Routledge
78	2002	John Minford	Sunzi, The Art of War	New York: Viking Books
79	2002	Dema translation group	The Art of War	Boston: Shambhala Publications
80	2002	Alan K. L. Chan	Mencius: Contexts and Interpretations	Honolulu: University of Hawaii Press, 2002.
81	2003	John C. H. Wu	Tao Te Ching	Boston: Shambhala
82	2003	A Plaks. Ta Hsueh & Chung Yung	The Highest Order of Cultivation and On the Practice of the Mean	New York: Penguin Books
83	2003	Slingerland, Edward	Confucius Analects: With Selections from Traditional Commentaries	Indianapolis/Cambridge: Hackett Publishing Company, Inc.
84	2003	Roger Ames & David Hall	Daodejing: Making this Life Significant	New York: Ballantine Books
85	2003	Brook Ziporyn	The Penumbra Unbound: The Neo-Taoist Philosophy of Guo Xiang	State University of New York Press
86	2004	Donald B. Wagner	A Mencius Reader: for beginning and advanced students of classical Chinese	Copenhagen: NIAS Press

续表

序号	出版年	译者	译本	出版社及或出版地
87	2005	D. C. Lau	Mencius	New York: Penguin Books
88	2005	Sam Hamill	Tao te ching: a New Translation	Boston: Shambhala
89	2005	Wong Mou-Lam & A F Price	Diamond Sutra and the Sutra of Hui-neng	Shambhala
90	2005	S. Karcher	The I Ching Kit	New York: Harper Element
91	2006	Fabrizio Pregadio	Great Clarity: Daoism and Alchemy in Early Medieval China	Stanford University Press
92	2006	JeeLoo Liu	An Introduction to Chinese Philosophy: from ancient philosophy to Chinese Buddhism	Malden: Blackwell Pub.
93	2007	Burton Watson	The Analects of Confucius	New York: Columbia University Press
94	2007	Daniel K. Gardner	The Four Books: the Basic Teachings of the Later Confucian Tradition	Indianapolis, IN: Hackett Publishing Company
95	2007	Ho Peng Yoke	Explorations in Daoism: Medicine and Alchemy in Literature	Routledge
96	2008	Bryan W. Van Norden	Mengzi: With Selections from Traditional Commentaries	Indianapolis: Hackett Publishing
97	2008	Red Pine	The Platform Sutra: The Zen Teaching of Hui-neng	Couterpoint
98	2009	Brook Ziporyn	Zhuangzi: the Essential Writings with Selections from Traditional Commentaries	Indianapolis: Hackett Pub. Co.
99	2009	Roger T. Ames & Henry Rosemont, Jr.	The Chinese Classic of Family Reverence: A Philosophical Translation of The Xiaojing	Honolulu: University of Hawaii Press
100	2009	Philip. Ivanhoe	On Ethics and History: Essays and Letters of Zhang Xuecheng	Stanford University Press
101	2009	Philip. Ivanhoe	Readings from the Lu-Wang School	Hackett Publishing Company, Inc.
102	2009	S. Karcher	I Ching Plain and Simple	New York: Harper Element

续表

序号	出版年	译者	译本	出版社及或出版地
103	2009	Victor H. Mair	The Art of War: Sun Zi's Military Methods	Columbia University Press
104	2009	Irene Bloom	Mencius	New York: Columbia University Press
105	2010	Chung-Ying Cheng	Philosophy of the Yi: Unity and Dialectics	Wiley-Blackwell
106	2010	Ian Johnston	The Mozi: A Complete Translation	New York: Columbia University
107	2011	Philip. Ivanhoe	Master Sun's Art of War	Indianapolis: Hackett Publishing Company
108	2012	Philip Yampolsky	The Platform Sutra of the Sixth Patriarch	Columbia University Press
109	2012	R Smith	The I Ching: A Biography	Princeton, N.J.: Princeton University Press
110	2013	Eva Wong	Lieh-tzu: A Taoist Guide to Practical Living	Shambhala Publications
111	2014	Eric L. Hutton	Xunzi: The Complete Text	Princeton University Press
112	2014	John Minford	I Ching: The Essentail Translation of the Ancient Chinese Oracle and Book of Wisdom	New York: Penguin Group
113	2014	David B. Honey	Mencius	Penn State University Press

3.3 翻译活动特征总结

20世纪80年代，随着冷战的结束，中国逐渐失去了先前的战略地位，美国减少了对中国研究的经费拨款。于是，这一时期，中国研究及中国哲学典籍英译暂时处于低潮，出版的中国哲学典籍英译本只有16部。不过，这个低迷期较为短暂。进入90年代后，中国哲学典籍的英译迎来了第二次高潮，而且，这个高潮一直延续到21世纪的前十几年。它有如下几个特点：首先，翻译和出版的译本种类和数量为各时期最多，90年代和21世纪的前10年均有40多种译本出版。译本涵盖的范围逐渐拓展,从先秦诸子、程朱理学及王阳明的研究,到魏晋、唐代、清代乃至现当代的思想也都有了研究和翻译。一方面,中国哲学经典文献被重新翻译,或再次出版,例如,这个时期出现最多的是《易经》的英译本,有21部之多,其次是《道德经》的英译,有14部,再就是《论语》(11部)、《孟子》(9部)、《庄子》(8部)和《孙子兵法》(7部)。另一方面,多部中国经典被首次译介、出版,例如,首次出现了《管子》的英译,《荀子》《墨子》等经典也在这一时期有了英文全译。

其次,多元化、创新的研究和翻译方法层出不穷。这一时期,中国哲学典籍英译者队伍的壮大意味着不同背景、不同兴趣的学者的参与。如果说第二次世界大战前中国典籍英译者队伍中传教士、汉学家居多,那么20世纪80年代之后的学者则是各个领域的专门人才,他们在对已有的中国典籍英译进行深入反思和批评的基础之上,运用最新出土的新材料以及人文社科领域出现的新观点、新方法来使自己的研究不断深入,从新的角度去理解和诠释文本,产出新的译本。更重要的是,他们超越了"冷战"时期的政策研究局限,也不受某种特定的研究范式的影响,能有意识地从中国哲学的内在路径中寻求问题的解答。例如,安乐哲和郝大维、罗思文等学者合作英译中国哲学典籍旨在反对以往的翻译对中国哲学的简化和同化,以证明中国哲学的合法性与独特性;白牧之和白妙子夫妇的《论语》英译目的是证实他们提出的"层累"学说,以求得文本生成的原貌。与他们的前辈相比,这些在美国从事中国哲学研究和翻译的学者们在研究和诠释方法上表现出多元、创新的思维趋势,值得引起关注。

最后,译本形式多样化、功能用途多样化,读者不仅有文化精英,还有普通大众。这一时期,不仅美国学界对中国哲学给予了越来越多的关注,产出了大量的学术型译作,美国大众对中国典籍的兴趣也与日俱增。他们把中国书籍看作来自另一种文化的资源,或作为心灵修炼的宝典,或作为养身保健的指南,或作为商场、赛场竞技之助手,甚至当作实用占卜的手册。因此,顺应这些需求,市场上出现了各种中国典籍的通俗型或大众型编译的读本,本节介绍过的大多数译本即属于这一类别。

4 小结

中国哲学典籍在美国的英译起步晚、发展快。第二次世界大战以后，因美国的对外关系及文化战略的需要，发展更加迅速，分别在20世纪60年代和90年代迎来了两次高潮期，第二次高潮一直持续到21世纪的前十几年，势头不减。中国哲学典籍英译本的数量不断增多，涵盖的范围逐渐拓展，翻译质量逐步提升。从事翻译的译者也早已不限于过去的传教士汉学家，更多的是具有各种学科背景的职业汉学家，他们从各自的专业背景和翻译目的出发，针对不同层次、不同类型的读者，对典籍原著做出了多元的阐释和翻译，理解的视角从宗教过渡到哲学，从产生文本的外部各因素过渡到内部各要素，从注重揭示中国思想文化发展的外部动因过渡到挖掘典籍的哲学文化内涵。译本呈现了多样形式，功能用途也多样化：有面向学者型读者的学术型译本，有面向一般读者的大学教材，也有用于商界指南或大众身心保健等实用型译本。但我们要看到，第二次世界大战后，美国学者对中国哲学典籍的翻译虽属于主动译介，但主要是为满足美国的文化战略和中国学研究的需要，并非是主动想把中国哲学推向世界，因此，对于中国哲学走向世界、走进世界而言，还存在着现实与理想之间的较大差距，这些差距，我们在本书的以下几章会从多个方面进行探讨。

第二章　第二次世界大战后中国哲学在美国英译的历史文化背景

第一章按照时间顺序，根据20世纪以来中国哲学在美国英译的不同特点将其分为三个阶段，第一阶段为20世纪上半期，第二阶段为20世纪50年代至80年代，第三阶段为20世纪80年代至今，对于这些阶段中，由美国学者或旅美华人学者英译的，且在美国出版的主要中国哲学典籍及主要译者的情况进行了历时的、简要的介绍，总结出各阶段在翻译的选材范围、译作的数量和质量、译者队伍等方面的各自特征，以及各阶段中国哲学典籍在美国英译及传播的发展趋势。

本章聚焦第二及第三阶段的中国哲学典籍在美国的英译活动，"分析和解释影响这些翻译活动的宏观外部因素，尝试回答这样一些问题：为何翻译？什么影响了翻译"[①]？怎样影响的？20世纪八九十年代，西方发生了翻译的"文化转向"，颠覆了以原文（原作者）为中心的研究模式，转向把翻译放置于目的语文化语境中进行考察。如提莫契科（Maria Tymoczko）所言："描写译学在研究翻译的过程、产品和功能的时候，将翻译实践放到时代语境中去研究"（Tymoczko，1999）。作为一种文化实践活动，第二次世界大战后中国哲学典籍在美国的英译，表现出了对应于该时代的特征，其必定受到了美国的对外政治、经济、文化战略以及汉学研究等因素的影响。美国翻译理论家勒菲弗尔（Andrew Lefevere）提出了操纵翻译的三个要素：意识形态、诗学和赞助

---

① 杨静：《美国二十世纪的中国儒学典籍英译史论》，博士学位论文，河南大学，2014年，第95页。

第二章　第二次世界大战后中国哲学在美国英译的历史文化背景

人。"所谓意识形态,常常和政治导向紧密相连,主要是一套有利于特定集团的思想观念,但又不局限于政治领域,还包括规范、制约我们行为的种种模式、传统和信仰"。[①] 可见,在勒氏的观点中,除了政治立场之外,意识形态还包含了社会、文化和宗教的观念。关于"诗学",勒菲弗尔认为有两个组成部分,"一个是一张文学技巧、体裁、主题、典型人物和情景、象征的清单;另一个是关于文学在整体社会系统里有什么或应有什么角色的观念",后者"显然与来自诗学的范畴之外的意识形态影响有密切关系,是由文学系统的环境中的各种意识形态力量产生的"[②]。而另一个操纵翻译的重要因素"赞助人"则是有"促进或者阻碍文学的阅读、写作和重写的权力的人或者机构,例如个人或团体、宗教组织、政党、社会阶层、宫廷、出版社,以及报章杂志、电视台等传播媒介"[③]。在翻译过程中,译者或赞助人的思想观念要通过文本的选择和翻译表达出来。"总之,'赞助人'会对翻译起促进或阻碍的作用,'意识形态'和'诗学'则影响译者的翻译决策"[④]。

中国哲学典籍在美国的英译发端于美国的汉学研究,是作为研究的组成部分或研究得以进行的媒介出现的,因此,美国汉学(中国学)的发展对中国哲学典籍的英译发挥着"诗学"的影响作用。本章就从翻译发生的历史文化语境、赞助人和汉学发展三个方面描述和分析这些因素对第二次世界大战后中国哲学典籍在美国的翻译及传播的影响。

1　历史文化语境的影响

图里(Gideon Toury)认为:"翻译产生于目的语文化的环境之下,

[①] Lefevere, Andrew, *Rewriting, and the Manipulation of Literary Fame*, Shanghai Foreign Language Education Press, 2004, p. 16.

[②] Lefevere, Andrew, *Rewriting, and the Manipulation of Literary Fame*, Shanghai Foreign Language Education Press, 2004, pp. 26–27.

[③] Lefevere, Andrew, *Rewriting, and the Manipulation of Literary Fame*, Shanghai Foreign Language Education Press, 2004, pp. 26–27.

[④] 杨静:《美国二十世纪的中国儒学典籍英译史论》,博士学位论文,河南大学,2014年,第95页。

会反映出当时的历史文化现象。我们要回到其产生的社会、历史、文化语境的角度去分析这一活动,才能更系统地发现与这一社会行为有关的诸多因素,从而解释翻译这种活动。这是一种'语境化'(contextualization)的方法。"① 他的描写译学将翻译活动置于社会、历史、文化的大背景之中,通过对翻译个案的实证性研究,揭示社会语境中的各因素对翻译活动的影响以及翻译对目标语社会、文化及文学的影响。在美国,"中国哲学典籍的英译为何会在20世纪60年代和90年代出现两次高潮?一个重要的原因就是受到了当时历史文化语境的影响"②。

1.1 美国对西方文化的批判与中国哲学典籍英译的第一次高潮

1945年8月第二次世界大战结束后,美国的综合实力急剧增强。由于第二次世界大战的主战场在欧洲,苏、英、法、德等欧洲国家忙于战后重建,美国凭借两次世界大战中向其同盟国提供有偿援助积累下来了财富,且迅速、平稳地实现了战时经济向和平经济的过渡,一跃成为世界头号经济强国。美国是一个移民国家,文化上具有多元性和包容性的特征,容易接纳新思想、新观点、新文化。第二次世界大战结束后,美国吸引了世界各地的优秀人才,尤其是各领域的科学家,为其发展科学技术创造了优良的环境和条件。同时,美国与苏联开展的军备竞赛不仅仅是在军事方面,客观上也刺激了其他领域科技的发展,例如,这一时期,美国在航天、信息、原子等方面的技术突飞猛进。美国社会随之发生了巨大变化,无论在经济、军事、政治、科技还是文化上都占有主导地位,成为世界两个超级大国之一。

20世纪50年代初,美国与刚成立的社会主义中华人民共和国站到了意识形态的对立面,紧接着又经历了朝鲜战争,两国关系极度恶化,断绝了交往。同时,美国国内盛行麦卡锡主义,"一大批研究中国问题的专家遭到迫害,曾经为美国的中国研究做出巨大贡献的太平洋关系学

---

① [以] 吉迪恩·图里:《描述翻译学及其他》,上海外语教育出版社2001年版,第28—30页。
② 杨静:《美国二十世纪的中国儒学典籍英译史论》,博士学位论文,河南大学,2014年,第96页。

第二章 第二次世界大战后中国哲学在美国英译的历史文化背景

会也被迫解散"①,美国的中国学发展遭到了严重阻碍。

到了20世纪60年代末至70年代初,不少第三世界国家的民族解放运动蓬勃发展,取得了重大胜利,瓦解了西方帝国主义的殖民体系。"非西方国家的历史发展进程受到了普遍关注"②,"一些学者开始从全新的角度来探索前资本主义时代非西方国家的发展道路"③。美国国内的局势也十分动荡。"越南战争的失败、伊朗人质事件、民权运动以及水门事件等等,使得美国'领导'世界的能力以及西方价值观的优越性被不少美国人所质疑"④。这样的国际、国内形势对于"西方衰落"思潮在美国的发展提供了有利的环境。

在美国"垮掉的一代"(The Beat Generation)作家眼里,"美国梦变成了梦魇,传统的价值体系、道德观念正在沦陷,诸多人对未来感到迷茫、孤独"⑤。据学者研究,在20世纪五六十年代,美国历史上一度出现的"垮掉派""黑山派"等众多文学流派都试图从中国传统文化思想中寻找线索。"'黑山派'的代表人物奥尔森曾对儒学抱有浓厚的兴趣,不仅深入研读过庞德的《大学》译本,还多次在自己的诗作中提及孔子"⑥,"尤其是道家的清静无为和反战思想更为战后的美国学界所推崇"⑦。至此,中国传统的儒、释、道三家文化都已传入美国,对其文化、思想、文学等方面产生了影响。

在这种环境之下,人们为了寻求救治西方社会痼疾的良药,开始把目光转移到一些非西方国家的文化传统和历史发展进程上,尤其是古老的中国传统文化反战和无为而治的思想影响着美国学界。美国新一代的中国学学者满腔热情地致力于"在中国发现历史",普通大众也迫切需要

---

① 杨静:《美国二十世纪的中国儒学典籍英译史论》,博士学位论文,河南大学,2014年,第106页。
② 张西平、李雪涛:《西方汉学十六讲》,外语教学与研究出版社2011年版,第389页。
③ 张西平、李雪涛:《西方汉学十六讲》,外语教学与研究出版社2011年版,第389页。
④ 张西平、李雪涛:《西方汉学十六讲》,外语教学与研究出版社2011年版,第389页。
⑤ 徐新:《西方文化史续编:从美国革命到20世纪》,北京大学出版社2003年版,第266页。
⑥ 杨静:《美国二十世纪的中国儒学典籍英译史论》,博士学位论文,河南大学,2014年,第107页。
⑦ 杨静:《美国二十世纪的中国儒学典籍英译史论》,博士学位论文,河南大学,2014年,第107页。

了解中国文化,因此催生了20世纪美国第一次中国哲学典籍英译的高潮。

1.2 美国的多元文化与中国哲学典籍英译的第二次高潮

进入20世纪80年代至90年代,国际环境再度发生巨变。冷战结束后,美国在经济、科技、军事、文化、教育等方面得到迅速发展,并且在西方政治中发挥着主导作用,成为世界上唯一的超级大国。中国结束了"文化大革命",开始实行改革开放的经济和对外文化战略,并恢复了与美国的外交关系。"1979年,美国制定了更为积极的对华政策,开始与中国在经济、外交、军事、政治、文化等各领域保持全面接触"①。因此,中美之间的学术和文化交流在这时得到了极大的促进。在中断交往的30多年之后,中国学者终于获准去美国开会、讲学和进修,而美国学者也能够亲自到中国来实地调研,并与中国同行进行交流。另外,一些华人学者通过各种方式居留在美国,其中有不少是中国哲学领域的专门人才,他们与美国学者交流互动,对研究、翻译和传播中国哲学做出了巨大贡献。总之,中美学术交流沟通的渠道开始畅通,为中国哲学在美国的传播与发展及美国中国学学术队伍的建设创造了良好的环境。

《世界文化多样性宣言》中明确指出:"文化的表现形式在不同的时代和不同的地方各不相同,这是文化的多样性。它是人类交流、革新和创造的源泉,就像生物多样性对于维持生态平衡那样必不可少。"②而美国社会的文化多样性则归结于其作为移民国家的传统。美国通过不断地接纳移民,将不同民族的生活习俗、语言文化及宗教信仰融合在一起,共同构建了美国丰富灿烂的多元文化,给美国社会注入强大的生命力。但在第二次世界大战之后,随着移民人数的不断增长,美国社会中多民族文化的冲突也日益明显,正如美国未来学家奈斯比特(J. Naisbitt)和阿博顿妮(P. Aburdene)在《2000年大趋势:九十年代的十个新趋向》一书中指出:"尽管人们越来越认为各种文化需要拥有各自的传统

---

① 孙建杭:《战略·利益·格局——冷战后世界格局的演变和90年代美国对华政策的调整》,《世界经济与政治》2000年第8期。

② 许钧:《文化多样性与翻译的使命》,《中国翻译》2005年第6期。

第二章　第二次世界大战后中国哲学在美国英译的历史文化背景

特点。但如果外在的演变开始触及深层的文化价值的侵蚀，人们就会反向强调他们的特色。我们彼此越相似，就会越强调我们的独特性。"①因此，美国要解决社会内部民族文化的多样性所带来的各种冲突，就需要寻求一种能够容纳多元文化和谐发展的理想的文化模式。

"中国愈发积极地将文化输出作为战略，参与到全球文化多元化竞争中来，孔子学院在美国迅速发展"②，中国典籍的英译也日渐升温。据笔者统计，20世纪80年代以来，美国英译并出版的中国哲学典籍达百余种，种类之多，是前两个时期（20世纪前半期和20世纪50年代至80年代）译作种类之和的两倍！而且涵盖面之广，超过了以往任何一个时期，几乎所有的中国哲学流派及中国佛教的重要文献都有了译本：《管子》《韩非子》第一次有了英译本，《荀子》和《墨子》也有了英文全译。而且，每部典籍的译作数量也陡然增加，仅20世纪90年代。美国就出版了21部《易经》、18部《道德经》英译本，中国哲学典籍的英译在20世纪90年代的热潮可见一斑。美国与中国的文化双向交流与互动，直到20世纪下半叶，尤其是90年代才真正形成。为了借鉴中国传统文化的精华以促进其理想的文化模式的构建，美国学者开始注重从中国文化语境出发来思考中国哲学典籍的思想内涵。在这样的历史语境中，美国的中国哲学典籍英译迎来了20世纪的第二次高潮。

2　第二次世界大战后美国对中国哲学典籍的赞助人及相关翻译政策

"赞助人"是"在一个历史时期内具有影响力的个人或团体，负责传播文学和文学思想的机构"③。第二次世界大战以来，美国政府、各大基金会，通过政策扶持或资金支持的方式，对美国高校的汉学研究机

---

① ［美］奈斯比特、阿博顿妮：《2000年大趋势：九十年代的十个新趋向》，东方出版社1990年版，第46页。
② 杨静：《美国二十世纪的中国儒学典籍英译史论》，博士学位论文，河南大学，2014年，第110页。
③ Munday Jeremy, *Introducing Translation Studies: Theories and Applications*, London and New York: Routledge, 2001, p.128.

— 65 —

构、汉学研究的学术团体、学术期刊乃至学者个人的研究从意识形态、经济或社会地位等方面进行操控，而这些科研力量对于中国哲学典籍研究及英译非常重要。这样，作为"赞助人"的美国政府和各大基金会就间接操控了中国哲学典籍在美国的英译活动，影响了中国典籍英译的选材、形式及基本策略。在20世纪的美国，"中国哲学典籍英译活动的赞助人有以下主要来源：（一）美国政府；（二）财团支持的基金会；（三）高校和汉学教育及研究机构；（四）典籍英译本的出版机构"①。以下对这四个方面的赞助人及其出台的相关翻译政策进行分析评论。

2.1 美国政府

早在第二次世界大战期间，美国政府就开始准备未来的对外文化战略部署。1942年，受到美国国务院的委托，耶鲁大学历史学教授拉尔夫·特纳（Ralph Turner）向美国国务院提议"要为中国培养具有现代文化素质的运货人，并以民主的角度重新解读中国的传统文化，将这种思想输入中国，以改造中国传统文化的知识界精英"②。这份提议的实质是试图从中国传统文化的角度切入来输出美国的价值观。

1946年，美国国会通过了"富布莱特法案"。它"授权政府利用大量战后资金，资助美国与其他国家之间的学生、教师开展学习、教学、交流，以及不同语言的文学著作等典籍的翻译等活动"③。自该法案通过之后，美国于1947年11月第一次同中国签署了"富布莱特教育交流协议"。"到1949年8月，美国和中国各派出二十余名学者和学生参加了这一交流项目"④。中华人民共和国成立以及朝鲜战争爆发之后，中美两国成为相互敌对的国家，从此进入了长达30年的隔绝时期，中美"富布莱特项目"也因此中断。

---

① 杨静：《美国二十世纪的中国儒学典籍英译史论》，博士学位论文，河南大学，2014年，第114页。
② 李荣静：《当代美国政府的对外文化战略及其实质》，《理论与现代化》2004年第6期。
③ 崔建立：《冷战时期富布莱特项目与美国文化外交》，博士学位论文，东北师范大学，2011年，第46页。
④ 崔建立：《冷战时期富布莱特项目与美国文化外交》，博士学位论文，东北师范大学，2011年，第46页。

第二章　第二次世界大战后中国哲学在美国英译的历史文化背景

20世纪五六十年代，中美关系持续恶化，使得文化交流互动的开展变得愈发困难。这没有阻止美国对中国的研究。相反，朝鲜战争的失败，使美国政府对中国更为关注，反而增加了对中国研究的拨款。同时，学术界也在呼吁加强对当代中国的研究。1958年，美国通过"国防教育法案"（National Defense Education Act），鼓励对外国语言的学习，尤其是汉语、俄语等美国敌国的语言。此外，美国政府还采取了各种手段以资助各高校和教育机构，帮助它们成立外语教学和语言及地区的研究中心，训练和培养相关研究的专家。美国的汉学研究也逐渐转向区域性研究。这些新的对外文化、语言政策显然是出于政治外交的需要，目的是对付、战胜中国等敌对国家，但在客观上却促进了美国汉学的发展和中国哲学典籍的英译。"国防教育法案"非常重视对中国的研究。"据统计，美国在1959—1970年间公私方面投入中国研究的经费共约7000万美元，是1958年前的13年的总经费的20倍"①。

这些大量的投资与拨款使得美国各级各类的学校中的中国通识教育和汉语教学得以迅速发展。"1965年到1968年，美国开设汉语本科课程和研究生课程的高校各增加了30所与4所；选修中文的本科生与研究生的数量也有明显的增幅：本科生在3年内增加了1529人，而研究生则增加了173人"②。同时，"相关课程的专职教师的数量也显著增加，1960年到1969年增加了约100名。总体上，在这十年里，美国共培养了以中国研究为专业的1700名学士，1000名硕士和412名博士"③。在国家政策与大量资金的推进之下，美国研究中国的热潮高涨，也使得中国文化传统的研究和中国哲学典籍翻译的发展前所未有地迅猛。另一方面，对汉语与中国文化相关课程教学的重视，也使得相关书籍与中国文学或哲学的英译本教材的使用量加大。例如，狄百瑞、陈荣捷、伯顿·沃森等人的中国典籍译作都被选作美国各高校历史系、东亚语言文学系的教材使用。这些增长的需求也给该阶段中国哲学典籍的英

---

① 张西平、李雪涛：《西方汉学十六讲》，外语教学与研究出版社2011年版，第385页。
② 赵征军：《中国戏剧典籍译介研究》，博士学位论文，上海外国语大学，2013年，第62页。
③ 吴元国：《隔绝对峙时期的美国中国学（1949—1972）》，上海辞书出版社2008年版，第91—92页。

译和编纂提供了动力。

可见，正是因为第二次世界大战之后中国战略地位的提升，使得美国政府必须予以重视并扶持相关学科的研究，也因此将中国哲学典籍在美国的英译推向了第一个高潮。而"冷战"结束后，在美国的注意力转移到其他地区的情况下，美国对中国研究的财政拨款也在减少，伴随而来的则是20世纪80年代出现的中国学的学生生源锐减的现象。不过很快情况就有所改变，随着中国改革开放的深入，中国政府实施了对外文化输出战略，启动了《大中华文库》（1995年），"中国图书对外推广计划（2004年）和中国文化著作翻译出版工程（2009年）"[①] 等中国文化外译项目，输出了一系列中国经典英译作品；由中国汉办资助，"在美国各地建立了孔子学院，使得学习汉语的人数不断增加"[②]。

2.2 美国基金会

2.2.1 私立基金会

20世纪20年代起，美国垄断资本建立了各种基金会，"其创办目的是维持或者资助社会、教育、慈善、宗教或者其他活动以服务于共同福祉"[③]，其中比较著名的是福特基金会（Ford Foundation）、洛克菲勒基金会（Rockefeller Foundation）等。在与苏联等社会主义国家冷战时期，美国政府不仅要运用军事威慑和经济遏制，同时也要借助文化渗透的力量，私人基金会起到了推波助澜的作用，其中福特基金会专门创立了外国区域研究基金项目（Foreign Area Fellowship Program），开展非西方的语言和地区项目研究，中国研究是其最为重视和投入最多的项目。1959年6月，由福特基金会资助，"美国学术团体理事会"和"社会科学理事会"召开了当代中国问题研讨会，会上成立了"当代中国联合委员会"（Joint Committee in Contemporary China），目的是运用各种社会科学手段以及过去在研究苏联问题时所取得的各种经验对中国共产主义

[①] 杨静：《美国二十世纪的中国儒学典籍英译史论》，博士学位论文，河南大学，2014年，第118页。

[②] 杨静：《美国二十世纪的中国儒学典籍英译史论》，博士学位论文，河南大学，2014年，第118页。

[③] 胡文涛：《冷战结束前私人基金会与美国文化外交》，《太平洋学报》2008年第3期。

进行研究。"当代中国联合委员会"的成立,揭开了美国中国研究的新篇章,仅1961—1970年间就资助研究中国的项目共计533项。此外,福特基金会还资助一些世界顶尖高校建立中国研究中心。

在福特基金会的带动下,美国其他的财团基金会也加入到资助中国研究的事业中来。例如,第二次世界大战结束前,洛克菲勒基金会资助多所一流大学建立了远东学图书馆,为研究中国提供了信息和资料的保障。

2.2.2 政府基金会

第二次世界大战后,由于太平洋战争及战后的"马尼拉审判""东京审判"等凸显了美国高层次汉英双语互译人才的匮乏[1],美国的官方机构开始设立资助项目,支持各大学的专家学者研究日本和中国的语言文化,翻译两国的文化文本。具有代表性的官方赞助机构有——"美国国家人文基金会"(National Endowment for the Humanities)和"美国学术团体理事会"(American Council of Learned Societies)。

"美国国家人文基金会"是一个独立的美国政府的联邦机构,1965年由国家艺术与人文基金法案通过,致力于支持人文社科领域的研究、教育、保护及出版项目,为高质量的人文社科项目及文化机构,例如博物馆、档案馆、图书馆、学院、大学、公共电视台和电台以及学者个人提供资助。

"美国学术团体理事会"成立于1919年,是一家非营利机构,其作用是资助与支持人文科学与相关社会科学的研究,对研究工具的准备,研究结果的出版等是其主要的活动。

有学者统计,"这两大政府基金会官方网站公布的翻译资助项目的数据显示,'美国国家人文基金会'自1971年至2016年共资助翻译项目1652项,中国文本的翻译项目125项;'美国学术团体理事会'自1959年共资助148项翻译项目,其中中国文本的翻译46项"[2]。

---

[1] 参见龚献静《二战后美国资助翻译中国文化文本的项目特点及启示》,《中国翻译》2017年第1期。

[2] 参见龚献静《二战后美国资助翻译中国文化文本的项目特点及启示》,《中国翻译》2017年第1期。

表 2-1 美国国家人文基金会和学术团体理事会资助的不同领域的文本及项目数①

	典籍	文学	佛教	艺术	少数民族	政治	语言学	法律	考古	医学	农学
美国国家人文基金会	40	22	21	13	7	10	1	6	2	2	1
美国学术团体理事会	8	8	7	1	7	4	8	0	3	0	0
总计	48	30	28	14	14	14	9	6	5	2	1

表 2-1 数据显示，两大基金会资助了众多不同领域的中国文本的翻译，包括宗教、哲学、历史、文学、艺术、语言、医学、农学以及民族语言文化等众多代表中华文明的文本，根据文本性质，把儒学、道教、老庄哲学等描述一个时代的政治、经济、文化、社会风俗的综合性历史文本统一归类为典籍，其他具有较强专门学科属性的文本单独列出，佛家典籍也单独列出，依据这个标准，典籍类翻译最多，共 48 项。

"国家人文基金会"资助的翻译项目主持人身份多为高校学者，共有 45 所大学的学者受到资助；其他主持人来自大学出版社和研究机构的学者，分别有 3 家出版社和 5 所研究机构的学者受到资助，不隶属任何机构的独立学者为 17 人。

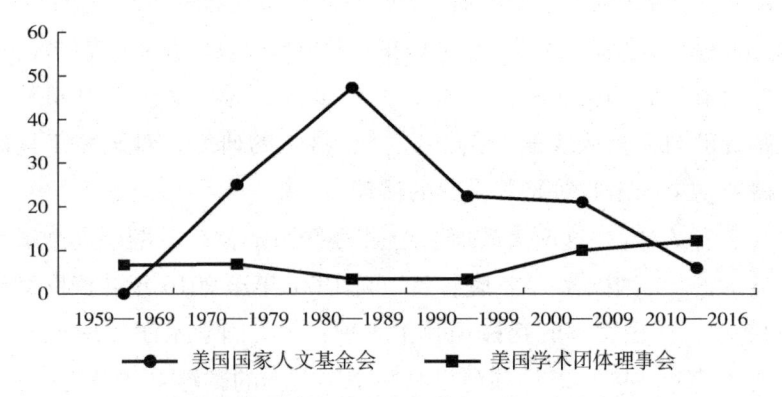

图 2-1 美国国家人文基金会和学术团体理事会资助中国文化文本翻译项目的历史演进②

---

① 参见龚献静《二战后美国资助翻译中国文化文本的项目特点及启示》，《中国翻译》2017 年第 1 期。

② 参见龚献静《二战后美国资助翻译中国文化文本的项目特点及启示》，《中国翻译》2017 年第 1 期。

第二章　第二次世界大战后中国哲学在美国英译的历史文化背景

以项目资助翻译是影响翻译活动最为重要的因素。著名翻译理论家勒菲弗尔从经济地位、社会地位、意识形态等方面论述了赞助对翻译活动的影响（Lefevere）。第二次世界大战后，美国政府基金会资助中国文化文本的翻译项目也无疑受到了这三方面因素的影响。从图2-1中的信息可以看出，代表美国官方机构的国家人文基金会资助中国文本的翻译数量从70年代开始增长，到80年代末增长到最高点，90年代后数量开始下降，意识形态是影响这一趋势的重要因素：第二次世界大战后的东京审判首先让美国意识到了汉语和日语翻译人才的不足，为了国家安全利益把汉语列为关键性语言加以学习，中国文化文本的翻译开始得到资助；70年代中美建交，促使美国加大了中国文本的翻译。但90年代初，随着苏联的解体，美国在政治意识形态方面不再有强大的对手，美国资助翻译社会主义国家的文化文本项目总量减少，中国作品的翻译资助项目也随之减少。美国学术团体理事会因其民间性，受意识形态影响较小，因而90年代，其资助项目反而有所上升。其次是经济和社会地位因素，随着70年代中美建交后，翻译资助提升了中国文本译者的经济和社会地位，翻译数量开始增加；90年代，随着美国国内经济下行，政府预算减少，各类文化资助项目也随着减少；21世纪以来，随着美国汉语教育的发展，以及中美在政治、经济、文化等领域合作的深入，再加上许多重要的中国文化文本已经在英语世界有多种译本，美国进行中国研究的学者，逐步摆脱了对翻译的依赖，更多地通过一手资料对中国政治、经济、文化、社会风俗等问题进行研究，对中国问题研究的资助远远超出了对中国文本翻译的资助。

相比第二次世界大战前译者出于传教和个人兴趣翻译的中国文化著作，第二次世界大战后由国家人文基金会资助的中国文化著作更具经典性、广泛性和针对性。如表2-1所示，获得资助次数最多的是典籍类著作的翻译，已不限于先前多次翻译过的《论语》《孟子》《道德经》等典籍，而是把范围扩大到《荀子》《春秋繁露》《淮南子》《北溪字义》等以及代表某一历史时期社会发展的重要著作如《东京梦华录》《福惠全书》等类似典籍的著作。美国第二次世界大战后翻译中国文化文本的选择首先受到资助条件影响，美国国家人文基金会在1979年规定的翻译资助条件之一是原著在思想上和历史上具有价值（巴特勒，1979），该资助条件决定了选择文本的经典性，所以典籍类著作翻译的数量最多。

美国两大政府机构的目标"致力于创新和发展人文社科研究"，这一目标决定了它们首先会选择一流高校的学者的翻译项目作为资助对象，高校学者担负着创新和发展人文社科研究的使命；其次是受翻译诗学的影响，因为专业人士和权威机构影响着主流诗学（Lefevere，2004），一流大学的学者作为译者在一定程度上保障译作不会对美国的主流"诗学"造成冲击；最后是受资助条件的影响，美国国家人文基金会的翻译资助条件中明确规定："提交之译文必须附有批评性的序言及解释性的注释"[1]，依照这个条件，只有在某一领域专家才能胜任这类翻译，进而获得国家资助。

此外，选择一流大学的学者作为译者也反过来提升了翻译资助的效益。首先是这些学者和大学的声望提升了中国文化译本的价值，有利于翻译文本的传播。其次，资助高校学者进行翻译也促进了美国翻译研究的发展，这些资助促进了美国学者在翻译理论和翻译方法等领域的创新。例如，美国学者阿皮亚（Appia）提出"深度翻译"（thick translation）这一术语，其定义是和美国国家人文基金要求的翻译策略一致的，而"深度翻译"也受到了我国学者的推崇，认为该翻译策略对文化深度交流，帮助读者尤其是自身优越感强的读者理解他者文化，对中国文化外译等具有重要理论和实践价值（夏天，2008；张佩瑶，2012）。

2.3 主要出版机构

根据勒菲威尔的定义，"赞助人"指的是有"促进或者阻碍文学的阅读、写作和重写的权力的人或者机构"[2]。从第一章我们对在美国英译、出版的中国哲学典籍作品梳理来看，大多数译作的出版机构为高校

---

[1] ［美］斯蒂芬·康格拉特-巴特勒：《国外翻译界》，赵辛而、李森编译，中国对外翻译出版公司1979年版，第61页。

[2] Lefevere, Andrew, *Translation, Rewriting, and the Manipulation of Literary Fame*, Shanghai Foreign Language Education Press, 2004, p. 7.

出版社，这一方面表明，中国典籍在美国的英译大多是汉学研究的产物，而一些汉学研究成绩突出的高校一般说来也具有汉学书籍出版的权威性和优先权，例如哥伦比亚大学出版社、纽约州立大学出版社、夏威夷大学出版社，等等。另一方面，也表明中国哲学典籍的英译局限在专业读者群，没有在普通大众中传播开来。

2.3.1　大学出版社

在美国，州立以上的大学基本都有各自的出版社。这些大学出版社是非营利性质的，大多都出版翻译作品。有些出版社是它们所属大学的一个机构，通常与行政机构联系得更密切，另一些出版社则是独立的机构。不过，仍然由它们所属的大学任命的编委控制出版、编辑权。

大学出版社主要出版那些商业出版社认为是无利可图的学术著作，许多作品的出版依靠政府、私人基金和企业资助。比起商业出版社来说，它们更能承担小批量再版的经济负担。大学出版社特别关注学者型的作者，与那些既是作家又是翻译家的学者保持着密切的联系。

通常，译作的出版成本比创作的出版成本要高出 2.5%—40% 不等，平均高出的成本达 20%。因出版成本高，大多数出版社需要出版资助。如果译者在提交译稿的同时能提供资助方案，那么，其译作即有望出版。如果译者已经获得了出版资助则更好。一家出版社摆明了出版的费用：

> 我们需要能足够补偿因编辑而损耗的经费。因为市场很小，我们通常不敢保证每部译作都有平均出版量（大学出版社的平均印刷量为1500—1800册）。单部作品出版的成本高，根据某部译作的销售情况来估计，若实施一项新的出版计划，出版社将花费10000美元。[①]

大学出版社出书的审核机制很严格。首先，对提交上来的书稿进行仔细、严格的筛选。如果初选合格，书稿会送至专家审阅，再推荐到编

[①] Thea Hoekzèma, "Publishing Translations with University Presses", *Translation Review*, No. 1, 1978, p. 43.

辑部出版。编委会有权接受、拒绝书稿，或提出修改意见。

对质量的强调始终贯穿于设计、生产和营销等一系列出版过程。一半以上的大学出版社会采取积极的措施征收翻译稿件。例如，他们会主动寻找译者来翻译选定的作品。也有少数出版社接受译者的投稿。

至于选择什么作品来翻译，大学出版社通常会采取以下几种方式来决定：一是专家学者的推荐；二是通过阅读期刊书评或出版商的出书目录（包括国外期刊目录）获取信息；三是从国外出版商那里了解情况（这类信息一般在国际图书节上可以获得）。有时，译者或翻译代理人那里也有新近出版的作品信息。一家出版社说道：

我们两种办法兼用：有时，我们得到了一部重要作品翻译成英文的版权，然后去找合格的译者；有时，个别译者会带来一个翻译项目，包括他已完成的翻译作品。这样的译者不一定是最好的译者，却是最有干劲的人。[1]

另一家出版社获得译文的渠道则略有不同：

事实上，要找到已经翻译好的文本不大可能。许多译者在着手翻译之前就获得了某家出版社的许诺，否则，他不敢贸然翻译。偶尔也会有这样的情况，有些译者因不了解行情，或是与另一家出版社中断了出版协议，也会找上门来，提交一个完整的译本。如果书稿是我们想要出版的题材，我们是乐意评价其质量的。更多情况下，由我们决定翻译选材，再找译者来翻译。[2]

大学出版社主要根据译者的口碑和声誉来选择译者。已出版过作品的作家、出版社顾问委员会的委员，以及出版社的工作人员都有权推荐译者。有些出版社依据内部员工和外界人士的评价来选择译者。出版社有时会从翻译者协会注册的会员中挑选译者，有时也会选用与出版社有过合作关系的译者。一家出版社如是说：

我们很少委托译者以翻译任务，因为很难发现既合格又愿意接受任

---

[1] 参见 Thea Hoekzèma, "Publishing Translations with University Presses", *Translation Review*, No. 1, 1978, p. 41.

[2] 参见 Thea Hoekzèma, "Publishing Translations with University Presses", *Translation Review*, No. 1, 1978, p. 42.

第二章　第二次世界大战后中国哲学在美国英译的历史文化背景

务的人。很难找到某个领域的专家愿意投入时间和精力来完成一流质量的译作。如果翻译产品是学者型的译本,仅有流畅是远远不够的,需要译者花大气力去从事研究和翻译。①

多数大学出版社依靠读者的评价来判断译作的准确程度,这些读者通常是学界权威。此外,译出语国家的出版商和作家有时会要求检查译本的质量。

大学出版社以出书质量高而著称。美国国家图书奖通常被视为评价书籍质量的最高标准。从20世纪50年代起,美国国家图书奖大多颁给了大学出版社出版的读物。据不完全统计,美国大学出版社读物几乎囊括了一半的翻译作品的奖项,尽管它们每年出版的新书只占年出版总量的8%。

下面介绍几家出版中国哲学英译作品的大学出版社。

哥伦比亚大学出版社无疑是中国哲学典籍英译最重要的赞助出版社之一。从20世纪60年代至今,哥伦比亚大学出版了大量的中国典籍英译作品,包括一些在学界具有重大影响以及在大众读者中获得好评的作品,如狄百瑞主持编译的《中国传统资料书》、陈荣捷的《传习录》和《近思录》英译、白牧之白妙子夫妇的《论语辨》英译,等等。哥伦比亚大学出版社几乎出版了伯顿·沃森一人所有的中国哲学、史学和佛教典籍译作,包括这些译本的再版和修订版。出版社给沃森支付版费,从经济上保证了他的翻译工作顺利进行。

此外,纽约州立大学、夏威夷大学、普林斯顿大学、芝加哥大学等学术出版社也成为中国哲学典籍英译作品的重要出版阵地。

纽约州立大学十分重视亚洲研究及哲学、宗教类书籍的出版。从20世纪80年代起出版了大量中国哲学典籍的译作和相关著作,其中包括安乐哲与郝大维的中西比较哲学专著及安乐哲的《孙子兵法》《孙膑兵法》的英译。迈克尔·拉法格(Michael Lafargue)的《道德经》和《太玄经》,吴光明的《庄周梦蝶》及《老子》王弼注本的英译也在此出版。

---

① 参见 Thea Hoekzèma, "Publishing Translations with University Presses", *Translation Review*, No. 1, 1978, p. 42.

夏威夷大学在20世纪六七十年代就出版过 Ariane Rump 和陈荣捷合译的《老子》王弼注本、秦家懿的《明儒学案》、梅维恒的《庄子》等较为出名的作品，90年代以后出版了同为该校哲学系教授、又是国际汉学领军人物的安乐哲和成中英的翻译作品，如安乐哲与郝大维的《中庸》译本、罗思文与安乐哲的《孝经》译本以及成中英的《原善篇》英译本。

普林斯顿大学出版了贝恩斯从德语转译的《易经》、陈荣捷的《中国哲学资料书》等重要作品，还出版了第一部《管子》的英文全译。

2.3.2　商业出版社

除高校出版社之外，也有不少的商业出版社出版中国哲学典籍的英译作品，20世纪六七十年代兴起的美国大众对中国思想典籍的阅读热潮也是造成这些商业出版社大量出版中国书籍的重要原因。例如，波士顿的香巴拉出版社最有兴趣出版的十类图书中就包括亚洲宗教、哲学、心灵修炼之类，纽约的巴伦汀出版社是著名的企鹅出版社旗下的一员，以出版亚洲研究、哲学等类书籍著称；还有哈科特出版社一直以来也出版了不少高质量的中国哲学著作及翻译作品。

香巴拉出版社在20世纪90年代出版的中国哲学典籍英译本多达7种，如托马斯·柯勒瑞的《孙子兵法》和《易经》英译，Sam Hamill 的《道德经》和《庄子精要》英译、Eva Wong 的《列子》英译，以及一些禅宗佛教的典籍。

巴伦汀出版社出版了韩禄德英译的《老子道德经》、Edward L. Shanghnesy 的《易经》英译和安乐哲分别与罗思文、郝大维合作英译的《论语》和《道德经》。

21世纪以来十几年中，哈科特出版社出版了艾文荷的《老子道德经》，葛瑞汉（A. C. Graham）的《庄子内篇》和布鲁克（Brook Ziporyn）的《庄子精要》等中国哲学典籍的英译本。

3　中国哲学研究的学术团体和学术期刊

美国的中国哲学的研究和英译一开始就隶属于美国汉学或中国学研

第二章　第二次世界大战后中国哲学在美国英译的历史文化背景

究，因此，一些汉学机构对其产生了较大的推动作用，在人才培养、资金支持和成果出版等方面，都起到了举足轻重的作用。

美国汉学的一个源头可以追溯到美国来华传教士的汉学研究，其创办的《中国丛报》可以视为美国第一份汉学研究期刊。另一个源头就是成立于1842年的"美国东方学会"。它是一个历史悠久的美国汉学学术团体，宗旨是"以传统的方法研究东方学，传播关于东方的知识，促进对东方语言和文学的研究"①，出版的学术期刊有《美国东方学会会刊》（Journal of the American Oriental Society）、《美国东方学会丛刊》等。不少美国早期汉学家及华裔汉学家，如卫三畏、丁韪良、陈荣捷等人都在《会刊》上发表过文章，"内容涵盖中国语言、文学、思想、宗教、少数民族、科技、艺术等汉学所有的领域"②。

1919年成立的美国学术团体理事会（American Council of Learned Society），是美国中国学发展中的一个重要学术组织机构，对全美中国学的发展有很大调控机制。例如，美国学术团体理事会在人文社科的评估、资助出版及吸纳会员等方面对美国东方学学会给予了很大的支持。

1925年，又一个重要的美国汉学学术团体——"太平洋关系学会"（Institute of Pacific Relation）成立，以研究太平洋问题、调查研究、会议讨论及出版为学会活动的主要内容。该学会的资金主要来源于各大基金会，资助美国各大名校编写汉学教科书，举办中国历史文化的研讨会和讲习班。第二次世界大战期间，该学会直接为美国政府机构服务，提供了许多关于资源、政府经济和远东问题的情报，对美国舆论和政府对华政策产生过极其重要的影响。该学会会刊为《太平洋事务》（Pacific Affairs）。

1928年成立的哈佛燕京学社（Harvard-Yenching Institute）是当时美国研究亚洲、研究中国及培养中国问题专家的摇篮。例如在美国本土英译并出版《论语》和《孟子》第一人的魏鲁南、翻译过冯友兰的《中国哲学史》的卜德以及美国孔子研究的权威人士，翻译过多部儒家

---

① "Constitution of the American Oriental Society", Journal of the American Oriental Society, No. 1, January 1843, p. 6.
② 孟庆波：《美国中国学的发端史研究》，《华南农业大学学报》（社会科学版）2013年第2期。

典籍的顾立雅，等等，都曾是该学社的成员。这些学者逐渐从以往注重对中国古代文化的研究，转向注重对地区相联系的近现代问题研究。因此，他们对中国古代典籍英译的视角也有别于欧洲汉学家的传统视角，敢于破旧立新。例如，魏鲁南的译本不注重历史和考据，而是在序言中介绍了文本产生的社会、政治、经济等方面背景，语言通俗流畅，很受大众读者的欢迎。1936 年，哈佛燕京学社创立了会刊《哈佛亚洲研究》（*Harvard Journal of Asiatic Studies*），"刊登了大量有关中国、日本等亚洲国家的文学、历史、文化、哲学等人文学科的研究论文"[①]。

1941 年 6 月，以费正清为首的美国中国学新生代学者，响应美国政府的号召，组织筹建了"远东学会"（The Association for Far Eastern），对于着重古典研究的汉学传统提出挑战。"该学会自成立之日起就表现出强烈的现实关注和对国家、对时代的责任感，追求以社会科学为手段的对现实中国的全方位研究"[②]，其会刊为《远东季刊》（*Far Eastern Quarterly*），办刊目的很明确："一是推动学术研究，为远东研究的专家们提供出版平台；二要考虑读者群体，兼顾普通读者和各专业领域对东亚研究感兴趣的师生"[③]，发表的论文中不乏以中国典籍英译研究为题，例如，卜德在其 1955 年第 14 卷第 2 期上的发表过有关中国哲学术语英译的论文。

1956 年，远东学会更名为"亚洲研究会"（Association for Asian Studies），以《亚洲研究》（*Journal of Asian Studies*）替代原出版物《远东季刊》（*Far Eastern Quarterly*），并进一步推动美国的中国思想研究。早在 1951 年，亚洲研究协会决定成立中国思想委员会（Committee on Chinese Thought），有针对性地组织和指导美国学术界的中国思想研究。该委员会成立后出版的一部会议论文集《中国思想研究》，收录了一些当时汉学领军人物的中国哲学研究论文，特别是第二部分，是专门有关中国文字和中文翻译的几篇论文，"如伊森伯格（Arnold Isenberg）的

---

① 杨静：《美国二十世纪的中国儒学典籍英译史论》，博士学位论文，河南大学，2014 年，第 125 页。
② 孟庆波：《美国中国学的发端史研究》，《华南农业大学学报》（社会科学版）2013 年第 2 期。
③ Editor, "To Our Readers", *The Far Eastern Quarterly*, No. 1, January 1941, p. 3.

第二章　第二次世界大战后中国哲学在美国英译的历史文化背景

《关于解释的一些问题》、方志彤（Achilles Fang）的《关于翻译之难的一些思考》、理查兹（A. Richards）的《迈向一种翻译理论》和芮沃寿（A. F. Wright）的《中国语言与外来观念》"①。20世纪50年代至60年代初，中国思想委员会前后召开了五次会议，期间的中国哲学的研究和翻译得益于社会科学的研究和分析方法广泛适用，表现出多元化的特征，对中国哲学在美国的研究发展起到重要推动作用。

此外，还有一些大学的中国研究中心，也是美国重要的汉学和中国学机构。

中国哲学的研究和英译自20世纪八九十年代以来在美国得到了迅速发展，成立了不少专门的中国哲学研究的学术团体，不再局限于以往汉学、中国学框架内的研究。主要有成中英创办的"国际中国哲学会"（The International Society for Chinese Philosophy）、"亚洲比较哲学学会"（A Society for Asian & Comparative Philosophy）、"国际中西哲学对比研究学会"（An International Society for Comparative Studies of Chinese and Western Philosophy）和"北美中国哲学学会"（Association of Chinese Philosophers in North America），等等。

"国际中国哲学会"是迄今为止唯一的以推动在国外的中国哲学研究为宗旨的国际性专业学会，成立于1975年。根据崔玉军的研究，早在1964年第四次东西方哲学家会议召开期间，成中英就利用开会的间隙，与参会的华人学者讨论在西方学术背景下中国哲学的作用和未来发展的问题，并提议组织一个非正式的协会，以便在讲授和推动中国哲学等方面建立联系。此提议得到了许多学者的响应。11年后，"国际中国哲学会"正式成立。从1983年开始，每两年都召开一次大会，举办的学术会议走出美国本土，在世界各地召开，标志着国际中国哲学会已成为一个真正的、具有国际影响的学术组织。

国际中国哲学会的会刊《中国哲学季刊》（*Journal of Chinese Philosophy*）是英语世界第一份有关中国哲学和比较哲学的期刊，以界定并举例证明中国哲学的任务、目前要做的工作及其目标为己任。在其办刊历

---

① 崔玉军：《陈荣捷与美国的中国哲学研究》，社会科学文献出版社2010年版，第101页。

史上，该刊物追溯了中国古代思想家综合观察世界，深入地思考人类本性的发轫期。理论上，它主张综合运用现象的、分析的、解释的及建构的方法来分析、批评，并创造性地理解中国哲学。

截至2013年该期刊创刊40年之时，《中国哲学季刊》已出版了40卷。在这40卷里，共计160期及4个独立的刊期，大约1500篇论文，涵盖60多个话题。它发表的论文讨论了中国哲学所有的基本话题，对哲学问题做了历史的、文本的研究，包括：先秦哲学、中国古典逻辑学、新儒家、新道家、中国佛学及禅宗佛教以及当代中国哲学的各种流派和话题。

作为一份哲学期刊，《中国哲学季刊》在拥有许多一手资料的基础上对中国问题进行了认真思考和深入研究。该期刊提倡运用批判的方法进行研究，解释和详细阐述那些体现在经典中的中国传统哲学观念和理论。讨论了本体论、宇宙论、认识论、伦理学、政治学、美学、艺术学、宗教学等领域的基本问题，对中西方读者来说都很有吸引力。它在许多方面挑战了西方哲学的范式和范畴，因此，对于西方传统来说有可能提供一些竞争性且补充性的观点。通过这份期刊，人们发现在近40年来，中国哲学研究已经表现出它最高的价值，并通过《中国哲学季刊》这个平台有望成为世界哲学的一部分。

另一份世界著名的东西方学术刊物为《东西方哲学》（East and West Philosophy），该刊物虽于1951年创刊，却是由1949年召开的第二次东西方哲学家会议的发起人决定创立的，以便作为会议的延伸和补充，以进一步促进东西方哲学思想的理解和交流。经过两年的准备，《东西方哲学》（季刊）正式创刊，"由摩尔担任主编，后由安乐哲担任主编，编委会委员有成中英、柯雄文、艾琳·布鲁姆、杜维明、秦家懿等著名中国哲学专家"[①]。

《东西方哲学》每年一卷，除了少数几卷之外，均是每年4期，到2000年创刊50周年时，已经登载学术论文1600篇左右，

---

① 崔玉军：《东西方哲学家会议与中国哲学研究在美国的发展》，《国外社会科学》2005年第4期。

其中涉及儒学和道家思想的就有400多篇，这个成绩是西方任何汉学期刊都不能匹敌的。半个世纪以来，《东西方哲学》刊登过所有海外著名中国哲学专家的研究成果，成为世界各国学者探讨中国哲学问题最重要的话语场所。这些学者以《东西方哲学》为主要媒介，不但形成了海外中国哲学研究的主要学者群体，而且该期刊也由此成为国外中国哲学研究方面最具权威的学术期刊，中国哲学思想也通过它而逐渐进入西方尤其是美国的学术视域。从某种意义上讲，和东西方哲学家会议一样，《东西方哲学》是中国哲学研究和英译在美国从无到有、从少到多的见证者。①

4　美国高校相关院系和研究机构

尽管中国哲学在西方已有几百年的传播历史，无论是研究汉学与中国学的学者，还是非专业的大众读者，都或多或少地接触并了解了一些中国哲学思想，但是，中国哲学的合法性在西方学界却长期没有得到承认。

很长一段时间，在西方高校的哲学院系里，没有中国哲学的一席之地：多数国家的大学哲学系不开设中国哲学课程，"中国哲学"及相关课程只有在东亚系、历史系或宗教系的课程设置中才能找到，研究中国哲学的学者们隶属于宗教学系或东亚系而非哲学系。2006年，互联网上发布的一篇微博文章引发了学者们的普遍反响。文章指出：斯坦福大学、密西根大学、加州大学伯克利分校等几所高校的中国哲学教授退休之后，其教研职位因无人接替，中国哲学将濒临逐渐消失的绝境。该情况造成的严重后果是：美国本土高校中顶尖的哲学院系中，中国哲学的教学和研究几乎成为空白。

在美国本土，学生们若想攻读中国哲学专业的博士，只能飞越半个太平洋去夏威夷，或者跨越整个太平洋去亚洲国家的个别高校就读，因为只有那些高校才有使用英语授课的研究生层次的中国哲学课程。2008

---

① 崔玉军：《东西方哲学家会议与中国哲学研究在美国的发展》，《国外社会科学》2005年第4期。

年，美国哲学学会发表了一篇报道，题为《亚洲及亚裔哲学家和哲学》，提供的情况更具有概括性。其作者之一 Justin Tiwald 说道：

> 如 Brian Leiter 所说，所有美国与加拿大高校的哲学博士点的综合评级中，只有 3 名研究中国思想的专家最初是在哲学系获得教职的。相反，据保守统计，这些博士点中却有 99 名全职教师主修康德哲学（与主修中国哲学教师的比例为 33 比 1），58 名教师主修中世纪欧洲哲学（与主修中国哲学教师的比例约为 19 比 1）。[1]

相比之下，中国高校的哲学院系，甚至整个东亚的大学哲学院系里，几乎每一位教授都主修过西方哲学。学生若想拿到毕业文凭，需要必修和选修若干门西方哲学课程。然而，在西方，大学哲学系里若有一位研究中国哲学的专家则是稀罕事。不仅哲学专业的学生，即便是哲学教授，对中国哲学一窍不通也不是尴尬之事。

美国大学的哲学系对待中国哲学一般不大友好。实际上，美国大学中以研究为主的哲学院系里几乎是清一色的男性学者，从事着认识论领域的研究。有人甚至认为：美国大学的哲学院系允许其他院系，如宗教系和东亚系轻率地接受大量对中国哲学怀有饱满热情的学生实为愚蠢之举。近来，这些高校的哲学院系因歧视有色人种、歧视女性，无故解聘了一些精英级的分析哲学家而受到指责。

谈到研究型大学设立哲学系的初衷，有学者说道："它们是最不愿改变的，因为它们有自己的利益构成。一流的研究型大学最感兴趣的是如何保持它们的研究声誉。在传统界定的学科体制内评价学术研究水平，中国哲学仍然要遭受艰难时刻。"[2]

艾文荷教授也表达了近似的观点："一流的哲学院系里也有中国哲学教授，不过，他们多在一流的本科院校，或者几个州立的研究型院

---

[1] Carlin Romano, "Dao Rising", *Chinese Philosophy*, 2013, http://www.chronicle.com/article/Dao-Rising-Chinese-Philosophy/ 141693.

[2] Carlin Romano, "Dao Rising", *Chinese Philosophy*, 2013, http://www.chronicle.com/article/Dao-Rising-Chinese-Philosophy/ 141693.

第二章　第二次世界大战后中国哲学在美国英译的历史文化背景

校。顶尖的研究型院校没有全职的中国哲学教授。由于懒惰和缺乏好奇心，几乎所有的西方职业哲学家都对中国哲学或非西方哲学知之甚少。一般说来，他们是人文社科学界最保守，最排外的学者。"[1]

瓦瑟学院哲学系退休的讲座教授万百安，是美国研究中国哲学的领军人物，他说的情况更糟糕一些。"说实话，美国人对待中国哲学抱有种族歧视和偏见，这种态度时而含蓄时而明显。有时，人们谈论中国哲学好像讲笑话一样，也不把中国哲学家当一回事，好像他们是天真、单纯的小熊维尼一样"[2]。2008 年，万百安在美国哲学学会的时事通讯上发表了一篇报道，指出美国高校哲学院系无力培养出中国哲学专业的研究生这一现状。据说，自从两位著名的中国哲学专家离职后（斯坦福大学的倪德卫退休，密西根大学的艾文荷去了香港城市大学），美国学生若想就读中国哲学的研究生是难上加难了。这个消息可谓刺痛人心！

不过，以上所说的种种不尊重中国哲学的态度正日益受到美国新一代思想家的挑战。如今，美国一些大学的哲学系已开设了中国哲学课程，还有一些大学将中国哲学及相关内容放在东亚系、宗教系或历史系的课程设置中，或是以中国文明、中国文化、中国思想专题研讨班等名义作为概论性或者背景知识讲授。这些事实说明，越来越多的美国学者关注到中国哲学并开始系统地研习。

波士顿儒家的代表学者之一，美国著名的比较宗教学者南乐山（Robert C. Neville）在其近著中谈到中国哲学在美国的情况：

> 虽然英国和美国的哲学系目前都不把中国哲学看成是所设主要课程的一部分，然而更大范围的哲学界越来越多的人认为中国的传统（还有印度、伊斯兰和东正教传统）是目前哲学讨论的必要组成部分。……许多美国大学的哲学系都在或多或少地讲授中国哲学。而且虽然英美的学院哲学已经将自己局限在狭窄的研究方法和

---

[1] Jianlan Lyu, Xiaoli Tan & Yong Lang, "On the translation, promotion and acceptance of Chinese philosophy in English-speaking world: an interview with Prof. Philip J. Ivanhoe", *Asia Pacific Translation and Intercultural Studies*, No. 2, 2016, p. 3.

[2] Carlin Romano, "Dao Rising", *Chinese Philosophy*, 2013, http://www.chronicle.com/article/Dao-Rising-Chinese-Philosophy/ 141693.

主旨中，但是中国哲学所看重的那些范围更宽的哲学问题，在美国的宗教研究中，却经常而且被认真地提到。①

借用冯友兰先生的话，就是中国哲学研究在美国虽然没有得到"形式上"的承认，但是"实质上"已经成为美国学界公众话语的一部分。根据美国哲学学会亚洲委员会的一份报告，在对调查做出反应的美国大学哲学系中，115个有亚洲哲学课程，其中有20个系开设博士学位课程，18个系开设硕士学位课程，70个系开设本科生课程，还有7个授予大专学位。而把亚洲哲学加入低年级的哲学课程之中的系已达132个②。本书在第四章将详细介绍中国哲学及相关课程在美国高校的开设情况。

中国哲学课程在美国大学的普遍开设无疑助推了中国哲学典籍的英译，不少经典的中国典籍英译作品被选为大学教材。例如，本书前面章节提及的狄百瑞的《中国哲学资料源卷》、陈荣捷的《中国哲学资料书》、伯顿·沃森的大多数中国文学、哲学典籍译作都被选作大学本科生的教材。

这里需要特别介绍的是陈荣捷、安乐哲和成中英从事过教学和研究的大学——夏威夷大学，在众多美国高校中，该校的中国哲学研究和典籍英译出版独具特色，通过成立东方哲学专业、邀请华人学者来校讲授中国哲学、研究中国哲学英译作品、资助中国哲学作品英译出版等活动来达到推广中国哲学的目的，对中国哲学典籍的研究、英译及传播做出了重大贡献。

夏威夷大学从20世纪30年代开设中国哲学课程，是美国大学中第一个开设中国哲学课程的大学。该大学因其独特的地理位置和多元文化背景的当地居民成为东西方文化交流的中心。20世纪30年代中期，美国学者查尔斯·摩尔（Charles A. Moore）和华人学者陈荣捷一同受聘到夏威夷大学任教，并一起创办了夏威夷大学哲学系。"由于当时美国对

---

① Neville Robert Cummings, *Boston Confucianism; Portable Tradition in the Late-modern World*, Albany, N. Y.: State University of New York Press, 2000, p. 41.
② 参见崔玉军《陈荣捷与美国的中国哲学研究》，社会科学文献出版社2010年版，第10页。

第二章　第二次世界大战后中国哲学在美国英译的历史文化背景

东方哲学思想所知甚少,所以摩尔为哲学系设定的目标非常明确:不能像美国本土大学中的哲学系那样只开设西方哲学课程,而更应该包含中国哲学、印度哲学和佛教哲学等东方哲学课程,其目的是将亚洲文化独特的思维方式和主要思想观念介绍给西方"①。

1938年夏威夷大学哲学系成立,开设的课程有印度哲学、佛教哲学和中国哲学,讲授中国哲学的教师就是美国第一位华人中国哲学家陈荣捷。从此之后,夏威夷大学哲学系一直开设中国哲学的相关课程。很多来往于中国和美国大陆之间的中国学者中途大多要在此地停留,他们也常被邀请演讲或短期讲学,内容多数是关于中国历史、语言、文化方面。这种情况不仅是在美国,就是在整个西方也是绝无仅有的。1942年陈荣捷先生离开夏威夷大学前往美国常春藤盟校之一的达特茅斯学院任教,继任其教席者为张仲元、成中英和安乐哲,可以说百年来该校的中国哲学研究一直学脉相承,薪火不断②。

近年来夏威夷大学哲学系开设的课程中,与中国哲学相关的课程与研讨就有8种之多:亚洲哲学、佛教哲学、中国哲学、藏传佛教入门、儒学、新儒学、道学、中国哲学研讨和《易经》研讨。

作为夏威夷大学哲学系的教授和博士生导师,安乐哲教授自然把他的中国哲学典籍译作作为课程教材,供学生使用。本书作者在美访学期间旁听过安教授的研究生课程,安教授要求学生阅读他的《论语》《道德经》《庄子》《淮南子》等英译本,并挑选其中的章节段落,讨论一些具体的哲学问题,进而探讨道家和儒家思想的特征。

以下是一段课程描述,该课程是2013年秋季安乐哲教授为其研究生开设的名为"道家哲学"的课程:

---

① 崔玉军:《东西方哲学家会议与中国哲学研究在美国的发展》,《国外社会科学》2005年第4期。
② 崔玉军:《东西方哲学家会议与中国哲学研究在美国的发展》,《国外社会科学》2005年第4期。

教学目的：学完该课程，学生们应当从传统道家典籍中基本了解道家道德观的发展；具备良好的文化对比能力；学会阅读原文及解读哲学关键词；提高评判性推理的技巧及形成哲学观点的能力；提高研究及写作能力。

课程描述：中医是早期中国宇宙论的实际运用，为阅读道家经典树立一个解释性的框架，该课从阅读传统中医论著开始。教师会提出如下问题：从关联性的认识论而非一种实体性的认识论出发去认识事物，会有怎样的自然结果？然后，细读《道德经》和《庄子》，以及其他一些道家经典，如《淮南子》和《列子》。试图回答这样的问题：《庄子》是如何对待"死亡"的？自然和人类的根本关系如何？什么是道家的"自然"和"创造性"？道家是否提倡"角色道德"？为何"君子"在道家概念中是"真人"？我们还需探究道家哲学与《孙子》所代表的军事哲学之间的关系。

从以上这份课程描述可以看出，安教授主张还原典籍的哲学语境，系统地研究道学。他以中国古代宇宙学为解释文本的总体语境，以中医药学为具体语境，结合道家的其他经典文本，来解读和讨论《道德经》这一典籍中蕴含的中国道家哲学思想。

安乐哲教授还为夏威夷大学本科生讲授了《哲学导论》的通识课程，该课程是一门比较哲学导论课。安教授在介绍西方传统哲学的基本概念和命题的同时，又向学生介绍了代表中国文化传统的儒家思想，进而提示学生运用批判性思维思考当今全球面临的普遍困境，诸如全球变暖、大规模流行病、食品与水资源短缺、环境恶化、急剧增长的人口、国际恐怖主义、核扩散、收入差异、能源短缺，等等。在他看来，要解决以上问题，人类的文化价值观和社会实践能起到很大的作用。但是，西方文化中缺乏应对和解决以上问题的资源，中国传统文化思想则提供了另一种思维方式，例如，与西方"个人至上"相对的"关系至上"的思维方式，与西方的"分析性"思维相对的"整体性"思维，等等。

本书作者还注意到，安教授的课堂上，学生构成十分多元化：不仅有美国学生，还有来自中国、马来西亚的国际学生；不仅有正式注册的本科生、研究生，还有不少当地的旁听生，他们大多是退休在家的、对中国哲学有着浓厚兴趣的大伯、大妈。还有好几名来自中国各高校的访问学者，专业分别为哲学和翻译学。

5 当代美国的汉学研究与中国哲学典籍的英译

"凡是汉学发达的国家，其所译汉籍必多"[①]。20世纪后半期，美国汉学研究蓬勃发展，其研究模式、特点以及发展趋势对中国哲学典籍在美国的英译产生了重要的影响，决定了其选材、内容、翻译方法、译本的形态和功能等，是决定翻译的主流诗学。该节考察的是第二次世界大战后美国汉学在不同阶段的发展特征及其对中国典籍英译的影响。

5.1 20世纪五六十年代的外向型的汉学研究与中国哲学典籍的英译

汉学在美国的起步较晚，它起源于欧洲汉学，在相当长的时间里延续着欧洲汉学的传统，即采用人文学科的方法对中国的语言、文学、文字、考古、历史及宗教进行研究。也就是说，初期的美国汉学不过是欧洲汉学的翻版或分支。"不过，美国汉学在其起步阶段，就表现出一种不同的发展方向，即不再像欧洲汉学那样仅仅专注于某一学科，而是运用跨学科的方法试图从整体上研究中国"[②]。例如，美国第一位来华传教士裨治文创办了《中国丛报》，其刊发的文章内容包括中国政治、经济、历史、地理、语言、文化等方方面面。美国传教士卫三畏的《中国总论》是一部跨学科研究的代表作，比较全面地介绍了中国的政治、经济、文化和社会状况。这些传教士汉学家的研究已经突破了传统欧洲汉学只专注于某一领域的做法，开创了跨学科的、全面研究中国的先河。

20世纪20年代是美国汉学经历了重要的转型时期。"标志之一是1925年太平洋关系学会（Institute of Pacific Relation）的成立。由于该学会的出现，传统意义上的汉学开始走出古典语言、文学、历史、思想

[①] 马祖毅、任荣珍：《汉籍外译史》，湖北教育出版社1997年版，第7页。
[②] 崔玉军：《陈荣捷与美国的中国哲学研究》，社会科学文献出版社2010年版，第11—12页。

文化的纯学术研究壁垒,转向侧重现实问题和国际关系问题研究的新领域,从而揭开了'区域性研究'的序幕"①。

所谓"区域性研究",就是"一种跨学科的研究,具体来说就是运用各种社会科学方法,集中对某一特定地区进行研究"②,就中国研究而言,"是以近现代中国为基本研究对象,以历史学为主体的跨学科研究的学问"③。"这种研究取向促使美国汉学之重心从语言、文学等领域的纯学术研究向侧重现实问题的实用性研究转变,打破了以往汉学'重视传统、轻视现实'、'重视实证、轻视理论'的学术传统"④。由于第二次世界大战中亚太地区的重要性凸显,战后美国加强了对这一地区的研究。中华人民共和国成立后,中国走向了美国意识形态的对立面,使得美国对中国的研究愈发具有战略和现实意义。此种背景之下,美国汉学必须得突破以文字、典籍研究为主的传统,拓展到政治、经济、社会等领域,因此,对中国进行的"区域性研究"应运而生。

如前面所提及,"区域性研究"最显著的特点就是"偏重对近现代中国的研究,另一个特点则是研究倾向于结合政治、经济、社会等因素,将历史研究与现实政治、经济有机结合起来,在方法上大量借用了社会科学的理论方法"⑤。这种研究范式也影响了中国古代思想典籍的研究,主要表现在两个方面:一是侧重在历史和社会背景中研究中国思想;二是倾向于挖掘中国传统与现代化之间的关系,这种"将思想内容置于历史脉络中分析"⑥的研究进路也称为"着眼于现实的研究取向"。

在这种研究范式中,中国文本的思想内涵不再受到关注。美国汉学

---

① 仇华飞:《二十世纪上半叶美国汉学研究管窥》,《档案与史学》2000年第4期。
② John King Fairbank, "Assignment for the 70's", *American Historical Review*, Vol. 74, No. 3, 1982, p. 324.
③ [日]安藤彦太郎:《日本研究的方法论——为了加强学术交流和相互理解》,吉林人民出版社1982年版,第26页。
④ 侯且岸:《当代美国的"显学"——美国现代中国学研究》,人民出版社1995年版,第7—10页。
⑤ 王琰:《汉学视域中的〈论语〉英译研究》,上海外语教育出版社2012年版,第128页。
⑥ 黄俊杰:《战后美国汉学界的儒家思想研究(1950—1980):研究方法及其问题——东亚儒学研究的回顾与展望》,华东师范大学出版社2008年版,第275页。

家史华慈（Benjamin I. Schwartz）曾对其做过描述：

> "美国的学术界一般强调社会、政治史，即使对人类文化有兴趣，也是从文化人类学的角度出发。他们研究思想史，不是强调它的内涵，而使将思想活动本身当作是一社会历史现象，所以思想总是被当作社会力量或心理结构的发射，而思想内涵本身则并无意义"①。

在这样的中国研究背景下，学界对中国典籍文本的研究已经不像以往那样聚焦于文本内部，而是将以前的标准译本"作为资料用于历史、文化、社会的研究和分析"②。因此，这一阶段，中国哲学典籍的英译领域几乎没有新的译者出现，译作也多为重印和再版，汉籍英译一时跌入低谷。

5.2 20世纪六七十年代内向型的汉学研究与中国哲学典籍的英译

20世纪六七十年代，国际形势和美国国内局势发生了重大变化。亚非拉国家的反帝、反殖、反霸运动风起云涌，最终瓦解了世界范围的西方殖民体系。非西方国家的历史发展进程开始受到普遍关注。随着关注的深入，人们愈加发现每个民族社会的存在都具有其独特的价值，这吸引了大批学者的目光，从全新的角度来研究非西方国家的历史发展进程，并"把研究的重点从驱动发展的外部因素转移到社会发展的内部动力上来"③。

这一时期，美国国内局势也动荡不安。"越南战争的失败、伊朗人质事件、民权运动及水门事件，等等，使相当一部分美国人对美国的'领导世界'的能力产生了怀疑，西方价值观也开始动摇"④。成

---

① 史华慈：《研究中国思想史的一些方法问题》，《近代中国史研究通讯》1987年第4期。
② 王琰：《〈论语〉英译与西方汉学的当代发展》，《中国翻译》2010年第3期。
③ 杨静：《美国二十世纪的中国儒学典籍英译史论》，博士学位论文，河南大学，2014年，第131页。
④ 杨静：《美国二十世纪的中国儒学典籍英译史论》，博士学位论文，河南大学，2014年，第131页。

长起来的新一代汉学家逐渐抛弃了种族优越感，以平等的心态满腔热情地致力于新的中国学研究：他们开始质疑以费正清、列文森等为代表的"西方中心"研究模式，认为"中国历史首先为中国自身的发展规律所决定，所以应当从中国社会内部来寻找中国历史发展的动力"①。这种新的研究趋势或视角就是所谓的"中国中心观"，是一种"内向型"的汉学研究途径。这无疑是美国汉学研究的一次重大转折和飞跃。

这种中国学研究的转折体现在一些代表性汉学家的著作中。美国学者柯文（Paul A. Cohen）提出"移情"（empathy method）的研究方法和"内部取向"（internal approach）的研究视角，主张"卸下那张紧紧裹着史家自身的、文化的、历史的乃至个人的'皮'，然后钻进他所研究的对象的'皮'中去"②。

这种转变亦体现在当时的中国哲学研究之中。"狄百瑞反对费正清等人将儒家思想视为桎梏中国人的思想、阻碍中国的现代化根源的观点，他坚持认为儒家思想内部具有革新力量"③，预测"中国人民的新经验最后将被认为在很大程度上是从内部涌现出来的事物，而不仅仅是由外部激发的革命"④。

虽然，部分学者意识到以"中国中心"观开展对中国研究的重要性，但时处 20 世纪 60 年代，中美两国分属两个不同的意识形态的阵营，中国国内局势又动荡不安，研究中国的美国学者根本无法进入中国去做实地调查和收集一手资料。"由于信息不通、缺少资料，学者们又急于完成一些宏观的项目，使得这一时期的美国中国学研究流于匮乏和肤浅"⑤。

---

① Cohen Paul A., *Discovering History in China*, New York: Columbia University Press, 1984, pp. 1 – 16.
② 林同奇：《"中国中心观"：特点、思潮与内在张力》，柯文：《在中国发现历史——中国中心观在美国的兴起》，中华书局 2002 年版，第 22 页。
③ 林同奇：《"中国中心观"：特点、思潮与内在张力》，柯文：《在中国发现历史——中国中心观在美国的兴起》，中华书局 2002 年版，第 22 页。
④ 林同奇：《"中国中心观"：特点、思潮与内在张力》，柯文：《在中国发现历史——中国中心观在美国的兴起》，中华书局 2002 年版，第 22 页。
⑤ Goodrich L. Carrington, "Recent Developments in Chinese Studies", *Journal of the American Oriental Society*, Vol. 85, No. 2, 1965, p. 58.

第二章　第二次世界大战后中国哲学在美国英译的历史文化背景

为了纠正当时的学术风气，同时也有对外文化战略的考量，美国汉学界加强了对中国哲学文本思想内涵的研究，加之对中国的区域性研究并没有完全局限于中国古典文化的范围，而是扩大了其研究视野和方法，因此，在一定程度上也促进了中国哲学的研究范围从先秦扩展到宋明，从宗教阐释转向哲学阐释。这无疑是学术上一次质的飞跃，同时也促进了美国学界对中国典籍的研究和英译，催生了中国哲学典籍在美国英译的第一次高潮。

对于20世纪六七十年代美国为何会兴起一次中国典籍翻译的高峰，陈荣捷曾有过精辟的总结："一是第二次世界大战后，美国人士追求人类自相残杀的原因，因而集中研究人类的思想；二是'二战'以后的繁荣，闲暇多，有时间浏览中国思想的书；三是战后，美国在经济政治在世界上的领袖地位，还需要思想的进步；四是美国人从中共领导中国中看到他们并非全靠武力，而必须与中国本来思想有关，特别留意中国哲学；五是战后美国学生读中文的人数多，除了四书五经，让他们知道我们还有中国的玄学、佛学和理学，有新的兴趣；六是中国学人中的哲学家居美人数多。"[①]

20世纪80年代以后，中美两国正式建交，双方学术的交流也顺畅通达。美国学者和学生能够自由进入中国进行实地考察，收集一手资料；中国学者和学生赴美研修、讲学甚至定居的机会也大大增加。但是，这一时期的中国学研究和中国典籍的翻译却处于一种停滞的状态，主要原因是：冷战结束、苏联解体，以往东西方两大政治阵营对峙的局面已经不复存在，中国因此失去了重要的战略地位。这一时期，美国的各大基金会对中国学研究的投入大大削减，而经济赞助在美国是任何一种学术研究的命脉。这使得研究中国问题的学生生源锐减，同时，老一辈汉学家大多步入了退休期，新一代学者尚未完全成长起来。"最后一个原因是汉学受重视程度的降低使得其在教学和研究机构中的比例失重，人员、资料的配额都遭削减，研究经费的减少造成学术会议减少，出版新的学术成果的机会亦减少"[②]。上述种种原因，导致了美国的中

[①] [美]陈荣捷：《王阳明与禅》，台北：学生书局1984年版，第105—106页。
[②] 杨静：《美国二十世纪的中国儒学典籍英译史论》，博士学位论文，河南大学，2014年，第133页。

国学在这一时间跌入了低谷，新的译者和新的译作都不多见，仅有7部中国典籍的英译作品出版，如伯顿·沃森的《哥伦比亚中国诗词选》，陈荣捷的《北溪字义》，秦家懿的《明儒学案》，等等。

5.3 20世纪90年代跨学科的汉学研究与中国哲学典籍的英译

90年代以前，美国的中国哲学典籍的英译大致可以分为三种类型：一种是传教士汉学家英译的中国典籍，其中虽然不乏佳作，但在美国汉学初期，了解中国语言文化的西方人实属不多，更不必说是博大精深的中国哲学。更重要的是，传教士汉学家来研究中国思想，其研究取向和方法就会出现某些问题，难免会把中国哲学宗教化。事实上，这种情况是存在的。对此，陈荣捷曾评论道：

> 由于历年研究中国思想者几全为传教士，自不免以儒学道学均作宗教看待，最少亦以儒道之哲学与宗教混为一谈。道家与道教均译为Taoism，儒学与儒家所支持之传统宗教均译为Confucianism。佛家之哲学与宗教，均译作Buddhism。其混宗教哲学为一，至为明显①。

中国哲学典籍在美国的第一次英译高潮发生在20世纪六七十年代，旅美华人译者充当了主力军。华人学者的译作以追寻原典本义、还原中国思想的本来面目为要旨，因此，译者们更多采用的是考据学的原理，依据古籍的多种历史注释来诠释文本本义。这种方法产生的效果意义重大，在很大程度上纠正了以往西方汉学家对中国哲学的误读和误译，以还中国哲学以本来面目，并帮助西方读者将视野开拓到先秦之后的中国思想，特别是宋明的新儒家。如陈荣捷所说：

> 徒辩无益，必须将四书注解，多多译英，又将历代诸儒之注孔释孟，尤其是宋明理学家汉学家之儒学，大量介绍于西方，使彼方

---

① [美]陈荣捷：《王阳明与禅》，台北：学生书局1984年版，第108页。

第二章　第二次世界大战后中国哲学在美国英译的历史文化背景

学者得知孔孟学说在过去两千多年之发展为何如，历代儒者对于孔孟之发挥修改又为如何，方得有正当之认识。①

但是，这种处处是注释的大部头译作面向的更多是学者型读者，使得译作局限在小众圈子中。而且，译作的形态多少显得单调，缺乏吸引大众读者的魅力。

经历了短暂的低迷期，到了 20 世纪 80 年代以后，美国的中国学在不少方面都表现出了新的发展趋势。从外部研究条件的变化来看，主要有研究资料、研究队伍和组织形式三个方面的变化：

首先，获得研究资料的种类、数量和渠道是以往任何一个时期都不能相比的。20 世纪 80 年代以前，美国的中国学学者所能获得的中国大陆出版的研究资料为数极少，而在中国改革开放以后，他们逐渐发现自己面对的是浩如烟海的中国书籍、报刊和文件，如何对这些资料进行筛选、整理和研究成了他们面临的一大任务。"据美国东亚图书馆理事会统计，到 2003 年 6 月 30 日，美国 50 个主要的亚洲研究机构共有中文藏书近 80 万余册、中文微缩资料 326184 种、图表资料 13902 种、音频资料 1369 种、电影录像资料 3239 种、DVD 资料 1387 种、计算机文本资料 372 种、光盘 2876 种"②。

其次是研究队伍。这一时期，美国中国学的学者基本都是受过正规教育的专业人士。他们对中国哲学的理解已经超越了神学研究方法，而且能以历史学、哲学、社会学、人类学、经济学等方法，更多的时候则以跨学科的方法来审视和理解中国哲学。最重要的是，他们还超越了冷战时期政策研究的局限，也不受某种特定的研究范式的影响，能有意识地从中国哲学的思想内涵中寻求解决问题的答案。与他们的前辈相比，90 年代之后在美国从事中国哲学研究的学者们在依靠的学科知识、选用的视角和方法上呈现出多元化的趋势，其中最显著的就是比较研究和诠释方法的逐渐兴起。经典翻译是国外中国哲学研究的传统内容。经过多年的努力，到了 20 世纪 90 年代，中国哲学的所有重要文献几乎都有

---

① ［美］陈荣捷：《王阳明与禅》，台北：学生书局 1984 年版，第 108 页。
② 张西平、李雪涛：《西方汉学十六讲》，外语教学与研究出版社 2011 年版，第 399 页。

了英译本问世，一些传播时间较早，影响较大的典籍，如《道德经》《易经》《论语》《庄子》等还有多个译本。这一时期，一些学者开始自觉地运用诠释学和比较研究的方法，或从宗教的角度，或从历史学的角度，或从哲学的概念和命题的角度，对中国哲学进行了多方面的探索。新一代学者群体运用新兴学科知识和研究方法，往往能突破常规、推陈出新，使得中国古代典籍焕发出现代的光彩和面向未来的魅力。例如，白牧之和白妙子夫妇的《论语辨》借助了历史考据学和语言学研究对《论语》各篇成书的年代进行考证，由此得出了新结论：原典是一部编纂合成的文本，汇集了孔子的弟子及后人的言论，是其政治博弈的结果。安乐哲和罗思文的《论语的哲学阐释》则运用了他和郝大维、罗思文等人多年来在比较哲学和语言学领域的研究成果，本着反思西方文化传统，凸显中国哲学之独特价值的目的进行的翻译。梅维恒的《道德经》英译目的是证明印度佛经与《道德经》之间的关系以及早期中国与印度之间的重大联系。此外，面向普通大众的、功能各异的译本也逐渐增多，出现了用于商界指南、身体保健或心灵修炼等方面的中国典籍译本。总之，译本的形态多样，读者也趋向多层次，打破了以往中国典籍译本只限于精英读者层的局限，开创了中国哲学经典全面对外译介和接受的新局面。

与此同时，越来越多来自中国大陆的学生和学者加入了中国学研究的队伍。"对被收入《北美汉学家辞典》的509名美国中国学家的初步调查统计表明，其中有来自中国大陆的学者43人，占8.5%，而这一批学者随着学术职称的升高而比例下降"[1]，这一方面说明，赴美的中国大陆学者较为年轻、具有潜力；但另一方面也说明，他们在美国学界的地位有待提高。

最后是组织形式。当今，"美国中国学这一学科在美国大学中不再以教学和研究院系的形式出现，而是越来越多地采取'研究所''研究中心''研究计划'等形式。目前，在美国约250个设在大学内的与中国学研究相关的机构中，研究所、研究中心、研究计划占一半以上"[2]。

---

[1] 张西平、李雪涛：《西方汉学十六讲》，外语教学与研究出版社2011年版，第399页。
[2] 杨静：《美国二十世纪的中国儒学典籍英译史论》，博士学位论文，河南大学，2014年，第133页。

第二章　第二次世界大战后中国哲学在美国英译的历史文化背景

它们通常不招收学生，而是通过组织系列讲座、研讨会、培训班，资助出版等活动，吸引来自人文社科各领域的学者和学生，并经常接纳外来学者交流知识、开展研究。例如，目前仅哈佛大学就有十多个与中国研究有关的机构。

特别值得一提的是哥伦比亚大学的新儒学研讨班。该研讨班成立于20世纪60年代，由狄百瑞和陈荣捷两位先生创办，每年举办六次研讨。参与讨论的学者不限于纽约、剑桥附近的高校，还有美国各州高校的亚洲学者，甚至有专程来的欧洲学者。很多目前活跃在美国学术界的学者如华霭仁、包彼得（Peter K. Bol）、吴百益（Pei-yi Wu）和司马黛兰（Deborah Sommer）等都参加过这个研讨班。该研讨班成为美国东北部地区儒学研究的中心和人才培养基地。

这些汉学研究中心开展的学术活动及出版计划对中国哲学典籍的英译起到了积极的促进作用。研究中心或研究项目的负责人多为美国汉学某一领域的专家，其中不少人翻译过中国典籍，例如，白牧之和白妙子夫妇是马萨诸塞大学阿默斯特分校战国研究项目的负责人，他们的作品《论语辨》，是从"层累"学说的视角研究和翻译《论语》的成果。安乐哲是美国东西方中心亚洲发展项目主任和夏威夷大学中国研究中心主任、哲学系教授。他与合作者翻译出版了一系列中国典籍的哲学英译本，均为其中西比较哲学和语言学研究在翻译上的全新尝试。

6　小结

西方翻译理论家安东尼·皮姆（Anthony Pym）将"解释翻译为什么会在特定时空背景下发生"作为翻译史研究的一项重要原则提出，并指出"翻译史应围绕译者工作的生活的社会环境建立"[①]，这实际上是要求翻译史研究者加强理论意识与理论反思能力，对"翻译为何会发生""翻译是如何发生的"等深层次的理论问题进行思考。本章即是在第一章对翻译作品目录和翻译家名单整理的基础上，对20世纪以来，

---

① Pym, A., *Method in Translation History*, Manchester: St. Teromc Publishing, 1998, pp. 9 – 10.

美国的历史文化语境对中国哲学典籍英译活动的影响做了细致的分析，探讨了不同历史阶段的美国文化思潮对两次中国哲学典籍英译高潮的影响和促进作用，揭示了美国政府、基金会、高校、研究机构及出版机构等赞助人对中国哲学典籍英译和出版的资助、促成或规定、限制。美国的汉学研究的发展变化也在一定程度上决定了中国哲学典籍英译的选材、翻译方法及译本的形态和功能。

第三章 学术型、通俗型及大众型的中国哲学典籍英译

中国哲学典籍的外译最初始于传教的需要，传教士们开启了西译中国典籍的先河。之后，随着欧美汉学研究的兴起和发展，美国对中国的研究从语言文字、名物制度和史料考证的内部研究逐步转向对中国政治、历史、经济、社会制度作总括性的外部研究。第二次世界大战以后，中国在亚太地区的战略位置凸显，加上冷战格局的形成，使得美国加强了对中国的研究，这种研究区别于以人文研究为主的欧洲传统汉学研究，转向对近代中国政治、经济等方面的现实研究。20世纪七八十年代后，中美两国正式建立了外交关系，中国实行了改革开放，中美学术界开始了全面接触，美国学者有机会获得大量研究中国的原始资料，并获准来中国实地考察调研，研究条件得到了巨大改善。越来越多的美国学者运用跨学科的视角和方法对中国典籍做了多元化的研究和翻译，出现了多个以"深度翻译"为特色，具有较高学术价值的中国典籍英译本。

另外，尽管"中国哲学在美国缺乏广泛的民间基础，不能作为普通人的精神信仰并对他们的生活产生实质性的影响"[1]，但是，美国文化是多民族文化的共同体，具有一定的开放性和多元性，对外来文化具有一定的包容性；同时，美国的文化传统受启蒙主义影响，具有独立、叛逆和创新的精神，求知欲强，擅长学习，并善于自我批判。在这种文

---

[1] 崔玉军：《陈荣捷与美国的中国哲学研究》，社会科学文献出版社2010年版，第13页。

化特质的影响下,不仅学者,美国的普通民众也有阅读外来文化经典的愿望,目的各种各样:有的是为了增长知识,有的是为了解中国文化,有的为了满足好奇心……更重要的是,美国民众大都有运用批判性思维来思考政治、经济、社会、道德伦理等问题的习惯,当西方文化中缺乏应对和解决问题的资源时,他们自然地会将目光转向东方文化。以上种种原因催生了不少面向普通读者的中国文化典籍译本。

"英国学者彼得·纽马克(Peter Newmark)将读者划分为三种类型:专家(experts)、受过教育的门外汉(the educated laymen)和未受教育的读者(the uninformed)"[①]。中国哲学典籍英译的海外读者也可以这样分类:出于研究目的而阅读的专家学者型读者;具备一定人文知识素养、对中国文化有兴趣的普通读者;以及喜欢流行、畅销读物的大众读者。

根据受众的不同,中国哲学典籍的英译作品可大致分为三类:面向第一类读者的学术型译作(scholarly translation),此类译作的学术性较强,而且译者本人也往往是出于学术研究的目的来翻译;面向第二类一般读者的通俗型译作(general reader-oriented translation)注重译文的可读性,翻译的目的主要是让普通读者更多地了解典籍作品及其相关文化;第三类译本针对的是大众交流、大众消费,注重作品的通俗性、实用性甚至娱乐性。

根据以上的分类法,本章将选取第二次世界大战后由美国译者及华人译者翻译,并在美国出版的几个中国哲学典籍的学术型、通俗型和大众型的代表性译作进行详细讨论,分析每个代表性译作的特点,并在以后的章节中调查它们的传播与接受效果,以期对中国哲学典籍的对外英译产生启示。

1 第二次世界大战后中国哲学典籍在美国的学术型代表作

第二次世界大战以后,特别是在以陈荣捷为首的旅美华人学者的大

---

① [英]彼得·纽马克:《翻译教程》,上海外语教育出版社2001年版,第15页。

第三章　学术型、通俗型及大众型的中国哲学典籍英译

力推动下，越来越多的西方学者开始意识到：中国经典的魅力不仅在于它们的历史研究及文学欣赏价值，而且在于其中蕴含的中国传统世界观及核心价值观，即哲学价值。特别是20世纪80年代以后，美国汉学家对中国经典采用了学术化与跨学科的研究和翻译，有侧重从文本的起源以及与社会、政治等方面联系的历史性诠释；有注重原著语言风格、艺术特色的文学诠释；也有着眼于原著的哲学内涵、观念预设和陈述模式的哲学诠释。一些专业哲学家加入了中国哲学典籍英译的队伍，以哲学的视角和方法挖掘和揭示中国经典中那些超越时空的思想理念，用以丰富人类思想资源并构建多元化的全球文化格局。

"波士顿儒家"南乐山将研究中国哲学的美国当代学者分为三类："'解释型'学者致力于翻译和解释经典文本，陈荣捷和狄百瑞是这类学者的典范。大卫·尼维森、菲利普·艾文荷等人属于'架桥型'学者，注重对中西方哲学做比较研究。安乐哲、郝大维、成中英等人则是'规范型'学者的代表，他们以中国思想为资源，对当代问题进行创造性探索，建立了一套自身的哲学话语"[①]。这些学者多数既是研究者，又是中国典籍的英译者。他们通过对中国哲学典籍中的关键词和文本的重新诠释和翻译，运用副文本对读者进行引导，试图纠正西方对中国哲学典籍的误读，展现中国典籍背后的哲学世界。

本书第二章主要考察了第二次世界大战后中国哲学典籍在美国的英译活动的外部环境，对影响翻译活动的历史文化语境、赞助人及相关的诗学（美国汉学）传统和发展趋势进行了详细分析。同时，译者本人的文化观、翻译观也会影响其翻译的原则、策略和方法，继而对译本在目的语文化语境中的传播和接受产生直接或间接的影响。本章根据上述南乐山对当代美国汉学家的分类，并依照译作多、影响大等原则，选取陈荣捷、艾文荷以及安乐哲、郝大维几位学者的学术型英译作品为代表，同时选取伯顿·沃森和西蒙·利斯的通俗型译作以及蔡志忠与布莱恩·布雅的漫画英译作品《孔子说》作为研究对象，从译者的学术背景和翻译观入手，考察这些作品的翻译特征，揭示这些代表性译作采用

[①] 刘玲娣：《陈荣捷与〈道德经〉英译》，《华南农业大学学报》（人文社会科学版）2016年第6期。

的翻译策略和方法及其与译者翻译目的、翻译观念之间的联系，以回答"为何译""怎样译"的问题。

1.1 陈荣捷的中国哲学典籍英译

1.1.1 学术背景

陈荣捷是美国学界中国哲学研究的领军人物。他青年时代进入岭南学院学习哲学，后留学美国，1929年获得哈佛大学哲学博士学位，担任过美国亚洲比较哲学会会长、国际知名哲学刊物《东西方哲学》编委，并参与创办东西方哲学家会议，长年在夏威夷大学、达特茅斯学院和彻谈慕学院任教，讲授中国哲学，并担任过哲学系主任、人文学院院长等职，退休后任哥伦比亚大学合作教授。

陈荣捷是在美国终生以促进中国哲学研究为志向的唯一一位华人学者。对于中国哲学在美国的研究、翻译和传播，他的贡献是多方面的：不仅著书立说、翻译编译，还长期在美国大学讲授中国哲学、组织国际学术会议、出版有影响的中国哲学研究期刊。可以说，陈先生是在美国研究及推动中国哲学的华人学者中最杰出的代表。

陈荣捷一生笔耕不辍，著译等身。他的翻译作品多为新儒学著作的英译，如《传习录》《近思录》《北溪字义》以及佛家典籍《六祖坛经》等。还有大量的翻译散见于其综合性的学术著作，最具代表性的是《中国哲学资料书》，含有大量的典籍译文，狄百瑞和华霭仁主编的《中国哲学资料源卷》中也选用了他的多篇译文。在陈荣捷的学术活动中，汉籍经典的英译是一项基础性工作，通过翻译凸显这些经典的哲学品质。

1.1.2 文化观和翻译观

1963年，陈荣捷编译的《中国哲学资料书》（*A Source Book in Chinese Philosophy*）一书出版。该书是在20世纪美国第一次中国哲学典籍英译高潮中产生的，当时美国的中国学正在由"外部研究"向"内部研究"转型，该书的选材正好配合了这一研究取向的转变，不仅选译了中国先秦时期各哲学流派的代表作，而且包含了汉代、魏晋时期、唐代、佛教宋明理学、清代及现代的中国传统哲学文化代表作，"不仅在

第三章　学术型、通俗型及大众型的中国哲学典籍英译

现代、中世纪、古代而且在儒释道三家都始终保持一种平衡"①。编者力求不受西方学者兴趣的影响,而是从中国哲学的内在发展路线出发,全面、系统、客观地向西方介绍中国哲学,以促进中西哲学文化的沟通和理解。

陈荣捷编译的《中国哲学资料书》力求充分保留原文的文化特色。前面说过,一直以来,西方从未承认过中国哲学的存在,因此,不少西方学者在研究、翻译中国哲学时,采用的也是"以西释中"的方式,甚至连当代中国学者也深受影响。例如,中国当代著名哲学家冯友兰就曾说过:"今欲讲中国哲学史,即就中国历史上各种学问中,将其可以西洋所谓哲学之名者,选出而叙述之"②。20 世纪以来,中西方学者研究中国哲学大多采取的是这种以西方哲学诠释中国哲学的进路。

陈荣捷则反对这种研究路径,主张自觉地保持中国哲学自身的特色。他批评以西方哲学中的"唯心论""二元论"等来描述中国哲学的做法,告诫人们不要盲目效仿西方。他说道:"不应该以西方哲学的模型来处理中国哲学。将中国哲学穿上西方的夹克和极为不合身的西式外套,是一个极大的错误"③。因此,在翻译《中国哲学资料书》时,陈荣捷提出了七条翻译原则:"1. 尽量参读各种经典注疏;2. 所有的中国哲学名词必须加以解释;3. 所有的专有名词诸如"五常"等,都必须详举其内容;4. 所有的引用书籍或论文,均译其内涵为英文;5. 所有的地名或人名,均加考证或说明;6. 所有原典之引文,尽量追溯其出处;7. 对经典中若干重要的章句,均指出它在中国哲学史上的重要性。"④ 从其翻译的七个原则中,我们不难看出,陈先生是本着"以源语文化为中心"的文化和翻译理念,尽力通过典籍翻译还原中国文化的面貌、传递中国哲学的本真。

陈荣捷的另一个翻译观是准确传达原文的哲学义涵,这一点尤其体

---

① Chan Wing-tsit ed., *A Source Book in Chinese Philosophy*, Princeton, N.J.: Princeton University Press, 1963a, p.9.
② 冯友兰:《中国哲学史》(上册),华东师范大学出版社 2000 年版,第 3 页。
③ Chan Wing-tsit ed., *A Source Book in Chinese Philosophy*, Princeton, N.J.: Princeton University Press, 1963, p.468.
④ 陈荣捷:《中国哲学文献选编》,江苏教育出版社 2006 年版,第 10 页。

现在陈氏对于中国哲学的核心术语的翻译上。中国哲学文献翻译中难度最大的就是哲学概念的翻译。中国哲学概念众多，而且内容广泛，有些概念的含义还随文本情景的变化而变化。对此，陈荣捷提倡要尽量少用音译，不得已的情况下再使用拼音加文中注释，例如，在翻译"阴""阳"这些文化负载量极高的术语时，陈荣捷才使用了音译加注的方法，并提供了多个译名，以体现译名含义随语境变化的多样性，例如"阴"（Yin）在不同的译文语境中就有 dark、negative、passive、female principle、force 及 element 等译名①。还有，陈荣捷提倡在着手翻译之前必须正确理解原著，且要尽量避免字当句对的直译。如《大学章句》这一书名，按字面直译就是 "punctuation and redivision of the Great Learning" 但这样译就与该书名的本义相去甚远，不如 "commentary" 更合适②。

1.1.3　陈荣捷的《道德经》英译

《道德经》英译研究专家米切尔·拉法各和朱丽安·帕斯（LaFargue Michael & Julian Pas）探讨了这部典籍的英译问题。他们认为，"《道德经》翻译的差异应该主要归因于译者的翻译技巧和他们自身具备的理解中国古代思想的背景知识，以及在面对所有译者都必须面对的一些基本问题时寻求的解决方法的不同。这些差异又可以归为三类：关心文本本身的问题（即选择何种汉语文本作为翻译底本的问题）；理解汉语文本意义的问题以及将汉语翻译成英语的问题"③。这些问题既是众多译者普遍面对的问题，也是陈荣捷重译《道德经》时着重强调的、并以独特方式处理的问题，显示了他对《道德经》这部典籍哲学价值的深刻认同以及将其展现给英语世界的努力。

1.1.3.1　选择王弼注本作为翻译底本

至今流传下来了多个《道德经》版本，其中存在着大量解读的争议。最著名的中国古代注本有王弼注本、河上公注本和朱熹注本，还有

---

① 参见 Chan Wing-tsit ed., *A Source Book in Chinese Philosophy*, Princeton, N. J.：Princeton University Press, 1963, p. 783.

② 参见 Chan Wing-tsit ed., *A Source Book in Chinese Philosophy*, Princeton, N. J.：Princeton University Press, 1963, p. 784.

③ LaFargue Michael & Julian Pas, *On Translating of Tao-te-ching*, *Lao-tzu and the Tao-te-ching*, New York：State University of New York Press, 1998, pp. 277–278.

第三章　学术型、通俗型及大众型的中国哲学典籍英译

不少日本学者的注本，如 Okada，Konda 和 Usam 等人的注本，也很有学术价值。

陈荣捷翻译《道德经》主要参考了王弼注本。之所以这样做，是因为他认同其中的形而上本体论色彩。陈氏以王弼为新道家中最优秀的学者，"……把中国思想提高至形而上的水平"①。陈荣捷还认为王弼《老子注》对"理"的强调，"改变了《老子》中'命'的意涵，其重要性是预示了较偏好言天理而不是天命的宋明儒学"②。

华裔学者林保罗英译并出版了王弼《老子注》的第一个英译本。陈荣捷不久即为该译本写了书评，"肯定了率先将王弼《老子注》译成英文的重要意义"③。陈荣捷在书评中指出，王弼的《老子注》"是第一个哲学性的注释，将《老子》的哲学色彩提升到了一个更高的水平……总体上对中国哲学特别是新道家哲学的发展做出了巨大的贡献"④。

可见，陈荣捷推崇王弼《老子注》的原因在于他认为该注本最能体现道家的形而上的哲学色彩，尤其可见他对《道德经》（《老子》）哲学品质的认同。不过，尽管陈荣捷十分推崇王弼的《老子注》，他还是汲取前人只参考一家注的教训，参考了多家有分量的注释，"充分利用自己华裔学者的语言和文献学的优势，使用的《老子》注三百家以上"⑤，为其他译家所景仰。

1.1.3.2　陈荣捷《道德经》英译本中核心术语的翻译

所谓"核心术语"，指的是思想典籍中一些能体现其基本思想并反复出现的词汇，如《道德经》中的核心术语有"道""无""自然""玄"，等等。能否理解一部典籍核心术语是正确理解和翻译原典的基础。

---

① 刘玲娣：《陈荣捷与〈道德经〉英译》，《华南农业大学学报》（人文社会科学版）2016年第6期。

② 刘玲娣：《陈荣捷与〈道德经〉英译》，《华南农业大学学报》（人文社会科学版）2016年第6期。

③ 刘玲娣：《陈荣捷与〈道德经〉英译》，《华南农业大学学报》（人文社会科学版）2016年第6期。

④ Hall David, "Commentary on the Lao Tzu by Wang Pi by Ariane Rump; Chan, Wing-tsit", *Philosophy East and West*, No.1, 1981, pp.97-98.

⑤ 刘玲娣：《陈荣捷与〈道德经〉英译》，《华南农业大学学报》（人文社会科学版）2016年第6期。

然而，核心术语具有独特的思想内涵和文化特征，难以在另一种语言中找到完全对应的词汇，给译者带来了翻译难题，往往导致了错误的观念和译法。安乐哲在谈到中国哲学核心术语的英译时说道："西方翻译者一般将最先跃入其脑际的，最符合西方语言习惯的，感觉最舒服的词汇视为最贴切的翻译，但这种译法意味着西方人把原本不熟悉的术语未经思索就翻译出来了"[①]。

《道德经》英译中存在的术语翻译的问题尤为严重，先前的西方传教士译者抱着"仰视"的文化态度，通过将原术语"剥离"其成长的历史文化语境，"移植"到基督教这一片完全不同的水土中来。有学者阅读、比照了《道德经》的上百种英译，发现"有大约四分之一的译者选用'Way'或'way'来译'道'，其中包括阿瑟·韦利、梅维恒、韩禄伯等深受读者欢迎的译者"[②]，但"无论是把'道'译为 Way，还是 way，都含有深刻的基督教根源"[③]。

陈荣捷重译《道德经》，目的就是要摆脱上述混淆中西哲学本质的倾向。在核心术语的处理上，陈荣捷使用了两大策略：一是列出主要概念表；二是结合上下文语境灵活翻译，并用汉语拼音表示，以提示读者它们是外来术语。以下举例说明。

正文前采用主要概念表。"在正文前的介绍中，陈荣捷罗列了《老子》的'主要概念'及这些概念在《老子》中的参考章节，这些概念包括'有'、'无'、'欲'、'阴柔和水'、'政治'、'仁与义'、'知'、'名'、'自然'、'不争'、'一'、'相对性、善与恶'、'反复'、'素朴'、'道'、'虚静'、'德'、'柔弱'、'无为'共十八个。需要说明的是，上述十八个'主要概念'并非严格的来自《老子》文本的原始概念，而是译者的归纳。比如'政治'（government）并没有在《老子》文本中出现，而是指《老子》原著八十一章中共有十三章的内容主要是谈'政治'（government）。将关键词汇和相关章节进行标识，能使西

[①] ［美］安乐哲：《和而不同：比较哲学与中西会通》（前言），北京大学出版社 2009 年版，第 8 页。
[②] 章媛：《〈道德经〉首句英译问题研究》，《宗教学研究》2010 年第 4 期。
[③] 章媛：《〈道德经〉首句英译问题研究》，《宗教学研究》2010 年第 4 期。

第三章 学术型、通俗型及大众型的中国哲学典籍英译

方读者在阅读具有一定文化隔阂的道家文献时避免漫无边际，能一下抓住《老子》一书的核心思想"。①

其次，"尽量结合上下文语境灵活翻译核心术语，并在对应的英文后面用汉语拼音进行标识"②。陈荣捷在《道德经》中对"仁"和"玄"等核心术语的英译就是典型的例子。

"仁"本身是个内涵丰富的中国思想术语，为儒家和道家共用，但在不同的语境中，意义也经常发生变化。在翻译"仁"这一核心术语时，西方学者一般不考虑其出现的具体语境，多采用字面译，难免减少其丰富内涵，或增添其他内容。在其《老子道德经》英译注释中，陈荣捷指出，"仁"这一术语可以根据其上下文语境的变化译为"benevolence""love""true manhood""human-heartedness"，等等，词语不同但意义相近。但第五章和第十九章中的"不仁"，在翻译时却不能简单地在"仁"的译名前面加上"no""un"或"less"等表示否定的前缀或后缀（布莱克利的译法），因为这样翻译完全了违背道家哲学的思想本旨。陈氏指出，"'不仁'一词大有争议，它或许可被视为老子反对儒家仁义思想的一种强烈展示，但事实上此处所描述的道家观念是肯定面的，而非否定面的，它意指天地不偏不倚不党，公正无私，毫无人为的仁爱之意，几乎所有的注者都能理解，庄子发挥得尤为精妙"③。

> "陈荣捷把第五章的'天地不仁'译为'Heaven and Earth are not humane'，'不仁'译为'not humane'，并在译文后用括号注明'仁'的威妥玛拼音'ren'，以表示这是一个中国文化特有概念。'Humane'意为'富有同情心的'、'仁慈的'、'人道的'，'not humane'大致可以表达'天地都是无心无为的'这一道家意涵"④。

---

① 刘玲娣：《陈荣捷与〈道德经〉英译》，《华南农业大学学报》（人文社会科学版）2016年第6期。
② 刘玲娣：《陈荣捷与〈道德经〉英译》，《华南农业大学学报》（人文社会科学版）2016年第6期。
③ [美]陈荣捷：《中国哲学文献选编》，江苏教育出版社2006年版，第143页。
④ 刘玲娣：《陈荣捷与〈道德经〉英译》，《华南农业大学学报》（人文社会科学版）2016年第6期。

陈荣捷对"玄"这一道家术语的英译更是体现了其根据语境灵活翻译术语的原则。这里简单对比一下陈荣捷和刘殿爵的翻译。

"同谓之玄，玄之又玄，众妙之门"（《老子》第一章）。

Being the same they are called mysteries, Mystery upon mystery, The gateway of the manifold secrets. ①

They both may be called deep and profound. Deeper and more profound, the door of all subtleties. ②

对比两个译文我们可以看到，"玄"这一道家术语，刘殿爵译为"mystery"（神秘），陈荣捷则译为"deep and profound"（深奥的），并使用拼音"hsuan"注明其读法，表明其为外来术语。

"谷神不死，是谓玄牝。玄牝之门，是谓天地根。绵绵若存，用之不勤"（《老子》第六章）

The spirit of the valley never dies, this is called the mysterious female. The gateway of the mysterious female is called the root of heaven and earth. Dimly visible, it seems as if it were never drain it. ③

The spirit of the valley never dies. It is called the subtle and profound female. The gate of the subtle and profound female is the root of Heaven and Earth. It is continuous, and seems to be always existing. Use it and you will never wear it out. ④

"涤除玄览，能无疵乎……是为玄德"（《老子》第十章）

Can you polish your mysterious mirror and leave no blemish? ... Such is called the mysterious virtue. ⑤

---

① D. C Lau, *Lao Tzu*, *Tao Te Ching*, London: Penguin Books, 1963, p. 57.

② Wing-tsit Chan, *The Way of Lao Tzu*, *A Translation and Study of the Taote Ching*, Indianapolis: Bobbs-Merrill, 1963, p. 97.

③ D. C Lau, *Lao Tzu*, *Tao Te Ching*, London: Penguin Books, 1963, p. 62.

④ Wing-tsit Chan, *The Way of Lao Tzu*, *A Translation and Study of the Taote Ching*, Indianapolis: Bobbs-Merrill, 1963b, p. 110.

⑤ D. C Lau, *Lao Tzu*, *Tao Te Ching*, London: Penguin Books, 1963, p. 66.

第三章 学术型、通俗型及大众型的中国哲学典籍英译

Can you clean and purify your profound insights so it will be spotless? …This is called profound and secret virtue.①

所有在两章中出现的"玄"一词，刘殿爵均用"mysterious"来传译，显然是过于关注字面译和术语译名先后一致的做法，但效果并不理想，与原术语在《道德经》中的意义不符，且显得僵化。陈荣捷意识到了这个问题，并根据"玄"一词出现的语境，灵活翻译。例如，将"玄览"之"玄"译为"profound insight"；"是为玄德"之"玄"译为"profound and secret virtue"。这样的翻译一来克服了对于术语的僵硬、固化的理解，揭示其丰富内涵；二来遵照王弼注本，凸显了《道德经》的哲学意义，充分体现了译者"是如何从细微处哲学化翻译《道德经》的倾向"②。

1.2 安乐哲和郝大维、罗思文的中国典籍哲学英译

1.2.1 学术背景

自从汉学在西方创立后，大多数汉学家对中国文献的研究和翻译都仅限于一种认知性的纯学术活动。他们或将其作为代表中国人思想的作品，或视其为特定历史语境中产生的文献资料，通过尽可能客观的解读就能挖掘文本的意义，以期把握一种异于西方的文明和历史，这是西方典型的探索、认知未知世界的心理的体现。这种对中国典籍的研究和翻译的状态，直到20世纪80年代以后才有所改观。在后结构主义、后现代主义、解构主义等新思潮的影响下，一些学者开始思考中国思想对西方世界的启示，试图挖掘其中的现代价值，如前面提到的狄百瑞、南乐山等汉学家的相关研究。在他们看来，中国哲学不再是仅供少数学者研究的古文物，而是和西方哲学一样体现了对世界、对人生的看法和认识，对现代乃至将来的人类社会都有指导意义。不

---

① Wing-tsit Chan, *The Way of Lao Tzu, A Translation and Study of the Taote Ching*, Indianapolis: Bobbs-Merrill, 1963, p.116.
② 刘玲娣：《陈荣捷与〈道德经〉英译》，《华南农业大学学报》(人文社会科学版) 2016 年第 6 期。

过，这类学者毕竟是少数，声音微弱。西方哲学界对中国哲学的传统认识一直没有转变，认为中国哲学不过是不成系统的思想，不承认其为哲学。安乐哲与郝大维、罗思文等学者对此深有体会。他们认为这一方面是西方中心主义心理作祟；另一方面，以往中国哲学经典的翻译存在很大的问题。"这些译本都不是哲学家翻译的，其中蕴含的与西方哲学的根本差异没有得到清楚的认识，中国哲学思想的独特性也没能够通过翻译体现出来"①。正是不满于这种现状，有着哲学家背景的安乐哲、郝大维、罗思文等人才开始努力探索新的解读和翻译方式。

1.2.2 文化观和翻译观

安乐哲与其合作者的翻译作品与以往译本最大的区别就是以哲学的视角和方法进行文本的诠释和翻译。首先，在认识论层面上，译者们将中国典籍视为"与西方哲学传统和言说方式不同的中国哲学文本，蕴含着普世的世界观和价值，可以丰富和改造西方世界的文化资源"②。其次，译者运用哲学的方式对文本进行诠释和翻译，先分析文本中的哲学观念的预设、支持观念的证据以及其中真理的真假，然后再借助西方非主流哲学对文本进行比较性的理解后再翻译。具体翻译中，译者事先从哲学层面上分析英语和古汉语的差异，再在英语中选择适当的词汇或创造新词进行翻译，尽可能以中国文化本来的方式来展现中国文本的哲学世界。他们希望通过这种方式打破西方中心主义的局限，纠正以往对中国文本的误读。

1.2.3 安乐哲与罗思文的《论语》英译

1.2.3.1 凸显儒家思想中人的社会性、修养的过程性

安乐哲认为西方哲学是"超越性"（transcendental）的，"在安氏看来，与这样一种超越性思维方式相联系的，是西方哲学典型的超越性语言及其范畴概念体系"③。譬如，"God"是一个完美至上的、独立于人类的存在；"truth"所指的是绝对真理；而"virtue"则是西方人孜孜

---

① ［美］郝大维、安乐哲：《通过孔子而思》，北京大学出版社2005年版，第8页。
② ［美］郝大维、安乐哲：《通过孔子而思》，北京大学出版社2005年版，第5页。
③ 孙周兴：《翻译的限度与译者的责任——由安乐哲的汉英翻译经验引发的思考》，《中国翻译》2008年第2期。

第三章　学术型、通俗型及大众型的中国哲学典籍英译

追求的"至善"美德。为了区别于西方的"超越性思维",安乐哲把中国古代(哲学)思想描述为"关联性思维"(corelative thinking)①,并把与此相关的古代汉民族哲学语言称为"关联性语言"(correlative language),"它关注的是过程、变化和特殊性,而不是终极的实在"②。

对中西方思维和语言差异的独特理解促使译者们在英语中寻找新的儒学关键词译名。在安乐哲和罗思文的《论语》译本中,"道"是"way"而不是常见的"the Way",两者的区别在于,前者反映了儒家思想对过程性的考量,强调的是在得"道"之途中个人对自身内在修养的不断追求,而非西方形而上思想中对于绝对真理和权威的崇拜。

在早期中国哲学文献中,"德"有一种强烈的宇宙学意味,一贯表达事物及人的个别性。译者摈弃了"virtue"和"power"这些传统译法,一方面不想给译文强加上西方哲学式的解读,因为"virtue"与"freedom""individual""reason""autonomy"等术语一起构成一个西方哲学的词汇场;另一方面,"power"一词有"强制"的含义,与儒家提倡以"德"来治理社会的理念相左。译者用"excellence"来译"德",意在传达"以善德施之他人,以善念存诸心中"为特色的儒家道德的实践性与过程性。

关于儒学的核心概念"仁",安乐哲和罗思文并未使用"humanity"或"benevolence"这些传统译名,而是选用了"an authoritative person"。作为以英语为母语的学者,安乐哲认为"authoritative"一词具有"礼貌、创作、权威"③等含义,作为"仁"的译名,它意味着成"仁"必须先事"礼",有威信的人必须是一个探路之人,成"仁"之路是一个把传统化为自身品质的富有创造性的过程。

"知"或"智"的几种常见的英译是"knowledge""wisdom"和"to know"。安乐哲、罗思文认为,这些译法在强调了"知"的重要价

---

① Roger T. Ames & Henry, Rosemont, *The Analects of Confucius: A Philosophical Translation*, New York: The Ballantine Publishing Group, 1998, p. 28.
② 孙周兴:《翻译的限度与译者的责任——由安乐哲的汉英翻译经验引发的思考》,《中国翻译》2008年第2期。
③ 参见胡治洪、丁四新《辨异观同论中西——安乐哲教授访谈录》,《中国哲学史》2006年第4期。

值论的同时，阻碍了人们对智慧的全面理解。出于对儒家"知行合一"思想的考虑，两位译者用"realize"来翻译"知"，强调了古汉语中"知"字蕴涵的"思维"之意，而这一点"恰好填平了英语中'知识'与'智慧'二者的鸿沟"①。这样，"to realize"的含义即是"使之成为现实"，也巧妙地截断了"moral"和"knowledge"引起的西方哲学联想。类似的词汇还有"礼"，被译作有参与过程含义的动名词组"observing ritual propriety"，而不是"ritual"这一在英语里空洞的、没有价值的名词。

1.2.3.2 突显汉思维的关联性和过程性

语法和语言表达的方式不仅仅是语言学上的问题，而且体现着一种世界观和思维方式。安乐哲和罗思文认为，"相对于西方人习惯的因果思维来说，中国人习惯于关联性思维，它是一种出自自然的思维，是由进行相互关联的人从其自身的角度选择和联系在一起的诸成分所构成的"②。中国思想典籍注重事物的关联性，它们不描述事物怎样成其为自身，而描述事物在具体时间与其他事物的关系如何。例如，《周易》之"易"，或涵指日月，或取象蜥蜴；老子之"道"，或喻之"惟恍惟惚"，或譬以"大道氾兮，其可左右"。两位译者还声称"英语（及其他一些印欧语言）基本上属实质性（substantial）语言，而古汉语则是事件性（eventful）语言"③，前者着重的是事物的"本质""实质"，后者强调"过程""事件"。比方说，英语的本质主义最能体现在它对词性的严格分类，而且，英语中的定冠词表示"仅且唯一"，一个句子里使用的同一个代词必须指向同一个事物，而古汉语则没有定冠词，代词的功能也不尽相同，动态性、跳跃性较强。

因此，译者们特别注意区分所选词汇的属性，例如《论语·学而》篇有：子曰"学而时习之，不亦乐乎?"，译者使用了"study"和"learn"两个词来分别传译"学"和"习"，原因在于他们参照 Gilbert Ryle（1949）的做法，把英语动词分为"过程性"（process words）和

---

① Roger T. Ames & Henry, Rosemont, *The Analects of Confucius: A Philosophical Translation*, New York: The Ballantine Publishing Group, 1998, p.55.
② [美]安乐哲：《和而不同：比较哲学与中西会通》，北京大学出版社2002年版，第61页。
③ Roger T. Ames & Henry, Rosemont, *The Analects of Confucius: A Philosophical Translation*, New York: The Ballantine Publishing Group, 1998, p.20.

第三章 学术型、通俗型及大众型的中国哲学典籍英译

"达成性"（success words）两大类，前者包括"study"，强调"学习、钻研"的过程；而后者则包含"learn"这样的动词。此外，译者们还大量使用英语的动名词词组，如："礼之用，和为贵"，安乐哲和罗思文的译文为"Achieving harmony is the most valuable function of observing ritual propriety"。原文的"礼"与"和"两个名词译成了动名词组"observing ritual propriety"和"achieving harmony"，就是为了说明"礼"及"和"乃中国人的生存方式。类似的译法在安氏译本中比比皆是。

最能突出汉语关联性特征的译例要数孔子的"正名"说："君君、臣臣、父父、子子。"The ruler must rule, the minister minister, the father father, and the son son.（156）该句译文中，原文的名词让位给译文的动词，"事物"让位给"事件"，强调汉语传统中作为基础预设的过程性。译者们想通过译文告诉读者，孔子哲学所谓的"实"并非先验的、预设的"实体""实在"，而是要经过具体实践才能成立的"实"。要想名副其实，就需要用行动去证明。

试比较以"忠实"著称的理雅各的译文和"西方最受尊重的典籍英译家之一"（安乐哲语）刘殿爵的译文。

The prince is prince, the minister is minister, the father is father and the son is son. ①

Let the ruler be a ruler, the subject a subject, the father a father the son a son. ②

相比之下，安、罗的译文体现了汉思维的动态性、过程性和关联性，而理氏和刘氏的译文则是静态的、本质性的，更像在表达英语思维。

1.2.3.3 创造性诠释、表达译者关怀

以己意释经，在经学史上屡见不鲜。这些创造性阐释，又叫"误读"，一向为传统的翻译观念所忌讳。但从接受美学的角度而言，经典的

---

① James Legge, The Chinese Classics, Vol. I: Confucian Analects, the Great Learning, and the Doctrine of the Mean, Hong Kong: Anglo-Chinese College Press, 1992, p. 171.
② 杨伯峻、刘殿爵：《论语》，中华书局 2008 年版，第 213 页。

意义不是封闭的，而是期待着读者的阐释，只要是合理的解读，都能赋予经典以鲜活的新意，这也是经典创作的意义所在。在力求整体地、准确地理解儒家思想的基础上，安乐哲等做出了新的诠释，以此来达到借中国哲学补足西方思想的目的，同时也挖掘出儒家典籍更多的内涵。

最明显的一处创造性诠释是《论语》译文中多次出现的原文本不具备的"道"的形象，并且从头到尾一以贯之。笔者拿安乐哲的译文与理雅各、刘殿爵的译文做比较，请看以下几例：

子曰："《诗》三百，一言以蔽之，曰：'思无邪。'"《为政》

The Master said: "Although the Songs are three hundred in number, they can be covered in one expression: ' Go vigorously without swerving. '"①

比较理雅各对"思无邪"的翻译"having no depraved thoughts"，安氏的译文里隐含了一个"道"（the way or path）的意象，意味着"思想不偏离正轨"。

子曰"朝闻道，夕死可矣。"《里仁》

The Master said, "If at dawn you learn of and tread the way (dao), you can face death at dusk."②

The master said "If a man in the morning hears the right way, he may die in the evening without regret."③

The Master said: "He has not lived in vain who dies in the evening, having been told about the Way in the morning."④

---

① Roger T. Ames & Henry, Rosemont, *The Analects of Confucius: A Philosophical Translation*, New York: The Ballantine Publishing Group, 1998, p. 76.
② Roger T. Ames & Henry, Rosemont, *The Analects of Confucius: A Philosophical Translation*, New York: The Ballantine Publishing Group, 1998, p. 91.
③ James Legge, *The Chinese Classics*, Vol. I: *Confucian Analects, the Great Learning, and the Doctrine of the Mean*, Hong Kong: Anglo-Chinese College Press, 1992, p. 91.
④ 杨伯峻、刘殿爵：《论语》，中华书局2008年版，第55页。

第三章　学术型、通俗型及大众型的中国哲学典籍英译

刘殿爵把"道"译成首字母大写的"the Way",尽管也具备"事理的总源"这种含义,但容易让读者联想到《圣经》中的上帝之"道","主"为人指明的通向神圣的"道"。按照安乐哲、郝大维的说法,"……Way 的首字母大写使得这个'道'在语义学的意义上带有了'超验'和'神'的换喻意味"。① 理译中的"道"具有"事理""原则"的意味,但采用的是意译,没有"道路"这一形象。而在安乐哲、罗思文的笔下,"道"不仅是"事理""原则",它还是"成人之路",是人在不断成长、修养的过程中追求的目标。请看以下各例:

子曰:"过而不改,是谓过矣"《卫灵公》:The Master said, "Having gone astray, to fail to get right back on track is to stray indeed."②

The Master said: "To have faults and not to reform them—this, indeed, should be pronounced having faults."③

The Master said: "Not to mend one's ways when one has erred is to err indeed."④

原句中并未出现"道",但安、罗译文中的"having gone astray, get right back on track"中明显带有"way""path"这一比喻。

子曰:"予欲无言。"子贡曰:"子如不言,则小子何述焉?"《阳货》:The Master said, "I think l will leave off speaking." "If you do not speak," Zigong replied, "how will we your followers find the

---

① [美]安乐哲、郝大维:《道不远人:比较哲学视域中的〈老子〉》,学苑出版社 2004 年版,第 15 页。
② Roger T. Ames, & Henry, Rosemont, *The Analects of Confucius: A Philosophical Translation*, New York: The Ballantine Publishing Group, 1998, p.190.
③ James Legge, *The Chinese Classics*, Vol.I: *Confucian Analects, the Great Learning, and the Doctrine of the Mean*, Hong Kong: Anglo-Chinese College Press, 1992, p.211.
④ 杨伯峻、刘殿爵:《论语》,中华书局 2008 年版,第 291 页。

proper way?"①

The Master said, "If you, Master, do not speak, what shall we, your disciples, have to record?"②

The Master said, "If you did not speak, what would there be for us, your juniors, to transmit?"③

"小子何述"本指"晚辈学生转述老师的话",到安乐哲和罗思文的笔下,却成了"how will we your followers find the proper way?"(我们这群您的追随者如何寻找正"道")。在不违背原文总的精神的前提下,译者有意转换了原文内容,突出"道"在儒家思想的重要地位。

"道"之形象频频出现、引人注目,大有取代《论语》的核心概念"仁"的倾向其实,译者真正的意图是强调儒家对"道"的实用主义理解,只关心"天意"而不关心"天"本质为何的实用主义色彩。其次,译者还欲体现的是儒家思想的独特性,西方人对"仁"这一概念并不陌生,基督教就宣扬"仁慈""仁爱",而"道"所包含的过程性意味对于西方思想来说更有借鉴意义。

另一处创造性诠释是"proper"一词的频繁使用,如"正"一词译作"proper"而非传统的"correct"或"rectify"。还有,译者在译文中多处添加了"proper"一词,如《宪问》中的"子路问事君"（Zilu asked how to serve one's lord properly.）译文增加了"properly"一词;《卫灵公》中的"无为而治者其舜也与?"的译文"If anyone could be said to have effected proper order while remaining non-assertive?"也增加了"proper"一词。之所以如此,原因有二：一方面,拉丁词汇"proprius"在 appropriate 或 property 中的意义为 making something one's own,这与儒家把传统化为自身气质的思想比较接近;另一方面,译者把关键词"正"译为 proper,就他们对孔学的认识,"正"与"正确""错误"并

---

① Roger T. Ames & Henry, Rosemont, *The Analects of Confucius: A Philosophical Translation*, New York: The Ballantine Publishing Group, 1998, p. 208.
② James Legge, *The Chinese Classics*, Vol. I: *Confucian Analects, the Great Learning, and the Doctrine of the Mean*, Hong Kong: Anglo-Chinese College Press, 1992, p. 233.
③ 杨伯峻、刘殿爵：《论语》,中华书局 2008 年版,第 208 页。

第三章 学术型、通俗型及大众型的中国哲学典籍英译

无关系,而指"合适的""适宜的"。事实也如此,《论语》有两处提到孔子对"正"的见解,一处是在《微子》篇中,孔子表达对一些忠臣能人的看法,提出:"我则异于是,无可无不可",表示凡事并无"是非""对错""可以不可以"之分,而是要灵活处理。《子路》篇中,叶公说到一个人检举其父偷羊,并称赞这种行为"直",孔子却表达了不同意见:为达到教育的目的,父亲应当"为子隐",儿子也应"为父隐",即"父慈子孝",才是真正的"直"。这并不意味孔子无能判断曲直是非,而是强调儒家教义因时、因地、因人变化的灵活性、动态性。也就是说,凡事做到了"合适""适当"就算达到了最高境界。由此看来,译者对"proper"一词的创造性运用体现了孔子的中庸之道,并以此来修正西方看待是非问题的两极对立的观念。

1.3 艾文荷和万百安的中国哲学典籍英译

1.3.1 学术背景

菲利普·艾文荷是美国当代杰出的历史学家、哲学家,主要从事中国哲学思想研究,尤其是儒家和新儒家思想研究。艾氏因两个主张而为世人熟知:其一,他认为朱熹和王阳明两个新儒家学者,系统地曲解了孔子和孟子等早期儒家学者的思想;其二,他认为儒家思想可以被理解为一种有用的德行伦理。

1954年,艾文荷出生于美国新泽西州。1972年至1976年间,他就读于斯坦福大学,获得哲学学士学位,同时学习了中文。1976年至1978年在斯坦福大学与其导师共同制作中文文本的计算机词语索引。之后,他于1984年和1987年先后获得斯坦福大学的哲学硕士学位和宗教研究博士学位,期间顺利完成了副修专业亚洲语言的学习任务。

艾文荷就读于斯坦福大学时,师从美国著名汉学家戴维·尼维森(David S. Nivison)和学者叶尔雷(Lee H. Yearley)。尼维森将哲学分析法应用于中国哲学思想研究,他认为新儒家虽然对佛教进行尖刻的批评,但却受到佛家哲学观的深刻影响。艾文荷的博士论文进一步发展了尼维森的观点,比较了儒家思想代表人物孟子的和新儒家思想代表人物王阳明对"圣人"和"道德修养"等论题的不同看法。叶尔雷主要从

事西方杰出哲学家托马斯·阿奎那研究和比较宗教研究，他认为儒家思想可以理解成另一种形式的德行伦理。叶尔雷的观点对艾文荷也有着深刻的启发。

　　1991年，艾文荷成为斯坦福大学哲学系和宗教研究系助理教授，并于1996年被破格提升为副教授。1998年至2006年间，他先后任职于密歇根大学、圣克拉拉大学和波士顿大学。2007年开始担任香港城市大学公共和社会管理系哲学教授。2012年至今，任香港城市大学的公共政策系东亚比较哲学及宗教讲座教授、东亚及比较哲学中心主任和韩国比较哲学实验室主任。

　　艾文荷一直热衷于研究和传播中国哲学思想。他向西方读者介绍中国哲学思想的个人著作主要有《儒家道德的自我修养》（Confucian Moral Self Cultivation）和《儒学反思：古老智慧的今用》（Confucian Reflections: Ancient Wisdom for Modern Times）等。他的中国哲学典籍全译本有《道德经》（The Daodejing of Laozi），由印第安纳州的哈科特出版社（IN: Hackett Pub. Co.）2002年出版；《孙子兵法》（Master Sun's Art of War）全译本也是由同一家出版社2011年出版；选译的哲学文献有《伦理学和历史：章学诚的小品文及书信》（On Ethics and History: Essays and Letters of Zhang Xuecheng），由斯坦福大学出版社（Stanford University Press）2011年出版；《陆王学派文集选读》（Readings from the Lu-Wang School）；节译有《坛经》（The Platform Sutra）和《墨子》（The Mozi）。另外，他与其他著名的中国哲学研究学者一起合编了《中国哲学典籍选读》（Reading in Classical Chinese Philosophy）、《荀子思想中的德行、人性与道德主体》（Virtue, Nature and Agency in the Xunzi）和《孟子伦理学选集》（Essays on Mencius' Moral Philosophy）等11部有关中国哲学思想的选集，其中艾氏的个人译作《道德经》以及与万百安合编的《中国哲学典籍选读》自出版以来受到学术界的广泛好评，也得到了广大普通读者的青睐。

　　万百安是美国著名的比较哲学和中国哲学专家。他是瓦瑟学院哲学系荣休教授，曾在中文和日文系授课。万氏既是"非西方哲学"顾问委员会的成员也是美国哲学学会"亚洲及亚裔美国哲学家及哲学"委

第三章　学术型、通俗型及大众型的中国哲学典籍英译

员会的成员。他担任了刊物《圣母哲学评论》（Notre Dame Philosophical Reviews）的编委，同时也是《哲学美食报告》（The Philosophical Gourmet Report）刊物的顾问。"普林斯顿评论"将万百安评为美国最优秀的 300 名大学教授之一，其论文《孔子论同性者婚姻》（*Confucius on Gay Marriage*）获得 2016 年美国哲学学会公共哲学舆论社论竞赛奖。

20 世纪 70 年代末，中国开始对外开放，中美双方开始相互接触和了解。青年时代的万百安逐渐对哲学产生了浓厚兴趣。在大学里，万百安同时学习哲学和中国语言文化，并决定攻读中国哲学研究生学位。1981 年，万百安获得了宾夕法尼亚大学哲学学士学位，并获得梅隆奖学金资助进入斯坦福大学就读，1991 年获得哲学博士学位。在到瓦瑟学院任教之前，万百安是佛蒙特大学（University of Vermont）和北爱荷华大学（University of Northern Iowa）的访问助理教授。1995 年，万百安开始任教于瓦瑟学院（Vassar College），并同时担任哲学系和中日文系的讲座教授。2014 年春季与 2016 年夏季，万百安两次来武汉大学担任访问教授。万百安获得过多次奖励和奖学金。2005 年，他以富布莱特学者的身份从事研究。

万百安强烈呼吁哲学界关注哲学的多样性。他向西方读者介绍中国哲学思想的个人著作主要有《晚期中国哲学读本：从汉代到 20 世纪》（*Readings in Later Chinese Philosophy：Han to the 20th Century*）、《古典中国哲学入门》（*Introduction to Classical Chinese Philosophy*）和《早期中国哲学的德行伦理》（*Virtue Ethics and Consequentialism in Early Chinese Philosophy*），主要翻译作品有《孟子精要》（*The Essential Mengzi：Selected Passages with Traditional Commentary*）和《孟子选译》（*Mengzi：With Selections from Traditional Commentaries*）。

1.3.2　翻译观和翻译经验

1.3.2.1　翻译底本的选择

艾文荷是一名哲学家，他对翻译文本的选择是由自己的专业视角和兴趣来决定的。他曾表示，他的翻译选材都是那些自己认为有趣的哲学思想文本，例如他的《老子道德经》（*The Daodejing of Laozi*）全译和《墨子》（*Mozi*）节译。特别值得一提的是，他与万百安合编了《中国哲

学典籍选读》（*Reading in Classical Chinese Philosophy*），收集了《论语》《墨子》《孟子》《老子道德经》《庄子》《荀子》和《韩非子》的英译（个别为节译），可谓把先秦时期各种哲学流派的作品英译一网打尽，为英语世界的中国哲学入门者提供了一部宝贵的先秦哲学资料全集。

关于翻译的版本问题，艾文荷有自己独到的见解。20 世纪 70 年代以来，随着东亚和北美考古学的迅猛发展，在中国国内，许多古代典籍都发现了帛书、竹简版，但艾文荷却认为，这些新发现的版本具有的历史研究价值远远高于其哲学意义（Jianlan Lyu, Xiaoli Tan & Yong Lang, 2016）。这一论断与其同时期的译者相比，显然有独到之处。例如，前面介绍过，安乐哲和罗思文特意以《论语》定州竹简版为其译作《论语的哲学诠释》的参考版本；白牧之和白妙子夫妇也在翻译《论语》之前参考过不少新出土的《论语》版本。事实证明，这些版本并未对揭示原著的哲学意义起多大作用，反而削弱了原著作为哲学经典的权威地位。

在这一原则的指导下，艾文荷精心挑选了一些其认为具有哲学价值的原著版本作为翻译的参考底本，譬如，在翻译《老子道德经》时，他就选择了王弼注本作为底本，看中的也是其中对老子思想形而上的解读。

1.3.2.2　哲学术语的翻译方法

对于哲学术语的译法，艾文荷认为没有哪一种方法能适用于各种情况。总的说来，最好的方法是在英语中寻找一个合适的对等，但即使这种情况也要求译者使用详细的注释说明词义的范围和译者的选择（同上），万百安也认为最好的方法是解释法（hermeneutic）。

例如，在翻译《道德经》的"道"一词时，艾文荷以古汉字象形释义为解读的基础，参考了大量的国内及国外学者的注释。考虑到该术语的多词性和多义性，艾氏认为，"道"这个字早期的象形意义是物质名词"道路"，但后来引申到"做事的方法"。作为动词，它有"谈论"或"跟随"的意思。根据不同语境，"道"可以解释成"做事的方法"，或者"正确之路"。道家用这一术语来表示"世间一切总的原理"。恰好，英语中"way"这一词同时具备"道路"和"方法"的意思，同时也兼有"道理"之意，艾氏将其用作"道"的译名。

1.3.3　艾文荷的《道德经》英译

艾文荷的译作《老子道德经》（*The Daodejing of Laozi*），由哈科特出

第三章 学术型、通俗型及大众型的中国哲学典籍英译

版社于2003年出版。该译本出版之后广受好评,被誉为这部典籍在"英语世界中的最佳译作"①。

随后,艾文荷又将自己的《道德经》译文收录在《中国哲学典籍选读》中。这个合集传播很广,被视为两人的代表作,也是美国最新的系统介绍中国先秦哲学思想的代表作。

在《中国哲学典籍选读》中,艾文荷的《道德经》译文放在第四章。该译文分为前言和正文两个部分。前言简要介绍了《道德经》的文本来源、思想内容以及其中包含的哲学意义。

从文本来源看,艾文荷认为《道德经》是一个合成的文本。之所以这样说,是因为这部经典现有的版本由来源不同的小段落组成,有一半段落是押韵的。这些收集在一起的小段落,构成了一部81章的单册,分为两篇。第一篇"道"篇从第1章到第37章,占了全书的一半。第二篇"德"篇从第38章到第81章,以此结构为基础,文本叫作《道德经》,意为"道"经和"德"经。"《道经》主要阐述道学的基本理念和概念,而《德经》则是对道学理念的实践和应用"②。这种划分其实没有真正反映其中篇章的内容,只不过头一篇是以"道"开始,第38篇一开始便描写"上德"。该经典在公元前3至前2世纪就以现在的形式呈现。《道德经》的另一个版本——《道德经》马王堆版的内容也相差无几,成书时间可以追溯到公元前2世纪中期。不过,在该版本中,"道"篇和"德"篇的顺序是相反的,即《道德经》。

谈到《道德经》的思想内容,艾文荷认为《道德经》形成于战国末期,各国争雄,连年征战。作为对这一艰难时期的回应,作者在这部经典中表达了人们对战争和混乱的厌倦,对逝去的纯真、和平年代的向往。这部经典控诉了战争的扩张、政府的腐败,将其根源归咎于当权者无限度的贪婪与野心,反复地表达这样的观点:过度的欲望是逆自然而行的,欲望过度不仅不会带来幸福生活还会导致穷困、匮乏、疏离和自

---

① Ronnie Littlejohn, "A Review of Readings in Classical Chinese Philosophy", *Philosophy East and West*, Vol. 56, No. 4, 2006, p. 689.
② 张帆:《〈道德经〉中"道"与"德"的哲学阐释及其英译研究》,《周口师范学院学报》2015年第4期。

我毁灭。为了消除过度的欲望,《道德经》呼吁回归一个早期人类社会的黄金时代,那是一个尚无法清楚区分价值和质量的时代、一个事物以其原本形态存在的时代、人们在未经思考的自发状态下行动的时代。《道德经》第38章描述了"道"是如何随着人类文明和人类自我意识的提升而衰退,从早期的黄金时代衰退到目前无根基的状态。为挽回"道"的衰退,《道德经》敦促人们回到早期自然的时代,去充分体悟"道"之原理。老子呼吁人们将眼前生活的利角磨平、弄钝,让生活的车轮沿着旧的车辙行进,才能回归大"道"畅通的自然状态。

《道德经》的哲学思想认为:"道"是万物之源,为万物提供滋养,是万物理想之状态。"道"是隐蔽的,其中包含我们所见一切之"理"。但是,它在认识论上又是非超验的,是万物之"根"。"道"是自然的,所以又是自己的或自发的。其未经妨碍的行为通过"无为"带给事物各种各样的自然状态。人类在"道"中有一席之地却不能凌驾其之上,仅仅是事中之事。人类对欲望不加遏制,有独特的思考能力,有意地行动和改变,违反了"无为"的原则,导致了不"自然"的状态,抛弃了其在"道"中的适当位置,破坏了"道"的自然与和谐。《道德经》寻求解决这些问题的路径,召唤人类回到早期的理想世界。

由此出发,艾文荷的《道德经》译本基于哲学的视角,引用了该经典不同时期的注解,并运用儒家等其他中国古典哲学流派的观点,对《道德经》做出了互文性的解读,其译本不仅反映了《道德经》的哲学本旨,也在诗学上致力于再现原作的特色,在意蕴上着力传达《道德经》的中国文化精神。

1.3.3.1 哲学关键词的英译

哲学关键词的英译是关系到经典的哲学本旨能否得以准确理解和再现的关键问题。自从美国汉学由"西方中心观"转向"中国中心观"之后,汉学家们大都注重准确理解和再现中国文本的思想内容和原文风貌,在中国哲学关键词英译这一问题上尤其认真对待,运用了各种能够表现原典哲学思想的翻译方法,例如音译、异化的方法等。除了用心选择适当的译法之外,许多译者还运用注释、序言等副文本来为术语的翻译做解释说明,使得"深度翻译"(thick translation)成为普遍现象。

第三章　学术型、通俗型及大众型的中国哲学典籍英译

艾文荷的《道德经》英译也不例外。译者不仅将其中包含的中国哲学术语单独作为"重要术语"（important terms）在译文之后列出，对术语做出详细解释，还运用了大量的脚注，或引经据典做出互文性指证，或标明术语在原文中前后的所指，或运用整部原典的哲学思想加以说明，对术语的含义做了较为详尽的阐释，翻译中主要运用了意译加注释的方法，还佐以首字母大写等方法。

术语首字母大写是艾文荷《道德经》译文的一个形式特色。例如"道"（Way）、"德"（Virtue）、"天地"（Heaven and earth）等重要术语。首字母大写突出了这些术语的重要性以及译者对原著文化的尊重。译者先将这些术语意译，并利用脚注和附录中的词汇表加以解释，帮助读者加深对原著内容的理解，体会中华文化的核心内容。

"意译"是中国哲学术语英译的一个重要方法，即把术语原本的意思解释出来。由于中国古代文本的开放性、概念的模糊性以及中外语言文化的差异，中国哲学术语面临的释义问题比较多。例如，《道德经》的理论基础是由"道""德"构成，译者对"道"和"德"两个关键词内涵的理解及其英译的准确性会直接影响《道德经》译文的质量。

艾文荷对《道德经》中道学术语的翻译采取的是中国文化取向，他以古汉字象形释义为解读的基础，参考了大量国内外学者的注释和观点，并以中国古代哲学相关流派的观点为对照，力图还原术语在中国语境中的意义。以"道"这一核心术语为例，译者不仅参考了该汉字的形式意义，还考虑了其多词性和多义性。他认为，"道"一字的早期象形意义是物质名词"道路"，后来引申为"做事的方法"。作为动词，它有"谈论"或"跟随"的意思[①]。根据不同语境，"道"可解释为"做事的方法"或"正确之路"。道家用该术语表达"世间一切总的原理"。无独有偶，英语中"way"这一词同时具备"道路"和"方法"之义，也兼有"道理"之义，因此，艾氏将其用作"道"的译名。

再如"德"（Virtue）这一术语。艾文荷认为，该字的早期形式中，

[①] P. J. Ivanhoe & Bryan W. Norden, *Readings in Classical Chinese Philosophy*, New York; London: Seven Bridges Press, 2001, p.159.

最重要的意义就是"皇德",即一个君王通过修身培养德行,继而获得统治地位。"德"的这种含义在其多重意义中一直占据中心地位。更笼统地说,它表明人或事物能够对其身边的人和事物产生"好""坏"或"冷漠"的印象和效果。对孔子来说,"德"意味着"道德感召力",这是好人应培养并具备的品质。此外,"仁"包含另一层意义,即"具备一种能够吸引、影响和启发他人的能力",这也是更早的"皇德"字义的一部分。道家之"德"与儒家之"德"虽意义相关却有所不同,是指道家圣人的出现给予周围人和事物有益于健康的影响[①]。

整个一部《道德经》,说的是"道"如何运行,人类如何遵从"天道"以践行"人道",即治国、用兵或养生之"道"。其中"有"和"无"是老子道论的重要范畴,这在《道德经》中出现的一系列"有"和"无"的对称关键词中得以清楚地体现,如"有无之相生"(第2章)、"有之以为利、无之以为用"(第11章)、"是以有德……是以无德"(第38章)、"天下之物生于有,有生于无"(第40章)、"天下有道……天下无道"(第46章)、"将欲取天下也恒无事。及其有事也,又不足以取天下也"(第48章)等表述,足以可见,"有"和"无"是一对重要的道学概念,如何理解这些概念以及它们与"道"的关系,是解读《道德经》的关键。由于"无"这一术语在不同语境下的解读不同,无法采用统一的译名,艾文荷根据语境的变化,选择了不同的词汇或短语作为"无"的译名。

例如:"有无之相生"(《道德经》第2章)"To have" and "to lack" generate each other.

"有之以为利、无之以为用"(《道德经》第11章)And so, what is there is the basis for profit; what is not there is the basis for use.

"将欲取天下也恒无事"(《道德经》第48章)One does nothing yet nothing is left undone.

[①] 参见 P. J. Ivanhoe & Bryan W. Norden, *Readings in Classical Chinese Philosophy*, New York; London: Seven Bridges Press, 2001, pp. 163 – 199.

第三章　学术型、通俗型及大众型的中国哲学典籍英译

1.3.3.2　文化意象的翻译

艾文荷承认《道德经》是一部哲理诗，其中的意象和诗性韵律给读者的印象最为深刻①。我们知道，大多数古汉字都是象形字，其所产生的意象能够生动形象地描绘或比喻抽象事物。《道德经》运用了多个意象来描绘"道"，以便使读者对这个形而上的抽象概念有一个较为形象的基本认识，相当于我们今天使用"类比"的修辞法。但是，在今天看来，一些古代的意象也很抽象，或具有文化独特性，并不能为当代英语世界的读者轻松理解。艾文荷的译文以通俗易懂的意译见长，对原文中出现的一些抽象的或载有文化信息的意象，译者倾向于删除意象而以解释代之，以减轻读者的阅读负担。

《道德经》第21章中有大量的"道"的形象比喻，拟借助意象来传达"道"的本质。

"道之为物，惟恍惟惚。其精甚真，其中有信。"

艾文荷的译文如下：

> As for the Way, it is vague and elusive.
>
> Vague and elusive!
>
> Within is an image.
>
> Vague and elusive!
>
> Within is a thing.
>
> Withdrawn and dark!
>
> Within is an essence.
>
> This essence is genuine and authentic.
>
> Within there is trust.
>
> From ancient times until the present day, its name has never left it.
>
> It is how we know the origin of all things.
>
> How do I know what the origin of all things is like?

---

① 参见 P. J. Ivanhoe & Bryan W. Norden, *Readings in Classical Chinese Philosophy*, New York; London: Seven Bridges Press, 2001, p. 158.

Through this!①

"道"在《说文解字》中的解释为:"所行道也。从辵从首。一达谓之道"。从汉字的意象来看,"道"字有"走之"旁,与"路"有关。该词最初指"可通行天下之路",后引申为"事理的总源",即"事物的客观规律",一般性原则。即便是引申出来的抽象意义,用带有意象的偏旁来表达也会给人一种直观的感受。《道德经》第21章中出现的"德""惟""恍""惚"等字,都有"心"字旁。中国古人认为,"心"是掌管情感和思维的器官,要体悟"道"就得用心去感受、去琢磨。《道德经》用"恍"和"惚"等带有"心"字偏旁的字来比喻"道","两字都与思维有关,合起来就是客观物象在头脑中不清楚的一种状态或反映"②。而在西方传统中,心与物、理智与情感之间是有区别的。西方二元论把"心"视为具体化的肉体的存在,它是产生情感的器官,却无法上升为理智。英语读者若无法理解中国传统中的"用心思维",这个意象类比也就失去了意义。因此,艾文荷放弃了在英译文中使用意象类比阐释抽象概念的做法,而是把"恍""惚"两个词解释为"vague"和"elusive",与思维就失去了关联,也因此失去了原典用词的形象性。

再看"窈""冥"二字,"穴"和"冖"字头明显具有空间意象的效果。艾文荷用"withdrawn""dark"来传达,这种方法其实就是释义,与空间意象没有什么关系,因而也失去了汉语的直观性。

《道德经》第4章曰:

"道冲,而用之有弗盈也。渊呵,似万物之宗。挫其锐,解其纷,和其光,同其尘。湛呵,似或存。吾不知其谁之子也,象帝之先"。

其中的"渊"和"湛"都是以意象来形容"道"之深。但艾文荷

---

① P. J. Ivanhoe & Bryan W. Norden, *Readings in Classical Chinese Philosophy*, New York; London: Seven Bridges Press, 2001, p.169.

② 邓巨、刘宗权:《论典籍翻译中的意象转换》,《河北大学学报》(哲学社会科学版)2009年第4期。

第三章　学术型、通俗型及大众型的中国哲学典籍英译

的译文没有使用英语中对应的意象来翻译这两个意象，而将"渊呵"译为"vast and deep"，将"湛呵"译为"deep and clear"，反复突出"道""深"之意。相比之下，《道德经》另一位英译者安乐哲和郝大维把"渊呵"译为"abysmally deep"，"湛呵"则译为"cavernously deep"，在译文中保留了"渊"和"湛"的形象，在形象地传递文本意旨方面做得更为出色。

艾氏《道德经》译文将原文意象做意译处理的地方还不止一处。再如，艾氏将《道德经》第19章中的"见素抱朴，少私而寡欲"译为"Embrace simplicity. Do not think just of yourself. Make few your desires."用词之简，表意之白，特征十分突出。其中"朴"之意象的缺失就不难理解了，很是符合译文通俗、简约之风格。不过，对于删减的原文文化意象，译者还是运用注释进行了文化补偿。就说"朴"这一词，译者在译文的第15章中以注释说明了它的字面意义和比喻意义，即"未经加工的木头"，意为"任何一种处于纯粹的自然状态的东西"。译者认为，"第15章原本运用'朴'这一意象作为明喻的喻体，因此在译文中不能缺失，但以后各章中，'朴'的作用是比喻，因此可以译为其比喻的意思，而该意象则不必出现"[①]。从这段注释中看出，尽管以意译为主要策略，译者还是很重视原文语言单位的功能，尽可能在译文中得以保留。

1.3.3.3　译作中的互文性注释

前面提到过，艾文荷的《道德经》译本基于哲学的视角，不仅参考了国内外对于该经典的多种注解，还运用了儒家等中国古典哲学其他流派的观点，对《道德经》做出了互文性的解读，帮助读者理解其中的要点和难点。例如，《道德经》第12章中有"五色使人目盲""五味使人口爽""五音使人耳聋"几个排比句式，艾文荷认为，这些语句不是表达"拒绝感官享受"也非表达对这些感受的怀疑，而是表达一种对传统分类和价值观的深度怀疑，并提倡减少对感官享受的追求。在对该章的注释中，他特意提到《庄子》的第2章，认为其中表达了相似

[①] P. J. Ivanhoe & Bryan W. Norden, *Readings in Classical Chinese Philosophy*, New York; London: Seven Bridges Press, 2001, p. 166.

的观点①。

除引用《庄子》之外,艾文荷还在其《道德经》英译文的注释中多次提及了《论语》《孟子》《大学》《易经》等儒家经典。由此看来,艾氏认为解释中国经典的一个重要方法,是将其放回至中国古代文化传统语境中,虽然儒家思想和道家思想不尽相同,《老子》和《庄子》讨论的主题和表达的思想也有所不同,但中国古代文化传统是解读中国古代典籍的最好资源,互文性的解释可以帮助读者理解经典的大致思想内容。

2 第二次世界大战后中国哲学典籍在美国的通俗型代表译作

从17世纪末至今,中国哲学典籍面向英语世界系统地译介和传播已有四百多年的历史,翻译的种类和数量不断增加。第二次世界大战以后,更是出现了20世纪六七十年代和90年代两个英译中国典籍的高潮,翻译的作品也呈现了多种类型,不仅要满足学者型读者的研究兴趣,也要满足普通读者增长见识,了解中国文化,甚至修身、健康、娱乐的需求。据不完全统计,20世纪50年代至今,美国出版了多种通俗型的中国典籍译作,如魏鲁男、伯顿·沃森、戴维·亨顿、西蒙·利斯和爱德华·森舸澜(Edward Slingerland)等人的中国典籍英译作品都是为普通读者所做的通俗型译本,译者们或者在译作的前言、导论中(如西蒙·利斯和森舸澜),或者在不同的场合明确表示以普通读者(the general reader)或非专业读者(the non specialists)为受众(如伯顿·沃森和戴维·亨顿)。有的译作已在英语世界产生了巨大的影响。例如,伯顿·沃森的中国典籍英译作品因符合当时美国的意识形态和诗学潮流,得到了权威机构的赞助,所有作品均为权威出版社出版,几种代表作入选了世界文学经典选集,好评如潮、流传甚广。戴维·亨顿的中国古代诗歌和哲学的翻译赢得了广泛的赞誉,获得过美国政府颁发的"国家艺术奖"及

---

① P. J. Ivanhoe & Bryan W. Norden, *Readings in Classical Chinese Philosophy*, New York; London: Seven Bridges Press, 2001, p. 164.

第三章 学术型、通俗型及大众型的中国哲学典籍英译

"国家人文奖"及学术机构颁发的翻译奖。西蒙·利斯和森舸澜等人的译本受到不少国外汉学家或国内翻译学者的关注（Anne Cheng，1999；Cheang, Alice. W，2000；David Schaberg，2001；王琰，2010；刘雪芹，2010；李钢，2012），等等。本节以伯顿·沃森、西蒙·利斯以及爱德华·森舸澜的中国哲学典籍英译为例，介绍译者各自的学术起源、翻译观念，描述译本的特色，并在以后的章节讨论这些通俗型译作的传播及接受效果。

2.1 伯顿·沃森的中国哲学典籍英译

2.1.1 学术背景

伯顿·沃森是美国当代著名的中国典籍翻译家。他年轻时曾加入海军去过日本，在那里初次接触了汉语。从海军退役后回国在哥伦比亚大学学习日语和中文。伯顿·沃森受到了著名华人学者、翻译家王际真的影响，并得到王氏的亲自指导，翻译并出版了几个版本的《史记》译文。此后，他便与翻译中国经典结下了不解之缘。

在五十多年的职业翻译生涯中，伯顿·沃森翻译了大量的中国历史、哲学、诗歌和佛学等典籍，为中美文化的交流做出了杰出的贡献。1958 年至 2007 年间，仅在哥伦比亚大学出版社，伯顿·沃森就出版了 24 部中国经典的英译作品（包括初版、再版和修订版），这个成绩是其他美国汉学家难以望其项背的。

1963 年，沃森选译了《荀子》中十篇最能代表荀子哲学思想的内容，合为《荀子入门》（*Hsun Tzu: Basic Writings*）。"该书被列入哥伦比亚大学'东方经典翻译系列丛书'（*Translations from Oriental Classics Series*）"。[1]

同年，伯顿·沃森选译出版了《墨子入门》（*Mo Tzu: Basic Writings*）一书，"集中反映了墨家关于乐、命、博爱等墨家哲学思想的核心内容"（同上），于 1964 年和 2003 年两次重版。"该译本是继梅贻宝译本之后英语世界又一个有影响力的《墨子》节译本"[2]，不仅为中外学者研究和翻译墨子提供了重要的参考文献，还是不少美国高校汉学课

---

[1] 李秀英：《华兹生的汉学研究与译介》，《国外社会科学》2008 年第 4 期。
[2] 廖志阳：《〈墨子〉英译概观》，《中南大学学报》2013 年第 2 期。

程的教材。

1964年，沃森英译的《韩非子入门》（Han Fei Tzu: Basic Writings）出版，2003年再版。该译本已被收入"联合国教科文组织各国代表丛书"。1967年，沃森将其《墨子》《荀子》和《韩非子》选译本编成合集（Basic Writings of Mo Tzu, Hsun Tzu and Han Fei Tzu）出版。

在其《庄子入门》（Chuang Tzu: Basic Writings）译本（1964）的基础上，1968年，沃森翻译出版了英语世界中第一个《庄子》全译本——《庄子全书》（The Complete Works of Chuang Tzu）。"这个全译本被学术界公认为是目前为止最好的《庄子》译本，使用的是流畅的当代英语，通俗易懂、朗朗上口，很受欢迎"[1]。该书仍由哥伦比亚大学出版，此后三次再版，"已被收入联合国教科文组织代表性著作选集《中国系列丛书》（UNESCO Collection of Representative Works, Chinese Series）"[2]。

2.1.2 文化观和翻译观

长期以来，"学术型翻译"为汉学家们翻译中国典籍时惯用的方法。这种方法产出的译作往往内容庞杂、注释繁多、篇幅很长，虽然能满足专家学者对中国研究的期待，却加重了英语普通读者的接受负担。伯顿·沃森的中国典籍译介活动始于其对中国历史典籍的翻译。"当时，英语世界早已存在古希腊、古罗马史学著作的普及读本"[3]，沃森在翻译《史记》时就已意识到普通读者需要的是通俗型译本。

在哥伦比亚大学学习期间，沃森深受美籍华人学者、著名的文学批评家、翻译家王际真教授的影响。王氏曾翻译出版过不少中国古代和现代文学作品，他的翻译不仅准确，而且通俗易懂、自然流畅，符合当代西方读者的审美期待，影响深远。

受王际真的影响，沃森的翻译首先强调忠实原则。在他看来，"翻译要准确地再现原作者的意图，就应当遵循原文的句法结构"[4]。中英文互译时，由于语法和语序比较接近，在一定程度上按照原文的结构和

---

[1] 廖志阳：《〈墨子〉英译概观》，《中南大学学报》2013年第2期。
[2] 李秀英：《华兹生的汉学研究与译介》，《国外社会科学》2008年第4期。
[3] 吴涛：《华兹生的中国典籍英译对中国文化"走出去"的启示》，《昆明理工大学学报》（社会科学版）2018年第2期。
[4] 魏家海：《走向世界文学的宇文所安唐诗译本研究》，《外国语文研究》2019年第6期。

第三章　学术型、通俗型及大众型的中国哲学典籍英译

顺序直译是可行的。因此，沃森"无论是诗歌还是散文翻译，都强调译文的句法尽量与原文保持一致"①。其次，"他主张译文的简洁性和可读性，无论原文是什么体裁，他最关心的是译文的可读性，同时兼顾译文的文学性"②。他的译文风格简洁、流畅，而且注释较少。

1967年，哥伦比亚大学出版了沃森翻译的中国古代经典《墨子、荀子和韩非子》译本，并于2003年重印再版。第一版中的专有名词是以威妥码拼音标注的，而再版中以汉语拼音取代。在早先翻译并出版的《庄子入门》的11个主要章节的基础上，他还出版了《庄子全书》。为了让西方大众了解这些中国典籍，沃森在每篇译文的前言中都详细介绍了每一位学者的思想，他的翻译是建立在深入研究基础之上的。

2.1.3　沃森的《墨子》英译

在现存的《墨子》53章中，伯顿·沃森节译了其中的精华部分，主要参考了孙怡让的《墨子间诂》和于省吾的《墨子新证》权威注本、日本学者KoyanagiShiget的注本、美国华人学者梅贻宝的译本《墨子的伦理于政治》，以及其他许多注本和译本。

为了避免重复，沃森只选择翻译了每个话题中最有趣的精华部分。不过，当"重复"表现为原著的主要语言风格特征之时，他会做到尽量忠实于原文的语言风格，再现原文中重复出现的结构。例如：

> ……曰：藉为人之国，若为其国，夫谁独为其国以攻人之国者哉？为彼者，由为己澎石死士学可立也，为人之都，若为其都，夫谁独为其都以伐人之都者哉？为彼尤为己也；为人其家，若为其家，夫谁独为其家以乱人之家者哉？为彼尤为己也……

沃森的译文如下：

> If men were to regard the states of others as they regard their own, then who would raise up his state to attack the state of another? It would

---
① 魏家海：《走向世界文学的宇文所安唐诗译本研究》，《外国语文研究》2019年第6期。
② 魏家海：《走向世界文学的宇文所安唐诗译本研究》，《外国语文研究》2019年第6期。

be like attacking his own. If men were to regard the cities of others as they regard their own, then who would raise up his city to attack the city of another? It would be like attacking his own. If men were to regard the families of others as they regard their own, then who would raise up his family to overthrow that of another? It would be like overthrowing his own. ①

  这段译文中"若为其……夫谁独为其……者哉"一句被译为"If men were to…then who would raise up his…of another?"同样,"为彼者,由为己也"或"为彼尤为己也"也被译成一个重复的句型"It would be like his own…"因此,译者通过运用排比的句式使得译文中的辩论与原文一样具有说服力,这一特色也体现在译文的其他部分,如《非攻》的第一自然段。以上译文中,除了忠实于原文的重复结构之外,省略了叙述词"曰"或"即比约",因此,译文成了自由的直接引语。所以说,保持对原作语言结构的忠实是沃森《墨子》译文的一大语言和文本特色。
  沃森的《墨子》英译还有一个显著的特点就是译文简洁、流畅,语言的交际性较强。例如,《墨子·非乐(上)》中的第一句"仁之事者,必务求兴天下之利,除天下之害",沃森译为"It is the business of the benevolent man to seek to promote"② 这一简单、常用的口语句式。沃译《墨子》中的用词也很朴实、平白、常用,如前一段中的"regard""attack"和"raise up"等,简单常用的词汇和句法使得译文清晰流畅,通俗易懂,适合普通大众读者。
  对于典籍中的文化专有项,沃森大多采用音译、直译和意译的方法来翻译,并不加注释。例如《墨子·兼爱下》第9段"今若夫兼相爱、交相利,此自先圣六王者亲行之",此处的典故"先圣六王者"具体指什么?沃森并没有逐个查证并译出,只译为"six sage kings of antiquity"③,且不加注解。《兼爱》中的"晋文公""楚灵王"和"越王勾践"三个专有人名,沃森音译为"Duke Wen of Chin""King Ling of the

---

① Burton Watson, *Mozi*, New York: Columbia University Press, 2003, p. 42.
② Burton Watson, *Hanfeizi*, New York: Columbia University Press, 2003, p. 110.
③ Burton Watson, *Hanfeizi*, New York: Columbia University Press, 2003, p. 44.

第三章　学术型、通俗型及大众型的中国哲学典籍英译

state of Ching"和"King Kou-chien of Yüeh"①，没有对这些涉及中国文化的历史人名进行注解。

2.1.4　沃森的《荀子》英译

伯顿·沃森的《荀子》英译节选了《荀子》中最能够代表荀子哲学思想的十篇。荀子重视社会秩序，重视人为的努力。其"人之初，性本恶"的思想强调人必须通过学习，遵循礼教，才能克服恶性、提高修养、顺利发展。为准确把握原著的思想内涵，沃森在着手翻译之前参考了《荀子》的好几种权威注释，如王先谦的《荀子集解》、刘师培、钟泰和梁启雄等人的注解，等等。早期美国汉学家德效骞的《荀子》及相关著作《荀子：古代儒家的缔造者》以及其他《荀子》译本也是沃译参考的重要资料。

以下通过译例来分析沃森译《荀子》的语言特色。

"天行有常，不为尧存，不为桀亡。"

"Heaven's ways are constant. It does not prevail because of a sage like Yao; it does not cease to prevail because of a tyrant like Jie."②

为了向读者解释中国历史和传说中的人物，译者并没有采用注释的方法，而是通过增词的方法来解释说明。例如，在"不为尧存，不为桀亡"一句中，"尧"和"桀"各自作为中国历史上的明君和暴君分别被译为"a sage like Yao"和"a tyrant like Jie"，译者增加了"sage"和"tyrant"这两个词语，向读者准确描述了二人的特征，避免了大段的注释。

"强本而节用，则天下能平；养备而动时，则天不能病；修道而不贰，则天不能祸。""If you encourage agriculture and are frugal in expenditures, then Heaven cannot make you poor. If you provide the people with the goods, their need and demand their labor only at the proper time, then Heaven cannot afflict you with illness. If you practice the Way

---

①　Burton Watson, *Hanfeizi*, New York: Columbia University Press, 2003, pp. 47 – 48.
②　Burton Watson, *Xunzi*, New York: Columbia University Press, 2003, p. 83.

and are not of two minds, then Heaven cannot bring you misfortune."①

从这段文字的翻译我们可以看出,译者基本是采用意译和解释的方法。"本"这一核心术语被译为"agriculture"(农业),意指古代中国社会是以农业生产为"本"的农耕社会。而且,为了保证译文清晰流畅,沃森在译文中增加了必要的连接词。例如在"强本而节用,则天下能平;养备而动时,则天不能病;修道而不贰,则天不能祸"一句译文中,译者添加了"if you"这样的连接词,使得译文连贯性更强,更加达意。

2.1.5 沃森的《韩非子》英译

《韩非子》是法家学派的代表著作,主张以法治国、以利用人。沃森的《韩非子》英译参考了陈其尤的详细注释,梁启雄的《韩非子浅解》、UnoTetsuto 的《韩非子》日文译本、W. K. Lia 的英文译本《韩非子全集》以及阿瑟·韦利的《古代中国的三种思想》。

沃森以其师王际真的翻译主张为标准:"译文不仅要做到语义准确,还要在英语文风上做到赏心悦目、行文流畅"②。在其《韩非子》英译中,沃森用精彩的英语,忠实再现了原文的意义和形式。例如:

> 人主之道,静退以为宝。不自操事而知拙与巧,不自计虑而知福与咎。是以不言而善应,不约而善增。言已应,财执其契;事已增,则操其符。

沃森的译文是这样的:

> The way of the ruler of men is to treasure stillness and reserve. Without handling affairs himself, he can recognize clumsiness or skill in others; without laying plans of his own, he know what will bring fortune

---

① Burton Watson, *Xunzi*, New York: Columbia University Press, 2003, p. 83.
② John Balcom, "An Interview with Burton Watson", *Translation Review*, Vol. 70, No. 1, 2005, pp. 7–12.

or misfortune. Hence he need speak no word, but good answers will be given him; he need exact no promises; but good works will increase. When proposals have been brought before him, he takes careful note of their content; when undertakings are well on their way, he takes careful note of result.①

这一段被处理成了几个平行对，句式典雅，读起来朗朗上口。例如，"without...he...without...he..."，"he needs...but good,...he needs...but good"，以及"when...he...，when...he..."。而且，古汉语每一句中省略的主语"他"在英译文中得以补偿。添加的主语不仅增加了连贯的作用，还明晰了句中的所指。此外，在"he can recognize clumsiness or skill in others"一句之后的句子中省略了情态动词"can"，例如，"he know...he need,...he need"有助于减少译文的重复，提高译文的连贯性。

2.1.6 沃森的《庄子》英译

1967年，哥伦比亚大学出版了沃森的《庄子全书》英译本，包括了11章《庄子入门》的重要章节的修订版，《庄子入门》也是沃森之前的翻译作品。在《全书》前言里，沃森承认自己的译本参考了翟里斯、魏鲁南、理雅各、阿瑟·韦利和林语堂等人的《庄子》英译本，也对这几个译本做了评论。沃森认为翟里斯运用维多利亚时期的古英语进行自由译令人厌倦，破坏了原作那复杂但且典雅的语言；魏鲁南的译本满是奇怪的术语和非传统的解释；林语堂的译本是参考过郭象注本的重要译本，但林氏译本经过完全重组，支离破碎，读者无法欣赏原作的形式美，也无法将译文与原著联系起来；韦利的译本是可读性最强的，也是最忠实于《庄子》原著的。

在译本前言中，沃森还解释了为何他把"道"译作"way"，把"天"译作"Heaven"，把"德"译作"virtue"，把"无为"译作"inaction"，这反映了他的哲学和文化观。沃森总结自己的翻译风格是自由

---

① Burton Watson, *Hanfeizi*, New York: Columbia University Press, 2003, p. 18.

地运用排比和俚语，力求在风格上贴近原文，他还尝试着运用头韵和韵脚模仿原文词汇的声音效果以及双关语，制造生动的效果。一句话，沃氏运用富有创造力的手法再现了原文生动的语言。例如：

> 夫大块噫气，其名为风。山林之为畏佳，大木百围之巧穴，似鼻，似口，似耳，似枅，似圈，似洼者，似污者，似激者。前者唱于，而随者唱喁。

> The Great Clod belches out breath and its name is wind... In the mountain forests that lash and sway, there are huge trees a hundred spans round with hollows and openings like noses, like mouths, like ears, like jugs, like cups, like mortars, like rifts, like ruts... Those in the lead calling out yeee, those behind calling out yuuu. ①

从以上段落我们可以看到，译文用了多个表示明喻的副词"like"来模仿原文的修辞，以表现各种风吹过时的生动场景，并用拟声词模仿风吹过的声音，如"前者唱于"中的"yeee"和"而随者唱喁"中的"yuuu"表现了各种风的声音。而且，句子之间还加上了必要的连接词以增添语篇的连贯性和逻辑性，一些短句合并为一句，如"大木百围之巧穴，似鼻，似口，似耳，似枅，似圈，似洼者，似污者"译为"There are huge trees a hundred spans round with hollows and openings like noses, like mouths, like ears, like jugs, like cups, like mortars, like rifts, like ruts."。

由上观之，伯顿·沃森的中国哲学典籍英译以普通大众为目标读者，不求提出新的解释、新的术语译名，只求做到译文能够恰当表达读者普遍认可的解释。沃森最注重的是译文的可读性，也兼顾译文的文学性。他的遣词用句朴实、口语化，注重句子与语篇的连贯性，因此译文交际性强，行文流畅。同时，为了保留原文的文学特征，沃译有时还模仿原文的句法结构，力求形式与内容准确相统一。沃译将"意译""直

---

① Burton Watson, *Complete Works of Zhuang Tzu*, New York: Columbia University Press, 1968, p. 175.

第三章 学术型、通俗型及大众型的中国哲学典籍英译

译"以及"增译"等方法较好地融合在一起,做到了风格简洁、流畅,注释较少,译作深受普通读者的喜爱。

2.2 西蒙·利斯的《论语》英译

西蒙·利斯(Simon Leys),真名为 Pierre Ryckmans,澳大利亚籍汉学家。出生于比利时,曾在鲁汶大学学法律,后定居澳大利亚,执教于澳大利亚国立大学,是澳大利亚前总理、外长陆克文(Kevin Rudd)的老师。利斯擅长用法文、英文写作,1987年出版其《论语》法译本,用的是他的真实姓名。十年之后,他出版了《论语》的英译本,用了其笔名西蒙·利斯这就是其在英语世界中为人熟知的姓名。译者认为这部英语译作"基本上是一个'作家型译本',不仅是针对专家学者,而且首先是针对非专业人士——那些希望扩大自己的文化视野而又不能直接阅读原著的读者"[1]。

利斯的文本观和翻译观深受现代阐释学的影响,认为经典文本的阅读具有开放性,因此会产生多种理解甚至是误解。开放性的阅读可能会导致文本扭曲变形,但只要能保存其核心身份(core identity),文本意义就能不断得以丰富,生命更为长久。他指出:"总的说来,经典就是一个开放的文本,因为它会不断出现新的发展、新的解说、新的阐释"[2]。本着这样的文本观和诠释观,利斯将《论语》做了一次现代化的解读。

2.2.1 内容丰富的注释

西蒙·利斯的《论语》英译以长篇注释为特色,译文部分的篇幅为99页,每一篇的结尾后采用尾注,注释长达107页。这种体例较为独特,"既不干扰读者的阅读过程,又能达到为读者提供帮助和指导的目的"[3]。其《论语》英译本中的注释大致可分为以下几种:

第一,介绍人物、地名、背景。利斯利用注释对典籍涉及的人名、

---

[1] Simon Leys, *The Analects of Confucius*, New York and London: W. W. Norton & Company, 1997, p. 10.
[2] Simon Leys, *The Analects of Confucius*, New York and London: W. W. Norton & Company, 1997, pp. 17-18.
[3] 刘雪芹:《〈论语〉英译语境化探索》,博士学位论文,上海外国语大学,2010年,第128页。

地名及其相关历史文化背景加以简要介绍。例如，利斯在对"管仲"的注释中就介绍说："管仲（公元前645年）是该时期一位著名人物，为齐桓公重臣。在助齐桓公拥有巨大的权力和财富之后，成为齐国的国相。其主要功绩为击溃了齐国边境的各个部落"①。这条注释中，译者不仅介绍了《论语》所涉及的人物，还介绍了其生活的历史背景。

第二，介绍中国古代文化习俗。如"陈司败问昭公知礼乎"一章，后面的注释不仅介绍了"昭公"，且解释说"It is contrary to Chinese custom for a man to marry a girl of the same surname as himself（娶一位同姓的女子是违背中国习俗的）"②。这就向读者说明了为何要问"昭公""知礼乎"的缘由。

第三，时而引用相关评注，并发表个人见解。如"子畏于匡"一章，利斯在注释中先介绍了事件发生的背景，此后又说"注家说孔子并非被围困，只是感到有危险。而我并未在文中找到这种说法"③。

第四，说明自己的阐释和分析过程及翻译选择。在翻译"夏后氏以松，殷人以柏，周人以栗，曰，使民战栗"一句时，利斯将"使民战栗"译为"jest not over holy matters"。在该篇的尾注中，利斯解释了自己为何这样译的理由。他认为"使民战栗"的字面翻译为"to cause people to be in awe"，但《论语》的评注者则更多解释为"孔子本人愤怒了"，他将问题归咎于"栗"这个双关语的不同理解，因而将"周人以栗，曰，使民战栗"翻译为"the men of Chou grew chestnut, meaning 'jest not over holy matters'"④。

第五，面向当代读者的阐释，将《论语》现代化、普世化。利斯的《论语》英译旨在把孔子描绘为一个现代人，其思想是穿越时空的，具有普遍价值。译本利用注释为机会对多个近年来发生的文化与政治问

---

① Simon Leys, *The Analects of Confucius*, New York and London: W. W. Norton & Company, 1997, p. 16.
② Simon Leys, *The Analects of Confucius*, New York and London: W. W. Norton & Company, 1997, p. 34.
③ Simon Leys, *The Analects of Confucius*, New York and London: W. W. Norton & Company, 1997, p. 42.
④ Simon Leys, *The Analects of Confucius*, New York and London: W. W. Norton & Company, 1997, p. 16.

第三章 学术型、通俗型及大众型的中国哲学典籍英译

题发表评论。例如，关于"君君、臣臣、父父、子子"一说，利斯指出，"这一重要论述应该和'正名'联系起来解读。按照孔子的观点，恰当规定个人的作用、身份、权利、义务和责任，是社会政治秩序的保障。甚至在今天，这一教诲还是完全适用的。当代的道德紊乱现象，表明整个世界正在整体漂向未知和混乱。现代社会已经沦落到不能清清楚楚地察觉不同角色的职责、年龄的区别，甚至性别特征。面对这种令人恐慌的形势，人类学家、社会学家和心理学家都呼吁重新发现礼仪的必要性和角色限定的重要性，以保证个人和社会的和谐融合"[1]。

利斯不仅用当代观念阐释古代理念，也引用西方人士的话语，在现代西方世情中找到与《论语》相呼应之处来予以阐发。为了解释"知之为知之，不知为不知"，利斯引用了雨果的一句话"无知有两种，第一种就是无知，第二种是自以为知而实无知。后一种无知更甚于前者"[2]。在"先进于礼乐，野人也。后进于礼乐，君子也。如用之，则吾从先进"的注释中，他指出，此处的"君子"意为"血统高贵之人，贵族"。接着他引用了伯纳德（Bernard Knox）的话来进一步说明何为"君子"："在一个封闭的贵族社会，你不需要接受太多的教育，因为'贵族所见略同'。贵族子嗣并不需要凭借口才和辩术赢得社会地位，他们早就位踞其上。贵族们本能上就知道——他们自己会说，从血缘上就知道——自己所处阶层的义务和权力"。

2.2.2 简洁、口语化的风格

《论语》的章句既简短凝练又内涵丰富。在翻译《论语》词汇的过程中，大多译本采用了明晰化的手段，以阐明词义、理清文义，以便读者理解。利斯的《论语》英译面对的是普通读者，译本风格既简洁又口语化，可读性强，注重文体优雅，用词简洁、句法灵活，而这样做反而更能贴近原作的风格。

试比较下面一段话的几种译法：

---

[1] Simon Leys, *The Analects of Confucius*, New York and London: W. W. Norton & Company, 1997, p. 16.

[2] Simon Leys, *The Analects of Confucius*, New York and London: W. W. Norton & Company, 1997, pp. 169–170.

《论语·雍也篇》第 22 章云:"仁者先难而后获,可谓仁矣。"

Raymond Dawson 的译文:"The humane man puts difficulties first and success in overcoming them second. This may be called humaneness."

Edward Slingerland 的译文:"One who is Good sees as his first priority the hardship of self-cultivation, and only after thinks about results or rewards. Yes, this is what we might call Goodness."

James R. Ware 的译文:"He who concentrates upon the task and forgets about reward may be called Man-at-his-best."

Simon Leys 的译文:"A good man's trials bear fruit—this is goodness indeed."

比较几个译文,我们发现,前面三个译本都使用了明晰化的手段来阐释"先难而后获",特别是"难"和"获"这两个词义,几种解释各不相同,道森选择了一个最一般的概念"difficulties"和"success",森舸澜将"难"具体化为儒家的"自我修养"之艰难"the hardship of self-cultivation","获"译作"results"或"rewards",有些过度诠释,魏鲁南也分别将"难"和"获"具体化为"task"和"reward",至于词汇间和小句之间的逻辑,以上几个译文更是通过增词的方法将其明晰化。而利斯的译文则简洁达意,"trial"作名词使用,表达"经受磨难","从失败中找到解决办法"之义,"bear fruit"作为其谓语动词和宾语,表达"收获"之义,可谓十分准确、达意,风格也最贴近原文简短的风格。再比较一例:

《论语·述而篇》第 19 章中,子曰:"女奚不曰,其为人也,发愤忘食,乐以忘忧,不知老之将至云尔。"

James Legge 的译文:"Why did you not say to him, —He is simply a man, who in his eager pursuit of knowledge forgets his food, who in the joy of its attainment forget his sorrows, and who does not perceive that old age is coming on"? 理雅各把"发愤"具体化为"求知",因

"获得了学问"而"乐",是典型的明晰化阐释。

Arthur Waley 的译文:"Why did you not say 'This is the character of the man: so intent upon enlightening the eager that he forgets his hunger, and so happy in doing so, that he forgets the bitterness of his lot and does not realize that old age is at hand. That is what he is.'" 韦利的这句译文将孔子的身份有所改变。"发愤忘食"本来是指孔子自己刻苦求学,而因译者的视角转换成了孔子对求知者的启发"enlighten the eager"。

D. C. Lau 的译文:"Why did you not simply say something to the effect that: he is the sort of man who forgets to eat when he tries to solve a problem that has been driving him to distraction, who is so full of joy that he forgets his worries and who does not notice the onset of old age"? 刘殿爵也是运用了明晰化的方法,如"发愤"具体为"solve a problem that has been driving him to distraction"虽然意思更加清晰,但译文却显得冗长。

Simon Leys 的译文:"Why did you not say 'He is the sort of man who, in his enthusiasm, for gets to eat, in his joy forgets to worry, and who ignores the approach of old age'"? 比较起来,利斯的译文简洁、达意,保留了原文的含蓄和深邃。特别是"不知老之将至"中的"不知",其他几个译文都保留了原文的否定语气,而他却运用视角转换的方法,从反面译成 ignore(忽视、不予理会),可谓用词灵活,使得句子更加简练,既能传达原文的意旨,又能再现原文的风格。

2.3 爱德华·森舸澜的《论语》英译

爱德华·森舸澜是美国当代汉学家,自幼爱好中国文化。在斯坦福大学获得亚洲语言(汉语)学士学位,加州大学伯克利分校获得东亚语言(古汉语)硕士学位,后又在斯坦福大学获得宗教研究博士学位,现为加拿大英属哥伦比亚大学(The University of British Columbia)亚洲研究系教授,人类进化、认知、文化研究中心主任。森舸澜在中西方宗教哲学思想比较方面造诣很深，尤其擅长研究中国先秦时期的哲学思想，代表著作有：《科学为人文学科带来了什么》（*What Science Offers Humanities：Integrating Body and Culture，Creating Consilience：Integrating the Sciences and the Humanities*）、《作为概念隐喻的"无为"》（*Effortless Action：Wu-wei as Conceptual Metaphor*）和《早期中国的精神理想》（*Spiritual Ideal in Early China*）等。

2003年，森舸澜在哈科特出版社出版了其《论语》英译本（*Confucius Analects：With Selections from Traditional Commentaries*），该译本除了《论语》的英译文外，还包含了前言、导论、中国朝代年表、参考文献和五个附录。前言主要介绍了译文风格，着重论述了为何要选译大量的《论语》注疏。导论主要阐述了《论语》的成书背景。中国朝代年表列举了自传说中的尧帝到清代的中国各朝代及其存在时间。参考文献简要介绍了理雅各、韦利、刘殿爵等九位汉学家的《论语》英译本，森舸澜认为在《论语》的英译中，这九个译本比较重要。附录一是"术语表"，收集了该经典中经常出现的40个重要的儒学概念及译名；附录二介绍了《论语》中出现的27位孔门弟子，如颜回、曾子、子贡、子路等；附录三介绍了《论语》和《论语集疏》中出现的一些历史上著名的人物，如伯夷、叔齐、齐桓公、晋文公，等等。附录四对94家历代著名的《论语》注疏者作了一个简单的介绍。附录五列举并介绍了译文中或注释中出现的一些中国古籍的名称，如《春秋》《尚书》《诗经》《说文解字》《孟子》等。

2.3.1 森舸澜的《论语》翻译理念

森舸澜梳理了古今中外《论语》各注家对于该典籍成书年代与内容解读的不同观点：刘殿爵参考了清代崔述的成果，提出一种代表性的意见——将《论语》分为两个部分，前十五章为第一部分，后五章为第二部分，但认为它们在主题上是性质相同的；美国学者Steven Van Zoeren提出另一种观点，他运用形式批评的方法将《论语》分为四个部分，每一个部分不仅形成年代不同，观点也性质不同。这种观点被汉学家白氏夫妇发挥到了极致，他们认为《论语》每一篇的形成年代不同，且是各种不同观点的汇合。

第三章 学术型、通俗型及大众型的中国哲学典籍英译

森舸澜倾向于刘殿爵的观点，认为尽管《论语》各篇成书年代不同，关注的问题不同，但在术语的使用、概念目录及一般宗教观点上表现出足够的一致性，可以将其视为一个整体。

进而，森舸澜认为《论语》最主要的特色在于其文本中包含了传统的汉语注释。对于希望在译文中包含这些注释的译者来说，有几种可行的方法。一种方法是选择一种广为阅读和尊重的传统注释，然后通篇使用这种注释；另一种方法还可以在翻译时隐性地使用某一种注释，但不声明。但这些方法的问题在于：无论其解读有多么出色，多么有影响，只限于一人的解读视角限制了读者的解读权。

因此，森舸澜的《论语》译本不仅有翻译，还为读者提供了多种传统解读，包括相互有争议的解读。"通过注解，文本的瘦骨上才有了些许血肉；若是不给读者提供注解，(《论语》)读来无非是莫名其妙拼凑起来的教导训诫和无趣对话。正是注解给文本赋予了生命，使之清晰明确"①。有鉴于此，森舸澜表示，要"通过提供大量广为流传的注解，为英语读者提示丰富的语境，让他们窥见《论语》在其土生土长的语境中活生生的文本"②。

森舸澜的《论语》译本参考了古今各家注疏，以程树德的《论语集释》为主，也有自己的解读，将各种注解呈现给读者，由读者去比较、判断、理解。译者希望通过这种方式，适当将解读的权力交还给读者。

2.3.2 森舸澜《论语》英译中的注释

森舸澜的目标读者主要是普通读者（nonspecialists），因此，他在译文中每一段的后面都选译了一些中国历代注家对《论语》的各种注疏以及他本人的注释，译文后面的注疏篇幅远远大于译本本身的篇幅，这也构成了森氏《论语》译本的最大特色。

例如《论语·里仁篇》第四章中的"朝闻道，夕死可以"，森舸澜除了提供自己的译文之外，还介绍了两种注释：

---

① Edward Slingerland, *Confucius Analects: With Selections from Traditional Commentaries*, Indianapolis/Cambridge: Hackett Publishing Company, Inc., 2003, preface.

② Edward Slingerland, *Confucius Analects: With Selections from Traditional Commentaries*, Indianapolis/Cambridge: Hackett Publishing Company, Inc., 2003, preface.

"The Master said, 'Having in the morning heard that the Way was being put into practice, I could die that evening without regret'.

The pre-Tang commentators take the passage in the manner reflected by the translation. He Yan's commentary reads, 'The point is that Confucius is approaching death and has yet to hear that the world has adopted the Way.'

Luan Zhao says: The Way is what is employed in order to save the people. The sage preserves his self in order to put the Way into practice. The point is to save the people with the Way, not to save one's self with the Way. This is why we read that if the Way were genuinely heard by the world in the morning, even if one died that evening it would be alright. [Confucius] is pained that the Way is not being put into practice, and moreover makes it clear that he is more concerned about the world than his own self.

Zhu Xi, on the other hand, understands the passage to mean: 'Having in the morning learned the Way, one could die that evening without regret.' He comments, 'If one were able to hear the Way, one's life would flow easily and one's death would come peacefully, and there would be no regrets.' Both interpretations are plausible'"[①].

第一段是森舸澜自己的译文，第二和第三段是两种不同观点的注释，一种是唐代以前的注释，例如何晏认为关键是"孔子临死前还想听到'道'是否被采纳且通行天下"。栾昭进一步解释说"'道'是用来拯救民众的，圣人保存自己是为了奉行'道'，目的是用'道'救民，而非救自己"。这就是孔子此话的由来。孔子为"道"尚未通行天下而痛心疾首，而且清楚地表明他关心天下胜过自己。而朱熹却有不同的注释："一个人如果能闻道的话，就能够轻松自如地生活，平和地迎接死亡，这样就不留遗憾了。"森舸澜将两种不同的解读并呈，将阐释

---

① Edward Slingerland, *Confucius Analects: With Selections from Traditional Commentaries*, Indianapolis/Cambridge: Hackett Publishing Company, Inc., 2003, p. 32.

权交给读者，方便其自行取舍判断。

此外，为了便于读者理解译文，森舸澜在每一篇译文的前面对该篇内容做了简单的介绍，以便读者能够对该篇的内容主旨有一个基本的了解。例如，在《里仁篇》第四章译文的开篇，森舸澜写了如下一段介绍文字：

> "Many of the passages in this book concern the supreme virtue of Goodness. Those who are truly Good love the Confucian Way and embody it in an wu-wei fashion-completely unself-consciously and effortlessly as opposed to those who pursue the Way because of ulterior motives. Such true gentlemen require nothing from the world but the genuine joy and satisfaction they derive from virtue, as opposed to 'petty people' who are motivated by considerations of profit or other external goods. This Book also contain a series of statements (4.19 – 4.21) on filial piety that flesh out the treatment in Book One"[①].

这段介绍文字起到了概括的作用，读者在阅读译文时就能够很好地抓住"仁"和"孝"这两条主线，很好地理解孔子提倡的"无为"思想。

2.3.3　森舸澜《论语》英译中核心术语的处理

尽管森译《论语》将读者理解放在第一位，在译文中为读者提供了各种各样方便读者理解的背景信息，语言表达尽量采用符合英语读者接受的表达方式，但同时，他也非常注重在译文中保留原文带有的中国文化成分，这充分体现在译者对《论语》中出现的儒学核心术语的处理上。

例如，在译本的附录一中，森舸澜对《论语》或《论语》注疏中经常出现的四十个重要的儒学核心术语采取了意译加音译再加注释的三重译法。例如，"仁"这一核心术语，译者是这样处理的：

---

① Edward Slingerland, *Confucius Analects: With Selections from Traditional Commentaries*, Indianapolis/Cambridge: Hackett Publishing Company, Inc., 2003, p.29.

[原文] 仁

[译文] Goodness, Good, *ren*

[Note] In the *Analects*, Goodness refers to the highest of Confucian virtues. In pre-Confucian texts such as the *Book of Odes*, *ren* was an adjective referring to the appearance of a handsome, strong, aristocratic man, and the term is cognate with the word meaning "human being" (*ren* 人). In this context, *ren* would thus perhaps be best rendered as "manly". One of Confucius' innovations was to transform this aristocratic, martial idea into an ethical one: *ren* in the *Analects* refers to a moral, rather than physical or martial ideal. In post-*Analects* texts, it has the more specific sense of empathy or kindness between human beings, especially for a ruler toward his subject and in such contexts is therefore usually translated as "benevolence". Although we see hints of this later usage in the Analects, it is much more commonly used there in the more general sense of "Goodness," the overarching virtue of being a perfected human being, which includes such qualities as emphatic understanding (shu 恕) or benevolence (hui 惠).①

在翻译《论语》正文时，森舸澜采取了意译加音译加汉语原文再加注释的四重翻译法，对其中的儒学核心词汇或其他一些中国特色词汇进行了译介。除了意译和注释之外，他还在译文中附上汉语原文和音译，这样一来可以顺应读者的接受习惯，二来可以保留原文的中国文化成分。例如：

[原文] 或曰："以德报怨，何如？"子曰："何以报德？以直报怨，以德报德。"(《宪问第十四》)

[译文] Someone asked, "What do you think of the saying, 'Requite injury with kindness (de 德).'" [Note] The initial quoted

---

① Edward Slingerland, *Confucius Analects: With Selections from Traditional Commentaries*, Indianapolis/Cambridge: Hackett Publishing Company, Inc., 2003, p. 238.

第三章 学术型、通俗型及大众型的中国哲学典籍英译

phrase appears in the Laozi (Chapter 63) and Confucius' response to it is certainly anti-Laozi in flavor but it was likely a traditional saying not necessarily identified with the Laozi itself. As He Yan notes, de here is used in the more archaic sense of "kindness", and it is possible that 14.33 and 14.34 were paired together because they both use de in something other than the standard Confucian sense. The point of 14.34 seems to be that order is brought about through proper discrimination. Each type of behavior has a response that is proper to it: injury should be met with sternness, whereas kindness is to be rewarded with kindness. Failure to discriminate in this way is an invitation to chaos; as Huang Kan notes, "The reason that one does not repay injury with kindness is that, were one to do so, then everyone in the world would begin behaving in an injurious fashion, expecting to be rewarded with kindness. This is the Way of inviting injury." For Confucius, being impartial or just (gong) means to discriminate properly, giving no each his due. [1]

为了将"德"这一儒学核心术语的意义传递给普通读者，森舸澜采用了意译、音译、汉字和英文注释相结合的方法，意译和注释为的是让读者了解这一核心术语的意义，音译加汉字提示读者这是一个外来概念，不能与西方概念等同。这种典籍核心术语的译法已为同时期的汉学家普遍认同及采用，例如，安乐哲与罗思文、郝大维等人合作的中国传统经典的哲学英译，对哲学关键词的翻译采用的也是这种方法，只不过在安氏等人的译作中，哲学关键词的注释是放在术语表中的，没有占据正文的篇幅。

这一例中，森舸澜的注释还把与该章相关的其他中国经典链接起来，例如，译者提到，"以德报怨"这一短语起初来源于《老子》，但其意义更像一个传统的短语，并不一定与《老子》中的词语意味相同，于是后面又有了何晏、皇侃等人的注释。这样一来，就把"以德报怨"

---

[1] Edward Slingerland, *Confucius Analects: With Selections from Traditional Commentaries*, Indianapolis/Cambridge: Hackett Publishing Company, Inc., 2003, pp. 167 - 168.

的多种解释联系起来，为确定词义提供了互文的语境。

3 中国哲学典籍在美国传播的特殊形式
——漫画中国思想系列英译

20世纪八九十年代以来，特别是进入21世纪以来，随着中国改革开放的深入以及与美国的全面接触，加上中国在经济等方面实力的迅速提升，美国学界对中国的关注日益增加。因此，尽管美国政府对中国研究的投入相比冷战时期减少，但学术界对中国典籍的研究和翻译却有增无减。有学者统计，在美国，《论语》的英译和出版在20世纪90年代数量最多，10年中就出版了10部①。不过，这些英译多属于学术型译作，以"深度翻译"的纯文本为特色，附有长篇的序言、注释、后记等副文本，尽显学术特色，读者也仅限于学者群体，大众译本为数不多，以漫画、卡通画、影视剧、有声读物等新媒介、新形式出版发行的中国典籍译作寥寥无几。但值得关注的是，中国台湾漫画家蔡志忠的漫画中国思想系列英译受到了美国及全球普通读者的关注和好评（刘雪芹，2010；王建开，2014；章国军，2013），吸引了不同年龄和行业的诸多读者。

3.1 漫画作者与英文译者

漫画中国思想系列的作者蔡志忠是中国台湾著名漫画家。他早年开始连环漫画创作，后创立了卡通公司，拍摄卡通电影。"之后，蔡志忠致力于研读中国古籍和佛书，创作出脍炙人口的《庄子说》、《老子说》、《列子说》等经典漫画，被翻译成二十几种文字，在不同的国度发挥着相同的功能——借由浅显易懂的解释、温润圆滑的线条，让读者分享他对生命演绎出的哲学。日本'旺文1994年版'高中课本，还以《庄子说》之七页作品作为基本教材。第一本《庄子说》曾连续十个月成为金石堂畅销书第一名。蔡志忠于1985年获选为台湾十

---

① 参见王琰《〈论语〉英译与西方汉学的当代发展》，《中国翻译》2010年第3期。

第三章 学术型、通俗型及大众型的中国哲学典籍英译

大杰出青年。1999 年至 2008 年,蔡氏闭关 9 年,研究物理学的'时间'问题"。①

蔡志忠漫画中国传统文化经典(*Chinese Traditional Culture Comic Chinese—English Bilingual Edition*)的英译者是美国学者布莱恩·布雅(Brian Bruya),他拥有夏威夷大学比较哲学的博士学位,是中国哲学研究领域的专家和译者。除了翻译蔡志忠的中国典籍漫画系列丛书之外,他正在从事《孔子家语》的学术英译,还是一个关于中国哲学研究的网站——"书海文苑"的总编辑。

3.2 漫画与中国传统文化经典译介

漫画被认为是通俗作品的载体,与古朴庄重的典籍相去甚远。漫画家为何将《老子》《庄子》《论语》《中庸》这些思想古籍选择用漫画的形式来表现,这是我们首先需要思考的问题。

3.2.1 漫画的社会文化起源

漫画一词有两种含义:"一种是指笔触简练,篇幅短小,风格具有讽刺、幽默和诙谐的味道,却蕴含深刻寓意的单幅或多幅绘画作品。这种漫画讽刺、批评或歌颂某些人和事,具有较强的社会性。另一种是指画风精致写实,内容宽泛,风格各异,运用电影中的分镜式手法来进行有效叙事的多幅绘画作品"②。为了区分起见,把前者称为传统漫画,后者称为现代漫画。蔡志忠运用的基本是传统漫画的创造模式,同时也结合了现代漫画的个别技法。

20 世纪 60 年代至 70 年代,"伴随着社会的剧变,大众文化全方位地放逐并且取代了'精英'文化,成为社会中最主流的、最强有力的文化建构力量。大众文化在当代生活中无所不在,深刻地影响着人们的生活,建构着当代文化"③。在大众文化的语境之下,"现代漫画创造出的一些具有抽象性的符号和表达方式,已经深入到当今人们的思维方式

---

① 参见 https://baike.baidu.com/item/%E8%94%A1%E5%BF%97%E5%BF%A0/3403?fr=aladdin.
② 陈思源:《现代漫画语言分析研究》,硕士学位论文,西安工程大学,2013 年,第 5—6 页。
③ 陈思源:《现代漫画语言分析研究》,硕士学位论文,西安工程大学,2013 年,第 40—41 页。

和行为习惯中"①,尤其在青少年中的影响力和社会功能地位日益凸显。特别是在日本、美国这些具有稳定读者群的国家,"漫画在流行文化中占据着中心位置"②,"自发展伊始便以其视觉冲击力吸引了众多青少年。青少年时期是个人品味偏好形成的重要时期,形成后往往持续"③,"通过培养青少年受众,漫画影响了美国一代代读者,形成了以年轻受众为主,辐射不同层次受众的稳固读者群"④。因此,选择漫画来作为传播中国思想文化的媒介既能给人耳目一新的感觉,又有稳定的大众读者群,能够取得较广泛的传播效果。

3.2.2 漫画与中国传统典籍

"漫画"是一种语言和图像相结合的艺术形式,不仅具有叙述、讲故事的功能,而且在西方具有反映深刻思想的传统,与寓言的作用很相似,只不过两者叙事的媒介不同:漫画主要通过图画来叙事,而寓言是通过文字来叙事的。"我国古代思想典籍语言凝练、思辨性强,例如《论语》便以简洁的语录体记载了孔子及其弟子的言论,因缺乏语境,缺少'西方读者需要的逻辑和例证',枯燥抽象,说服力弱"⑤,不适合西方普通读者阅读。蔡志忠选择了漫画这种形式,运用具体的图像,显化语境,表现人物、事件,同时运用文字独白和对话,表现人物的心理活动,很大程度上改善了异域读者的阅读体验。另外,有学者认为,漫画和中国古代思想典籍都具有"断片集合体"的特征,"即每一部分虽然有思想上的内在联系,却没有必然的先后顺序,每一部分都可以独立成篇,结集成书,随便翻到哪里都可以读下去"⑥。漫画与中国古代思想典籍在表现形式上的共通性和互补性,决定了漫画家运用漫画这种媒介来翻译、表现思想典籍的可行性。

---

① 陈思源:《现代漫画语言分析研究》,硕士学位论文,西安工程大学,2013年,第40页。
② 黄广哲、朱琳:《以蔡志忠典籍漫画〈孔子说〉在美国的译介谈符际翻译》,《上海翻译》2018年第1期。
③ 黄广哲、朱琳:《以蔡志忠典籍漫画〈孔子说〉在美国的译介谈符际翻译》,《上海翻译》2018年第1期。
④ 黄广哲、朱琳:《以蔡志忠典籍漫画〈孔子说〉在美国的译介谈符际翻译》,《上海翻译》2018年第1期。
⑤ 强晓:《海外〈论语〉漫画英译评鉴》,《上海翻译》2014年第2期。
⑥ 强晓:《海外〈论语〉漫画英译评鉴》,《上海翻译》2014年第2期。

3.3 蔡志忠漫画译介中国传统典籍——以《论语》《中庸》为例

"蔡志忠认为,一名优秀的漫画家需具备三个条件:第一,会画漫画;第二,会编故事,或改编能力很好;第三,要有用图像讲故事的能力"①。在作者看来,第一个条件指的是画家的绘画技艺及风格,技艺的高超与否或风格是否贴近受众的审美情趣会直接影响绘画作品的接受效果。第二个条件为改编、创造漫画素材的能力。既然漫画家想运用图像和语言讲故事,那么首先要有故事可讲。如果原著本来就是具有叙事性质的故事,那么改编的难度不大;可是,《老子》《庄子》《论语》《中庸》这类的中国文化典籍,以传递思想为主,常以"警句"示人,阐述道理时往往只有论点,缺乏论证的过程,很难将其改编为故事,只有在讲述人打比方或做简单推理时才有可能用图画来表现。因此,这类题材的文本给故事的改编者带来了巨大的挑战,也是漫画家展示其改编能力的绝好场所。至于第三个条件,指的是漫画创作的技艺。"漫画"就是运用图像讲故事的艺术,包括人物造型、分格方式、分镜手法、符号运用等。这些技巧运用得好,故事就讲得成功,传播效果就好;反之,就不能很好地起到传播的作用。

3.3.1 蔡志忠漫画译本的绘画技艺

一幅漫画是有诸多视觉信息成分(visual message elements)构成的,"包括图像的参与者(人物等动态物体和景观等非动态物体)及他们的运动过程、环境和属性等直观元素"。②

典籍漫画中,人物是最重要的视觉信息成分。漫画家蔡志忠在研究了孔子等人物的相关记载后,雕琢了孔子等人物的形象。孔子是整部典籍的核心人物,在漫画中的形象是长眉阔耳、长须飘逸、儒雅文静、时常闭目沉思,而且身材颀长,比身边的其他人物高大许多。这样的形象

---

① https://baike.baidu.com/item/%E8%94%A1%E5%BF%97%E5%BF%A0/3403?fr=aladdin.

② 参见 Royce, T., *Intersemiotic Complementary: A Framework for a Multimodal Discourse Analysis*, New York: Routledge, 2007, pp. 67–70.

不仅表明孔子德才兼备、擅长思考、注重礼仪，而且是"具有权威的思想家，但并不是个时刻严肃、板脸说教的权威，而是一个有血有肉、感情丰富的权威。他时而严肃、时而轻松、时而调侃、时而感伤、时而欣喜、时而对天发誓、时而超脱淡然"①。在《论语》的《子路·问政》篇中，孔子除了闭目沉思之外，一会儿伸出手指耐心指点子路，一会儿对官吏的不当行为表示吃惊和不满，眼睛瞪大，长须挺得笔直，身子微微向后倾斜。漫画家运用高超的绘画技艺，仅仅通过人物的眼睛、胡须和身体位置的描绘，就把人物的特点和表情刻画得栩栩如生。

在视觉信息成分的处理上，我们不妨拿蔡氏《论语》漫画译本与《论语》的另外两种漫画书来做比较，一种是周春才（Zhou Chuncai）的《论语图典》，另一种是萧成材（Jeffery Seow）的《论语》漫画英译本《论语全集》。

周春才的《论语图典》"借鉴了中国绘画的写意风格，但注重的是人物的写意，因此漫画中孔子五官模糊、表情呆滞，人物性格和语旨等信息很难从图像直接获取"②，而背景中不仅缺乏有信息含量的景观，作者还使用大段文字来"讲述"（如图3-1），使得文字成为信息的重点，接近连环画的创作方法。新加坡出版的萧成材的《论语全集》中，孔子被描绘成一位现代西方的老智者形象，长着大鼻子、戴着老花镜、穿着学者袍，身边还有电脑等现代社会的研究工具（如图3-2），将读者完全带入了目的语语境，却会极大地损坏原文的意旨。

在审美方面，蔡氏借鉴了我国传统绘画的表现手法，除了简笔勾勒人物和环境，"画面背景基本'留白'，这既减少了画面太满带来的压抑感，又能自然把读者视线引向主体"。③"这个极具中国审美特征的表现手法与西方接受美学所提倡的'空白'不谋而合，都是提倡笔简义

---

① 强晓：《海外〈论语〉漫画英译评鉴》，《上海翻译》2014年第2期。
② 黄广哲、朱琳：《以蔡志忠典籍漫画〈孔子说〉在美国的译介谈符际翻译》，《上海翻译》2018年第1期。
③ 黄广哲、朱琳：《以蔡志忠典籍漫画〈孔子说〉在美国的译介谈符际翻译》，《上海翻译》2018年第1期。

图3-1 蔡志忠《论语》(漫画译本)

图3-2 蔡志忠《论语》(漫画译本)

丰,给读者留下了充足的解读空间"。①

3.3.2 蔡志忠漫画译本的改编特色

从某种程度上来说,翻译即是对原文的改写。将文字版的原著改编成漫画版,则更是一种改写和创作。蔡志忠中国传统文化经典的漫画改编采用了添加或删减文本、添加标题和评论等方法,以实现辅助图像叙事的功能。

3.3.2.1 添加文本

在蔡志忠的中国传统思想经典的漫画英译本中,每部经典的章节之前都添加了标题,一些标题是这一章的首句,如《论语》的《学而篇》

---

① 黄广哲、朱琳:《以蔡志忠典籍漫画〈孔子说〉在美国的译介谈符际翻译》,《上海翻译》2018年第1期。

第五章"道千乘之国",第八章"君子不重则不威",等等;如果一章的开头一句无法起到概括此章内容的作用,译者就选择一个具有概括性的词汇,将此章的主要内容浓缩为一个词语,例如《为政篇》中的第十一章,原文是"温故而知新,可以为师矣",蔡氏漫画译本中的标题是"为师";再如第十三章,原文是"子贡问君子。子曰:'先行其言而后从之'",漫画译本中的标题为"言行"。这些标题简明扼要、通俗易懂,概括了一章的内容,使读者一眼就能获取此章的主要信息,降低了阅读中信息处理的难度。

添加白话文评论也是蔡氏漫画译本的一个特点。当原著表达的哲学思想、道理较为抽象,用图像和文字的方式都还不能让大众读者充分理解,蔡志忠就会在这样的章节之后添加白话评论,用当代人的视角和口吻对此章内容加以解释和评论,这种处理方式在其《中庸》漫画译本中经常出现。例如,"人皆曰予知"这一章,作者蔡氏在其后添加了"聪明的人都会知道中庸之道的好处,但当面临问题时却往往不能遵循实行,知道道理而不能力行,不能算是真知。"这样一段评论性的文字,表达了其对"中庸"的理解——只有知行合一,才算是真正做到了"中庸"。为了让大众读者更好地理解《中庸》这部经典的内容,蔡氏还在译文开篇添加了宋代理学家程颐对"中庸"的诠释及其白话译文和英译文。

3.3.2.2 删减文本

蔡志忠的《论语》漫画译本是节译,全书共有 71 章,只占到《论语》原著 510 章的一成多。"蔡译所选的 71 章中,讲政治的只有 7 章,其余讲的都是修身处世之道。蔡译封底的介绍中将孔子称作'和谐生活的圣人'(sage of harmonious living),也和译本对《论语》原文内容的取舍相呼应"。[①] 这样的取舍突出了孔子儒学与西方哲学的不同:西方"哲学"是对"由哲学系统和理论组成的典范和传统的专业性的议论和伸延"[②],而中国经典的哲学意义则表现在对天地、人生、伦理、社会政治的基本看法中。

[①] 强晓:《海外〈论语〉漫画英译评鉴》,《上海翻译》2014 年第 2 期。
[②] [美] 安乐哲:《和而不同:比较哲学与中西会通》,北京大学出版社 2002 年版,第 190 页。

第三章　学术型、通俗型及大众型的中国哲学典籍英译

而且,蔡译所选章节中,基本都是无须特别背景介绍的一般性的言论,方便译者用漫画的形式表现出来,无须使用文字作补充说明。众所周知,漫画是运用图画叙事的艺术,这种体裁的优势是可以把文字运用生动具体的图像来表现,但也有它的局限性,一些抽象的内容难以用图像表现。而社会历史背景这类信息如果处理成漫画中的图像,且不说需要很多幅图像才能够表现,而且可能会侵占了叙事内容的主体地位,使得读者分不清主次内容。因此,蔡氏的漫画本虽为节译,但反映了《论语》的主要内容和孔子儒学的特点。

3.3.3　蔡志忠漫画译本的图像叙事特色

3.3.3.1　文字对图像的补充

"漫画是一种语言和图像相结合的艺术形式。语言是抽象的、线性的,图像则是整体而直接的"[1]。如果"只用图画去讲述一个故事,在无对话的前提下,用画面中人物戏剧化的动作来为表达和叙事服务也是完全可能的。但阅读这种漫画,需要作品具有极强的公众性,并且要求读者具备良好的感受力,这样才具备了阅读和引起共鸣的可能性"[2]。"如果漫画译本不添加文字,其效果就如电影的默片一样,代表一种原始的形态"[3]。生活在低语境文化中的西方读者,要阅读中国传统文化经典这种高语境的文本,无论如何是读不懂一概不添加文字的漫画的。因此,蔡志忠的中国传统文化经典的漫画英译,有时添加了文字,来起到补充图像叙事的作用。

例如,《论语》的《子路·问政》篇中,孔子教导子路要"其身正"才能做到让人民"不令而行";如果"其身不正"只能导致人民"虽令不从"。为了说明前一个道理,画家蔡氏描绘了一位头戴官帽、留着长须、神情自若、端坐蒲团的官员形象,而周围的百姓都一脸臣服地向他作揖;后一幅图画中的官员却是另一番形象:手指人群、趾高气扬、发号施令。而对面百姓的反应也是各种各样:有人瞪眼怒视,有人忍不住

---

[1] Ann Marie Barry, *Visual Intelligence: Perception, Image and Manipulation in Visual Communication*, New York: State University of New York Press, 1997, p.116.
[2] 陈思源:《现代漫画语言分析研究》,硕士学位论文,西安工程大学,2013年,第13页。
[3] 陈思源:《现代漫画语言分析研究》,硕士学位论文,西安工程大学,2013年,第13页。

开骂，还有人摩拳擦掌恨不得冲上前去。但即便是这些生动的图像也无法清楚地表达原著的意义。为了进一步说明，漫画作者蔡氏在两幅图上分别添加了白话文的独白，表达百姓的想法，前者是"他以身作则，我们要以他为榜样！"，后者是"上梁不正下梁歪，自己做不到还要求别人？"这些独白清楚地表达了人物的心理，对图像叙事起到了补充作用。

但是，在《中庸》这样一部哲学思辨较强的典籍里，有时，采用添加图画和文字的方法也无法起到叙事的作用。例如，在《中庸》的开篇，有一段文字，其中包括程子对"中庸"的解释，子思将其记录下来以授孟子，即《中庸》这部典籍的主要内容。这段文字因为内容抽象，画家无法将其转换为图像叙事，画面上只有一位头戴礼帽的读书人凝神端坐，开卷阅读，旁边是大段文字。读者只有通过阅读这段文字才可能明白其内容，图像是静止的，而且是单幅，因此只能算插画（illustration）。

3.3.3.2 添加分格、图像和独白

中国传统文化经典语言凝练，思辨性强，大多"缺乏语境，缺乏'西方读者需要的逻辑和例证'，枯燥抽象，说服力弱"[①]，而且，孔子所言发生的语境是模糊的，《论语》中并没有记录，只能靠诠释者去推测、重构。为了让大众读者便于理解，有必要运用漫画的手段将孔子所言发生的语境具体化、明晰化。在其漫画译本中，蔡志忠通过图像重构原文的语境，改善了大众读者的阅读体验。

如《论语·为政》的第十五章，为了说明什么是"学而不思则罔"，什么是"思而不学则殆"，漫画家一共用了四幅漫画，第一个分格中，一个读书人手拿书本貌似在勤奋地学习，连走路都手不释卷，口中念念有词，可是，除了闭眼背书之外，他却不用心思考，并不明白书中的道理，此时，蔡氏添加了一个分格，其中，读书人闭眼背书，口中念念有词，路上的老人和孩子对他投去不解的目光，老人还自言自语道"书呆子一个呀！"第四个分格又是蔡氏添加的，图中有一人毫无凭据，空口说着瞎话，不知所云，路人们只有无奈叹息"胡言乱语"！第二和第四个分格显然是画家添加的，其中的图像及人物独白就是为了清楚地

---

① 韩孟奇：《汉语典籍英译的语境补缺与明晰化》，《上海翻译》2016年第4期。

第三章 学术型、通俗型及大众型的中国哲学典籍英译

说明这一章的含义。

再如《中庸》的"君子之道，淡而不厌"这一章，漫画家也运用了"添加"这一技巧来重塑原文的语境。为了有效第说明什么是"简而文"，画家添加了第二个分格，其中一位谦谦君子对着他的上司行鞠躬礼，一面谦虚地说道"我没有什么才能，请多包涵"，对方也很客气，一面回礼一面说道"你太谦虚了！"第三个分格中的内容是原文中有的，但画家还是添加了一句人物独白，用人的官员发现这位君子的能力其实很强，不由自主发出了赞叹"才能好得很呢！"第四个分格及其内容又是画家添加的，表现的是与前两个分格截然相反的内容。一个书吏对着上司信口开河地吹嘘"我诗书画样样都行"，上司高兴道"太好了"，而日子一久，上司却发现，书吏的能力并不如其吹嘘的那样，不得不板起脸来问道"诗书画样样都行？"这些添加的分格及内容都是为了达到一个目的，即把原文中模糊的语境通过添加图像和人物对话、独白等重新塑造出来，便于读者理解。

3.3.3.3 叙事结构的空间时间化

漫画书的叙事，"是由类似蒙太奇的镜头组合来实现的，整个故事的叙述完全靠图像与图像之间的转换与组接，善于利用特写镜头下的'局部'的图像来达到表现'整体'的叙事效果。每幅图片——哪怕再小都代表着一个空间，这样的一个个细小、琐碎的空间的切片，通过某种逻辑组接在一起，把图像纳入时间的进程当中，从而碰撞出叙事的'火花'"[1]。"只有空间性的图像进入到了时间的流程之中，才能达到'摹仿'动作，也即达到叙事的目的"[2]。

漫画书叙事"通过把各个不同的细小、琐碎的空间串联在时间流当中，通过各个图像形成的'图像流'使人们感觉到叙述者的逻辑与意图"[3]，关键在于"要让人在图像系列中感觉到某种内在逻辑、时间

---

[1] 尹士刚：《叙事学视野下的连环画和漫画书的图文关系研究》，硕士学位论文，南京大学，2014年，第45页。
[2] 龙迪勇：《图像叙事：空间的时间化》，《江西社会科学》2007年第9期。
[3] 尹士刚：《叙事学视野下的连环画和漫画书的图文关系研究》，硕士学位论文，南京大学，2014年，第46页。

关系或因果关联，否则就只是多幅图像的杂乱堆砌"①。

漫画家蔡志忠在语境具象化的基础上，娴熟地运用图像叙事语法，"图画多用简单的笔法勾勒出简单的造型，并不追求细节场景的真实可辨，只是运用夸张或变形的表现手法使得每幅图画所表达的喜怒哀乐清晰可辨。画面与画面之间进行高速度的转换，在高度转换的画面之间完成故事的叙述和视觉的冲击"②。

例如《论语》"有耻且格"这一章，第一个分格中，一位头戴官帽、身材比一旁的百姓高出几倍的官员，手拿圣旨在颁布国家政令：犯罪要受到刑罚的处置。他身旁的老百姓在睁大眼睛听，可能是刑罚过于严苛，有人露出吃惊、害怕的表情，甚至头冒冷汗。刑罚虽然能整治百姓犯罪，却不能让他们心悦诚服，增强道德意识。这时，故事显出矛盾初态；第二个分格画家则将镜头拉近，运用了特写的技巧，画面上三个人在窃窃私语，一人冷汗淋漓地劝说其他二人不要犯罪，但这二人却认为还是有空子可钻，并摩拳擦掌地跃跃欲试。人物表情的特写生动地表现了人物的心理活动，配合添加的对话，故事达到了矛盾高潮。如此看来，"刑罚"并不能完全起到防止犯罪的效果。于是，政府又颁发了"德政"令，试图以"道德"来感召百姓，以礼节来整治社会秩序，百姓在认真聆听，没有露出不悦的表情。这时，故事矛盾初步释除。第四个分格中，画家又运用了内聚焦，特写人物的表情：一群曾有犯罪之心的百姓面露愧色（从脸上淌下的汗珠和表示脸红的横线可以看出），配合人物对话"做坏事实在没有面子，还是改邪归正的好""是啊！"，表现政府实行"德政"的作用，与前面的"刑罚"形成鲜明的对比，完成了故事的讲述。

"视觉叙事语法使空间碎片般的分格有序进入时间流程，在空间时间化中产生类似电影的现实印象"③，"它与读者的即时接受间形成未决的张力，这种张力在线性文字的引导下会促使读者走入漫画拟像空间，

---

① 龙迪勇：《图像叙事：空间的时间化》，《江西社会科学》2007年第9期。
② 尹士刚：《叙事学视野下的连环画和漫画书的图文关系研究》，硕士学位论文，南京大学，2014年，第31页。
③ ［法］麦茨：《电影语言：电影符号学导论》，台北：远流出版社1996年版，第24—35页。

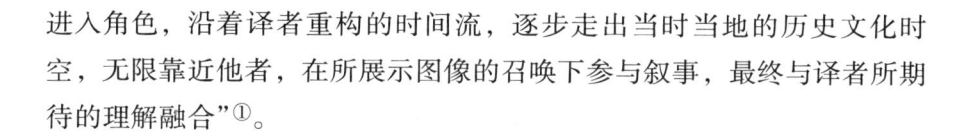

进入角色，沿着译者重构的时间流，逐步走出当时当地的历史文化时空，无限靠近他者，在所展示图像的召唤下参与叙事，最终与译者所期待的理解融合"①。

4 小结

本章第一节的分析已基本勾勒出三个学术型译本的主要特征。陈荣捷为当代在美国传播中国哲学思想的先驱，意欲在中国哲学经典的英译中保留中国哲学的独特元素。例如，陈氏将"道"英译为"Tao"就意在表示"道"是老子哲学的特有概念。还有，陈氏把"一""二""三"分别译为"the One""the two""the three"，以表明它们是道家哲学专有的名词。但因陈氏没有采用中西哲学对比的视角，仔细考察这些译名的来源，加上自己接受西方哲学训练多年，选择的个别译名难以摆脱西方哲学的联想。例如"One"的出现，就容易让读者联想到西方的"统一秩序"。艾文荷和万百安的中国哲学典籍英译可读性较强，善于运用中西文化对比的方法吸引读者的注意力。例如，艾氏提出：《孙子兵法》中的哲学反思与人们对欧洲历史上的军事行为的反思大不相同，它把战争比喻为疾病，是生命周期的一部分，而不是从战争引申到政治。与中国思维相关的哲学概念是"文"和"武"。"文"是"文化"，有关道德培养，是获得政治领导权的首要条件。"武"是指一个人的战斗品质及才华。一个人具有战斗才华无疑对社会是有价值的，但没有理由去相信，他在战斗中的勇猛顽强使他有能力去治理社会。于是，解决冲突时，"文""武"都是必要条件。然而，在西方范式中，军事经验似乎可以直接转换为政治上的可靠，这种对比就给西方读者上了一课。艾文荷的译文中，经常出现这样的中西文化对比。但是，艾文荷的《道德经》英译在一些关键词句的处理上并未突出中国文化特色，对中国哲学的解读和翻译有时缺乏连贯性。例如，艾氏自己也认为"道"是不可译的，但还是选择"the Way"作为它的译名，用意是要西方读者

---

① 黄广哲、朱琳：《以蔡志忠典籍漫画〈孔子说〉在美国的译介谈符际翻译》，《上海翻译》2018年第1期。

能够领会"道"的一些基本含义,却遮蔽了"道"的丰富内涵,也有唤起读者对基督教中"the Way"的联想的可能。相比之下,安乐哲和郝大维的中国哲学术语英译以他们的理论建构为目的,如"道"译作"way-making"是译者们"开路论"的表现,"一""二"和"三"分别译作"continuity""difference"和"plurality",显示了译者通过哲学术语的英译充分表达他们对道家思想的"过程性""动态性"及"变化性"的理解。尽管个别诠释显得有点"过",例如"有物混成"的"物"译作"process",关注的是译者所采用的诠释的义理通畅,但没有违背道家思想的总体特征,保证了诠释的连贯和交流的通畅。另一方面,凡是有中国哲学范畴出现的地方,译者必在解释之后添加音译,如"道"既"way-making"也是"Dao","自然"既是"what is spontaneously so"也是"ziran",保证了哲学关键词在文化上的独立性,并免去了大量加注的麻烦。

与学术型的译本相比,由美国汉学家英译或在美国出版的各种中国哲学典籍的通俗型译本因译者身份、翻译目的以及对典籍文本的认识不同,译文呈现的形态更是各不相同。

首先,译者们对中国典籍文本有不同的看法,以本章分析的几个通俗型译本为例,森舸澜视中国典籍为历史、思想典籍,而伯顿·沃森和西蒙·利斯则将其视为文学作品,因此,这三种译本在风格上各不相同:森舸澜的《论语》译本在正文部分带有长篇注释,注释的篇幅远远多于译文的篇幅,为读者呈现了历史上重要的文本注解。伯顿·沃森将文学性视为翻译的首要目标,一直以产出文学价值高的中国典籍译本为己任,因此,沃森运用的重要翻译策略之一就是尽量少用注释,产出的译本雅俗共赏,是很好的文学作品。西蒙·利斯也十分注重中国典籍译本的文学性,不过,其从事翻译的年代较晚,可能受到了后来学界通行的"深度翻译"的标准的影响,其《论语》译本有长篇注释,却是以尾注的形式出现,不会打断读者阅读的流畅性。译文用词简练、文采优雅,旁征博引,堪称一部优秀的文学作品。

其次,尽管几种通俗型中国典籍英译面向的读者都是不具备汉学专门知识,无法阅读原著的普通读者,但译者的翻译目的却各不相同:森

第三章　学术型、通俗型及大众型的中国哲学典籍英译

舸澜想尽可能地帮助读者了解典籍文本及相关文化,即"面向历史与文本的诠释定向"①,同时,译者又承认典籍文本的解读的开放性,因此,他的译文包含了大量的注释,为读者提供了解读的语境和线索,但译者并未对各种注释做出评判,而是将解读和选择的权力留给读者。西蒙·利斯强调《论语》的现代性,其翻译目的在于用孔子学说疗治西方社会的弊病或补救西方社会的缺陷,因此,在其《论语》英译中,利斯把孔子与西方的思想家、作家和讽刺诗人并置,用他们的话来进一步阐明孔子的格言警句式的断言。利斯还以人类共性为基础,借用西方传统来诠释孔子,不时亦加入自己的评论。这是典型的"面向现实的诠释"②,译者不同的翻译目的使得其译作呈现的形态各不相同。

随着中西交流的深入,"越来越多的西方普通读者开始认识到中国文化的价值,中国典籍不再是汉学家/学者们的专门学问。而较之汉学家们相对比较系统、深入的整体性研究,普通读者则更多表现出'碎片化阅读'的特点"③,且存在着明确的工具性动机。顺应时代潮流的中国典籍翻译必然要在吃透原著思想内涵的基础上勇于尝试创造性改写,从而满足英语大众读者的诉求。由此,中国文化典籍的漫画改编译本应运而生。蔡志忠与布莱恩·布雅以中文漫画原著为蓝本进行英译,出版者借助漫画家独特而有魅力的画风,将中国哲学典籍中博大精深的思想深入浅出、生动灵活地呈现给读者。布莱恩·布雅的英文译文准确、地道,有效地增强了译本的可读性和趣味性,使读者在愉快的阅读过程中品味到中国人的智慧和风格。

---

① 王琰:《〈论语〉英译与西方汉学的当代发展》,《中国翻译》2010年第3期。
② 王琰:《〈论语〉英译与西方汉学的当代发展》,《中国翻译》2010年第3期。
③ 郑建宁:《中国典籍海外译介整体互动传播模式初探》,《天津中德应用技术大学学报》2019年第1期。

第四章　中国哲学典籍中术语的英译

随着"一带一路"倡议的不断推进和中国大国地位的凸显，中国文化源源不断地走向世界。中国古代哲学是中国传统文化的核心，代表着中国古代文明最高层次的智慧，其对外传播是"关乎一个民族哲学文化的传承、交流和发展的大事"①，是"让世界了解中国、让中国文化参与全球文化交流的一个极好途径"。②

"术语"指的是某一特定领域中的所有用来表示各种概念的称谓的集合，"术语系统的建立是一个学科得以建立的支撑系统，从一定意义上可以说，中国哲学术语系统构成了中国哲学"。③ 哲学术语的英译是关系到经典的哲学本旨是否能得以准确理解和再现的关键问题，应当引起学界的高度重视。

然而，中国哲学术语的外译是一个复杂的课题。首先，中国哲学术语为中国哲学所特有，其表现的中国哲学、文化的特质，很难在另一种语言文化中找到对应。其次，中国哲学术语的来源复杂，既有源于中国本土的学术语汇，也有来自佛教哲学、西方哲学，甚至是日本学术文化的影响。最后，中国哲学要融入西方哲学体系，要形成与西方哲学平等对话的概念体系，还要关注如何在翻译中解决概念的普世化与现代化的问题。为解决中国哲学术语的外译问题，国内学者做过不少有益的探索，提出过相应的原则和翻译方法，如郭尚兴指出"中国哲学典籍的

---

① 杨静：《论中国哲学典籍英译方法》，《学术探索》2014 年第 2 期。
② 汪榕培、王宏：《中国典籍英译》，上海外语教育出版社 2009 年版，第 3 页。
③ 程志华：《中国哲学术语系统的形成与发展》，《中国哲学史》2007 年第 2 期。

第四章 中国哲学典籍中术语的英译

英译原则应该是保持文化个性、力求形神兼备；减少文化亏损、平衡语用效果"①。杨平认为"中国哲学的译介应该避免基督教化、西方哲学化或文化利用型翻译途径，采取文化还原式的翻译策略，如音译、创译和综合翻译等方法来彰显中国哲学的特质与财富"。② 杨静坚持"以对经典的正确解读为前提，在解读过程中要以概念史和思想史相结合的方法对术语进行历时的、语境的考据"。③ 孟祥春主张"充分利用中西文化哲学的'共相'，在意义层面寻找最大公约数，同时保持必要的独立性和特色；在表达上，应当语取东西，融通二者"。④

作者认为，中国哲学术语的英译应适当借鉴比较哲学的视角和方法，既要突出中国哲学的特性，也要善于利用中西哲学的共相把中国哲学术语转换成与西方哲学平等对话的概念体系，要注意表述的现代性和可接受性，从而达到传播中国哲学思想、实现跨文化交际的目的。

1 中国哲学术语英译所面临的问题

"就中国哲学学科来讲，其术语系统的形成是一个复杂的互动过程"。⑤ 研究表明，"中国哲学术语系统的形成有五个方面的来源：一是对中国本土术语的继承；二是佛教哲学的影响；三是西方哲学的影响；四是日本学术文化的影响；五是马克思主义哲学的影响"。⑥

在这些来源中，首先，中国本土学术术语是中国哲学术语最主要的来源。"以儒学为例，其不同发展阶段的核心术语亦有不同：先秦至汉唐时期，儒学最初的基本概念有'仁'、'义'、'礼'、'智'、'信'、'忠'、'孝'、'节'、'诚'等。到了宋明时期，儒学的重要术语有'理'、'气'、'心'、'性'、'良知'、'意'、'工夫'等。到了明末清

---

① 郭尚兴：《论中国哲学典籍英译认知的多重历史视域融合》，《大连大学学报》2010年第1期。
② 杨平：《论中国哲学的翻译》，《外国语》2012年第6期。
③ 杨静：《论中国哲学典籍英译方法》，《学术探索》2014年第2期。
④ 孟祥春：《中国文化与哲学翻译中的"立名"——一种中西融通的视角》，《当代外语研究》2018年第2期。
⑤ 程志华：《中国哲学术语系统的形成与发展》，《中国哲学史》2007年第2期。
⑥ 程志华：《中国哲学术语系统的形成与发展》，《中国哲学史》2007年第2期。

初以后，儒学的主要术语有'理'、'气'、'本体'、'工夫'和'经世致用'等"①。当然，就中国哲学的整体来看，其术语远不止这些，还包括道家等学派的核心术语。这些术语为中国哲学所特有，体现的是中华民族的哲学特点，很难在西方哲学概念中找到现成的对应词汇。例如，"仁"是儒家思想最为重要的核心术语。从《论语》对"仁"的多种用法来看，"仁"是人之大德，是一种人之所以为人的最基本也是最高的修养。儒学的另一个核心术语"义"的基本含义为"正义"，即"无偏无颇"。对于这两个术语，人们通常按照它们通俗的字面意义翻译，如已有的译名"benevolence"和"righteousness"，都很难体现其真实的哲学内涵。

其次，中国哲学术语大多是含混、多义的，有时并不具备绝对的价值，意义需从语境中获取，即根据文本的具体现象来决定其意义。例如怎样才算"仁"？《论语》中孔子给出了六种不同的答案。怎样做才算"义"举？也要根据不同情况来灵活裁断。即便是哲学界的专业人士，在同一术语的理解上也会有分歧。例如，金岳霖、冯友兰、张东荪和熊十力等现代哲学家对于"天"的理解各不相同。金岳霖（1998）认为"天人合一"是中国哲学的特质，其中主体和客体没有区别。冯友兰（1988）从考据学中查证"天"有五种基本含义，他的结论是：孔子的"天"就是"有意志的神"。张东荪（1998）认为"天"在西方是自然和上帝的结合。熊十力（1977）则相信儒家的"'天'是实体的名称，而非上帝"。因此，多义性也是中国哲学术语的一大特征。

再次，概念的模糊性是中国传统学术语言的一大特色。历代中国的思想界、学术界使用的大多是随感式、印象式和模糊性强的语汇。譬如曾被中国翻译理论界奉为圭臬的"信""达""雅""神似"和"化境"，等等，能允许数十种诠释。现代学者，无论中西方，经常为中文概念语汇的"模糊性"表示悲叹。甚至鲁迅亦认为"中国的文或话，法子实在太不精密了"，倡导从别国"窃火""来煮自己的肉"②，来弥补中文的这一缺憾。其实，在中国传统中，模糊性并不视为缺点，"概念的准确性

---

① 程志华：《中国哲学术语系统的形成与发展》，《中国哲学史》2007年第2期。
② 参见陈福康《中国译学理论史稿》，上海外语教育出版社年2000年版，第287页。

第四章 中国哲学典籍中术语的英译

一向不被重视，所以也就没有人需要维持那种愉快的幻觉：认为确实存在一套准确的术语词汇"。① 因此，"仁""义""礼""天"等儒学术语承载着道德、礼仪、哲学、宗教等丰富的含义，从古到今，大多数中国人或许不能说出它们的确切意思，但只要它们一露面，就与人们像老朋友一般地亲近与熟悉，其间的多重含义和文化认同感不言而喻。但在跨文化交流中，英语文化中的读者却无法产生相同的文化认知心理。

不仅如此，有些核心术语的意义还历经了变化，即使在同一学派之内，不同时代的学者也赋予它们不同的含义。例如"中庸"一词，在孔子看来，"中庸"是"不偏不倚""执用两端"；到了子思那里，"中庸"被赋予了形而上的意义。"中庸"即"中和"："中"就是"性"，是"喜怒哀乐之未发"② 时的平衡状态；"和"是性的发现，是"发而皆中节"，③ 感情外发但不泛滥的和谐状态。

由此可见，文化独特性、多义性、模糊性和变化性构成了中国哲学术语的四个区别性特征，这与西方人对"哲学"的普遍认知大相径庭。西方文化中，特别是英语文化中的哲学论断是以假设——演绎的句式清晰地表述出来，术语也是明确界定的。英语世界的读者期待的是一个个意义准确、稳定的哲学概念。

最后，中国古代典籍经历了漫长的英译史，从以詹姆斯·理雅各为代表的西方传教士对中国典籍的英译开始，到早期海外汉学家、第二次世界大战后的"中国学"专家乃至当今海外有着各学科知识背景的汉学专家及爱好者的翻译，其中的哲学术语都有不同的诠释和翻译，因此目前，很多中国哲学术语都存在着旧译、新译共存的现象，英译普通读者很难确定哪个译名更准确。

以上都是重译中国哲学术语需要面对的问题与困境。

2 中国哲学术语的英译现状

中国思想典籍的西译，从 16 世纪末中、西交流之初起就已开始。

---

① ［美］宇文所安：《中国文论：英译与评论》，上海社会科学院出版社 2003 年版，第 3 页。
② 参见朱熹《四书章句集注》，中华书局 1992 年版，第 2 页。
③ 参见朱熹《四书章句集注》，中华书局 1992 年版，第 2 页。

但是，中国哲学思想的译介对欧美哲学的发展产生的影响却微乎其微，原因是多种多样的。一方面，西方哲学家们没能走出哲学研究的"西方中心"，以一种宽容的心态去接受新的哲学思维；另一方面，中国典籍的译者们也难脱其咎，他们在翻译中大量使用了西方哲学界耳熟能详的术语，因而让人误认为，"中国典籍只不过是西方思想家们在过去2500年中的研究工作的中国化表述"①。例如，19世纪西方传教士对儒学做"神学化"的诠释，"把'天'、'道'、'命'、'上帝'、'圣人'、'小人'分别翻译成 Heaven, the way, Fate, God, Saint, sinner, 把'造物主'、'灵魂'、'原罪'、'天国'、'来世'等基督—耶稣的意象强加到中国文化里"。②

20世纪是西方汉学家翻译儒经的高潮时期。在这些世俗取向的翻译中，基督教思想成分表面上消失了，但欧洲思想背景的假设观念还常常存在。而且，由于译者的身份不同，知识背景和兴趣各异，翻译的目的不同，典籍的西译呈现出各种不同的样貌，其中从哲学的角度去研究并翻译原典的译作为数甚少。一些非哲学界的译者们未能廓清并尊重两种文化间的重要差异，结果是抽空了中国哲学词汇的丰富内涵，仅仅从字面上，甚至套用西方哲学话语中的词汇对它们做出解释。于是，中国典籍成了西方传统文化在中国的代言，而不具备任何自身文化意义，因此，对于西方读者来说，它们既毫无吸引力，也没有任何哲学价值。安乐哲、罗思文曾举例说明："当我们把'天'译为 Heaven 时，无论 H 是否大写，它都让西方读者联想到超越宇宙的造物主，以及精神、原罪和来世等观念。而把'命'理解为 fate（或者更糟糕的作 Fate），则为原词无端地添加了四个中国传统没有的观念——不可变更、困境、悲惨之状和目的论。将'仁'译作 benevolence，不但是在作心理分析，而且也将原来用在社会学领域的词转而变为利他主义用语"。③

自20世纪六七十年代美国汉学由"西方中心观"转向"中国中心

---

① ［美］安乐哲、罗思文：《论语的哲学诠释》，中国社会科学出版社2003年版，第192页。
② 杨平：《〈论语〉的英译研究——总结和评价》，《东方丛刊》2008年第2期。
③ ［美］安乐哲、罗思文：《论语的哲学诠释》，中国社会科学出版社2003年版，第192—193页。

第四章 中国哲学典籍中术语的英译

观"之后，汉学家们大都注重准确理解和再现中国文本的思想内容和风貌。在中国哲学术语英译这一问题上尤其认真对待，运用了各种能够表现原典哲学思想的翻译方法，例如音译、异化的方法等。除了用心选择适当的译法之外，许多译者还在副文本中运用注释等方法来为术语的译名作解释，使得"深度翻译"（thick translation）成为普遍现象。"波士顿儒家"南乐山将研究中国哲学的美国当代学者分为三类："'解释型'学者致力于翻译和解释经典文本，陈荣捷和狄百瑞是这类学者的典范。大卫·尼维森、菲利普·艾文荷等属'架桥型'学者，注重对中西方哲学做比较研究。安乐哲、郝大维、成中英等则是'规范型'学者的代表，他们以中国思想为资源，对当代问题进行创造性探索，建立了一套自身的哲学话语"。[1]

在翻译中国哲学术语时，陈荣捷遵循"有词必释"的原则，坚持将所有的中国哲学名词加以解释。他反对"字对字"的直译，也不提倡音译，主张一定要通过正确的理解之后再把词汇的文本语境意义翻译出来，如把"自然"译为"spontaneity""nature"或"to follow nature"；把"气"译为"vital force"或"vital power"或"strong, moving power"。由此可见，在中国哲学的核心术语的翻译问题上，陈先生采用的是"以源语为中心"的进路，这与过去的汉学家所持的"以译入语为中心"的进路截然相反，是具有自觉的中国文化意识的翻译。不过，陈荣捷的中国哲学术语翻译还是有其局限性，例如，美国汉学家陈汉生（Chad Hansen）就批评陈氏完全放弃音译的做法，认为"音译的方法相当于把中国术语介绍给学生，丰富他们的术语语汇，这一过程其实就是'道'（Dao/Tao）这样的中国术语完全进入英语的途径"，提议中国典籍的术语翻译"要能够自由地使用20个左右的中国术语的音译加上有序地解释"。[2] 而且，仅靠在英语现有的词汇中寻找合适的表达法，有时译不出原术语所包含的内在的、深刻细微的形而上学意

---

[1] Robert Cummings Neville, *Boston Confucianism*: *Portable Tradition in the Late-modern World*, Albany, N. Y.: State University of New York Press, 2000a, pp. 43–47.

[2] Chad Hansen, "Reviewed Work（s）: Chinese Philosophical Terms by Yi Wu: Neo-Confucian Terms Explained by Wing-tsit Chan", *Philosophy East and West*, Vol. 39, No. 2, 1989, p. 208.

义,会导致原来的词汇丧失"术语"的身份,也就违背了译者向读者介绍中国哲学的初衷。作者以为,陈荣捷的术语翻译重视正确理解,而对如何表达这一方面缺少论述。

艾文荷和万百安的中国哲学典籍英译可读性较强,善于运用中西文化对比的方法吸引读者的注意力。例如,艾文荷在其《孙子兵法》译本的序言中提出:"《孙子兵法》中的哲学反思把战争比喻为疾病,是生命周期的一部分,而不像西方人那样从战争引申到政治。与中国思维相关的哲学概念是'文'和'武'。'文'是'文化',有关道德培养,是获得政治领导权的首要条件。'武'是指一个人的战斗品质及才华。一个人具有战斗才华无疑对社会是有价值的,但没有理由去相信,他在战斗中的勇猛顽强使他有能力去治理社会。于是,解决冲突时,'文'、'武'都是必要条件。然而,在西方范式中,军事经验似乎可以直接转换为政治上的可靠。"① 这种对比给西方读者上了一课,让他们能够更清楚地了解中西文化的差异,从而更好地理解原著。然而,在中国哲学术语的翻译实践中,艾文荷却没能贯彻其中西对比的原则和方法,对术语的解读和翻译缺乏连贯性,有时仍然套用西方术语。例如,以"道"这一核心术语的英译为例,从该汉字的意象来看,"道"字有走之旁,与路有关。艾文荷不仅参考了该汉字的形式意义,还考虑了其多词性和多义性。他认为,"道"这个字早期的象形意义是物质名词"道路",但后来引申到"做事的方法"。作为动词,它有"谈论"或"跟随"的意思。根据不同语境,"道"可以解释成"做事的方法",或者"正确之路"。道家用这一术语来表示"世间一切总的原理"。恰好,英语中"way"这一词同时具备"道路"和"方法"的意思,同时也兼有"道理"之意,因此,艾文荷将其用作"道"的译名。再如"德"这一术语。艾文荷认为,该字的早期形式中,最重要的意义就是"皇德",即一个君王通过适当的牺牲和修炼出的德行,能够获得并保持其统治地位。"德"的这种含义在其多重意义中一直占据中心地位。更笼统地说,它表明人或事物能够对其身边的事物产生的"好的""坏的"或

---

① 参见 Sullivan, Ian M., "Master Sun's Art of War trans. By Philip J. Ivanhoe (review)", *China Review International*, No. 19, 2012, p. 270.

"冷漠的"印象和效果。在孔子时代,"德"意味着"道德感召力",这是一种任何好人都需要培养并具备的。"德"还包含另一层意义:即具备一种能够吸引、影响和启发他人的能力,这也是更早的"皇德"字义的一部分。由此看来,道家的"德"虽意义相关却各有不同。尽管如此,艾氏还是选用了"Virtue"这一西方哲学中的术语作为"德"的译名,认为"Virtue"一词能包含"德"的所有基本意义。可无论是"way"还是"Virtue",在安乐哲、郝大维这一派学者的眼中,都属于容易引起基督教或西方哲学联想的词汇。

安乐哲、郝大维、罗思文等人对待中国哲学术语的翻译也是"以源语为中心"的文化姿态和翻译视角。他们从英语和古汉语对比入手,从哲学层面上分析和描写英语和古汉语的差异,例如,英语是"事物性"的,古汉语是"事件性的";英语是"静态性"的,古汉语是"动态性"的、"关联性"的;英语是"达成性"的,古汉语是"过程性"的等区分,还在翻译中频繁使用"动名词""点和域的语言"这些对于英语读者来说十分陌生的语汇,使得其中国哲学核心术语的英译被认为是典型的"异化"翻译。这种区分和翻译虽然有助于区别中西语言和文化,有助于西方人,特别是英语世界的人们了解中国语言、哲学及文化的独特性,但同时,"为了遵循其术语翻译原则,贯彻其哲学翻译观"[1],译者在某种程度上夸大了中西哲学的差异,忽略了对术语原义的解读。评论者认为,安乐哲与其合作者一方面"反对套用西方哲学的本质主义去诠释中国哲学;另一方面,支撑他们翻译实践的也是一套理论框架,因而也表现出诠释中国哲学和语言的本质主义倾向"。[2]

3 中国哲学术语的英译方法

外来语的翻译大多经历过一个相似的过程:从音译到意译再到音

---

[1] David Schaberg, "'Sell it! Sell it!': Recent Translations of Lunyu", *Chinese Literature: Essays, Articles, Reviews*, 2001, p. 123.
[2] David Schaberg, "'Sell it! Sell it!': Recent Translations of Lunyu", *Chinese Literature: Essays, Articles, Reviews*, 2001, pp. 124 – 125.

译。如果从跨文化交流的角度去看待这三个阶段，几个阶段的意义大不相同。起初的音译代表的是"再现"，即为了真实地呈现出另一事物的形象或相似性，翻译以一种强制的手段，把一种文化专有的概念强塞进另一种文化。音译词可以使词义最大限度地接近原词，但是意义的获得、定型需要较长的时间。外来词汇的意义必须公布于人，第二阶段的意译可视为"传递"。英语词汇 philosophy 的中译名从音译"斐洛苏菲"到意译"哲学"，使用者需要对概念的内容做进一步了解，就要求名词的形式和内容发生关联。第三阶段的音译与起初的音译完全不同，它是一个"吸收"的过程，外来词语的翻译基本采取音译的方法，这意味着它们已完全为读者接受，成为译入语文化的一部分。

3.1 字面译

中国哲学术语的英译过程则有所不同。早期西方传教士与西方汉学家大多采用字面译法，即套用西方哲学中固有的概念来译介引入中国术语，例如把"天"译作"Heaven"，"道"译作"Way"，"中庸"译作"mean"，等等。这种译法预设了译入语中有现成的词汇，与将被译介的外来术语具有基本相当的意义。"这一方法的优点在于被译介的外来术语由于有与之对应的本土词汇，故能方便译入语读者理解和接受；缺点在于中西哲学有不同的问题意识和理论脉络，很难保证每一个被引进的外来术语都有匹配对应的本土术语"[1]。

出于对字面译法交际优势的考虑，著名华人学者陈荣捷认为中国哲学术语的翻译应尽可能找出大致对等的译词。但同时他也认为，"中国哲学术语本身含义复杂，很难在英语中找到完全对应的词语"[2]，而且，现有的汉英字典中收集的多为文学术语的英译名，这些词汇不适合作为哲学术语的译名，因此在必要的时候需要音译、注释等方法的补充。

美国汉学家卜德曾翻译过冯友兰的《中国思想史》。他针对另一位汉学家卜弼德（Boodberg）对其中术语英译的批评，发表了一篇题

---

[1] 程志华：《中国哲学术语系统的形成与发展》，《中国哲学史》2007 年第 2 期。
[2] Wing-tsit Chan, *A Source Book in Chinese Philosophy*, Princeton, N. J., Princeton University Press, 1963, p. 783.

为《中国哲学术语的翻译》(*On Translating Chinese Philosophic Terms*) 的论文。其中，他认为：哲学术语翻译的核心问题，在于译者应对的是人类的思想观念而非客观物体，因此，译者发现自己处于为难的境地，不得不应对译入、译出两种语言中那些不仅带有超强的文化含义的词汇，而且因其所属的语言、文化语境不同，词汇所表达的超强的文化含义也不尽相同。① 在卜德看来，字面译是翻译中国哲学术语最常用的方法。但是，他又反对单纯的字面译，认为应当添加一些必要的信息，这样要好得多，也就是说，提倡字面译加意译的方法。

尽管不少人认为哲学术语应当采用"字面译"的方法，著名汉学家安乐哲却深深质疑字面译的恰当性和准确性。在他看来，所谓"字面译"就意味着从字典中找一个意思基本对等的词。但是，"所有的英汉和汉英字典里充斥着同中国传统本身相对立的西方传统的预设。译者所做的不过是将中国文本连根拔起再移植到西方土壤中"。②

3.2 音译法

经历了一段相当长的字面译或套用（appropriation）过程之后，译者们开始使用音译的方法。这个变化一方面说明，中国文化中一些特有的因子确实难以找到较为对应的英语表达法；另一方面也说明，翻译者对于这些词语所浓缩的中国传统含义的复杂和丰富性有了更新的体认，并给予了一定的尊重。

音译或不译对于一些内涵丰富、思想独特的中国哲学概念尤为必要。汤一介认为中国哲学术语"可采用音译加注释的办法，这样才能保证中国哲学的丰富性及其特点"。③ 事实上，不少中国哲学/文化概念就是用音译的方法进入英语世界的，如"道"（Dao/ Tao）、"阴"（Yin）、"阳"（Yang）、"风水"（Fengshui），等等。李约瑟认为"诚"这一儒学术语，"既无法翻译，又如此重要，也许应该像处理'道'或

---

① Bodde Derk, "On Translating Chinese Philosophic Terms", *The Far Eastern Quarterly*, Vol. 14, No. 2, 1955, p. 243.
② Tan Xiaoli & Huang Tianyuan, "Translating Chinese Philosophy on Its Own Terms: An Interview with Professor Roger T. Ames", *Asia Pacific Translation and Intercultural Studies*, No. 2, 2015, p. 141.
③ 汤一介：《在中欧文化交流中创建中国哲学》，《北京大学学报》2005 年第 5 期。

'礼'一样，仅仅使用它的音译",① 并表示自己就是这样做的。费乐仁（Lauren Pfister）曾经将"儒"音译成"Ru"，而且还为这个词创造了另一个形式"Ruist"，可以用作"儒家"的意思。李玉良、罗公利认为，"为了忠实全面地传达'仁'的总体含义，'仁'最好音译为'Rennism'"。②

音译的方法能在很大程度上能保留中国术语的文化特质，是文化还原的首选译法。但由于思想概念的抽象与复杂以及词汇承载的特定历史文化内涵，非专业读者很难从一个词语的音译中去了解其背后深刻、多重的意义。因此，在译介引入一个哲学术语的初始阶段，单纯的音译并非是最理想的选择，对于大众读者而言，它不过是产生了一批语音符号而已，一旦滥用便容易成为 Schafer（1954）所批评的四种"汉学病"之一。卜德也认为音译是"最容易也最难令人满意的方法"。③

为克服音译的这一缺陷，许多译者在音译中国术语的同时还在译本的副文本处提供了必要的解释。例如，"在《中国文学思想读本》一书里，宇文所安一直将'气'这一概念用 Ch'i 来音译。不过，他不仅在该书的前言中对'气'做了解释和分析，还在书后的'术语汇编'中给出了一些相应的英文释义来解释该术语的多种含义，如'breath'、'air'、'steam'、'vapor'和'vitality'"。④ 安乐哲的办法是把在原文中出现频率高的一些具有重要哲学意义的关键词予以注解，放在译本导言中醒目的位置，而译文正文中只用音译和汉字。这样的体例对读者提出了更高的要求，却极大地减少了译文中出现大量注释的问题。

3.3 意译法

刚才提到的"解释"或者"诠释"法，是中国哲学术语英译的另

---

① Needam, J., *Science and Civilization in China Vol. II*, Cambridge: Cambridge University Press, 1956, p. 468.
② 李玉良、罗公利:《儒家思想在西方的翻译与传播》，中国社会科学出版社 2009 年版，第 193 页。
③ Bodde Derk, "On Translating Chinese Philosophic Terms", *The Far Eastern Quarterly*, Vol. 14, No. 2, 1955, p. 243.
④ 杨平:《论中国哲学的翻译》，《外国语》2012 年第 6 期。

第四章 中国哲学典籍中术语的英译

一种重要方法，又称"意译"法。一般的字典释义也是意译，即把术语原本的意思解释出来。事实上，任何翻译都是一种诠释行为。由于中国古代文本的开放性、概念的模糊性以及中西语言文化的差异，中国古代典籍英译的诠释性更加突出。不过，安乐哲和郝大维认为，中国哲学典籍（术语）的英译，应当是具有"文化自觉意识的诠释"。[1] 在他们看来，哲学著作的翻译必定是一种"解释"，因为古汉语被译入英语本身就渡上了一层解释性色彩。换言之，英语中缺乏翻译中国哲学的对等词汇，只能通过解释来传译。但这样的解释却植根于西方文化土壤，打烙了西方哲学和宗教的印记，例如"Way""Heaven"和"Reason"这些常用来翻译中国哲学的语汇，沾染着浓厚的基督教和西方哲学色彩。这样一来，中国文本输入的哲学思想便会大打折扣。如果译者缺乏文化自觉，他们就无法意识到，自己惯用并以为是很"客观"的一些词汇，却带有西方文化偏见，用这样的语汇来翻译中国哲学著作，译文只会再度欺骗读者。

因此，在具备了充分的"文化自觉"意识的基础上，安乐哲与其合作者对一些中国哲学术语做出了与众不同的诠释。例如，《道德经》中的"无知"曾译为"innocent of knowledge"（Lau, 1963：59）或"without knowledge"（Chan, 1963b：105）。安乐哲和郝大维则认为，"knowledge"其实有"某种具体知识"的含义，其基础是本体存在论，即假设现象的背后有一种永恒不变的真理，这是典型的西方哲学的"知识论"。而中国哲学则以伦理和实践为主，"知识"来源于人类的具体见闻，是人们从日常见闻中总结概括出的规律，同时以实践作为认识的最终目的。

在译者们看来，古汉语语境中的"知识"是一种"无偏见"的认识（unprincipled knowledge），它不以先入为主的眼光去看待事物。用他们的话来说，"无知"能使人感觉到事物的具体性，而非对事物普遍意义的理解。"无知"（unprincipled knowledge）或"无偏见"的"知"其实就是道家的"知"。

---

[1] Roger T. Ames & Hall, David L., *Daodejing: Making This Life Significant*, New York: Ballantine, 2003, p. 41.

诠释要求译者在文本转换的过程中做出多种选择，经典的诠释其实是多重声音的叠加。以中国哲学史为例，"自汉代以来，中国哲学就进入了对元典的持续性的阐释过程，不断创造新的经典，被称为'经学'时代"。① 刘笑敢对中国哲学诠释的传统有如下评论，认为它："包含着'客观'诠释经典的'原义'和建立诠释者自身哲学体系的矛盾和紧张"。②

语内诠释的情况尚且如此，语际翻译中介入的译者个人视角就更多了。美国当代汉学家史嘉柏在"'Sell it! Sell it!'：Recent Translations of Lunyu"一文中评介了六部90年代出版的《论语》英译本，他认为，"这些《论语》的英译本与人们普遍认为的儒学及中国人的性格并无多大关系，更多则是揭示这部经典的当代价值"。③ "'信'、'达'、'雅'曾被认为是翻译的金科玉律，但这些译作没有一部符合这三字标准"。④ 也就是说，每一部译作都有各自的目标读者，都有各自的翻译目的，都添加了译者的主观诠释。

由此可见，能够真正地反映哲学典籍原貌和术语原意的诠释并不多见。然而，诠释既是翻译的一个必要过程，又是术语英译的一种重要手段，不能因此而放弃。对此，黄俊杰提出了概念史和思想史相结合的方法作为哲学典籍的诠释方法，"一方面要对术语进行历时的考据，包括音读、训诂和名物的考辨，并且比较同一概念术语在相应体系内不同的发展阶段的诠释意义，以及同其他哲学体系内同一术语的诠释意义的差别；另一方面，则强调从诠释者所处的历时脉络中把握经典的具体含义"⑤。

陈荣捷对哲学术语的诠释做了更具体的阐述。他认为，"判断哲学术语的翻译是否恰当的首要标准，就是看翻译是否能够涵盖该词的基本

---

① 杨静：《论中国哲学典籍英译方法》，《学术探索》2014年第2期。
② 刘笑敢：《诠释与定向——中国哲学研究方法之探究》，商务印书馆2009年版，第31页。
③ David Schaberg, "'Sell it! Sell it!'：Recent Translations of Lunyu", *Chinese Literature*：Essays, Articles, Reviews, 2001, p.116.
④ David Schaberg, "'Sell it! Sell it!'：Recent Translations of Lunyu", *Chinese Literature*：Essays, Articles, Reviews, 2001, p.116.
⑤ 杨静：《论中国哲学典籍英译方法》，《学术探索》2014年第2期。

第四章 中国哲学典籍中术语的英译

内涵"。① 陈氏以两个儒学核心术语"忠"和"恕"的翻译为例进行说明:"'忠'就是要发展自己的善心,而'恕'就是以善对待他人。恰当的诠释首先要涵括这两个方面的内涵"。②

对于哲学术语的翻译,陈荣捷的做法是先追溯该术语的出处,查找历代相关注解,做到准确理解,再参考他人的翻译,认真比对各种译法的长短处,借鉴高明的译笔,最后提出自己的译名。

3.4 创译法

除以上提及的几种翻译方法之外,还有一种方法在哲学术语英译上运用得日趋广泛,那就是通过新造的英语词汇或短语来翻译中国哲学术语,称为"创译法"或"新造法"。如卜弼德提议把"仁"译成 co-humanity,语义上是指"柔顺地接纳他人",③ 以及对普通人的人性的认可之义。白牧之和白妙子夫妇把"仁"创译成"rvn"。安乐哲与合译者经常使用"创译"这一方法来凸显中国哲学思想的独特性。他们把"仁"译为"authoritativeness"是认为该译名具有"礼貌""创作""权威"等多重含义,符合"仁"这一术语在儒家语境中的多种用法;把"诚"译为"co-creativity"意指人类在参与自然之"天"的"创造"活动中发挥主观能动作用;把"中庸"译为"focusing the familiar"是有意避免其旧译"the mean"一词可能引起的类似亚里士多德"中道"概念的联想。

通过新造法或创译法得来的外来哲学术语的形式与前几种形式都不同。在前几种形式中,不管它们是表面相应的"字面译",或是大致匹配的"直译",还是解释性的"意译",都采用了英语中现有的词汇或短语的现成形式。由于中西哲学明显的相异性,总有一些中国术语无法找到合适的译名或解释,这种情形下,运用新造法或创译法能起到凸显

---

① 杨静:《美国二十世纪的中国儒学典籍英译史论》,博士学位论文,河南大学,2014 年,第 149 页。

② 杨静:《美国二十世纪的中国儒学典籍英译史论》,博士学位论文,河南大学,2014 年,第 149 页。

③ Boodberg, P. A., "The Semasiology of Some Primary Confucian Concepts", *Philosophy East and West*, Vol. 2, No. 4, 1953, p. 317.

差异的效果。然而，该法的缺点也很明显：有些新造的词汇显得笨拙、别扭，被批为"晦涩难懂"或"矫揉造作"。① 不过，同音译一样，这种"新瓶装新酒"的方法能为丰富译入语的术语系统起到积极的作用。用安乐哲和罗思文的话来说："这种方法有时会带来啰嗦冗长、令人困惑不解的新词；有时却会收到意想不到的表达效果。读者可以创造性地发挥想象力来理解新词；而这些新词也可能带来某种新奇的意义混合。"②

使用创译法时要注意，一部典籍不宜使用过多新造的术语，译名不宜冗长晦涩，否则会让读者难以理解。例如，有读者批评安乐哲和郝大维的《道德经》中的术语创译："译者似乎故意在写作中随意使用一些晦涩难解的所指，并选择了最复杂的词汇和句型来表达其思想。"有读者认为安氏"让译本变得更难理解"。笔者曾与一位名叫 Susan 的美国读者通信，谈及了安乐哲的译作。Susan 是一名热爱中国哲学、并对《易经》有着常年研究的老太太。在通信中，她说道："阅读安教授的《道德经》译作令人非常迷惑不解，让我更难把握原作的内容。""说实话，我不认为有任何必要使得术语复杂化。例如，把'正'译作'optimal appropriateness'显得很造作。这样的译名把读者和文本的距离拉得更远。"

3.5 语境法

西方哲学文本喜欢运用"概念"，中国哲学文本喜用"隐喻"。隐喻是指言说"此"而意指"彼"。隐喻之所以能够以"此"说"彼"，是因为两者具有某种类比的关系。"由于隐喻可接受多重阐释，也因此在逻辑上较不精准，但比起概念与描述性或论证性的语句，隐喻能够沟通更丰富的意义"③。

不少译者都清楚地认识到了中西哲学文本这一方面的差异。安乐哲

---

① Bodde Derk, "On Translating Chinese Philosophic Terms", *The Far Eastern Quarterly*, Vol. 14, No. 2, 1955, p. 242.
② ［美］安乐哲、罗思文：《论语的哲学诠释》，中国社会科学出版社2003年版，第194页。
③ 沈清松：《中国哲学文本的诠释与英译——以〈齐物论〉为例》，广西师范大学出版社2007年版，第50页。

第四章 中国哲学典籍中术语的英译

和郝大维（Ames & Hall, 2001：16）在《切中伦常——〈中庸〉的哲学解读》的前言中指出："……中国古代哲学文本中，隐喻式的、含义丰富的语言比清楚的、准确的、辩论式的语言更受青睐，这种强烈的对比给翻译中国哲学文本的译者造成了特殊的负担。对于中国人来说，与清楚相对的不是混乱，而是含混。含混的思想意味着可以用各种各样的意义来解释。每一个重要的中国哲学概念构成一个意义场，可以选择其中任何一种意义来做解释。"[①]

安乐哲等人认为，为达到清楚或统一的标准，使用单一译名的做法会把一术语丰富的哲学意味降低到普通白话的程度。"这样的做法只会使西方读者麻木不仁，体会不到隐含在汉语文本中模糊、隐晦的意义。"[②] 为准确传达汉语关键词的多种意义，他们主张根据具体语境对同一术语的细微差别作出不同的翻译，也就是采用"语境化"的办法来解决原术语一词多义的问题。

例如，安乐哲和郝大维把"中庸"一词有时译为"equilibrium"，意为"中和""心平气和"，颇符合该词在《中庸》里的含义。他们还用了"center"和"impartiality"来表示孔子"不偏不倚""无过而不及"的方法论层面的主张。至于《中庸》的标题"focusing the familiar"则是安乐哲、郝大维两位译者的个性化解读。在《中庸》译本的导言里，他们指出，孔子十分强调对日常小事的关注。儒家传统要求个人在其个性生成的过程中，始终关注他周围的小事以及生活细节。[③]

美国著名汉学家、《荀子》权威英译本的译者约翰·诺布洛克就采用了"语境法"，即根据具体语境去理解词义再决定译名。例如，诺氏在《荀子》中经常把"义"译做"moral principles"。不过这样译，就存在一个用词过于笼统的问题。如果说"义"是"道德原则"，那么

[①] Roger T. Ames & David, Hall, *Focusing the Familiar: A Translation and Philosophical Interpretation of the Zhongyong*, Honolulu: University of Hawaii Press, 2001, p.16.

[②] Roger T. Ames & David, Hall, *Focusing the Familiar: A Translation and Philosophical Interpretation of the Zhongyong*, Honolulu: University of Hawaii Press, 2001, p.16.

[③] Roger T. Ames & David, Hall, *Focusing the Familiar: A Translation and Philosophical Interpretation of the Zhongyong*, Honolulu: University of Hawaii Press, 2001, pp.44–45.

"仁""礼""信"等是不是呢？诺氏可能也发觉了这个问题，因此又用了更具体的"moral obligation"或"moral duty"，来表明"义"作为"当做之事"的含义。至于"acts of moral good"，诺布洛克在《荀子·宥坐篇》里使用了这个译法，意为"有德之行"，但未能紧扣原文之义。在《荀子·天论篇》里，诺氏又把"义"译为"proper congruity"，表示"合宜"，可能与受到经学家的注释影响有关。因为，历代经学家如三国时的韦昭、宋代的朱熹及当代的杨伯峻都把此处的"义"解为"合宜"。[①] 可见，诺氏对于"义"字在不同上下文中含义十分注意区别。

还有不少中国哲学典籍的英译者都运用过"语境翻译法"。例如，陈荣捷就用"dark""negative""passive""female principle""force"及"element"等多个词来注释"yin"（阴）这一复杂多义的中国术语。不同的语境和诠释导致不同的译名产生，需要读者根据具体语境去判断选择。

3.6 中西融通法

目前，中国的初步复兴为中国文化"走出去"创造了良好的政治和经济环境。但是，近年来，美国政府在许多问题上采取了"美国优先"的做法，导致民族主义在美国以及世界各国抬头，冲击了业已形成的全球化、多元化的世界经济和文化格局，中国文化"走出去"势必会受到影响。因此，当前阶段，中国文化与哲学翻译中的立名当以"中西融通"为主，这是对全球局势的客观认识，也是对国家的综合实力和文化影响力，汉语和英语的相对地位较为客观、冷静的认识。

所谓"中西融通"的方法，有学者认为是要"求同存异"，"寻找中西双方都能理解的意义；在表达上，应当语取中西，融通二者"。[②]

上述论断颇有见地，且操作性强，能基本解决当前中国哲学术语英译中"理解"与"表达"之间以及"翻译"与"接受"之间的矛盾问

[①] 参见李玉良、罗公利《儒家思想在西方的翻译与传播》，中国社会科学出版社2009年版，第199—203页。

[②] 孟祥春：《中国文化与哲学翻译中的"立名"——一种中西融通的视角》，《当代外语研究》2018年第2期。

第四章　中国哲学典籍中术语的英译

题。但是，对于中国哲学术语的英译表达是否一定要"语取中西"，作者并不完全认同。根据"2018年2月中国外文局发布的《中国话语海外认知度调研报告》，一些中国传统词汇以汉语拼音的形式进入英语话语体系。这说明随着中国的日益强大，当前海外民众对中国话语的认知度、理解度大幅上升"。[①] 因此，在中国哲学典籍的学术型译作甚至通俗型译作中，可以采用那些已为英语世界的读者广泛接受了的中国哲学术语的音译名，如前面已经讨论过的"道"（Dao/Tao）、"阴"（Yin）、"阳"（yang）、"风水"（Fengshui），等等。况且，孟祥春所举的个别译例是很典型的归化翻译的例子，如"玄牝"译为"the reminiscent of Gaia"，[②] "Gaia"是英语中的一个文化专有项，是古希腊神话中的大地之神、众神之母，也是能创造生命的原始自然力之一（土地）。选择"Gaia"可以有效地阐释原术语，但同时会失去译者认为需要坚持的中国文化的"独立性和特色"。[③]

因此，作者认为，任何阶段性的翻译观念和方法不应遮蔽中国文化"走出去"的本质目标与根本追求——展示中国形象、传播中国文化。要达到这个目的，作者提议，中国哲学术语的英译需要有中西比较哲学背景的学者参与，采用比较哲学的视角和方法，在理解的阶段，做到尽可能回溯原典，运用中国传统的考据学方法，把握术语的基本含义，以及它经历发展演变后的各种意义和历史语境意义，也就是黄俊杰（2004）和杨静（2014）所说的"概念史诠释"和"思想史诠释"结合的方法。到了表达阶段，需要考虑如何让译名获得当代西方读者认同的问题。在译入语中无法找到现成的词汇和原术语匹配的情况下，除了个别术语采用音译之外，要善于创造性地运用译入语言文化中的资源，充分发挥译入语的表现力，采用能够适当减少陌生化的翻译方法。

哲学家倪培民对安乐哲和郝大维的"中庸"译名（focusing the fa-

[①] 范敏：《新时代〈论语〉翻译策略及其传播路径创新》，《西安外国语大学学报》2019年第3期。

[②] 参见孟祥春《中国文化与哲学翻译中的"立名"——一种中西融通的视角》，《当代外语研究》2018年第2期。

[③] 参见孟祥春《中国文化与哲学翻译中的"立名"——一种中西融通的视角》，《当代外语研究》2018年第2期。

miliar）提出了改译，取得了良好的效果。首先，从"中庸"这一概念的意义理解上讲，倪培民承认安乐哲和郝大维的译法确实更符合儒家的世界观。然而，他认为，对于揭示儒家"功夫"指导而言，"focus"却未必是一个好的选择。首先，儒家的"中"的确与亚里士多德的"the mean"有重合之处。二者均规诫人们避免走向"过"与"不足"两个极端，并要求人们养成行为适度的习惯。"focus"这个词虽能表达"场域"的意思，然却完全抹杀了用其"过"与"不及"这两端之间的"中"这层含意。将"中"译为"focus"的另一个问题是："聚焦"是相对于有广泛的视野而言的，意味着"将注意力收敛起来，不使分散，集中于某一点上"。而《中庸》在使用"中"时却毫无反对"有广泛视野"的意思，它要求人们"博学、知天、致广大而尽精微"，要求人们"居中而带动、牵制其余"。①

在某些语境中，安乐哲和郝大维也将"中"译为"equilibrium"或"impartiality"。前者意味着"平衡""均衡""平静"，后者则是"不偏不倚""公正无私"的意思。用这两个词去翻译《中庸》里的"中"，能表达避免"过"与"不足"的意思，但这两个译名也有不足之处。中文里的"中"字也可以指"里面""自我""心"。《中庸》的作者将"中"解释为"喜怒哀乐之未发"（第1章），意在将我们的注意力引向内心的自然倾向。然而若将"中"译成"equilibrium"或"impartiality，则这种内指"本我"的意思就丢失了。出于以上考虑，倪培民认为，用"centering"去翻译《中庸》里的"中"要比"focus"或"equilibrium""impartiality"更恰当。"centering"这个词可以既保留"允执其中，避免过与不及"的意思，又可以允许在"居中"的同时有广阔的视野。它可以表达"内在的自我"，又不会被误解为可以"用朝秦暮楚的手段去保持平衡"。同时，"centering"也是个动词，蕴含着对场域的意识，因而可以保留安乐哲、郝大维使用"focusing"的基本用意。

从表达上来说，"familiar"是一个描述经验的词，而"平常"却是带有判断的词，这两者的区别不可忽视。"聚焦于熟悉的"可以很容易

---

① ［美］倪培民：《从功夫论的角度解读〈中庸〉——评安乐哲与郝大维的〈中庸〉英译》，《求是学刊》2005年第3期。

第四章 中国哲学典籍中术语的英译

地被理解为是"让人把注意力集中在他所熟悉的事情上,而不顾其他"。但"熟悉的事情"并非一定是"平常""一般"的事情,这一表达与《中庸》作者的意图就相去甚远了。因此,倪培民把"familiar"换成"commonality"(平常)。"centering the commonality"作为一个词组,可以表达恒久不易地在日常生活中执中的意思。由于"centering"也可以内指人心,"centering the commonality"能将原术语包含的所有信息全部包括进去。① 还需指出的是,美国著名汉学家杜维明曾把"中庸"译为"centrality and commonality",这一译名被认为虽"很贴近'中'、'庸'两个词的本义,但表达的却是静止的实体而非流动的事件"。② 那么,倪培民的改译"centering the commonality"即克服了杜氏译名的缺陷,利用"centering"这个动名词形式突显了古汉语的动态性。可以说,倪氏的改译"centering the commonality"既能较为准确、全面地反映原术语的含义,又因保留了与杜维明译名的互文性,提高了其在英语语境中的接受度,可谓达到了"中西融通"的境界。

4 小结

索绪尔认为:自然语言的力量能使我们在使用一种语言的情况下清楚地表达出另一种语言的意思。我们可以使用汉语来清晰地表达出西方人所意味的"上帝",也应该能用英语向读者说明什么是中国的"道"。因此,在英汉两种语言中,哲学术语的互译是可能的、并可操作的。然而,每种语言都属于一种特定文化,都表达一个隐性的世界观。所以,在翻译中国哲学经典时,我们需注意中西哲学及其各自所根植的文化之间在基本预设、话语体系、研究方法等方面的不同。

本书作者对中国哲学术语的英译提出了分两步走的建议:在理解阶段,采用黄俊杰先生提出的"概念史的研究方法"结合"思想史的研

---

① 参见[美]倪培民《从功夫论的角度解读〈中庸〉——评安乐哲与郝大维的〈中庸〉英译》,《求是学刊》2005年第3期。
② Wen Haiming, "From Substance Language to Vocabularies of Process and Change: Translations of Key Philosophical Terms in the Zhongyong", *Dao: A Journal of Comparative Philosophy*, Vol. 3, No. 2, 2004, p. 219.

究方法",回到经典文本中去,将传统训诂的手段与语境分析相结合,把握术语的具体内涵,理解古人的"微言大义"。到了表达阶段,要尽量采用那些已在英语读者中普及,进入英语体系的中国术语的音译名称。此外,要学会创造性地整合、利用译入语的语言文化资源,适当运用西方文化诠释,或者改造英语词汇等手段,在表达上寻求译入语读者的认同,改善术语译名的接受度,打造"中西融通的新概念、新范畴、新表述",达到传播中国哲学思想,实现跨文化交际的目的。

第五章　第二次世界大战后中国哲学典籍英译在美国的传播

翻译是一种"跨文化、跨语际的信息传播活动"。[①] 中国古代对翻译有这样一种定义:"译即易,谓换易语言使相解也。"[②] 因此,我们说:翻译就是搭建桥梁、"换易语言",达到传播之目的。

近年来,翻译与传播的关系得到越来越多的中外学者的关注,不少学者尝试从传播学的角度去研究翻译。例如,美国翻译理论家尤金·奈达(E. A. Nida)就说过:"翻译即交际。"[③] 英国翻译理论家彼得·纽马克(Peter Newmark,2001)认为翻译不仅是语言文字的转换,更是信息的传递和交际功能的实现。美国翻译理论家铁莫志科(Maria Tymoczko)曾预言:"未来媒体的发展会带来其他的研究问题,我们目前甚至无法预见,因此,使得重新思考翻译研究整个领域的各个方面的理论成为必要。"[④] 将翻译纳入传播学的视野进行研究,使之进入一个生产、传播、消费的社会系统,既开拓了翻译研究的疆界,又揭示了翻译活动变动不居的特征,相对于传统的以文本对比为主的封闭式研究来说,是翻译学科发展取得的一大进步。

"传播是人类通过符号和媒介交流信息,以期发生相应变化的活动"。[⑤]

[①] 吕俊、候向群:《翻译学导论》,上海外语教育出版社2012年版,第1页。
[②] 罗新璋:《翻译论集》,商务印书馆1984年版,第1页。
[③] E. Nida, *Language, Culture and Translation*, Shanghai Foreign Language Education Press, 1993, p. 18.
[④] Maria Tymoczko, "Trajectories of Research in Translation Studies", *Meta*, Vol. 50, No. 4, 2005, p. 1090.
[⑤] 邵培仁:《传播学》,高等教育出版社2015年版,第58页。

"从'传播'的定义可以看出，人类传播活动是以信息为内容，以发生相应的变化为目的，包括态度和行为的改变、知识的增加、感情的沟通等。但更为重要的是，传播是以符号和媒介为中介与手段"。① "人类历史上的每一次传播革命都是由符号或媒介的进步所引发的：语言的产生、文字的创造、印刷术的发明；广播、电影、电视的出现，互联网的普及以及手机等移动终端设备的广泛应用，等等。自文字诞生以来，传播革命又几乎都是由媒介的创新与变革带来的"。② 媒介对于传播的重要性不言而喻！

传播学中的"媒介""可以指信息传播过程中从传播者到接收者之间携带和传递信息的一切形式的物质工具，也可以指各种传播工具的总称，如电影、电视、广播、印刷品、计算机和计算机网络等，同时它还可以指从事信息采集、加工制作和传播的个人和社会组织"。③ "在人类传播史上，媒介发展经历了书写媒介、印刷媒介、广播影视媒介、互联网媒介和手机移动终端媒介等阶段。中国典籍的媒介形态也经历了从甲骨、金石、竹木简牍、绢帛到纸写本、雕印本、机械印刷本，再到网络电子书、电子数据库等的发展嬗变"。④

译本通常是由出版社发行的纸质图书，这是最常见的但不是唯一的传播媒介，数字化的电子图书和音像制品也越来越多地出现。此外，中国哲学典籍译本的传播还涉及课堂教学、学术研讨、文化活动、网络评价和线上推销等人际媒介和网络媒介。如今，在这个新旧媒介共生共存、优势互补的时代，"我们既要重视新兴媒介，也不应放弃传统媒介，应适当融合新旧媒介，发挥其各自优势，以扩大中国哲学典籍英译作品的读者范围，优化其在海外的传播和接受"⑤。

---

① 郑建宁：《中国典籍海外译介整体互动传播模式初探》，《天津中德应用技术大学学报》2019年第1期。

② 郑建宁：《中国典籍海外译介整体互动传播模式初探》，《天津中德应用技术大学学报》2019年第1期。

③ 董璐：《传播学核心理论与概念（第二版）》，北京大学出版社2016年版，第81页。

④ 郑建宁：《中国典籍海外译介整体互动传播模式初探》，《天津中德应用技术大学学报》2019年第1期。

⑤ 郑建宁：《中国典籍海外译介整体互动传播模式初探》，《天津中德应用技术大学学报》2019年第1期。

第五章 第二次世界大战后中国哲学典籍英译在美国的传播

媒介融合的时代背景为中国哲学典籍英译带来了机遇。然而，"多种媒介综合运用的典籍英译与传播是一项复杂的工程，涉及的变量及影响因素较为复杂，需构建传播模式才能较为直观地观察与准确把握"①。目前，国内翻译学界在研究翻译与传播的关系时运用较多的是美国学者拉斯韦尔（Lasswell）提出的"5W"传播模式，包含五个要素："传播主体、传播内容、传播渠道、传播对象及传播效果"。② 但这种模式多侧重于人际传播，对典籍英译传播的解释力不大，而"运用书籍、报纸、期刊、广播、影视等大众传播媒介进行的点对面式的传播"③ 是中国典籍对外传播最重要的途径，因此，有必要提出一个能够包含中国典籍翻译海外传播的整个过程和所涉及的方方面面、改进其传播效果的传播模式。

本章就第二次世界大战后中国哲学典籍英译作品在美国的传播开展调查和研究，描写中国哲学典籍在美国的译介所经历的传播路径及译作的传播范围和影响力，并力图反映各种影响要素之间联系与互动，对传播媒介的选择和传播模式的调整提出建议，以求改善中国哲学典籍对外传播的效果。

1 第二次世界大战后中国哲学典籍在美国的传播途径

1.1 中国哲学典籍英译作品的出版

本书的第一章和第二章详细描述了第二次世界大战后中国哲学典籍在美国的英译和出版情况。第二次世界大战以后，为实施其对外政治和文化战略，美国政府和各大基金会都加大了对中国研究的投入，客观上刺激了中国哲学典籍在美国的英译和出版。从 20 世纪 50 年代至 80 年代这 30 年间，美国一共出现了 48 种中国哲学、宗教典籍的译本，数量是 20 世纪上半叶在美国译介的中国典籍译本（14 种）的 3 倍之多，掀

---

① 郑建宁：《中国典籍海外译介整体互动传播模式初探》，《天津中德应用技术大学学报》2019 年第 1 期。
② 万京、李剑：《"5W 模式"下戏曲类 APP 的传播现状及思考》，《戏剧之家》2020 年第 16 期。
③ 郑建宁：《中国典籍海外译介整体互动传播模式初探》，《天津中德应用技术大学学报》2019 年第 1 期。

起了中国哲学典籍在美国英译的第一次高潮。

这一时期的中国哲学典籍英译有两个显著特点：一是扩大了译书的范围，译作不仅包括了先秦哲学，还译介了新儒家、名家、阴阳家、法家、早期佛教及现当代哲学，使得美国学界对中国哲学第一次有了较全面的认识。二是由于专业汉学家和旅美华人学者加入了中国哲学典籍英译的队伍，扭转了早期汉学家多从宗教的立场来看待中国哲学的局面，把西方对中国宗教的研究转向对中国哲学的研究。

20世纪80年代以来，中国哲学经典在美国的译介呈现出相当繁荣的局面。近40年来，出现了上百种中国哲学典籍的英译作品，且翻译的对象不断扩大，几乎所有的中国哲学、宗教流派的重要典籍在这一时期都有了英译本。目前为止，一方面，《道德经》《论语》《易经》等一些中国古代经典被重新翻译，或先前的旧译再次出版；另一方面，首次翻译、出版了一些中国典籍英译作品，例如，《管子》《荀子》《墨子》等经典在这一时期有了英文全译。

1.2　相关学术期刊的创办

从20世纪20年代起，美国就出版发行了不少与中国研究相关的期刊。历史较为悠久的有《美国东方学会会刊》《太平洋事务》《哈佛亚洲研究》《远东季刊》，等等。这些刊物只刊登少量的中国哲学研究论文。20世纪60年代以后，美国出现了更多的研究中国哲学的学术期刊，如《中国哲学季刊》《东西方哲学》等。这些期刊发表的论文几乎涵盖了中国哲学的所有话题，包括《易经》哲学、先秦儒家、古代道家、墨家、法家及中国古典逻辑学、汉代儒家、新道家、早期中国佛教、晚期中国佛学派及禅宗佛教、当代新儒家的哲学发展、当代中国的新马克思主义、中国的阐释学、当代中国政治哲学、中国环境哲学、中国的女性哲学，等等，成为世界各国学者探讨中国哲学问题最重要的话语场所以及传播中国哲学的重要媒介。

1.3　相关国际学术会议的举办

美国的中国哲学研究的发展，与"东西方哲学家会议"等国际学

第五章　第二次世界大战后中国哲学典籍英译在美国的传播

术会议的推动密切相关。从1939年第一次"东西方哲学家会议"在美国东西方中心召开至今,该系列会议已举办了十届,是在美国推动中国哲学研究的重要力量。陈荣捷曾作为中国哲学方面唯一的代表出席了第一次会议,到了第九次会议,几乎国际上研究中国哲学的新一代华人学者都来参会。大会发言中,与中国哲学相关的论文也是有史以来最多的一次,标志着西方的中国哲学研究进入了一个前所未有的繁荣期。第二次世界大战之前,美国的中国哲学研究基本上是空白,"在这种情况下,东西方哲学家系列会议对在美国介绍中国哲学和推动中国哲学研究尤其难能可贵。事实上,特别是在20世纪中期前后,正是因为有了这些系列会议,海内外中国哲学专家才得以借此机会在美国介绍、传播中国哲学思想,并培养了许多世界著名的学者,很大地促进了此后中国哲学研究在美国的发展"。[①]

在美国,每年都要举办一些国际性的儒学研讨会。比如哈佛大学杜维明教授组织和主持的哈佛儒学研讨会,已经有了30多年的历史,参与者有哈佛大学、波士顿大学的教授、博士候选人、研究生与民间学者以及东亚和西欧的访问学者等,每次20人或30人不等。讨论内容涉及对儒学和当代新儒家的批评等各个方面,包括自由主义、女性主义、基督教、佛教、新道家、新马克思主义、反传统主义以及来自历史学界的批评等。

此外,在海外华人学者及当代美国汉学家的共同努力下,美国成立了不少中国哲学研究的学术团体,较为知名的有"国际中国哲学学会"(International Society for Chinese Philosophy)、"亚洲和比较哲学学会"(Society for Asian and Comparative Philosophy)、"国际中西哲学比较研究学会"(International Society for Comparative Studies of Chinese and Western Philosophy)、"北美中国哲学家协会"(Association of Chinese Philosopher in North America)、"中国思想中西部会议"(Midwest Conference on Chinese Thought),等等。这些学会定期召开年会,吸引了世界各地研究中国哲学的学者参与。

[①] 崔玉军:《东西方哲学家会议与中国哲学研究在美国的发展》,《国外社会科学》2005年第4期。

1.4 中国哲学及相关课程的开设

尽管中国哲学在西方已有几百年的翻译及传播的历史,但是,中国哲学的合法性在西方学界却很长时间没有得到承认。在西方高校的哲学院系里,中国哲学几乎没有一席之地:大多数国家的大学哲学系不开设中国哲学课程,"中国哲学史"课程只有在历史系、宗教系或东亚系的课程设置中才能找到。研究中国哲学的学者们隶属于宗教学系或东亚系而非哲学系。不过,由于美国新一代思想家的推动,这种情况已发生了很大的改变。如今,美国的一些大学已经将中国哲学课程放在哲学系、东亚系、宗教系、历史系,或者是以中国文明、中国文化、中国思想专题研讨班等名义作为概论性或者背景知识讲授,这是目前中国哲学向美国受众传播的最主要的途径。

有学者曾根据1999年《美国新闻与世界报道》(US News & World Report)上公布的美国大学排行榜,选取了美国中西部、西部、北部、南部各地区排名靠前的文科和理科大学及学院共87所,发现28所学校开设与中国哲学相关的课程,并选取其各方面内容在多个院系里讲授:"一是作为'东方哲学'或'亚洲哲学'的重要部分被讲授;二是中国哲学中的禅宗作为宗教哲学或佛教思想的一部分而被涉及;三是中国哲学设置独立的哲学课程;四是中国哲学的某学派或代表人物的思想作为一门课程"[①],具体情况见下表。

表5-1　20世纪末美国部分高校开设的中国哲学及相关课程一览表

学校名称	课程名称	内容简介
布朗大学 Brown University	东西方哲学	佛教思想家
加州大学 伯克利分校 University of California Berkeley	中国哲学专题、 中国思想	早期中国思想讨论,重点为孟子、杨朱、庄子、荀子、朱熹、"四书"

---

① 武宏志:《美国大学哲学系的"中国哲学"课》,《中国哲学史》1999年第4期。

第五章 第二次世界大战后中国哲学典籍英译在美国的传播

续表

学校名称	课程名称	内容简介
埃默里大学 Emory University	亚洲哲学	道家、佛教、禅宗、《易经》
密歇根安娜堡大学 University of Michigan Ann Arbor	晚期中国思想 一年级研讨会	研究生课程：汉朝到20世纪中国哲学、中国与西方哲学中的自然与德行不同观点的导论、中国与西方哲学关于人本质的特点及其与德行概念的关系
圣母大学 University of Notre Dame	亚洲哲学	道家、佛教和儒家
波士顿学院 Boston College	当代中国哲学	现代中国（1840年到现在）的历史背景之内，重点为当代哲学趋向：新儒家
耶鲁大学 Yale University	古代印度与中国哲学	儒家、道家基本的形而上学和伦理问题
威斯康星麦迪逊大学 University of Wisconsin Madison	亚洲哲学	
布尔茅尔学院 Bryn Mawr College	儒家的五经	
森特学院 Centre College	佛家思想	包括禅宗在艺术中的应用
戴维森学院 Davison College	中国哲学	儒家、道家、墨家、法家和佛家
哈佛学院 Harvard College	亚洲哲学专题	禅宗思想
明德学院 Middlebury College	孔子与儒家 中国哲学 东亚的儒学与儒学传统	
霍利约克山学院 Mount Holyyoke College	亚洲哲学导论	道家、中国佛教
瓦瑟学院 Vassar College	早期中国哲学 中国哲学讨论：庄子	儒家、道家高级课程

— 187 —

续表

学校名称	课程名称	内容简介
韦尔斯利学院 Wellesley College	中国哲学	儒家、道家、禅宗
维拉诺瓦大学 Villanova University	亚洲哲学	佛教、儒家、道家
普维敦斯学院 Providence College	亚洲哲学	道家、儒家与禅宗
新泽西学院 College of New Jersey	中国哲学	儒家、道家、法家、中国佛教、新儒家、毛泽东哲学
费尔菲尔德大学 Fairfield University	东西方哲学导论	
洛约拉学院 Loyola College	亚洲哲学 亚洲思想	
斯克兰顿大学 Univeristy of Scranton	东方哲学	道家、儒家、新儒家
伊萨卡学院 Ithaca College	远东的哲学与宗教 佛教导论	儒家、墨家、阴阳家、道家、易经、禅宗、佛教
洛林斯学院 Rollinns College	中国思想与文学研究	从孔子到毛泽东的哲学著作
葛扎拉大学 Gonzara University	中国哲学	儒家传统、道家传统和佛教传统
波特兰大学 University of Portland	儒家	先秦儒家及新儒家
莱莫恩学院 Le Moyne College	亚洲哲学	道家、儒家、佛家
卡罗尔学院 Carroll College	东方哲学	佛教、儒家、道家

以上调查尽管抽取了美国 28 所高校的中国哲学及相关课程的开设情况，却没有告诉读者哪些课程是哲学院系开设的、哪些课程是在其他院系开设的。而且，这已是 20 年前的调查结果，无法反映当前的情况。鉴于这些原因，笔者根据 2018 年《美国新闻与世界报道》（*US News &*

第五章　第二次世界大战后中国哲学典籍英译在美国的传播

World Report）全球大学排行榜，调查了排名前100的美国大学，考察其中国哲学及相关课程的开设情况，详情见下表。

表5-2　世界排名前100位的美国高校开设的中国哲学及相关课程情况

学校名称	课程名称	开设院系	内容简介
哈佛大学 Harvard University	新儒学	东亚系	介绍、细读和分析主要的新儒学文本，选取周敦颐、张载、程颐、程颢、朱熹及其他新儒家大师的著作及口述辑录
麻省理工学院 Massachusetts Institute of Technology	无		
斯坦福大学 Stanford University	中国哲学 1. 禅宗佛教探究 2. 中国宗教探究 3. 中国佛教文本	哲学系 宗教系	1. 介绍禅宗佛教，研究这一传统在中国和日本的历史和教义的发展，审视禅宗的各个方面，如哲学、实践、礼仪、文化和制度。 2. 从中国的视角理解中国宗教，特别关注翻译的原文本，尝试发现中国宗教的逻辑以及它在中国历史进程中所起的作用。 3. 细读自汉代以来的中国佛教文本，包括《坛经》的翻译，前言、版本记录、故事集、自传等
加州大学伯克利分校 University of California Berkeley	中国哲学	哲学系	通过对所选文本的细读和研究，提供对儒家（孔子、孟子、荀子）、道家（庄子）及禅宗佛教（六祖坛经）三种中国思想传统的理解
加州理工学院 California Institute of Technology	无		
哥伦比亚大学 Columbia University	1. 中国宗教传统 2. 中国佛教和道教的互动	宗教学系	1. 通过历史的调查，凸显中国宗教流派的发展进程，包括"战国"时期各宗教流派的发展以及中国佛教的"黄金时代"的回顾。涉及"新儒学"、晚期帝国时期的通俗文学以及西方思想的影响。 2. 阅读过去2000年来探索佛教和道教之间复杂关系的英文文献，研究两者之间的互补性和张力

续表

学校名称	课程名称	开设院系	内容简介
普林斯顿大学 Princeton University	中国古代经典阅读	中文系	
约翰·霍普金斯大学 John Hopkins University	古典文本中的中国文学	东亚系	阅读古代哲学家的辩论、轶事和故事
华盛顿大学 University of Washington	亚洲文明与传统	东亚系	运用跨学科的方法介绍亚洲文明，特别是自17世纪起至今的印度、中国、日本和韩国的宗教、哲学、文学、艺术及社会和政治思想
耶鲁大学 Yale University	1. 古代中国思想 2. 中世纪中国的哲学、宗教和文学	哲学系	1. 介绍古代中国思想，从发源期到战国及秦汉时期统治阶级的意识形态。话题包括儒家、道家，古代中国社会中知识分子的角色以及智慧的性质和表现。 2. 介绍中国哲学、宗教和文学
加州大学洛杉矶分校 University of California Los Angeles	1. 亚洲哲学 2. 中国宗教 3. 禅宗佛教	1. 哲学系 2. 宗教学系	1. 佛教或中国哲学中的核心概念和论题。 2. 调查中国的宗教生活，重点考察佛教、道教和儒教中的日常宗教习俗。 3. 介绍禅宗佛教传统与其他东亚的基础文化和宗教传统之间的联系
芝加哥大学 University of Chicago	中文文学选读	东亚系	古汉语哲学和历史文本选读
加州大学旧金山分校 University of California San Francisco	无		
加州大学圣地亚哥分校 University of California San Diego	中国历史上的女性家庭；传统中国社会	宗教学系	
密西根安娜堡大学 University of Michigan-Ann Arbor	中国哲学	哲学系 亚洲系	关注从战国到清代中国三个主要的哲学流派，特别关注中国早期的儒家、墨家和道家的伦理宗教、政治思想以及新儒家在帝国时期的发展

第五章　第二次世界大战后中国哲学典籍英译在美国的传播

续表

学校名称	课程名称	开设院系	内容简介
宾夕法尼亚大学 University of Pennsylvania	古代中国伦理	哲学系	介绍古代中国哲学家的伦理和道德哲学，包括孔子、墨子、庄子、孟子和荀子的思想。采用的基本的方法为比较法。另外，本课程将尝试去考察中国古代伦理观是否适合当代道德思想的标准，如功利主义、道义论、德行伦理、公正及政治权力等标准
杜克大学 Duke University	中国哲学	哲学系	中国哲学的主要流派——儒家、墨家和道家的观点；比较中西方文化中讨论的哲学问题及解决方法
康奈尔大学 Cornell University	古典中国文学选读	中文系	引导学生阅读中文原文，向学生介绍各种古典中国文学文体，帮助学生达到高级的阅读水平，读本包括中国哲学著作、历史文本、诗歌和散文，掌故和小说
西北大学 Northwestern University	佛教	宗教学系	运用历史和哲学的视角，把佛教看作是一种建立了一个价值体系的宗教，一种存在的解释以及一种文化实践的方式及仪式
纽约大学 New York University	中国的信仰及社会生活	宗教学系	用历史的视角考察道家及儒家经典文本及它们的综合，还有中国佛教，如禅宗佛教，过去及现在的性别问题及宗教关系
加州大学 圣芭芭拉分校 University of California Santa Barbara	1. 古代中国思想中的伦理和社会 2. 佛教对汉语言文化的影响	中文系	1. 考察中国古代思想家怎样处理个人在社会中的地位，突出他们与当代伦理和社会讨论相关的传统观点。 2. 佛教对汉语言文化的影响
威斯康星麦迪逊大学 University of Wisconsin Madison	1. 道学 2. 儒家 3. 佛家思想	宗教学系 东亚系	1. 研究关于老子和庄子的著述及观念以及道教历史及各个方面，思考道家对文学的影响。 2. 佛教传入中国之前儒家思想的发展，强调其与相竞争观点之间的互动，特别关注道德和人性的观点，在更宽泛的价值理论中强调儒家思想的根源。所有阅读材料均为译本。 3. 调查重要哲学家著作中佛家思想的基本倾向

续表

学校名称	课程名称	开设院系	内容简介
华盛顿大学圣路易斯分校 Washington University in St. Louis	1. 研讨：孔子说了什么？中国的伦理、权力及经典 2. 儒家思想	宗教学系	1. 我们怎样才能过得幸福？我们所做的道德选择的基础是什么？建立一个道德的社会是政府的责任还是个人的责任？这些问题是中国哲学辩论的中心话题，然而，它们至今仍具有普遍性。回应这些问题的中国思想家都是人类历史上思想最深邃的也是最有话语权的。本课程研究孔子、孟子、墨子、老子和庄子的思想及其对后来中国社会、文化、历史的影响。 2. 介绍儒家的历史、教义，研究它在古代中国的发展以及在东亚的传播，特别关注"礼"的问题以及儒家是怎样尝试将社会交往礼仪化的问题。阅读孔子、孟子和荀子论著中有关"礼"的论述
波士顿大学 Boston University	中国哲学	哲学系	探讨古代中国哲学问题，讨论孔子、墨子、孟子、庄子和荀子的思想。主要目的是给学生展现古代中国丰富的、生动的和多元的哲学图景。人性从根本上来说是好还是恶？人们如何建成一个永久的社会秩序？什么是构成我们生活的因素？等等
明尼苏达大学双子城分校 University of Minnesota-Twin Cities	中国历史上的帝制时期的宗教和社会	宗教学系	中国历史上的帝制时期各种各样的宗教经历。作为生活实践的宗教，注疏传统、佛家、道家、儒家及它们之间的关系，西方传教士在中国的传教事业
科罗拉多大学博尔达分校 University of Colorado Boulder	中国宗教	宗教学系	综合研究中国古代宗教经典，考察其主要宗教传统的历史发展，宗教信仰及实践，中国各地宗教的多样性以及中国宗教的全球传播
俄亥俄州立大学 Ohio State University Columbus	亚洲哲学	哲学系	考察以下亚洲哲学体系中至少三种：印度教、佛教、拜火教、道教和佛教

第五章　第二次世界大战后中国哲学典籍英译在美国的传播

续表

学校名称	课程名称	开设院系	内容简介
加州大学圣塔克鲁兹分校 University of California Santa Cruz	1. 公元前10世纪至6世纪的古典中国文化及文学 2. 6至16世纪的古典中国文化及文学	历史学系	1. 考察从公元前10世纪到6世纪间的著作和文化，在碎片化、帝国形成、动态坍塌、背叛、隐士主义及宫廷社会的语境中去重点考察诗歌、哲学和历史著作、神话、佛教和道家文本 2. 考察从唐代到明代早期的著作和文化，主题包括文学、宗教和哲学的创新，宫廷生活，与非汉人之间的文化接触以及国家和社会的变化
匹兹堡大学 University of Pittsburgh	介绍中国哲学思想或伦理	哲学系	
伊利诺伊大学香槟分校 University of Illinois at Urbana-Champaign	中国思想及文化	宗教学系 东亚系 历史学系	考察中国的主要哲学宗教和政治流派的思想，如儒家、道家、禅宗佛教和毛泽东思想，作为理解世界一种主要文明的方式。对古代哲学家的时期、帝国的光辉岁月、与西方接触的交困时代都给予同等关注
加州大学戴维斯分校 University of California Davis	亚洲哲学	哲学系	
南加州大学 University of Southern California	佛教	宗教学系	介绍佛经文献及基本教义
宾州大学帕克分校 Pennsylvania State University-University Park	亚洲哲学及问题	哲学系	探索佛教、印度教、道家和儒家其中一种或几种哲学体系的传统、问题及作者
范德堡大学 Vanderbilt University	亚洲哲学	哲学系	亚洲哲学思想，特别是从古至今的印度和中国思想、理论与实践
埃默里大学 Emory University	亚洲哲学	东亚系	道家、佛教、禅宗、《易经》
加州大学尔湾分校 University of California-Irvine	亚洲宗教	宗教学系	研究一些具体的亚洲宗教传统如印度教、佛教、道教、儒教、那教、锡克教

续表

学校名称	课程名称	开设院系	内容简介
卡内基梅隆大学 Carnegie Mellon University	走近中国哲学：基础文本及意义	哲学系	集中学习中国古代哲学文本，如《易经》《道德经》等，同时研究《太极传》中蕴含的这些哲学思想。思考科学的角色和地位及其在中国社会中的解释，也讨论哲学典籍跨语言及跨时代翻译的困难。讨论古代文学和实践及其对科学、形而上学、思想及身体的两分法和因果论的联系，以古代文本中的汉字、卦象和实体形状为研究的出发点
莱斯大学 Rice University	佛教	宗教学系	佛教思想、艺术及冥想
布朗大学 Brown University	古典道教的思考基础	东亚系	
佛罗里达大学 University of Florida	亚洲宗教	宗教学系	本课程研究人类文化的宗教范畴，聚焦亚洲宗教，特别是古代及中世纪的印度教、佛教、儒教和道教。在阅读亚洲古代的经文和哲学文本的基础上，我们将思考西方学术、大众媒体及新精神运动是如何解释亚洲思想的

根据2018年《美国新闻与世界报道》全球大学排名榜，全球排名前100位的大学中有48所是美国的大学，其中11所大学本书作者无法查询到其开设中国哲学及相关课程的信息，其余的37所大学都开设了中国哲学及相关课程。这37所大学中，有14所学校是在哲学系开设中国哲学及相关课程的，"中国哲学"或是作为"亚洲哲学"的重要部分，或是作为独立设置的哲学课程来讲授。其他23所大学中，15所学校的宗教学系、9所学校的东亚系、3所学校的中文系以及2所学校的历史系也分别开设了佛教、儒家思想、道家思想、墨家、古代中国思想、伦理、社会等课程，把中国哲学的某学派或代表人物的思想作为一门课程来讲授，研究的方法既有以原典的历史文化语境及文本为视角的"还原法"，也有从当代视角出发，运用当代西方标准来衡量中国古代思想的"比较法"，课程教材均为中国传统经典的英文译本。开课最多的还

是佛教思想，用美国汉学家安靖如的话来说：在美国，人们"大多认为儒家是中国或东亚的地方性宗教或思想，而佛教却似乎更为普遍；再就是儒家被认为是旧式的、保守的，而人们对佛教却没有这种印象"。①

综合以上分析，相对于20世纪50年代至80年代的情况，中国哲学在美国大学的地位已得到了很大提升，无论是经济发达的东、西部还是地域辽阔的中部，无论是私立大学还是州立大学乃至普通的院校都开设了中国哲学及相关课程，且多数是为大学本科生开设的课程。不仅如此，越来越多的美国大学的哲学院系开设了中国哲学课程，与在宗教学院系开设中国哲学课程的数量几乎相当，这意味着，美国学界已逐渐把中国哲学当作哲学学科，当作是人类共同的人文思想遗产的一部分，而不像以往那样，仅仅把它当作宗教学或历史学的研究对象。随着中国哲学在美国高校的传播，越来越多的美国大学生能在课堂上接触到中国哲学及相关知识，不少人对此表现出浓厚的兴趣，有人愿意选择中国哲学作为自己所学专业甚至是一生从事的研究领域。根据南乐山的描述，"20世纪后半期以来，美国的哥伦比亚大学、耶鲁大学，加拿大的多伦多大学等培养出了大批以中国文献及历代评论的研究和翻译为学位论文的毕业生，这些毕业生又在北美其他大学复制这种模式，培养出了更多的毕业生，大量产出中国哲学方面的优秀译本和数量日增的关于中国哲学的研究论文"，② 他们又会成为中国哲学在美国新一轮的传播者。

1.5　孔子学院开设的中国哲学、文化课

2011年十七届六中全会明确了孔子学院在文化"走出去"工程中的战略地位。截至目前，全球162个国家（地区）共有545所孔子学院和1170个孔子课堂，其中，美国拥有孔子学院85所，孔子课堂13所。③ 孔子学院和孔子课堂的建立，为中国语言文化的海外传播搭建了平台，

---

① Lyu Jianlan, Tan Xiaoli & Lang Yong, "On the Translation, Promotion and acceptance of Chinese Philosophy in the United States", *Asia Pacific Translation and Intercultural Studies*, Vol. 5, No. 1, 2018, p. 95.

② Robert Cummings Neville, *Ritual and Deference: Extending Chinese Philosophy in a Comparative Context*, Albany: State University of New York Press, 2008, p. 60.

③ 参见国家汉办官网，http://www.chinese.cn.

间接的也推动了中国典籍英译作品在海外的传播。

　　本节通过随机抽取美国 25 所孔子学院的办学数据,从课程设置和师资队伍两个方面考察孔子学院在传播中国哲学、文化中发挥的作用及存在的问题。

表 5-3　　　　　　　　　美国 25 所孔子学院课程设置①

序号	孔子学院名称	中方合作大学	课程数量	课程名称
1	马里兰大学孔子学院	南开大学	2	1. 为成人开设的中文课 2. 为儿童和青少年开设的中文课
2	纽约州立布法罗大学孔子学院	首都师范大学	7	1. 中文与中国文化俱乐部 2. 社区中文课 3. 一对一中文辅导 4. 商务汉语 5. "体验中国"夏令营 6. 课后"体验中国" 7. 客座教师在当地学校实习
3	威廉·玛丽大学孔子学院	北京师范大学	7	1. 太极 2. 汉语一级、二级课程 3. 汉字书法 4. 武术工作坊 5. 中国画 6. 烹饪 7. 二胡
4	奥古斯塔大学孔子学院	上海中医药大学	2	1. 普通话 2. 传统中医
5	新罕布什尔大学孔子学院	成都学院	4	1. 基础汉语 2. 中国文化入门 3. 中级汉语 4. 高级汉语会话与写作
6	夏威夷大学马诺阿分校孔子学院	北京外国语大学	4	1. 基础普通话 2. 中级普通话 3. 普通话三级 4. 中国哲学
7	爱荷华大学孔子学院	华东理工大学	4	1. 文化报告 2. 书法 3. 太极 4. 茶

---

①　根据各孔子学院官方网站信息整理而成。

续表

序号	孔子学院名称	中方合作大学	课程数量	课程名称
8	密西根大学孔子学院	中国人民大学	4	1. 汉语发音 2. 太极 3. 特别工作室 4. 美式中国菜烹饪
9	密西根州立大学孔子学院	中央广播电视大学	2	1. 在线汉语课 1A–4B 2. 中国文化探索与欣赏系列 1）中国传统节日 2）中国艺术 3）生活在中国 4）中国民间艺术 5）中国民间体育运动 6）中国传统风俗 7）中国文化象征 8）中国旅游集锦
10	俄克拉荷马大学孔子学院	北京师范大学	1	长城汉语口语1，2级 1）午餐话题：怎样与中国人交流 2）午餐话题：中国舞蹈与舞蹈文化 3）午餐话题：中国文化、菜式、茶、礼节、书法、散打、中国跆拳道、太极、麻将
11	北卡罗来纳州立大学孔子学院	南京师范大学	2	1. 汉语入门 2. 基础汉语
12	波特兰州立大学孔子学院	苏州大学	20	成人汉语课 1）中文电影课 2）中文诗歌 3）扬琴 4）汉语新闻阅读 5）现代汉语 6）英汉翻译 7）算术 8）初级汉语 HSK 1 9）中级汉语 HSK 3 10）高级汉语 HSK5 11）古筝 12）广场舞 13）电视节目中的中国社会 14）中国茶文化 青少年课程 1）汉语入门 2）中低级汉语 3）高级汉语 4）亲子汉语 5）下围棋学汉语 6）中国书法

续表

序号	孔子学院名称	中方合作大学	课程数量	课程名称
13	犹他大学孔子学院	四川大学	7	1. 初级汉语普通话Ⅱ 2. 中级汉语Ⅱ 3. 普通话第三年Ⅱ 4. 高级汉语 5. 商务汉语 6. 汉语语言学入门 7. 古代文学 文化活动：中国音乐会、中文演讲比赛、中国书法与绘画展示、中国新年
14	德克萨斯大学达拉斯分校孔子学院	东南大学	8	1. 初级汉语Ⅰ，Ⅱ 2. 中级汉语Ⅰ，Ⅱ 3. 高级汉语Ⅰ，Ⅱ 4. 商务汉语Ⅰ，Ⅱ 5. 健身太极 6. 汉字和书法 7. 中国水墨画 8. 剪纸
15	南佛罗里达大学孔子学院	青岛大学	2	1. 汉语课程 2. 非学分课程
16	明尼苏达大学孔子学院	首都师范大学	5	1. 中国城市 2. 烹饪 3. 文学 4. 旅游 5. 哲学
17	亚特兰大孔子学院	南京大学	2	1. 赴中国参加汉语桥夏令营（中学生） 2. 亚特兰大本地举办的本地夏令营（中小学生）
18	阿克伦大学孔子学院	河南大学	7	1. 初级汉语 2. 中级汉语 3. 电影中的中国文化 4. 通过媒体的中国会话 5. 汉语阅读和写作 6. 汉语作文 7. 现代汉语阅读
19	圣地亚哥州立大学孔子学院	厦门大学	4	1. 汉语桥夏令营 2. 赴中国汉语桥代表团 3. 大学董事会下的孔子学院和课堂 4. 汉语客座教师和实习教师课程

第五章　第二次世界大战后中国哲学典籍英译在美国的传播

续表

序号	孔子学院名称	中方合作大学	课程数量	课程名称
20	特拉华大学孔子学院	厦门大学	4	1. 书法和毛笔画 2. 民族舞 3. 功夫 4. 太极
21	阿尔弗莱德大学孔子学院	中国地质大学（武汉）	4	1. 汉语 2. 中国探索课程 3. 儿童和青年学习倡议 4. 企业培训
22	乔治·华盛顿大学孔子学院	南京大学	7	1. 初级汉语 2. 中级汉语 3. 中高级汉语 4. 高级汉语 5. 商务汉语 6. 一对一语言课 7. 订制汉语课程
23	杜兰大学孔子学院	华东师范大学	3	1. 学术汉语 2. 社区成人普通话课程 3. 汉语桥竞赛
24	堪萨斯州立大学孔子学院	无	3	1. 汉语课 2. 中国文化旅游 3. 中国文化拓展活动
25	北佛罗里达大学孔子学院	陕西师范大学	3	1. 基础汉语及文化 2. 商务沟通 3. 中国旅游入门

表5-4　**美国20所孔子学院师资数量和学历情况统计表**①　　（单位：个）

序号	学院名称	中方合作大学	教职工总数	职员数量	教师数量	教师中本科学历人数	教师中硕士学历人数	教师中博士学历人数
1	马里兰大学孔子学院	南开大学	5	1	5	1	3	1

① 从表中各孔子学院官方网站的信息整理而成。

续表

序号	学院名称	中方合作大学	教职工总数	职员数量	教师数量	教师中本科学历人数	教师中硕士学历人数	教师中博士学历人数
2	纽约州立布法罗大学孔子学院	首都师范大学	20	5	19	6	9	4
3	威廉玛丽大学孔子学院	北京师范大学	6	2	4	0	5	1
4	奥古斯塔大学孔子学院	上海中医药大学	3	0	3	1	1	1
5	新罕布什尔大学孔子学院	成都学院	3	1	2	1	2	0
6	北卡罗来纳州立大学孔子学院	南京师范大学	6	0	6	0	5	1
7	犹他大学孔子学院	四川大学	6	0	6	2	3	1
8	德克萨斯大学达拉斯分校孔子学院	东南大学	4	0	4	0	3	1
9	南佛罗里达大学孔子学院	青岛大学	7	3	4	0	3	1
10	明尼苏达大学孔子学院	首都师范大学	21	16	7	1	2	4
11	亚特兰大孔子学院	南京大学	4	4	2	0	1	1
12	阿克伦大学孔子学院	河南大学	14	12	2	0	1	1
13	圣地亚哥州立大学孔子学院	厦门大学	12	12	3	2	1	0
14	特拉华大学孔子学院	厦门大学	9	9	7	2	2	3
15	阿尔弗莱德大学孔子学院	中国地质大学（武汉）	29	4	25	6	18	1
16	密西根大学孔子学院	中国人民大学	14	8	6	3	3	0
17	乔治—华盛顿大学孔子学院	南京大学	20	4	16	8	8	0
18	杜兰大学孔子学院	华东师范大学	15	10	5	3	2	0
19	堪萨斯州立大学孔子学院	无	12	11	1	0	1	0
20	北佛罗里达大学孔子学院	陕西师范大学	8	3	5	3	2	0
	总数		218	110	132	39	75	21
	平均数		11	6	7	2	4	1

1.5.1 美国的孔子学院的课程设置：重语言轻文化

表5-3中的课程设置表明，美国孔子学院的课程内容大致有这样

三种:"一是汉语言课程及商务汉语;二是技艺类课程,如太极、功夫、书法、绘画、音乐、民族舞蹈、厨艺、剪纸等;三是思想文化类课程,即中国文学、中国哲学等中国传统文化课程"。①

美国孔子学院的课程设置中,首先是汉语言课程,其次是技艺类的文化课程,最后才是思想文化类课程。每一所孔子学院都开设汉语言课程,并有详细的分级、分类,而思想文化类课程只有少数的几个学校开设,如夏威夷大学孔子学院、犹他大学孔子学院、明尼苏达大学孔子学院和堪萨斯州立大学孔子学院。由此可见,思想文化类课程并未得到相应的重视,而"文化类课程中又重视技艺类文化,忽视思想类文化的传播"。② 在授课中,"教师和学生在课堂对话中经常谈论与休闲活动有关的话题:他们在旅游、购物、听音乐、竞技体育上有着共同的兴趣,有时也讨论烹饪、划船、民间音乐,以及各自国家在国际上发挥作用的政治问题等"。③ 当然,技艺类文化也属于中国传统文化范畴,但在传授和理解的过程中容易流于形式,停留在浅层次,难以提升到思想文化的高度。例如,外国学生很容易对中国的"太极"感兴趣,但他是否被传授者引导去体悟太极拳与中国传统文化的内在联系?是否能了解太极中所蕴含的中国哲学思想?我们不得而知,事实上也不容易做到。因此,如何利用孔子学院这一平台传播中国哲学思想和文化?如何突破中外文化屏障优化中国思想文化的传播效果,这是值得思考和研究的问题。

1.5.2 师资数量不够,教师的跨文化适应能力不强

从表5-4统计的数据来看,所抽取的20所美国孔子学院的平均教职工数为11人,平均教师数仅为7人,整体师资力量薄弱。再者,"由于历史原因,目前绝大多数从事中国文化海外传播的从业者没有很好的

---

① 张若男:《美国孔子学院办学现状及其文化传播策略研究》,《上海教育评估研究》2017年第1期。

② 张若男:《美国孔子学院办学现状及其文化传播策略研究》,《上海教育评估研究》2017年第1期。

③ Stambach, A., "Confucius Institute Programming in the United States: Language Ideology, Hegemony, and the Making of Chinese Culture in University Classes", Anthropology & Education Quarterly, No. 1, 2015, pp. 55-70.

中国传统文化训练,缺乏中国传统文化的素养,从而直接影响了中国文化海外传播的效果"①。"国家汉办外派教师大部分本体知识扎实,对外汉语教学理念强,受过比较专业的培训,有一定的教学经验支撑,所不足的是缺乏跨文化背景下的教学和生活经历,这使教师不得不在国外面对一个'摸着石头过河'的适应阶段"。②"这里所说的跨文化适应能力不仅包括适应目的国的语言文化环境,也包括对中国传统文化的理解和内化"。③"中方教师在跨文化环境中容易产生陌生感,在适应当地社会文化环境方面存在障碍,并且对异质文化中的学习者的不同层次的文化学习需求,以及心理特征的把握都具有一定的困难"。④

1.5.3 孔子学院举办的相关学术研讨与讲座

尽管在以上美国大学孔子学院的课表中很少发现中国哲学课程,但一些孔子学院举办的学术会议和讲座的确是以"中国哲学"作为交流的主题和内容开展的,起到了直接传播中国哲学的作用。例如,纽约州立布法罗大学孔子学院与该校哲学系合作,于2017年召开了一场以"中国哲学"为主题的研讨会,其中有两个议题:一、中西哲学比较:纪念余纪元教授;二、从建筑与设计中重申儒家的自然和谐观。该校2018年5月举办了一场以"孔子思想的新视角——把握时机与生态伦理的思想核心"为题的学术讲座,以当代及实用的眼光审视孔子儒学。另外,加州大学洛杉矶分校孔子学院也于2018年5月举办了一场以"东西方医学"为题的学术研讨会,运用比较和对比的方法详细讨论中医和西医的原理及运作机制,是一次着眼于东西方传统文化比较的学术研讨。从这些学术活动的主题来看,无论是主办方还是主讲方,都是以挖掘中国传统文化的核心理念、哲学启示、道德思想为目的,并把交流的内容切合当今时代主题和实际需求,扩大了中国哲学的传播范围。不

---

① 张西平:《中国文化"走出去"年度研究报告(2015卷)》,北京大学出版社2016年版,第33页。

② 吕明:《美国孔子学院教师教学本土化的调查及培训策略》,《延边大学学报》(社会科学版)2014年第5期。

③ 张若男:《美国孔子学院办学现状及其文化传播策略研究》,《上海教育评估研究》2017年第1期。

④ 张若男:《美国孔子学院办学现状及其文化传播策略研究》,《上海教育评估研究》2017年第1期。

过，举办这样的学术活动的孔子学院为数较少，次数也有限，这不能说不是个遗憾。

表5-5　近年来美国孔子学院举办的中国哲学研讨和讲座一览表

孔子学院	学术研讨会	学术讲座
纽约州立布法罗大学孔子学院	"中国哲学"：1. 中西哲学比较：纪念余纪元教授；2. 从建筑与设计中重申儒家的自然和谐观。（2017.11）	孔子思想的新视角——把握时机与生态伦理的思想核心（2018.5）
加州大学洛杉矶分校孔子学院	东西方医学（2018.5）	

1.6　其他形式的传播

1.6.1　图画文本助力"悦"读

近年来中国哲学作品的英译本，在传统文字版本之外，又开拓出多种通俗文本，且形态多样生动，不再只是文字符号。比如漫画译本，以"蔡志忠漫画中英文版（中国传统文化系列）"（The Wisdom of the Classic in Comics）为例，此系列以中文漫画原著为底本进行英译，出版者借助漫画家"独特而富有吸引力的画风，将中国古代经典著作中博大精深的思想深入浅出地呈现给读者。儒家构建和谐社会的智慧、道家崇尚自由与自然的智慧、兵家不战而胜的智慧……通过蔡志忠画笔下一个个鲜活、有趣、生动的形象得到简明、精确的阐释"[①]。该系列后由 CPG International Sydney 购得版权，于 2008 年在澳洲重新出版，2013 年再次由中国对外翻译出版公司出版，更名为"中英文对照版蔡志忠漫画·中国传统文化经典（漫画中国思想系列）"（Classic Comic Chinese Traditional Culture in Bilingual · Comic Chinese Thought Series）。其中的《庄子说：自然的箫声》（Zhuangzi Speaks: The Music of Nature, 1992）中英文对照版和《禅语》（Zen Speaks: Shouts of Nothingness, 1994）之前已在美国出版。《庄子说》的出版方介绍说："通过蔡志忠的热情和技巧，庄子学说的最早及核心部分可供千百万华语圈的人们阅读，否则他们没有机会欣赏道家的重要著

---

① 参见 http://item.jd.com/10046384.html.

作。这本连环漫画书经由布莱恩·布雅的英译如今西方读者可以阅读了。全书每页的边际附有庄子选段的文言中文。英译文及有趣的卡通画面使人想起了庄子崇尚自然的状态,即他所提倡的一种对生活的态度;放弃欲念、雄辩和壮志,倾听自然界/本性的音乐"①。

中国古代故事《花木兰》因其普世价值已成为世界性的文化资源,受到海内外文化机构的竞相开发利用(王建开,2013),由此产生了多种绘画译本。先有汉英对照图画书《木兰传奇》(*China's Bravest Girl*: *The Legend of Hua Mu Lan*, 1993),之后是英国古尔德(Janet Hardy-gould)主编的绘本(*Mulan*, 2010)。罗布赫梅尔根据迪士尼动画电影 Mulan(1998)改编的卡通故事《花木兰》(*Mulan*, 1998)被收入外研社"迪士尼双语电影故事·经典珍藏"丛书,编者声明:"我们以双语故事的形式呈现这些迪士尼动画电影,加入学习主题和配套的英语小游戏,并且提供免费的双语音频,供读者收听。""动画电影被改编为读本,是一个反向创新(通常是将故事改编成动画电影)"。② 迪士尼动画片曾使各国文学精品得以闻名世界,我们也可以借助由动画电影获得的文化资本和象征资本,再将中国典籍故事改编为动画读本,推广到更广泛的读者圈中去。

1.6.2 动漫电影立体动感体验

1998 年,美国迪士尼公司出品了动漫电影《花木兰》(*Mulan*)。该片取材于中国古代乐府诗《木兰辞》,讲述的是北魏年间,匈奴入侵,民间女子花木兰替父从军、驰骋疆场、杀敌立功的故事。

该片是迪士尼首次采用中国元素为题材的电影,既有迪士尼风格,更强调了中国特色。主人公木兰形象的塑造也有别于迪士尼影片中经典女英雄的形象。该片于 1998 年在美国上映,观众主要为欧美国家人士,创造了 3 亿美元的全球票房纪录。

自有动漫以来,《西游记》大概是四大名著中被动漫改编次数最多

---

① 王建开:《经典与当代的融合:中国文学作品英译的通俗形态》,《当代外语研究》2014 年第 10 期。

② 王建开:《经典与当代的融合:中国文学作品英译的通俗形态》,《当代外语研究》2014 年第 10 期。

第五章　第二次世界大战后中国哲学典籍英译在美国的传播

的中国古典名著。从 20 世纪 40 年代由万氏兄弟执导的《铁扇公主》，到上海美术制片厂的《大闹天宫》，甚至哆啦 A 梦的剧场版《大雄的平行西游记》，无论是国漫、日漫似乎都对这师徒四人情有独钟。《西游记》在国门之外同样影响力巨大，特别是与中国一衣带水的日本，对盛唐文化的倾慕，使《西游记》这一大唐玄奘法师西行游记的奇幻故事，成为众多文学艺术创作者关注的宝库。《七龙珠》不仅在日本漫画史上占据重要的地位，在中国影响力也非常大。不过，《七龙珠》虽然借鉴了《西游记》的元素，但是却对原著进行了大刀阔斧地改编。英文版的《西游记》(*Journey to the West*) 动漫则是由韩国一个通过动画故事来进行英语教育的专业少儿英语教育公司 Little Fox 制作的，共有 108 集，每集时长 5—7 分钟，一集讲述一个故事，故事都是基于原著。美音朗读，英文字幕，画质高清。适合小学、初中、高中程度的非英语国家的中小学生练习听力，培养语感，也适合成人观看，里面很多词汇非常实用，受到了观众的欢迎。

1.6.3　网络媒体开辟传播渠道

出版中国典籍英译作品的海外出版社除了出版发行纸质图书之外，还会积极利用亚马逊图书网等平台进行在线拓展营销。作为数字化的图书营销平台，亚马逊图书网以其"融合文字、图像、声音和视频等多种信息模式，资源丰富，容量巨大，受众可以选择不同的传播形态和接受方式"[①] 的优势，"连接着广大的目标读者群体，从而能够迅速而有效地扩大并延伸典籍译本的传播与销售范围"。[②] 更为重要的是，亚马逊网站是"具有一定独立性的社会公共空间，权力相关者在此发生联系"。[③] 在这里，译作的意向购买者可与出版商和已购买者联系，了解图书的相关情况，而已购买译作的读者可以对译本开展在线评论，交流阅读感想，互通阅读信息，进行广泛传播。利用互联网购买和评价图书

[①] 刘天明：《媒介与文学的双重变奏：以四大名著为例分析媒介在文学传播中的作用》，《东北师大学报》（哲学社会科学版）2010 年第 3 期。

[②] 王海珠、王洪涛：《中国文学在西方多媒介传播的社会学分析——以莫言〈红高粱家族〉为例》，《燕山大学学报》（哲学社会科学版）2020 年第 1 期。

[③] 刘天明：《媒介与文学的双重变奏：以四大名著为例分析媒介在文学传播中的作用》，《东北师大学报》（哲学社会科学版）2010 年第 3 期。

的读者"无疑是公共网络空间话语的建构者,实现了文本媒介(译作)与网络媒介(亚马逊图书网)的交互传播"。①

中国传统文化和哲学思想的传统传播媒介主要包括书籍、报纸、期刊等。这些媒介在过去的几个世纪中对中国思想文化向西方传播发挥了重要作用,但却受到传播空间上的覆盖面、传播规模上的发行量、媒体承载的信息量、传播时间上的滞后性以及传播方式上的单调性的限制,② 20 世纪八九十年代之后,互联网的出现为中国典籍的传播开辟了新的渠道。在全球华人以及汉学研究者的共同努力下,现已形成了由多家网站构成的网络传播格局。例如,在 Google 搜索引擎上搜索关键词"Chinese philosophy",可得到 283000000 条信息;搜索关键词"中国哲学",可得到 127000000 条信息。以下是目前国外介绍中国哲学的主要网站的基本情况:

1994 年 10 月 5 日,国际儒学联合会(International Confucian Association)在北京正式成立。该组织由世界各地的儒学学术团体共同发起,以"研究儒家思想,继承儒学精华,发扬儒学精神,以促进人类之自由平等、和平发展与繁荣"③ 为宗旨。国际儒学联合会网站(http://www.ica.org.cn)主页所设栏目包括综合报道、孔子与儒学、儒学在当代、评论与争鸣、儒联概览及个人文集等,致力向国外推介儒学思想及中国儒家文化。该网站创办以来受到各类学者及读者的好评,是一个涉及面广、内容丰富的权威性综合网站。

另外,近年来随着孔子学院在美国的建立,相应的网站也随之建立起来,这些网站都不同程度地对中国哲学思想、特别是儒家思想进行了有效的传播。这些网站包括:

德克萨斯 A & M 大学孔子学院 http://confucius.tamu.edu/

马里兰大学孔子学院 http://www.international.umd.edu/cim/

---

① 王海珠、王洪涛:《中国文学在西方多媒介传播的社会学分析——以莫言〈红高粱家族〉为例》,《燕山大学学报》(哲学社会科学版)2020 年第 1 期。

② 参见李玉良、罗公利《儒家思想在西方的翻译与传播》,中国社会科学出版社 2009 年版,第 306 页。

③ https://baike.baidu.com/item/%E5%9B%BD%E9%99%85%E5%84%92%E5%AD%A6%E8%81%94%E5%90%88%E4%BC%9A/6276326?fr=aladdin.

芝加哥大学孔子学院 http：//www.confuciusinstitutechicago.org/
堪萨斯州立大学孔子学院 http：//www.confucius.ku.edu/about.shtml
密歇根州立大学孔子学院 http：//confucius.msu.edu
堪萨斯大学孔子学院 http：//confucius.ku.edu/
等。

1.6.4　报刊媒体报道中国思想文化

报刊是文化传播的重要载体，在中国思想文化的对外传播中发挥了重要的作用。从传播内容看，报刊主要以文字作为符号代码，能够刺激受众进行理性与感性思维，擅长对消息及事物进行详细的描写与分析，适合于高抽象度信息的传播。哲学思想本身就是高度概括的命题，需要受众进行理性与感性相结合的分析和理解，在这个意义上，报刊具有无可比拟的优势。

从传播的效果看，报刊易于保存，如今又有了电子版本，可以根据受众所需，随意延长内容的接受时间，以便分析比较。对中国哲学思想的理解和把握不可能一蹴而就，往往需要长时间的坚持，报刊正好满足这个要求。

从传播接收方式看，报刊体积小，重量轻，便于折叠，便于携带，无论是在路途中、饭桌前、交谈中、随时随地都可以进行信息接收，这使得中国哲学思想的传播更加方便。

从媒介制作成本看，报刊价格低廉，只要传播方式得当，随时可赢得受众。这就扩大了中国哲学思想的传播广度，使普通大众也有能力接触到中国哲学。

由于中国哲学的广泛传播以及在西方的影响，关于中国哲学的新闻、评论、介绍开始更多地见诸国外报端，与国内报刊相比，更注重对中国哲学基本思想的介绍、作品（译作）的推介以及发展新动向的评介。例如，美国的《华盛顿邮报》（Washington Post）1995年12月13日发表了介绍孔子及其思想的文章，*WORDS OF WISDOM：Who Was Confucius? What Did He Say?* 2007年7月24日又发表了文章 *Confucius Making a Comeback in Money-Driven Modern China*，对中国当前学习儒学热潮进行了报道和分析。《美国新闻周刊》（*Newsweek*）2007年7月2

日刊登的题为 Beijing Goes Back to Confucius 的报道,《洛杉矶时报》(Los Angel Times) 2007 年 5 月 7 日发表题为 She makes Confucius Cool Again 的文章,介绍国内以讲解《论语》而出名的于丹教授。美国《出版周刊》(Publication Weekly) 2002 年 12 月 25 日刊登了评论,推介了安乐哲与郝大维合译的《道德经的哲学翻译》(Making This Way Significant – A Philosophical Interpretation of Daodejing),介绍了该书的译者,译作的体例、特征和创新价值。

1.6.5 广播电视传播中国哲学思想

"在传媒高度发达的今天,广播电视媒体,特别是电视,作为当今世界的强势媒体,在文化交流与传播方面发挥着至关重要的作用,电视媒体的导向,往往能影响一个国家大众的观点和看法"。①

广播电视的受众群极其广泛,运用得当,能使中国哲学思想的广泛传播成为现实。广播电视不仅可以综合各种艺术门类的表现手段,而且传播内容丰富多彩,包罗万象。同时,广播电视传播直观形象,形式立体,具有极强的感染力。与纸质媒体不同,广播电视使受众可以边接收信息边做自己的事,也就是说,接受方式很随意,在很大程度上方便了受众。

国外广播电视媒体对中国哲学的传播主要是以专题节目和新闻报道这两种方式进行的。

(1) 专题节目。BBC 和 VOA 等世界重要媒体经常关注中国儒家思想,时有一些较深层次的报道,主要形式之一是专题节目。例如,VOA 于 2007 年 7 月就 2020 年中国文化前景进行了专家访谈,其中一部分内容是关于儒家思想在中国文化中的地位和作用问题,并做了系列报道。②

(2) 新闻报道。在 BBC 和 VOA 等媒体中经常可以听到关于孔子的新闻报道。2008 年 8 月 15 日,VOA 以 Scholar Says Changing China Has New Respect for Confucius(变化中的中国重新尊孔)为题,报道了儒家

---

① 李玉良、罗公利:《儒家思想在西方的翻译与传播》,中国社会科学出版社 2009 年版,第 318 页。

② http://www.voanews.com/chinese/archive/2007 – 08/w2007 – 08 – 07 – voa3.cfm.

第五章　第二次世界大战后中国哲学典籍英译在美国的传播

思想在现代中国社会的政治经济建设中所发挥的积极作用。①

总的看来，美国广电媒体对中国哲学思想的传播数量和深度还十分有限，而且有些报道有一定的猎奇性质，还有一些报道则存在某些方面的偏见。这种情况表明，一方面，美国社会对中国哲学思想的关注程度相对以前有所提高；另一方面，需要国外知华、亲华人士发挥影响力，及时纠正媒体一些带有错误偏见的报道。

2　第二次世界大战后中国哲学典籍英译作品在美国的传播范围及影响力

"图书馆馆藏量能衡量图书的文化影响，被认为是检验出版机构知识生产能力、知名度等要素最好的标尺"。②采用本书第三章中分析过的几种代表性中国哲学典籍英译本的"全球图书馆的收藏数据来衡量它们的世界影响力，是一个经得起推敲的评估标准"。③此外，对Amazon图书网上中国典籍英译本的调查数据能在一定程度上说明中国典籍英译本在国外的阅读情况。这两个方面的情况能够反映中国哲学典籍英译本在全球，包括美国的流通和传播范围及影响力。

2.1　中国哲学典籍几种类型的英译代表作在世界图书馆的收藏

"目前能够提供全球图书馆收藏数据的 OCLC（Online Computer Library Center, Inc.）即联机计算机图书馆中心，属于覆盖范围相对较大的公益性组织之一，总部设在美国的俄亥俄州，成立于1967年。截至2011年年底，加盟图书馆数量已达23815家（公共图书馆5051家，大学图书馆4833家，中小学校图书馆8897家，各类政府图书馆1604家，职业学院、社区学院图书馆1074家，企业图书馆1296家，协会机构图书馆661家，其他图书馆297家），涉及全世界112个国家和地区，470

---

① 参见http://www.Voanews.Com/english/archive/2008-08/2008-08-15-voa50.cfm.
② 何明星：《莫言作品的世界影响地图》，《中国出版》2012年第6期。
③ 何明星：《莫言作品的世界影响地图》，《中国出版》2012年第6期。

多种语言"。① 本节分别就第三章详细讨论过的陈荣捷、安乐哲、艾文荷三位译者的中国典籍译作与伯顿·沃森、西蒙·利斯、爱德华·森舸澜以及蔡志忠与布莱恩·布雅合作的《论语》译本的馆藏数量、国家分布及不同类型的图书馆分布等数据给予分析,力求分析出它们各自在全球范围及美国各地区的影响。

表 5-6 陈荣捷的中国哲学典籍英译作品世界图书馆的馆藏量

书名	出版社及或出版地	出版时间	世界图书馆馆藏量（家）
A Source Book in Chinese Philosophy	Princeton University Press	1963	1567（电子版）
Reflections on Things at Hand: the Neo-Confucian Anthology by Chu His and Lu Tsu-chen	Columbia University Press	1967	754
Reflections on Things at Hand: the Neo-Confucian Anthology by Chu His and Lu Tsu-chen	Columbia University Press	1963	747
The Way of Lao Tzu, A Translation and Study of the Taode Ching	Bobbs-Merrill	1963	605
Wang Pi's Commentary on the Lao Tzu	University of Hawaii Press	1979	325
The Platform Scripture, the Basic Classic of Zen Buddhism by Huineng	St. John's University Press	1963	298
Neo-Confucian Terms-Explained Chen Chun	Columbia University Press	1986	281

表 5-7 安乐哲的中国哲学典籍英译作品世界图书馆的馆藏量

书名	出版社及或出版地	出版时间	世界图书馆馆藏量（家）
Sun-tzu: The Art of Warfare	New York: Ballantine	1993	3291（电子版）

---

① 何明星:《莫言作品的世界影响地图》,《中国出版》2012 年第 6 期。

第五章　第二次世界大战后中国哲学典籍英译在美国的传播

续表

书名	出版社及或出版地	出版时间	世界图书馆馆藏量（家）
The Chinese Classic of Family Reverence: A Philosophical Translation of the Xiaojing	Honolulu: University of Hawaii Press	2009	1287
Focusing the Familiar: A Translation and Philosophical Interpretation of the Zhongyong	Honolulu: University of Hawaii Press	2001	1224
The Analects of Confucius: A Philosophical Translation	New York: The Ballantine Publishing Group	1998	466
Daodejing: Making This Life Significant	New York: Ballantine	2004	344
Yuan Dao: Tracing Dao to Its Source	New York: Ballantine	1998	241
Sun Bing: The Art of Warfare: A Translation of the Classic Chinese Work of Philosophy and Strategy	New York: University of New York State Press	2003	167
Sun-bing: The Art of War	New York: Ballantine	1996	138

表5-8　艾文荷的中国哲学典籍英译作品世界图书馆的馆藏量

书名	出版社及或出版地	出版时间	世界图书馆馆藏量（家）
On Ethics and History: Essays and Letters of Zhang Xuecheng	Stanford University Press	2009	1121
Reading in Classical Chinese Philosophy	Indianapolis: Hackett Publishing	2007	616
The Mengzi	Indianapolis: Hackett Publishing	2008	221
The Daodejing of Laozi	Indianapolis: Hackett Publishing	2002	186
Readings from the Lu-Wang School	Indianapolis: Hackett Publishing	2009	146
Master Sun's Art of War	Indianapolis: Hackett Publishing	2011	32

表 5-9　伯顿·沃森的中国哲学典籍英译作品世界图书馆的馆藏量

书名	出版社及或出版地	出版时间	世界图书馆馆藏量（家）
The Complete Works of Chuang Tzu	Columbia University Press	1968	944
Basic Writings of Mo Tzu, Hsun Tzu and Han Fei Tzu	Columbia University	1967	800
Chuang Tzu: Basic Writings	Columbia University Press	1996	647
Mozi: Basic Writings	Vancouver, BC Crane Library	2015	586
Han Fei Tzu: Basic Writings	Columbia University Press	1964	472
Hsun Tzu: Basic Writings	Columbia University Press	1963	467
The Analects of Confucius	Columbia University Press	2007	6

表 5-10　几种通俗型译作的世界图书馆的馆藏量

书名	出版社及或出版地	出版时间	世界图书馆馆藏量（家）
The Analects of Confucius by Simon Leys	W. W. Norton & Company	1997	3618（电子版）
Confucius Analects: With Selections from Traditional Commentaries by Edward Slingerland	Indianapolis: Hackett Publishing Company	2003	341
Confucius Speaks: Words to Live by Tsai, Chih Chung & Brian	Anchor Books	1996	104
The Analects by Tsai, Chih Chung & Brian	Princeton University Press	2018	146

2.1.1　译作的馆藏数量与其可读性、现代性相关

在本书选取的中国哲学典籍几种类型的英译代表作品中，世界图书馆馆藏量最多的是西蒙·利斯的《论语》英译，为遍及全球的 3618 家图书馆收藏。该译本由出版经典著作而驰名的美国诺顿公司（W. W. Norton & Company）出版，最突出的特点是面向西方当代读者，以西释中，借古论今。译者不仅用当代中国阐释古代理念，也借用西方之事，引述西人之言，尤其注重在现当代西方世情中找到与《论语》相呼应之处来予以阐发，以此引发读者的共鸣。

第五章 第二次世界大战后中国哲学典籍英译在美国的传播

需要注意的是,虽然译者多处运用了归化的翻译方法,却并没有完全走"反向格义"的路子。事实上,译文用词简约、准确,多处采用了注释为读者提供文化背景信息,达到了"学术性与文学性的平衡",让读者在聆听"当代"孔子教导的同时,又领略了中国文化。与另外两个《论语》译本——安乐哲、罗思文的《论语》译本和森舸澜的《论语》译本相比,三个译本产生的时代相同,面向的都是学生和普通读者(安乐哲、罗思文的译本更倾向于专业人士),利斯的《论语》英译本的世界图书馆馆藏量要远远多于其他两种译本,传播的范围更广,原因就在于译者在从事翻译的同时,也具备很强的文化传播意识,译文既风格优雅、通俗易懂,又提供了足够的解读语境,孔子的话语既充满智慧,又与时代相关。不少读者评价该译本"有趣",阅读起来"令人愉悦","人人能懂",并想将其中的孔子教义"付诸于行动",的确是一部让读者知之、好之甚至乐之的翻译作品,加上诺顿公司的出版和著名评论家的推介,创下了极高的世界图书馆馆藏量记录。

2.1.2 译作的馆藏数量与其传播的媒介相关

译作在世界图书馆的馆藏数量与其依靠何种媒介传播有直接的关系。根据 OCLC Worldcat 的检索数据,馆藏数量最多的利斯《论语》英译(3618),安乐哲的《孙子兵法》英译(3291)和陈荣捷的《中国哲学资料书》(1567)均为电子版。相对于纸质版图书来说,电子版图书具有易保存、流通快、价格低等特点,能够帮助图书馆减少大量的保管和维护成本,也很受年轻读者的欢迎。相对于纸质版图书来说,更受到图书馆的青睐,因此,馆藏量要大得多。

2.1.3 译作的馆藏数量与其出版社的声望有关

翻译作品在世界图书馆的馆藏量与其出版社的声望有直接关联。大多馆藏量排名靠前的译作都出自于世界著名的出版社,如利斯的《论语》译本的世界图书馆馆藏量为3618,其出版社为著名的诺顿出版公司;陈荣捷的《中国哲学资料书》的世界图书馆馆藏量为1567,其出版社为普林斯顿大学出版社;艾文荷的《伦理学和历史:章学诚的小品文及书信》由斯坦福大学出版,该书的世界图书馆馆藏量为1121;安乐哲的《孝经》和《中庸》英译为夏威夷大学出版,两部译作的世界图书馆馆藏量分别为 1287 和 1224；伯顿·沃森的《庄子全译》和《墨子、荀子、韩非子概要》均为哥伦比亚大学出版，两部译作的世界图书馆馆藏量分别为 944 和 800。这些数据表明，美国著名高校不仅有权威的汉学院系和研究中心，还有权威的出版社出版高水平的汉学研究成果及翻译作品。这些权威出版社高标准的选材机制和严苛的审核机制从侧面证明了：其出版的译作学术性强、翻译质量高，从而具备了较高的收藏价值，成为众多图书馆选择藏书的依据。用布迪厄的"场域"理论（BOURDIEU，1986）来解释：权威出版社拥有的文化资本和象征资本多，这些资本可以为其出版的作品带来象征及文化资本，进而能转化为经济资本。

2.2 译作在全球及美国的传播范围

限于篇幅，本章以陈荣捷的《老子道德经》英译本、安乐哲的《论语的哲学阐释》英译本及艾文荷的《中国古典哲学读本》为例，描述这些作品在全球图书馆的馆藏分布以及在美国图书馆的地区分布，以此评价这些中国哲学典籍的学术型译作在全球，尤其在美国的传播范围及影响力。具体情况详见以下图表和分析。之所以选择这些作品作为分析的对象，是因为在以上分析的中国哲学典籍的学术型译作中，这些作品的世界图书馆馆藏数据较多且适中（分别为 606，466 和 615），便于分析，而且作品具有代表性，譬如，《老子道德经》是陈荣捷的代表性译作，是在西方彰显《道德经》的哲学性的一部力作。《论语的哲学阐释》是安乐哲和罗思文对中国经典采用哲学方法诠释的最典型的一部作品，该译本特别命名为《哲学阐释》，指的是用哲学的方式来研究、诠释和翻译《论语》，而非仅仅翻译原著所蕴含的哲学观念。艾文荷、万百安的《中国古典哲学读本》是先秦诸子各家代表作的节译，出版后产生了较大的影响，在较短的时间内得以再版。因此，选取这些译本作为分析的样本，比较能够说明中国哲学在全球包括美国的传播情况。

通俗型译本选取了伯顿·沃森的《庄子全译》为分析对象，这部译作受到了学界和普通读者的一致好评，入选联合国教科文组织各国代表丛书，收录为中国代表作品系列，也是沃森译作中世界图书馆馆藏量

第五章 第二次世界大战后中国哲学典籍英译在美国的传播

最多的作品（944），无疑具有代表性。

从图 5-1 可以看出，陈荣捷《老子道德经》英译在世界各国分布较广，遍及五大洲，即美洲、欧洲、亚洲、澳洲及非洲的 16 个国家，其中美国图书馆收藏的数量最多，全球 601 家收藏该书的图书馆中有 525 家为美国图书馆，比例高达 86.78%，而其他国家图书馆收藏该书数量按照以下顺序排列：加拿大有 33 家图书馆，德国有 13 家图书馆，澳大利亚有 7 家图书馆，新西兰有 4 家图书馆，英国有 3 家，瑞士、丹麦、荷兰、马来西亚、新加坡和南非各有 2 家，法国、以色列、菲律宾和埃及各有 1 家。

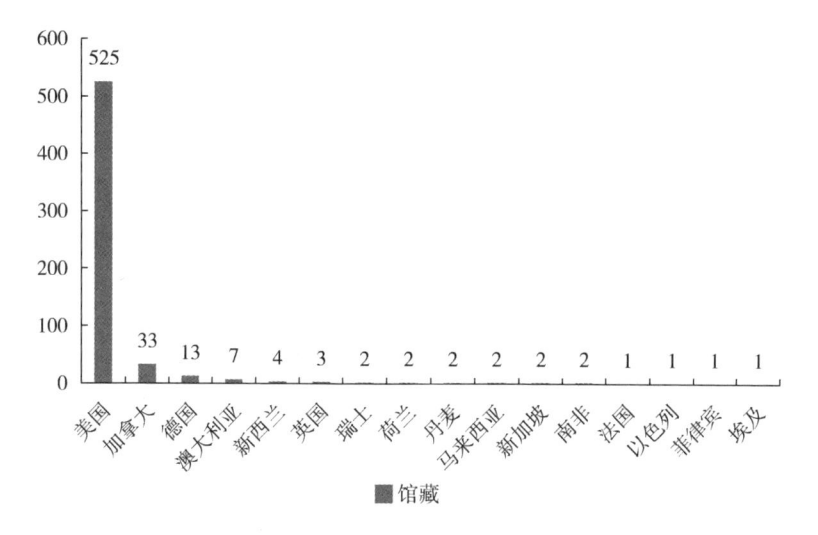

图 5-1 陈荣捷《老子道德经》英译的世界图书馆馆藏

再看美国收藏陈荣捷《老子道德经》英译的 528 家图书馆的分布情况（见图 5-2），可以发现，美国 49 个州和一个特区都有图书馆收藏了陈荣捷的《老子道德经》译本，其中收藏最多的是纽约州，有 51 家图书馆收藏该书，其次分别是加利福尼亚州 39 家图书馆，俄亥俄州 32 家图书馆，宾夕法尼亚州和伊利诺伊州各有 31 家图书馆，德克萨斯州 30 家，佛罗里达州 24 家，马萨诸塞州 23 家，印第安纳州和弗吉尼亚州各有 19 家，北卡罗来纳州 16 家，威斯康星州 15 家，明尼苏达州 14 家，爱荷华州 13 家，密歇根州 12 家，华盛顿州 10 家，其余各个州和一个特区均有 2—9 家图书馆收藏该书，收藏最少的 5 个州为蒙大拿州、怀俄明州、阿拉斯加州、密西西比州和西弗吉尼亚州，每州仅有一家图书馆收藏该书。

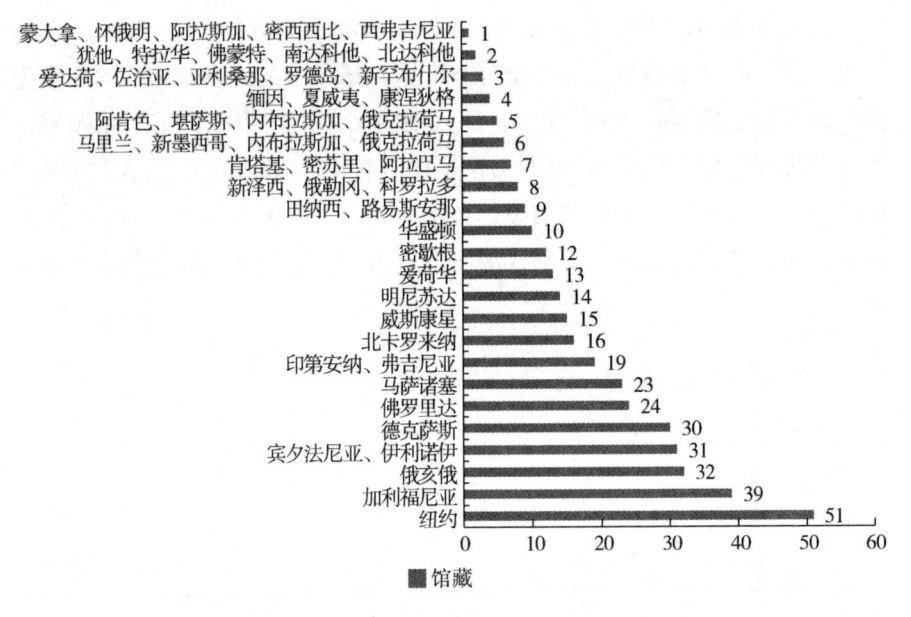

地区	馆藏
蒙大拿、怀俄明、阿拉斯加、密西西比、西弗吉尼亚	1
犹他、特拉华、佛蒙特、南达科他、北达科他	2
爱达荷、佐治亚、亚利桑那、罗德岛、新罕布什尔	3
缅因、夏威夷、康涅狄格	4
阿肯色、堪萨斯、内布拉斯加、俄克拉荷马	5
马里兰、新墨西哥、内布拉斯加、俄克拉荷马	6
肯塔基、密苏里、阿拉巴马	7
新泽西、俄勒冈、科罗拉多	8
田纳西、路易斯安那	9
华盛顿	10
密歇根	12
爱荷华	13
明尼苏达	14
威斯康星	15
北卡罗来纳	16
印第安纳、弗吉尼亚	19
马萨诸塞	23
佛罗里达	24
德克萨斯	30
宾夕法尼亚、伊利诺伊	31
俄亥俄	32
加利福尼亚	39
纽约	51

图 5-2 收藏陈荣捷《老子道德经》英译的美国图书馆地区分布

值得注意的是，美国收藏《老子道德经》英译的 525 家图书馆中，绝大多数为大学图书馆，有 443 家，占美国总收藏数的 84.38%，以基础教育为主的社区大学仅有 17 家图书馆收藏了该书。此外，29 个州的公共图书馆和社区图书馆收藏了该书，比例仅有 5.52%。还有 35 家神学院、基督教教会的专门图书馆以及 1 家军事学校的图书馆收藏了该书。

图 5-3 反映了安乐哲、罗思文英译的《论语的哲学诠释》在世界图书馆的馆藏情况。该书在世界各国分布较广，遍及五大洲，即美洲、欧洲、亚洲、澳洲及非洲的 22 个国家，其中美国是该书最大的买家，在 466 家的总量中有 399 家是美国图书馆，比例达 85.62%，而其他国家图书馆收藏该书的数量按照以下顺序排列：加拿大有 16 家图书馆，德国有 10 家图书馆，澳大利亚有 8 家图书馆，新西兰有 6 家图书馆，英国有 5 家图书馆，荷兰和新加坡各有 3 家图书馆，丹麦和泰国各有 2 家图书馆，其他有馆藏的国家，如墨西哥、爱尔兰、瑞典、法国、瑞士、波兰、希腊、中国、马来西亚、菲律宾、阿联酋和吉尔吉斯斯坦均

只有 1 家图书馆收藏了这本书。

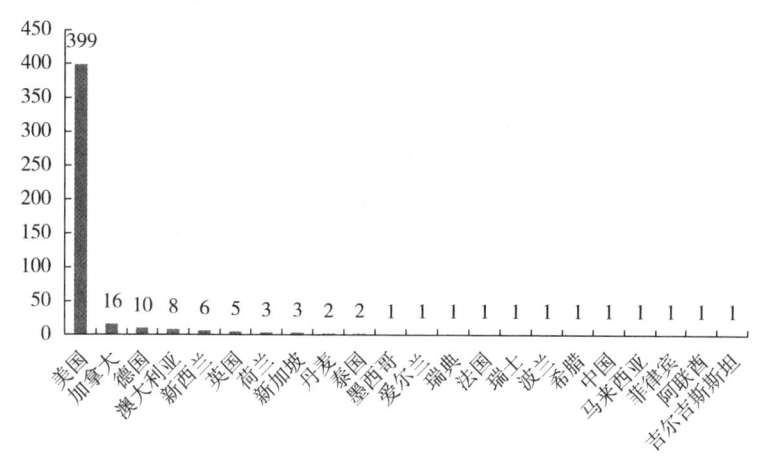

图 5-3　安乐哲、罗思文《论语的哲学诠释》的世界图书馆馆藏

再看美国收藏安乐哲、罗思文《论语的哲学诠释》的 399 家图书馆的分布情况（见图 5-4）。美国 50 个州和一个特区都有图书馆收藏了安乐哲和罗思文的《论语的哲学诠释》，其中收藏量最多的是纽约州，有 34 家图书馆，其次分别是伊利诺伊州 31 家图书馆，德克萨斯州 30 家，加利福尼亚州 26 家，俄亥俄州 20 家，马萨诸塞州和佛罗里达州各 18 家，印第安纳州 16 家，宾夕法尼亚州和弗吉尼亚州各 14 家，明尼苏达州 13 家，爱荷华州 12 家，其余 33 个州分别有 2 至 8 家图书馆收藏该书，收藏最少的 6 个州是蒙大拿州、北达科他州、密西西比州、内华达州、北卡罗来纳州和佛蒙特州，每州仅有一家图书馆收藏该书。

美国收藏《论语的哲学诠释》的 399 家图书馆中，也绝大多数是大学图书馆，有 313 家，比例高达 78.45%，仅有 16 家社区大学的图书馆收藏了该书。此外，58 个州的公共图书馆和社区图书馆收藏了该书，比例达到 14.54%。8 家神学院、基督教教会的专门图书馆以及 4 家空军部队的图书馆收藏了该书。

从图 5-5 可以看出，美国是《中国古典哲学读本》英译本最大的买家，在全球 613 家收藏该书的图书馆中有 512 家是美国图书馆，比例高达 83.12%，加拿大有 24 家图书馆，德国有 15 家图书馆，英国和澳大利亚各有 14 家图书馆，新西兰有 6 家图书馆，荷兰有 5 家图书馆，

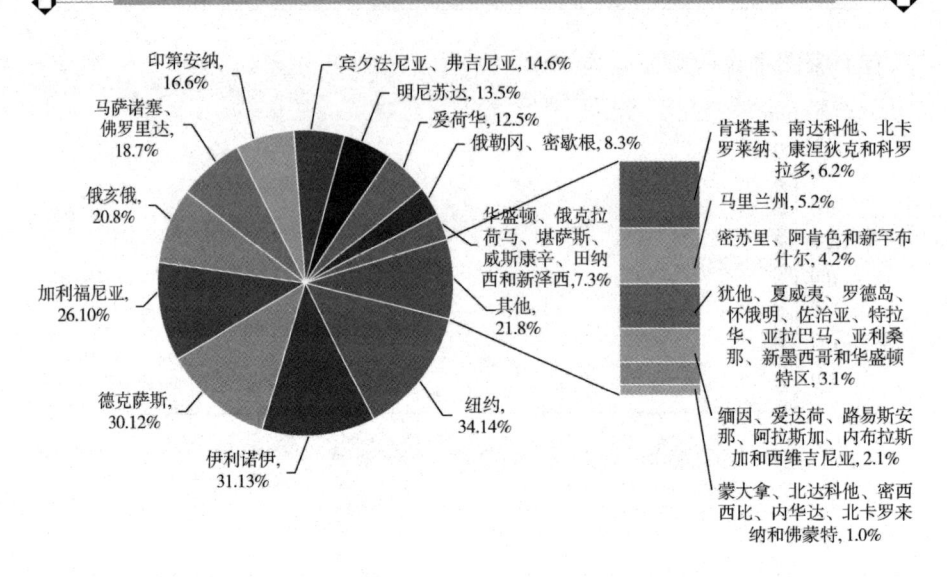

图 5-4 收藏安乐哲、罗思文的《论语的哲学诠释》的美国图书馆地区分布

瑞士和新加坡各有 3 家图书馆，丹麦、南非和泰国各有 2 家图书馆，瑞典、爱尔兰、法国、波兰、斯洛文尼亚、匈牙利、中国、意大利、土耳其、科威特和阿联酋 11 个国家各有 1 家图书馆收藏了该书。

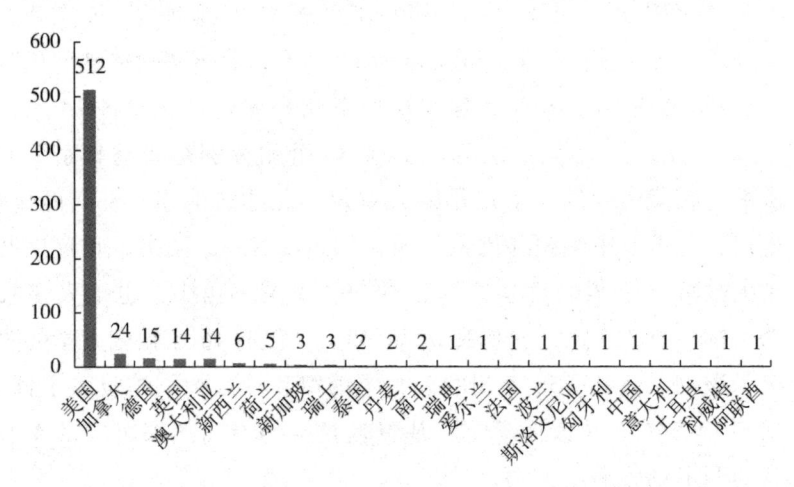

图 5-5 艾文荷、万百安《中国古典哲学读本》的世界图书馆馆藏

再看看美国收藏《中国古典哲学读本》的 512 家图书馆的分布情况（见图 5-6）。该图表明，美国有 45 个州和一个特区收藏了《中国

— 218 —

古典哲学读本》，其中弗吉尼亚州有 37 家图书馆收藏该书，是收藏数量最多的州，其他州的收藏量依次为：佛罗里达州 34 家图书馆，纽约和加利福尼亚州各 33 家，田纳西州 31 家，内布拉斯加州 29 家，肯塔基州 25 家，德克萨斯州 24 家，伊利诺伊州 20 家，路易斯安那州 18 家，北卡罗来纳州 17 家，俄亥俄、马萨诸塞、阿拉巴马和宾夕法尼亚州各 16 家，印第安纳州 11 家，密歇根州 10 家，其余 26 个州分别有 2—9 家图书馆收藏该书，内华达、蒙大拿和怀俄明州为收藏图书馆最少的三个州，每州仅有一家图书馆收藏。

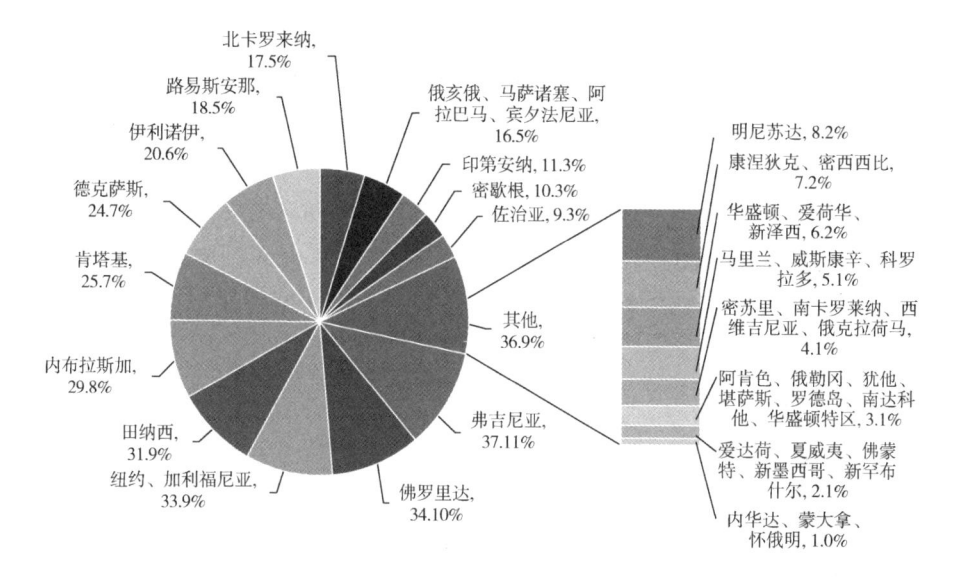

图 5-6　收藏艾文荷、万百安《中国古典哲学读本》的美国图书馆地区分布

收藏《中国古典哲学读本》一书的 512 家美国图书馆中，大学图书馆占到 427 家，占绝大多数，占 83.4% 的比例，而美国社区公共图书馆只有 39 家，占 7.6% 的比例，它们分别是 Park Library（帕克图书馆）、Allen County Public Library（艾伦县公共图书馆）、Fort Wayne（福特·万尼图书馆）、Louisville Free Public Library（路易斯维尔公共图书馆）、Library of Congress（国会图书馆）、Minuteman Library Network（米纽特曼图书馆系统）、Harris County Public Library（哈里斯县公共图书馆）、Garden City Public Library（花园城公共图书馆）、Schaumburg

Township District Library（莎姆博格城区图书馆）、Fondren（福得仁图书馆）、New Braunfels Public Library（德州新布朗菲尔斯公共图书馆）、（威廉和玛丽图书馆）William & Mary Libraries、Carneqie Library of Pittsburgh（匹兹堡州卡内基图书馆），等等。收藏该书的社区大学图书馆有38家，占总收藏比例的7.4%。

图5-7表明，伯顿·沃森的《庄子全译》在世界各国的馆藏分布较广，遍及美洲、欧洲、亚洲、澳洲及非洲的26个国家，其中美国是该书最大的买家，在全球944家收藏该书的图书馆中有763家是美国图书馆，比例达80.83%，而其他国家图书馆收藏该书的数量多少依次排名为：加拿大有36家图书馆，英国有34家图书馆，德国有29家图书馆，澳大利亚有25家图书馆，法国有10家图书馆，瑞士有8家图书馆，荷兰有6家图书馆，新西兰有5家，丹麦有4家，爱尔兰有3家，南非、意大利、泰国、新加坡、马来西亚和阿联酋各有2家图书馆收藏该书，其他有馆藏的国家，如墨西哥、瑞典、西班牙、摩洛哥、匈牙利、伊拉克、以色列、埃及和科威特各有1家图书馆收藏了该书。

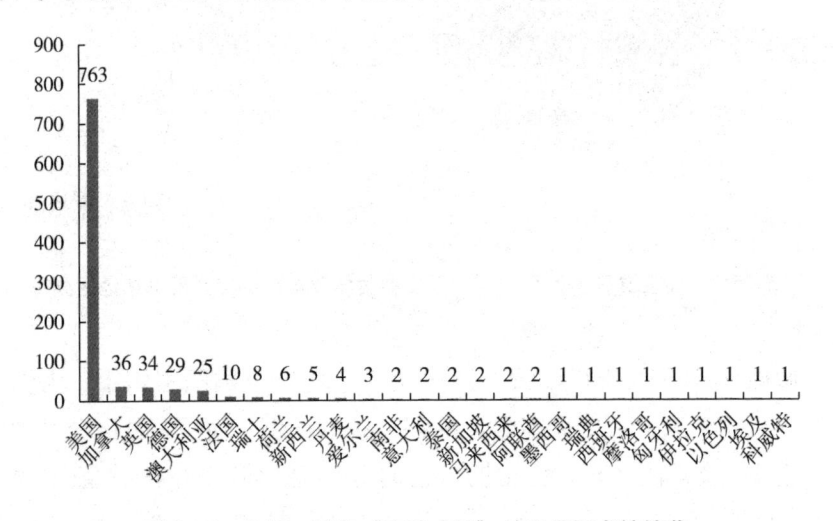

图5-7 伯顿·沃森《庄子全译》的世界图书馆馆藏

再看美国收藏《庄子全译》的763家图书馆的分布情况（见图5-8）。如图5-8所示，在美国，有49个州和一个特区收藏了沃森的《庄子全译》，其中收藏最多的为纽约州，有76家图书馆收藏该书，其他依次

第五章　第二次世界大战后中国哲学典籍英译在美国的传播

为：加利福尼亚州62家图书馆，宾夕法尼亚州46家图书馆，伊利诺伊州38家，俄亥俄州37家，马萨诸塞州35家，德克萨斯州32家，佛罗里达州30家，印第安纳州26家，弗吉尼亚州24家，明尼苏达州23家，威斯康星和北卡罗来纳州各21家，密西根州和艾奥瓦州各19家，华盛顿州和密苏里州各16家，肯塔基州15家，新泽西州14家，马里兰州和田纳西州各13家，堪萨斯州和亚拉巴马州各12家，俄勒冈州和俄克拉荷马州各11家，路易斯安那州10家，其余20个州和一个特区分别有2—9家图书馆收藏该书，特拉华州和佛蒙特州每州仅有一家图书馆收藏该书。

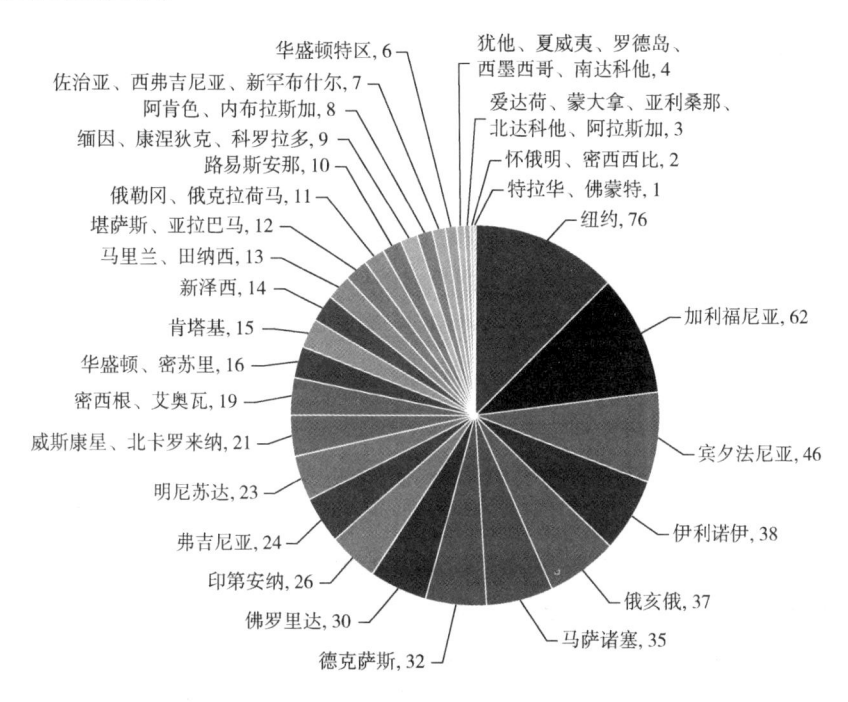

图5-8　收藏伯顿·沃森《庄子全译》的美国图书馆地区分布

收藏伯顿·沃森的《庄子全译》的763家美国图书馆中，绝大多数是大学图书馆，有639家，比例高达83.75%。有20家社区大学图书馆收藏了该书。此外，77家州立公共图书馆和社区图书馆收藏了该书，比例超过10%。还有24家神学院、基督教教会的专门图书馆以及3家军事学校的图书馆收藏了该书。

尽管联机计算机图书馆中心联盟图书馆的覆盖范围有很大的局限，不过，以上我们统计的数据基本上能说明中国哲学典籍的英译在全球图书市场格局中所占的份额。以上选取的几种英译作品的数据统计表明，全球馆藏量排名前五的国家，无一例外地是美国、加拿大、澳大利亚、英国和德国这五个国家，美国不仅是最主要的翻译和出版生产国，也是最大的买家。欧洲国家收藏中国哲学典籍英译作品的图书馆数量大大少于北美国家。这个数据也再次证明了本书的意义和价值：研究中国哲学典籍英译的海外传播，其实就是研究它们在美国的传播。

统计数据表明，收藏中国哲学典籍英译作品数量排名前十的依次为：纽约州、加利福尼亚州、德克萨斯州、宾夕法尼亚州、伊利诺伊州、俄亥俄州、佛罗里达州、印第安纳州、马萨诸塞州和弗吉尼亚州的图书馆。这些州有几个共同特点：第一，人口众多，都是美国的人口大州，如加州总人口3433万，全国排名第一；德克萨斯州为美国第二大州，人口为2212万；纽约州是仅次于加州和德州的第三大州，人口1938万；伊利诺伊州和宾夕法尼亚州人口数量分别为1291万和1270万，全国排名第五、第六。第二，这些州都在美国具有重要的经济、政治、文化、教育地位，例如，加利福尼亚州是全球第六大经济体，拥有高校346所；纽约州是美国的神经枢纽和经济心脏，有大学及学院314所，数量仅次于加州；伊利诺伊州拥有大专院校188所，数量居全美第5位，在校生75万人，每百人中就有6.4个大学生，因此，作为美国的经济、文化、教育重镇，拥有人口的数量最多，高等院校数量最多，学生人数最多，拥有的图书馆数量也最多的几个州，中国哲学典籍英译作品的馆藏量也最多。第三，这些州的移民数量在人口总量中所占的比例较大，多元文化盛行。例如，加州拥有美国最高的移民数量占比（27%），华人在加州、纽约州、伊利诺伊等州的人口都是美国各州中较多的。

中国哲学典籍的英译作品在美国人口最多、拥有的各类大专院校最多、移民最多、多元文化盛行的各个州传播最好；与此相对，在经济较不发达、人口较少、大学较少的各州，中国哲学典籍的英译作品的传播较少，甚至没有传播过去。

前面曾经提到，中国哲学典籍的英译本，基本上只收藏在海外一些

第五章　第二次世界大战后中国哲学典籍英译在美国的传播

开设亚洲研究、中国研究的大学图书馆里，为学术研究服务，尚未完全走出大学的象牙塔，传播到更为普及的大众领域。

美国的公共图书馆、社区图书馆遍及全美各个地区，为各种年龄、背景、阶层的人群提供服务，从本地居民到外来移民，从中产阶级到工薪阶层，从社区老人到少年儿童，都可将其作为扩充知识、培养兴趣或融入社会、消磨时光的场所。因此，社区图书馆的藏书被普通及大众读者阅读的机会更多。"截至2011年，在美国的122101所各类型图书馆中，公共图书馆达到9221所，占7.6%的比例。68%的美国人拥有公共图书馆的读者证，比持Visa卡的人数还多。美国公共图书馆每年接待约15亿人次到馆访问，人均年到馆5.1次，馆藏年总流通量227754.9万册（件）"（徐大平，2011：7），可见美国的公共图书馆是人气旺、书籍流通量大的地方。

以上几种中国哲学典籍的英译作品能够进入美国公共图书馆，走进普通大众的视界，证明其传播范围已经拓宽。安乐哲和罗思文的《论语的哲学诠释》和伯顿·沃森的《庄子全译》在美国公共、社区图书馆的收藏量分别占它们在美国各类图书馆总收藏量的14.54%和10%，超过了公共图书馆在美国各类图书馆中所占数量的平均比例（7.6%），说明这两个译本在美国社会的传播效果较好，已为较多的大众读者阅读，一是因为译作的可读性强，如沃森的《庄子全译》；二是因为译作特色鲜明，如安乐哲和罗思文的《论语的哲学诠释》。但是，艾文荷和万百安的《中国古典哲学读本》及陈荣捷的《老子道德经》在美国公共、社区图书馆的收藏量分别只占它们在美国各类图书馆总收藏量的7.4%和5.52%，前者基本上达到了公共图书馆在美国各类图书馆中所占的数量比例，而后者还相差较远，一则说明陈荣捷译本年代已久，需要更新；二则说明在美国普及中国哲学基础读物的任务依然任重道远，责任重大。

还有一个现象值得我们注意，以上几种中国哲学典籍的英译版馆藏名单中，在大学图书馆名目下，除了一些美国乃至世界著名高校的图书馆之外，还有一些像美国彼得蒙特弗吉尼亚社区大学图书馆（Piedmont Virginia Community College）、美国西弗吉尼亚社区大学图书馆（Virginia

Western Community College）等社区大学的图书馆也收藏中国图书。"社区大学，是美国高等教育的基础，全国约有 1600 所，在校生 1000 多万，占美国大学生总数的 44%，每年社区大学接纳美国大学新生总数的比例达到 50%"（何明星，2012：16），中国哲学典籍的英译作品能够进入社区大学图书馆标志着其传播范围已经扩大。但遗憾的是，以上列举的中国哲学典籍译本在美国社区大学的馆藏太少，远不及它们在大学图书馆的馆藏量。统计数据再次说明，中国哲学典籍的英译作品在美国的阅读和传播仍限于小众范围。

2.3　译作的销售排名

衡量传播效果的一个重要标准是图书的销售量。为调查安乐哲的译作销量，笔者曾写电邮给兰登书屋（Random House）和纽约州立大学出版社（SUNY Press），兰登书屋认为发行量和销量等信息属于所有人信息（proprietary information），不能透露给公众。纽约州立大学出版社则回信说：

> 我们只将这些信息提供给作者（或译者）。我们能告诉您的信息是：安乐哲的译作卖出了很多本（a significant number of these books have been sold）。

尽管本书考察的中国哲学典籍代表性英译作品的销量不得而知，从亚马逊图书网站上，我们还是能获得这些作品的销售排名信息。"美国亚马逊图书网是全球最大的图书销售网之一。根据 2008 年美国互联网浏览者调查网站 compete.com 调查，美国亚马逊图书网每年的访问量至少达 60 亿次。在美国，该网每月大约就有 50000000 次消费。正是因为亚马逊网站在全世界的普及，对该网上中国典籍英译本的调查数据能在一定程度上说明中国典籍英译本在国外阅读市场的情况"。[①]

[①] 陈梅、文军：《中国典籍英译国外阅读市场研究及启示——亚马逊图书网上中国典籍英译本的调查》，《外语教学》2011 年第 7 期。

第五章　第二次世界大战后中国哲学典籍英译在美国的传播

表 5-11　部分中国哲学典籍代表译作在亚马逊图书网上的销售排名

译作	译者	出版社及出版时间	亚马逊图书网销售排名
Chuang Tzu: Basic Writings	Burton Watson	Columbia University Press (1996)	82836
Sun-tzu: The Art of Warfare	Ames, Roger T.	Ballantine Books, 1st edition (1993)	99785
Readings in Classical Chinese Philosophy	Philip. Ivanhoe	Hackett Publishing Company, 2nd edition (2005)	108400
Mengzi: With Selections from Traditional Commentaries	Bryan W. Van Norden	Hackett Publishing Company (2008)	115751
The Analects of Confucius: A Philosophical Translation	Ames, Roger T. & Rosemont, Henry	Ballantine Books; 1st edition (1999)	120636
Confucius Analects: With Selections from Traditional Commentaries	Edward Slingerland	Hackett Publishing Company (2003)	131523
The Analects of Confucius	Simon Leys	W. W. Norton & Company (1997)	137023
Sun Tzu: The Art of Warfare	Lau, D. C. & Ames, Roger T.	Ballantine Books (1996)	364928
The Daodejing of Laozi	Philip. Ivanhoe	Hackett Publishing Company (2003)	388451
Daodejing: Making This Life Significant	Ames, Roger T. & Hall, David	Ballantine Books (2003)	427684
A Source Book in Chinese Philosophy	Wing-tsit Chan	Princeton University Press (1969)	443684
Han Fei Tzu: Basic Writings	Burton Watson	Columbia University Press (1963)	549570
Focusing the Familiar: A Translation and Philosophical Interpretation of the Zhongyong	Ames, Roger T. & Hall, David L.	University of Hawaii Press; annotated edition (2001)	594014
Master Sun's Art of War	Philip. Ivanhoe	Hackett Publishing Company, UK ed. edition (2011)	649087
The Analacts of Confucius	Burton Watson	Columbia University Press (2007)	652638
The Way of Lao Tzu, A Translation and Study of the Taote Ching	Wing-tsit Chan	Bobbs-Merrill (1963)	765042

续表

译作	译者	出版社及出版时间	亚马逊图书网销售排名
Neo-Confucian Terms-Explained	Wing-tsit	Columbia University Press, 1st edition (1987)	822337
Confucius Speaks: Words to Live by	Tsai, Chih Chung	Anchor Books (1996)	1120328
Sun Tzu: The Art of Warfare: A Translation of the Classic Chinese Work of Philosophy	Lau, D. C. & Ames, Roger T.	SUNY Press (2003)	1217772
Readings from the Lu-Wang School	Philip. Ivanhoe	Hackett Publishing Company, UK ed. edition (2009)	1374862
Yuan Dao: Tracing Dao to its Source	Ames, Roger T. & Lau, D. C.	Ballantine Books, 1st edition (1998)	1784860
The Chinese Classic of Family Reverence: A Philosophical Translation of the Xiaojing	Rosemont, Henry & Ames, Roger T.	University of Hawaii Press (2008)	2202370
Instructions for Practical Living, and Other Neo-Confucian Writings by Wang Yang-ming	Wing-tsit Chan	Columbia University Press; 1st edition (US) (1963)	3186110
On Ethics and History: Essays and Letters of Zhang Xuecheng	Philip. Ivanhoe	Stanford University Press, 1st edition (2009)	6890408

(作者于2019年7月31日在http://www.amazon.com网址获得的数据)

"近年来获诺贝尔文学奖的非英语作家的代表作英译在亚马逊网上书店销售排行榜上能位列万名之后十万名之内已属难得,所有主要著作的英文版在这一榜上都只列第几十万名的也并非不可思议,连尚未售出过的新书都在打折促销的则比比皆是"。① 美国翻译理论家道格拉斯·罗宾逊(Douglas Robinson),在谈及中国哲学作品英译在美国的传播情况时曾说过:"众所周知,任何类型的翻译作品对美国读者来说都不具吸引力。比起来自欧洲国家的通俗小说,中国通俗小说英译的魅力要小

---

① 刘亚猛、朱纯深:《国际译评与中国文学在域外的"活跃存在"》,《中国翻译》2015年第1期。

第五章　第二次世界大战后中国哲学典籍英译在美国的传播

得多，而任何国家的哲学文本的英译又远不如它们的小说英译能吸引美国读者。"（引自 Robinson 与作者的通信）

在这样的生存逆境中，我们来看看图表中列举的各种中国哲学英译作品的销售排名：伯顿·沃森的《庄子入门》和安乐哲的《孙子兵法》在亚马逊图书网的销售排名分别为第 82836 名和 99785 名，位列十万名之内，实属不易！其后的 15 种译本的销售排名也都位居百万名之内，还有 7 种译作的销售排名位列千万名，它们的原作在西方大多不为人知，或者个别译本的学术味较浓，普通读者需要费时、费力去阅读，销量自然不会高。

尽管译作的销售排名不靠前，但是当前美国的图书市场，文学和哲学翻译作品都不很畅销，市场销量远远不及畅销小说、各地传统美食、文化介绍，等等，即便是西方文学经典的英译作品，销量也有限。试比较亚马逊图书网公布的一些西方文学名著译本的销售排名就能知道，以上个别的中国哲学典籍英译作品的销售成绩算是不错了。以几部世界文学名著英译本的销售排名为例：莫里哀的《吝啬鬼》英译本排名 174379 位；亚里士多德的《伦理学》英译本排名 195613 位；《歌德诗选》英译本排名 419893 位，这三种译作均由著名的企鹅出版社出版，与以上考察的销售排名前十的中国哲学典籍英译作品的销量基本相当。

最近，作者有幸联系到安乐哲教授本人，当问及其中国典籍英译作品的销量时，安教授爽快地提供了其所有译作大致的销售数字：

表 5-12　　　　安乐哲中国哲学典籍英译作品的销售量

译作	销售量
《孙子兵法》	120000
《论语的哲学阐释》	40000
《道德经》	25000
《孙膑兵法》	5000
《中庸》	3000
《淮南子·原道篇》	3000
《孝经》	2000

从以上数据来看，安乐哲英译的部分中国哲学典籍作品已在同类书籍中属于畅销作品。例如，安氏和刘殿爵的《孙子兵法》英译本卖出了12万多册，Ballantine 书局因此至少盈利了200万美元。① 安氏与罗思文合译的《论语的哲学诠释》、与郝大维合译的《道德经》在同类书籍中很受欢迎，销售数量分别为40000册与25000册，"虽然相对于美国市场来说，这些数字不算什么，但对于中国作品来说，若能'成功'地达到两三千册的指标已属不俗"。②

从以上译作的销售排名来看，我们总结出几条规律。

2.3.1 译作的销售排名与其在目的语文化中获得的文化与象征资本相关

译作在目的语文化语境中获得的象征资本和文化资本越高，就越容易获得译入语读者的关注和青睐。从表5-11中销售排名前7位的译作来看，其原作都是中国古代先秦时期诸子百家的代表性作品，如儒家的《论语》《孟子》《荀子》，道家的《道德经》《庄子》、墨家的《墨子》、法家的《韩非子》，等等。《论语》和《孟子》是儒家最重要的经典，也是被传教士汉学家最早译入西方的中国典籍；《道德经》和《庄子》是中国古代哲学的精品力作，是道家思想的重要代表，也是受西方世界高度重视的外来典籍。根据本书前面几章的分析我们得知，20世纪60年代至70年代之前，西方汉学集中力量研究中国古代，特别是先秦时期的思想，以至于忽视了汉代以后的中国哲学思想，直到陈荣捷、狄百瑞等学者在美国大力推介宋明理学和新儒学，才有了后来西方汉学研究的拓展。因此可以说，首先，进入西方文化领域的是中国古代的先秦典籍，相对于后期的新儒学等中国思想来说，先秦哲学思想在西方语境中获得的文化资本更多。其次，先秦思想典籍是通过翻译的途径进入西方世界的，"翻译通常被视为一种获取象征资本的途径"，③ 如理

---

① 参见 Tan Xiaoli & Huang Tianyuan, "Translating Chinese Philosophy on Its Own Terms: An Interview with Professor Roger T. Ames", *Asia Pacific Translation and Intercultural Studies*, No. 2, 2015, p. 144.

② 黄咏梅、陈宵:《余华:西方读者并不只想读"中国政治书"》,《羊城晚报》2011年10月23日。

③ Buzelin, H., "Unexpected Allies: How Latour's Network Theory Could Complement Bourdieusian Analysis in Translation Studies", *The Translator*, No. 2, 2005, p. 193.

第五章　第二次世界大战后中国哲学典籍英译在美国的传播

雅各英译《四书》，阿瑟·韦利英译《道德经》，伯顿·沃森英译《庄子》，等等，有些翻译虽非全译，但节选的都是原作的重要章节，基本能够代表原作的思想。这些西方汉学权威具有丰厚的文化资本和社会资本，这些资本通过翻译又转加给他们的翻译作品，使其译作成为原著在英语世界中的经典译本，转化为象征资本和文化资本，因而率先进入了英语世界专业读者及大众读者的视野，引起读者的关注和购买欲。

2.3.2　译作的销售排名与其蕴含的普世价值相关

人类大同使交流成为可能。一种文化要在其他文化圈的受众中引起共鸣，达到跨文化交流的目的，需要具有能被受众所识别的、无歧义的"符号编码"，即"普世价值"。不少学者在研究中国文学作品在海外的传播与接受情况时发现，译作越具有普遍价值，其在海外的接受程度就越好。例如，季进在谈到《解密》这部小说的英译成为了西方畅销书时说道，作品将"侦探、历史、人性等有机地融为了一体，传达出对世界、人性的深刻体认"，[①] 因此传递出中国声音和普遍价值。

再看看以上销售排名靠前的中国哲学经典的译作，也都是一些被公认为既有中国特色也有普世价值的作品。例如，经历了朝鲜战争和越南战争的美国民众显然认同《道德经》所提倡的对外和平共处，反对战争和暴力的政治主张。而且，在物质和精神生活方面，不少美国人也十分厌恶物欲横流、拜金主义盛行的西方价值理念，向往《道德经》中质朴、清静、淡泊、自然的境界。《道德经》独有的养身之道和休养心法，也有医治现代人心理疾病的潜在功能。据报道：美国大学生对道家表现出浓厚的兴趣。其倡导的崇尚个人的内在自由不仅契合年轻人的想法，也被认为是消解竞争压力、缓解现代性焦虑的一剂良药。[②]

儒家关注"人道"和"天道"的结合，主张"天人合一"，"并非

[①] 季进：《从中国文本到世界文学》，http://literature.cssn.cn/mkszywyllypp/201908/t20190820_4959471.shtml，2019 年 8 月 20 日。

[②] 参见刘晨《在哈佛最当红的"中国课"上当助教》，《文汇报》2014 年 2 月 13 日第 9 版。

将视野局限在某一地域或民族",① 而是从"人类"的角度出发来思考问题,"而儒者'修身齐家治国平天下'的责任,也是以'天下'为旨归的"②。美国汉学家狄百瑞就认为"儒学与西方思想有共通之处",③"儒家主张言论自由,是一种普遍的价值",④ 而"近代东亚的法律和民主制度也可以在儒家传统上建立"。⑤ 一批西方诺贝尔奖得主甚至提出,"人类要在 21 世纪生存下去,必须到中国孔子思想中去寻找智慧"。⑥

因此,在亚马逊图书网销售排行榜中,《论语》《孟子》等儒家典籍的好几种译本以及《道德经》的英译本都排名靠前,这与它们蕴含的普世价值有着密切关系。

2.3.3 译作的销售排名与其实用性相关

翻译作品在译入语文化中的传播是靠译入语读者实现的,译入语读者的阅读期待在购买译作时起着相当大的作用。美国的汉学研究一直受到"实用主义"的影响,从一开始起就注重对中国的政治、经济、历史、语言、文化的综合研究,发展到后来的"区域性研究",都是具有战略和现实意义。这种研究传统也影响了中国文化典籍在美国的英译。笔者就曾详细分析过安乐哲、郝大维的《中庸》英译,译者受美国实用主义的影响,翻译中多参考新儒家和美国汉学家对《中庸》文本的诠释,还多次征引杜威和怀特海以增强自己对儒学理论预设的可信度,目的是为了创造更多当下与中西哲学对话的机会。⑦

据调查,当代美国读者对一些中国典籍做出了实用性的解读和运

---

① 郭清香:《从民族性与普世性看儒家文化的现实意义》,《中国特色社会主义研究》2010年第2期。
② 郭清香:《从民族性与普世性看儒家文化的现实意义》,《中国特色社会主义研究》2010年第2期。
③ 贾顺先、贾海宁:《论儒学与西方文化的交流、互补和创新》,《四川大学学报》2001年第1期。
④ 贾顺先、贾海宁:《论儒学与西方文化的交流、互补和创新》,《四川大学学报》2001年第1期。
⑤ 贾顺先、贾海宁:《论儒学与西方文化的交流、互补和创新》,《四川大学学报》2001年第1期。
⑥ 贾顺先、贾海宁:《论儒学与西方文化的交流、互补和创新》,《四川大学学报》2001年第1期。
⑦ 参见谭晓丽《安乐哲、郝大维〈中庸〉译本与美国实用主义》,《中国翻译》2012年第4期。

第五章　第二次世界大战后中国哲学典籍英译在美国的传播

用。例如，"不少地方的企业和社区以《道德经》为基本原理，编写了各种教程，以提高社区和企业的整体素质"。①《易经》英译本也被读者视为有商业、占卜等实用价值，因此，新的译本层出不穷，甚至还出现了《情人〈易经〉》（The Lover's I Ching）（1999）和《实用〈易经〉大全》（The I Ching Kit）（2005）等应用型译本。

有学者也曾谈及，目前在美国虽然中国典籍译本呈现出多元的形态，但采取的诠释进路大致可分为"面向文本与历史的定向"和"面向理论和现实的定向"②两种，安乐哲和西蒙·利斯的中国典籍诠释和翻译属于"面向当下和现实的诠释定向"。从表4-19亚马逊图书网发布的图书销售排名来看，具有"面向理论和现实的诠释定向"的翻译作品销售都还不错，除了沃森的《庄子入门》、安乐哲的《孙子兵法》《论语》占据销售排行榜前列之外，万百安的《孟子》、西蒙·利斯的《论语》译本销售排名也不错，均在前140位，这充分说明，具有实用价值、能表达当下关怀的中国典籍英译作品更受美国读者的欢迎。

2.3.4　译作的销售排名与其可读性相关

可读性直接影响到读者和购买者的数量。一般来说，选词生僻、句法复杂、注释较多的译作较少受读者青睐；与之相对，简易流畅、可读性强的译本则较有读者缘。伯顿·沃森的中国哲学典籍英译就是后者之代表，以关注译文的可读性著称，用词浅易、句法简朴，尽量少用注释，力求准确把握原著的风格神韵，做到神似。沃森的中国古诗英译中最脍炙人口的是其对白居易诗歌的翻译，因为沃森本人的翻译语言风格浅显易懂，简洁自然，与白居易的诗歌语言风格有神似之处。但在翻译《庄子》时，沃森遭遇了巨大的挑战。庄子的思想离经叛道，表达方式晦涩难懂，给翻译带来了巨大挑战。但沃森仍然很享受英译《庄子》的过程。译者通过发挥想象力和挖掘英语的创造力，尽可能做到让英语读者理解并欣赏原文的风格神韵。沃森的《庄子全译》得到了学界及普通读者的一致好评，不仅被联合国教科文组织收录中国代表作品系列，还在亚马逊图书网的销售排行榜上名列第82836位，位居本书考察

---

① 顾华：《〈道德经〉在美国》，《岭南文史》1999年第1期。
② 参见王琰《〈论语〉英译与西方汉学的当代发展》，《中国翻译》2010年第3期。

的所有中国哲学典籍英译作品的销售榜首！

还有一个例子也很典型。艾文荷的《道德经》英译本与安乐哲、郝大维的《道德经》英译同为2003年美国商业出版社出版的中国古典哲学英译作品，译者均为在美国大学从事中国哲学研究的专家学者，在美国汉学界均享有盛誉。但是，两部译著的销售排名居然有40000名左右的差别。

安乐哲与郝大维的中国典籍英译带有明显的学术目的。译者们意在先建构一个解读和翻译中国典籍的哲学和历史语境，再运用语言学、考古学等学科的最新成果，消除前人将中国典籍"基督教化"和"神秘化"的偏见。因此，他们的译本学术味较浓，尤其是术语的翻译，多使用了"异化"和"新造词"的方法，较为艰涩，普通读者需要费时、费力去阅读，销量自然不会高。在此，笔者引用一则亚马逊图书网站关于该译本的读者网评，从中不难看出译本浓厚的学术味及术语译名的艰涩为阅读增加了不少难度：

> 译者似乎故意在写作中随意使用一些晦涩难解的所指，并选择了最复杂的词汇和句型来表达其思想。请大家读一读我引用的这些安氏《道德经》英译的片段，你们认为这是试图向不懂《道德经》的人解释中国思想的适当方式吗？
>
> "经验是过程式的，因此也总是暂时的。过程要求我们经验中形成性和功能性的方面相互关联并相互需要。"（p.77）
>
> "对于道家来说，用描述和规定两种不同的方法分割世界产生的相互关联的类别总是势必招致其本身和其悖项。"（p.80）
>
> "（人类）经验的动态领域是一个现象流生机勃勃并达到完美的境界场所…"（p.90）

这些例子在译文的评注中很具有代表性。而且，译者并没有把译文当做诗歌来处理，而喜欢运用同样让人紧张的术语，诸如"determinacy""noncoherent"等词汇，比比皆是。

这部译作的最佳之处，可以说，在于它的目标读者是已经习惯使用像"underdetermined"之类术语的学术界，是完全理解"formational"和"functional aspects of our experience"之间细微差别的学者。

我想，这部译作最不理想的地方，是译者不关心普通读者的反应，没想到要对一个既不懂哲学也不懂古汉语的读者写一些有用的东西。……

把这本书留给学者们去读吧。这一点，Ballantine 书局在销售时竟没有说明，真是遗憾！①

对于艾文荷来说，中国哲学关键词的翻译最好是"在英语中寻找一个合适的对等，但即使这种情况也要求译者使用详细的注释说明词义的范围和译者的选择"。② 因此，艾文荷的《道德经》英译中没有出现新造词、音译词，也没有出现大量的动名词结构这些英语读者认为陌生的元素，译作的整体风格通俗、流畅，可读性较强，销售排名也相对靠前不少。

2.3.5 译作的销售排名与其传播媒介密切相关

安乐哲的《孙子兵法》译本在读者中大受好评，被选作西点军校的教材。据安乐哲本人的说法，他与其师刘殿爵合译的《孙子兵法》由 Ballantine 书局 1993 年出版，销售情况非常好。卖出了 12 万多册，Ballantine 书局因此至少盈利 200 万美元。③

尽管为同一时期出版的译本，艾文荷的《孙子兵法》英译在亚马逊图书网的销售排名（第 1714168 名）远低于安乐哲与刘殿爵的合译本（第 183596 名），这与译作的特色及传播媒介有密切的关联：西点军校

---

① Glen Ford, "Makes Understanding the Tao Harder, not Easier", *The Review of Dao De Jing: A PhilosophicalTranslation*, https://www.amazon.com/-/zh/Dao-Jing-Philosophical-Translation-Mandarin/product-reviews/0345444191/ref=cm_cr_getr_d_paging_btm_next_4?ie=UTF8&reviewerType=all_reviews&pageNumber=4, June 17, 2004.

② Lyu Jianlan, Tan Xiaoli & Lang Yong, "On the translation, promotion and acceptance of Chinese philosophy in English-speaking world: an interview with Prof. Philip J. Ivanhoe", *Asia Pacific Translation and Intercultural Studies*, No. 2, 2016, p. 2.

③ 参见 Tan Xiaoli & Huang Tianyuan, "Translating Chinese Philosophy on Its Own Terms: An Interview with Professor Roger T. Ames", *Asia Pacific Translation and Intercultural Studies*, No. 2, 2015, p. 144.

等大学选择安乐哲和刘殿爵的《孙子兵法》英译为教材,使得该译本通过课堂教学的媒介传播,为它的成功销售奠定了基础。

再以安乐哲、罗思文的《论语》英译、森舸澜的《论语》英译与西蒙·利斯的《论语》英译为例,三个译本出版的时代相同,相差只有几年的时间,几位译者都是当代著名汉学家、饱学之士,拥有相差不远的社会资本和象征资本,但几部译作所凭借的传播媒介有所不同:安氏译作既面向研究中国哲学的专业人士,也面向对中国哲学有兴趣的大学生,正如他和郝大维在《中庸》英译本前言中的声明:"我们尝试为研究中国思想的学者以及初次涉猎中国哲学文本的教师和学生提供一种资源。"① 森舸澜和西蒙·利斯的《论语》译本,目标读者都是普通读者,用西蒙·利斯的话来说,他的译作是为"那些仅仅希望拓展他们的文化视野,但是无法阅读原文的读者"② 所做的。森舸澜的译本包含了历史上多个评注,这些评注提供了原文语境信息,促进了学生对儒家思想的理解,译文清晰、流畅,并经常为专家援引,是一部兼可读性与学术性于一身的读物,因此深受欢迎。而利斯译本以风格优雅见长,可读性、现代性有余但自由发挥的程度较大,不适合作为大学教材,因而缺少了课堂传播这一媒介,销量稍低于前两者。可见,在美国,大学课堂是中国哲学典籍英译作品传播的一个十分重要的媒介,大学生是中国哲学典籍英译作品最大的读者群体,他们的购买倾向对译本销量的影响十分明显。

2.3.6 译作的销售排名与其版本编辑相关

从亚马逊图书网提供的译本销售排名来看,编辑行为对译作的传播和接受有很大的影响。以刘殿爵和安乐哲的《孙膑兵法》的两个译本为例,第一个译本是 Ballantine 书局 1996 年版的"中国经典系列丛书"之一,定位是学术型翻译,精装版。除了长篇的引言、附录和注释外,还有长达 16 页的资料图片,以满足专业读者的需要,中文文本的排版是按照中国传统的竖体版。

---

① Roger T. Ames & David, Hall, *Focusing the Familiar: A Translation and Philosophical Interpretation of the Zhongyong*, Honolulu: University of Hawaii Press, 2001, p. 11.
② Simon Leys, *The Analects of Confucius*, New York and London: W. W. Norton & Company, 1997, p. 11.

第五章　第二次世界大战后中国哲学典籍英译在美国的传播

2003 年由纽约州立大学再版的刘殿爵和安乐哲的《孙膑兵法》译本在排版上做了巨大的调整，以减少出版的耗费，此外，也有接近读者的目的。下面是该版的网络评论，详细说明了两个译本在编辑方面的不同处理：

尽管已有好几版《孙膑兵法》的英译，1996 年 Ballantine 书局的"中国古代经典"系列还是出版了刘殿爵和安乐哲英译的《孙膑兵法》。Ballantine 系列丛书依据中国 20 世纪 70 年代考古学发现的文献，对这些典籍的原文进行了重新编辑和重新评价，而不是选择流传了好几百年的、经过抄写、编辑和官方审查过的，一般公认的"标准本"。这些系列译作以吸引人的陈述、大众喜好的方式和合理的价格，以双语版的形式讨论了精妙深奥的问题，展现了当代学术成就。

Ballantine 书局出版的该译作质量上乘。中文文本以传统竖体排版，该空的地方就空，该满的地方就满。英文译文在原文的对开页，这就有很多地方是空白，不过这并不影响阅读，因为那些懂得古汉语的读者自己能读懂一些较短的章节；较长的章节则需要回过一、两页来比较原文和译文。书中还有一套漂亮的图片，拍的是坟墓、不同时期的兵器和其他一些装备，还有一些出土的墓书。

我能说出的区别就是，这两个译本的文字没有什么区别，只有标题由威妥玛拼音换成了汉语拼音，但版面编辑却大有不同：英语拼写缩小了；中文译文用横体排版，不过汉字看上去大一点了，更容易分辨了，空白处大大减少。每一页都是一段段的汉字间杂着一段段的英文，并略去了第一版中的图片。结果，Ballantine 版的 367 页减少到 265 页。

我所能说的是，该卷是重新设计包装后的刘殿爵和安乐哲英译的《孙膑兵法》。如同众多的"中国古代典籍"系列丛书一样，该书的第一版 1996 年由 Ballantine 书局出版。

新版的译作除了标题由威妥玛拼音转换为汉语拼音（与汉字发音相同）之外，整部译作从头到尾都使用了汉语拼音（除引用部分外）。译本的中文和英文文本部分也经过重新调整，省去了第一版很大一部分空白处，为节省成本放弃了排版的方便（原版的中文文本面对着译文，每页只有几行)。同样,第二版的索引和参考文献也有调整。

　　第二版有一处大的省略,那就是,第一版中长达 16 页的图片不见了(除一幅用作封面图片外)。这些图片虽然有用,但非必需。笔者认为,这也是为经济利益考虑做出的调整。

　　过去 10 年里,《孙膑兵法》已有好几个英译本,不过,该译本的译者是两位杰出的、资深的汉学家:刘殿爵长年致力于中国早期文本研究,安乐哲是一位富有经验的中国思想史的当代诠释者。因此,读者将读到一部表达得清晰顺畅的、一流的学术型译作。该译本重点在于"诠释文本,解决语言文字方面的问题,确立该典籍在中国的军事和政治理论上的地位"。[①]

　　以上读者的网评清楚表明了刘殿爵和安乐哲《孙膑兵法》的两个版本在选择拼音、排版、图片处理等编辑方面的不同:SUNY 版的《孙膑兵法》采用与汉字发音相同的汉语拼音,减少了原版大量的图片等资料信息,明显想节省出版成本。但事与愿违,SUNY 版的《孙膑兵法》反而没有 Ballantine 版的《孙膑兵法》销量好,后者所附的图片对于专业学者来说是宝贵的参考资料,删减了也就意味着丢失了不少学术价值。竖体的排版也有助于专业读者领略典籍原本的样貌。编排不同的两种版本造成的阅读效果也大不相同:1996 年版 Ballantine 版的排名是第 364928 位远远好于 2003 年 SUNY 版的第 1217772 位。这里还有一个原因,我们知道,一般说来,商业出版社有专门负责销售的部门,有很多的销售手段;而学术出版社一般不太讲求经济利益,没有过多的营销方法,这也可能是造成两个译本不同销售成绩的原因。

3　小结

　　综上所述,第二次世界大战以后,中国哲学典籍在美国主要通过三种媒介向专业人士与普通受众传播——大众传播媒介、人际传播媒介和

[①] Ian M. Slater, "Excellent Edition, in Two Versions", https://www.amazon.com/-/zh/Sun-Pin-Warfare-Classics-Ancient/product-reviews/0345379918/ref=cm_cr_dp_d_show_all_btm?ie=UTF8&reviewerType=all_reviews, August 14, 2005.

第五章　第二次世界大战后中国哲学典籍英译在美国的传播

网络传播媒介，而且形成了各种媒介交叉互动的格局：汉学家和海外华人译者选择翻译一些文化资本或象征资本较足的中国经典作品，或者是目的语语境翻译场域中缺少的作品，并凭借自身的文化资本和社会资本招募到与自己实力相当的出版社出版，使得翻译的典籍作品依托翻译文本媒介进入美国的翻译场域和哲学场域，然后通过国际会议、学术研讨、课堂讲授、人文交流等人际媒介传播给专业人士和普通受众，部分受众（如专家和研究生）又成为新一轮的传播者，利用书籍、期刊、报纸、广播、影视等大众传播媒介，对译作进行评论，或对译作的出版、译者的获奖信息给予报道，或定期推出中国文化典籍系列专题栏目，甚至将中国典籍改编成漫画读物、动漫电影等形式，拓展了中国典籍译本的流通和传播范围。与此同时，出版中国哲学典籍英译作品的出版社又借助网络媒介进行销售，实现了与消费者的在线互动。

　　但是，我们要看到，中国哲学典籍译本在美国传播和接受的状况并不理想，主要原因在于，大多数译作没有利用多种传播媒介，传播渠道、传播方式和传播受众都很有限。首先，被译介进入美国图书市场的中国哲学典籍种类还不够多，仍以先秦时期的典籍为主，介绍现、当代中国哲学的英译作品为数不多。再者，中国哲学典籍在美国的人际传播主要依靠大学课堂、学术讲座、研讨、国际会议等渠道，而在美国建立的多所孔子学院开设的课程中，思想文化类课程比重很少，中国哲学的相关课程尤为少见，授课教师自身的跨文化传播水平欠缺，很难完成中国哲学对外传播的任务。与中国典籍传播相关的人文交流、文化活动大多流于形式，难以借活动传播中国思想文化的内涵，没有很好地将传统中国文化与当代中国文化加以统一。在大众传播渠道中，中国哲学典籍的英译作品主要通过纸质书、期刊等载体，很少运用报纸、广播等传媒面向大众传播，改编成为漫画、影视作品的中国典籍更是屈指可数。而且，利用大众传媒系统，如果传播者不能及时、全面得到受众的反馈信息，就不能做到有效沟通，促进有效传播。网络媒介不仅能帮助中国哲学典籍英译作品实现互联网销售，还会有助于传播者与消费者之间的互动，消费者可以通过网络对所购译本进行在线评论，交流阅读感受，互通阅读信息。但我们要看到，在美国，用于中国哲学思想传播的专门网站、网页、栏目和博客还是很少，还有巨大的潜力没有挖掘。面对典籍译本在美国接受状况不理想的现实，探索有效的传播途径和传播方式已经成了中国哲学典籍英译与传播研究的当务之急。

第六章　中国哲学典籍译作在美国的读者评价

上一章讲过,"通过大众媒介只能实现信息的单向传播,传受者双方无法实现交流沟通,传播者无法及时得到受众的反馈信息"。① 然而,"传播必须是双向的传播,其实就是沟通,也包含了对话在内"。② 因此,"考察译作在海外接受状况,搜集海外读者的反馈信息,提供给国内传播者就成了十分必要的工作。目标文化通过报纸、期刊、书籍等媒介建构起来的中国哲学典籍话语也应该成为反馈信息的一部分,因为这直接构成了典籍外传的目标语境,既是接受者的群体态度的反映,又会进一步影响更多接受者对中国哲学典籍的态度和接受"。③

典籍译作的纸质版书籍的受众是各种类型的读者。"读者"这一概念,尽管并不陌生,但进入翻译研究领域的时间并不长,先是有"读者接受"理论引入翻译研究,后来有翻译的"文化转向"把人们的注意力转移到译文在目的语境的功能和接受,"读者"这一翻译活动的重要参与者才逐渐从幕后走到台前。不过,译文的"读者"或"受众"的实际群体比较抽象,很难准确预测到一个译文的真正"读者"会是哪些人群,因此也难以把握他们的阅读期待与评价标准。当代翻译理论中不乏对译文受众的抽象归纳,例如,Venuti 曾说过,译文的

---

① 郑建宁:《中国典籍海外译介整体互动传播模式初探》,《天津中德应用技术大学学报》2019 年第 1 期。
② 成中英:《从中西互释中挺立》,中国人民大学出版社 2005 年版,第 260 页。
③ 郑建宁:《中国典籍海外译介整体互动传播模式初探》,《天津中德应用技术大学学报》2019 年第 1 期。

受众总是"根据接受语境内的语言习惯、文学传统及文化价值阅读并评价译文"①,但对于中国典籍英译在海外的接受研究而言,这样的表述显得空泛,难以提供可资参考的洞见。因此,有学者呼吁将"便于把握的、影响并形塑公众阅读态度的、甚至能引领和规范公众阅读实践"②的翻译评论引入研究的视野。要考察海外汉学家中国哲学典籍译作的海外传播与接受情况,就必须把目光转向他们的译作在英语世界的评论。

1 专业读者发表的国际期刊书评

本书列举的 20 世纪六七十年代以后中国哲学典籍的英译者代表,如陈荣捷、伯顿·沃森、安乐哲、艾文荷等,都是有系列翻译作品且著述等身的学者、翻译家,在国际汉学界都享有崇高的声誉。他们的中国哲学典籍译作往往一经出版,国际汉学期刊上就会有相关译评发表。本章除了考察他们几人的中国哲学典籍译作的国际期刊评论之外,还收集了好几篇有关西蒙·利斯的《论语》英译的评论文章,结合他们的翻译作品在亚马逊图书网站的普通读者评论,分析他们的代表性译作在英语世界,尤其在美国的接受情况。

1.1 陈荣捷中国哲学典籍译作的国际期刊评论

陈荣捷的中国哲学典籍英译是他对国际汉学及中国哲学在海外研究的一项重大贡献。通过英译中国哲学典籍,陈先生向英语世界介绍了中国哲学的发展历程及主要作品,推动了中国哲学在美国的传播、研究和发展。有关陈先生译作的译评很多,这里介绍和分析的是其主要译作《中国哲学资料书》《传习录》《近思录》和《北溪字义》的英文译评。

---

① Lawrence Venuti, *Translation Changes Everything*: *Theory and Practice*, London and New York: Routledge, 2013, p. 161.
② 刘亚猛、朱纯深:《国际译评与中国文学在域外的"活跃存在"》,《中国翻译》2015 年第 1 期。

第六章　中国哲学典籍译作在美国的读者评价

1.1.1 《中国哲学资料书》英译的书评

陈荣捷英译及编撰的《中国哲学资料书》于1963年哥伦比亚大学出版后，次年就有相关评论出现在重要的汉学期刊上。圣·约翰大学的 Paul. K. T. Shi 在《亚洲研究》杂志（The Journal of Asian Studies）1964年5月第1期上发表了评论文章。文章认为：这部译作具有重要的价值。首先，该书将最重要的中国哲学文本译成了英语，这是当前汉学领域急需之事；其次，译者将自己长年的研究成果公布于世，并用优美的英文表达出来，达到了全面介绍中国哲学的目的。[1]

评论特别提到了译者的中国哲学术语英译，虽然赞同译者提出的一致性原则，但认为，翻译不可为遵守这个原则而背离作品的原意。[2]

另一篇相关评论发表在《圣经和宗教》杂志（Journal of Bible and Religion）1965年第2期，作者是俄勒冈大学的阿尔弗雷德·布鲁姆（Alfred Bloom）。评论称赞了译者的翻译选材，认为其翻译并编辑的都是中国思想史上重要的哲学文本，译者运用了翔实的资料和丰富的学识，对译本做了解释性的评介，对汉学学者和学生来说具有很高的价值。[3] 评论还认为翻译的可读性很强，有助于读者对原作思想的理解。[4]

1.1.2 《传习录》英译的书评

陈荣捷的《传习录》英译本出版后的第二年，即1964年，国际著名汉学家，斯坦福大学的倪德卫（David S. Nivison）在《美国东方学会》期刊上发表了相关译评。倪德卫首先肯定了陈荣捷的译作不仅流畅，且较为准确地传递了原作的思想内容。[5] 但同时他指出，由于王阳明的哲学思想包含有神秘主义的成分，本身不好理解，因此，原著的部分思想

---

[1] 参见 Paul K. T. Shi, "Review A Source Book of Chinese Philosophy", The Journal of Asian Studies, Vol. 23, No. 3, 1964, p. 461.

[2] 参见 Paul K. T. Shi, "Review A Source Book of Chinese Philosophy", The Journal of Asian Studies, Vol. 23, No. 3, 1964, p. 462.

[3] 参见 Alfred Bloom, "A Review of A Source Book in Chinese Philosophy", Journal of Bible and Religion, Vol. 33, No. 2, 1965, p. 180.

[4] 参见 Alfred Bloom, "A Review of A Source Book in Chinese Philosophy", Journal of Bible and Religion, Vol. 33, No. 2, 1965, p. 180.

[5] David S. Nivison, "Reviewed Work (s): Instructions for Practical Living and Other Neo-Confucian Writings by Wang Yang-ming and Wing-tsit Chan: The Philosophy of Wang Yang-ming by Frederick Goodrich Henke", Journal of the American Oriental Society, Vol. 84, No. 4, 1964, p. 440.

内容没有得以清楚地解释。对此,倪德卫提出建议:译者应将更多精力放在《大学》之外的部分,才会有助于探究原著表达的神秘主义。① 令倪德卫津津乐道的还有陈先生为译著所做的精彩注释。译者花了大工夫,下了大气力对原著中出现的引用和典故做了详细的注释。除了中文注释外,他还援引了日本和韩国学者对《传习录》的注疏成果,充分表现了译者渊博的学识和严谨治学的态度。但倪德卫认为,译者在处理有关王阳明的社会政治思想的文献时,没有参考已有的具有重要价值的译作和相关文献,致使译文没有充分传递原作的内容。②

纽约城市大学的康奈德·施罗科尔(Conrad M. Schirokauer)1964年11月在《亚洲研究》(*The Journal of Asian Studies*)期刊上发表了另一篇文章评论陈荣捷的《传习录》英译。该评论认为陈荣捷的《传习录》英译是一部令人满意的作品,有效地取代了30年代亨克的译作。③ 译本能准确地传达原作内容,注释对读者理解译作十分有帮助。译者主张将哲学术语的译名尽量保持一致,这一见解对中国术语的翻译很有指导意义。④

1.1.3 《近思录》英译的书评

华盛顿大学的施友忠(Vincent Y. C. Shih)撰文评价了陈荣捷英译的《近思录》,发表在《美国宗教学》(*Journal of the American Academy of Religion*)期刊1970年6月1期上。施友忠很欣赏陈先生的译笔,认为其译文流畅且大致准确。⑤ "前言"部分简要地"拼合"了多卷关于理学派中心思想的评注和有记录的对话。译本引用了多种关于原著的中

---

① 参见 David S. Nivison, "Reviewed Work (s): Instructions for Practical Living and Other Neo-Confucian Writings by Wang Yang-ming and Wing-tsit Chan: The Philosophy of Wang Yang-ming by Frederick Goodrich Henke", *Journal of the American Oriental Society*, Vol. 84, No. 4, 1964, p. 437.

② 参见 David S. Nivison, "Reviewed Work (s): Instructions for Practical Living and Other Neo-Confucian Writings by Wang Yang-ming and Wing-tsit Chan: The Philosophy of Wang Yang-ming by Frederick Goodrich Henke", *Journal of the American Oriental Society*, Vol. 84, No. 4, 1964, pp. 441 – 442.

③ 参见 Conrad M. Schirokauer, "A Review of Instructions for Practical Living and Other Neo-Confucian Writings by Wang Yang-ming", *The Journal of Asian Studies*, Vol. 24, No. 1, 1964, p. 151.

④ 参见 Conrad M. Schirokauer, "A Review of Instructions for Practical Living and Other Neo-Confucian Writings by Wang Yang-ming", *The Journal of Asian Studies*, Vol. 24, No. 1, 1964, pp. 151 – 152.

⑤ 参见 Vincent Y. C. Shih, "Reviewed Work (s): Reflections on Things at Hand, The Neo-Confucian Anthology by Chu His, Lu Tsu-chien and Wing-tsit Chan", *Journal of the American Academy of Religion*, Vol. 38, No. 2, 1970, p. 183.

第六章　中国哲学典籍译作在美国的读者评价

文、日文和韩文的评注，对于原作中运用的典故和引用，译者也不遗余力地溯源并标注。评者认为，最有价值的是译文中的一篇《论中国哲学术语的翻译》的论文，该文向读者揭示了译者为一些无法翻译的术语寻找英文对等词时的思考过程。① 不过，施友忠对陈译《近思录》中一些标题的译名持不同见解。例如，"近"译为"near at hand"，仅译出了该词的字面意义，却没有译出该术语所包含的内在的、深刻细微的形而上学意义，这有碍于读者把握原著的思想内涵。②

陈译《近思录》还有一篇更重要的英文译评，由加州大学伯克利分校的汉学教授 John W. Haeger 撰写并发表于《美国东方学会》（*Journal of the American Oriental Society*）1969 年第 1 期。该评论开篇就指出了"学术翻译"和"通俗翻译"的区别，认为陈荣捷的《近思录》英译是斡旋在"学术翻译"和"通俗翻译"之间的一部译作，"兼顾了准确性和可读性，却没能很好地协调学术翻译和通俗翻译之间的矛盾"。③ 虽然《近思录》的标题翻译得既巧妙又文雅，但译者为了方便英语读者理解，又加了副标题"New Confucius Anthology"（新儒学文集），这个标题"可能会让朱熹最基本的思想、成就和语境濒于危险的境地"。④

评论者还认为，译者运用了"深度翻译"（thick translation）的方法使得这个译本有了典型的"学术翻译"的特征。译文有长篇的"前言"和"注释"，将原著中出现的典故追溯到儒家经典的源头——《论语》，还在"前言"中讨论了新儒家思想发展的规律，总之，译者做了许多相关的学术研究工作。但是，作为正文的有机组成部分，译文的"前言"应当提出即将讨论的问题，提出译者本人关注的问题，这样才

---

① 参见 Vincent Y. C. Shih, "Reviewed Work (s): Reflections on Things at Hand, The Neo-Confucian Anthology by Chu His, Lu Tsu-chien and Wing-tsit Chan", *Journal of the American Academy of Religion*, Vol. 38, No. 2, 1970, p. 183.

② 参见 Vincent Y. C. Shih, "Reviewed Work (s): Reflections on Things at Hand, The Neo-Confucian Anthology by Chu His, Lu Tsu-chien and Wing-tsit Chan", *Journal of the American Academy of Religion*, Vol. 38, No. 2, 1970, pp. 184 – 186.

③ John W. Haeger, "A Review of Reflections on Things at Hand: The Neo-Confucian Anthology", *Journal of the American Oriental Society*, Vol. 89. No. 1, 1969, p. 229.

④ John W. Haeger, "A Review of Reflections on Things at Hand: The Neo-Confucian Anthology", *Journal of the American Oriental Society*, Vol. 89. No. 1, 1969, pp. 230 – 231.

能有效地引导读者阅读，而陈荣捷所做的《近思录》"前言"却完全背离了这个标准，看上去像是一个应当写在别处的附属物。尽管译者精于拼装学术性的条目，从译文前言到词汇表都拼装得井井有条。但是，那不过是拼装而已，呆板有余而灵活不足。尽管译文包含了所有的学术类翻译所具备的东西，例如，前言、注释、校订、原文介绍、三种语言的注释、以前的翻译、参考文献及词汇表，可是，读者却很难发现译作的学术性，很难发现译者自己的见解和关注的问题。①

评论认为，陈氏的《近思录》译本正文较好地融合了可读性和准确性，总体质量很高。但是，有几处在翻译方法和风格方面美中不足。首先，译者倾向于把后来的中国评论家对原文的解释加进他的译文而不作声明，其结果是，其译文有时距离原文太远，实际上掺进了原作没有的思想。例如，第一章的第49段，将"一故神譬之人身"译为"because there is unity, there is the wonderful functioning of the spirit"，这与原文全然不关联，其实源于后来的评注。应当引入一个身体的类比，才能读懂。② 其次，译者常常把活跃的、动态性强的汉语动词译为英语的名词，这本身没什么大错，但却令汉语词汇的生动性黯然失色，也剥夺了英语的生气。例如，译本的第40页中，当"自私"和"用智"被译为"selfishness"和"cunning"时，遮蔽了原文中"利用智慧"这一含义。③ 再次，一些段落的译文也含混不清，甚至不能表达其原文的意思，译者也没有给予解释。

1.1.4 《北溪字义》英译的书评

陈荣捷《北溪字义》的英译本由哥伦比亚大学出版社1986年出版。美国著名汉学家陈汉生（Chad Hansen）于1989年在《东西方哲学》（*Philosophy East and West*）期刊上发表了一篇重要的评论文章，评论的焦点是中国哲学术语的翻译问题。首先，该评论肯定了陈氏英译中

---

① 参见 John W. Haeger, "A Review of Reflections on Things at Hand: The Neo-Confucian Anthology", *Journal of the American Oriental Society*, Vol. 89. No. 1, 1969, p. 230.

② 参见 John W. Haeger, "A Review of Reflections on Things at Hand: The Neo-Confucian Anthology", *Journal of the American Oriental Society*, Vol. 89. No. 1, 1969, p. 230.

③ 参见 John W. Haeger, "A Review of Reflections on Things at Hand: The Neo-Confucian Anthology", *Journal of the American Oriental Society*, Vol. 89. No. 1, 1969, p. 230.

第六章　中国哲学典籍译作在美国的读者评价

国术语的一贯思想：正确的翻译方法是"选择一个能够表达确定的中国哲学概念的英文词汇……没有哪一个英语词汇是一个准确的对等……一个合适的英文译名不是仅仅表达一个中文概念在具体文本中的意义，而是能够用来表示这一概念在历史上的基本意义"[①]。

但陈汉生不赞同译者完全放弃音译的做法，表示"要能够自由地使用20个左右的中国术语的音译加上有序地解释。音译的方法相当于把中国术语介绍给学生，丰富他们的术语语汇，这一过程其实就是'道'（Dao/Tao）这样的中国术语完全进入英语的途径"[②]。

1.1.5 专业人士的评论总结

从以上几篇评论文章来看，陈荣捷的中国哲学典籍译作获得了当时国际汉学界的密切关注和高度重视，译作一经出版即有国际知名汉学家撰写书评，在重要的汉学研究期刊上发表。各家一致认同陈氏译作具有重要的价值，无论是其集大成之作《中国哲学资料书》，还是其《传习录》和《近思录》的英译，对在美国推动中国哲学的传播及汉学界对王阳明思想的研究均有开创性意义。

评论也一致认为，陈荣捷译作的整体质量很高：准确、流畅且文辞优美（Shi，1964；Nivison，1964；Bloom，1965）。不仅如此，译者还引经据典，参考了大量东亚儒学界的注释，对其所译中国典籍做了详细的注解，对其中运用的典故和引用所做的溯源和解释也很到位，显示了译者扎实的汉学功底和严谨的治学态度。

评论还一致认为，陈荣捷对于中国哲学术语英译的思考很有价值，他提出的一致性原则，克服了以往汉学家随意解读和翻译中国术语的缺陷。评论家们认为，"好的术语译名首先要能够涵盖这个术语的基本内涵，并且能表达其在不同历史时期中的细微变化"[③]。这一主张对中国哲学术语的英译具有重要的指导意义。

[①] Chad Hansen, "Reviewed Work (s): Chinese Philosophical Terms by Yi Wu: Neo-Confucian Terms Explained by Wing-tsit Chan", *Philosophy East and West*, Vol. 39, No. 2, 1989, p. 209.

[②] Chad Hansen, "Reviewed Work (s): Chinese Philosophical Terms by Yi Wu: Neo-Confucian Terms Explained by Wing-tsit Chan", *Philosophy East and West*, Vol. 39, No. 2, 1989, p. 208.

[③] Chad Hansen, "Reviewed Work (s): Chinese Philosophical Terms by Yi Wu: Neo-Confucian Terms Explained by Wing-tsit Chan", *Philosophy East and West*, Vol. 39, No. 2, 1989, p. 229.

不过，评论文章也对陈荣捷的译作提出了不少批评意见和建设性的建议，对后来的中国哲学典籍英译起到了启示和形塑作用，对当前的中国文化典籍英译也很有启发。

首先，各家都肯定了准确性和流畅性皆为哲学翻译的优点。但众所周知，这两个标准其实是分别对译文内容和形式（风格）的要求，几乎不可能做到两者兼顾。因此，大多评论者倾向于译文能够准确地传达原作的意义（Shi，1964；Nivison，1964；Haeger，1969；Shih，1970）。哲学作品传递的并非一般信息，而是微妙细致、哲理深刻且随历史语境变化的意义，很难在另一种语言中找到对等语词来传译，这就对译者的翻译水平提出了巨大的挑战，迫使译者反复思考和选择翻译的语汇、方法，等等。陈荣捷先生虽然中西学养深厚、英语精妙，常有生花妙笔，但仅靠在英语现有的语汇中搜索合适的表达法，有时未免捉襟见肘。施友忠就批评他将《近思录》中的"近"译为"near at hand"，没有译出该词汇所包含的内在的、深刻细微的形而上学意义（Shih，1970）；陈汉生则建议适当运用"音译"的手段，来传递一些重要的中国哲学术语的文化语境意义（Hansen，1989）。

1.2 伯顿·沃森中国哲学典籍译作的国际期刊评论

伯顿·沃森的汉学研究与译介涉及中国古典哲学、佛学、古典文学和古代史学，尤其是汉史领域。他的译作文学价值高、忠实可读，"好评如潮，不仅得到了权威机构的资助、入选当代世界文学选集和中国文学选集、多次获得各类翻译大奖，而且多次再版重印、广为流传，深刻影响了当代美国读者与学界对中国文学、思想文化的态度与阅读方式"。[①]

其研究和译介的中国古典哲学著作主要包括《荀子》《墨子》《韩非子》和《庄子》等，1963年至1969年由哥伦比亚大学陆续出版。这些译作使用的是流畅的当代英语，其中有不少口语词和俚语，读起来朗朗上口、通俗易懂，很受欢迎，都得以再次出版和多次重版，还有好几部被视为经典译作，例如，沃森的《荀子》译本被列入哥伦比亚大学

[①] 林嘉新：《美国汉学家华兹生的汉学译介活动考论》，《中国文化研究》2017年秋之卷。

第六章 中国哲学典籍译作在美国的读者评价

"东方经典翻译系列丛书",《庄子全译》被收入联合国教科文组织著作选集《中国系列丛书》。

1.2.1 《论语》《左传》等英译作品的书评

沃森的《左传》选译本是该典籍的第一个英译单行本,由哥伦比亚大学1989年出版,得到了汉学界和普通读者的广泛关注和评论。

Robert Chard认为,"沃森的《左传》英译虽为选译,但基本囊括了原著中主要的历史事件,能够反映原著全貌。翻译主要运用了意译、注释等解释性的翻译方法,表达清楚直接、流畅自然,可读性很强"。[①] 他对比了沃森译本和理雅各的《左传》译本,认为前者更适合普通读者,而后者对普通读者来说,难以接近。

王靖宇(C. Y. John, Wang)指出,"为了帮助读者理清叙述事件的来龙去脉和复杂的人物和年代关系,沃森在每个选译的故事前都加入了评论或简介,并为整部《左传》做了简要介绍,并且译文中加入了解释性的话语"。[②] Ronald Egan认为"沃森选译了《左传》中37个最为著名的历史故事,以清晰优美的语言为汉学家和普通读者提供了一部可读性很强的译本"。[③]

Stephan Durrent认为,沃译《左传》的"导言"部分尽管有点短,但能够起到很好的导读作用。对于汉学界来说,《左传》急需一份详细的英文导言,介绍该文献的注疏传统、历史遗留问题及解读问题,沃译《左传》的导言已经为此项工作打下了坚实的基础。[④]

白牧之和白妙子夫妇[⑤]认为沃森《论语》英译的优点很明显——用词简单、表达口语化、通顺流畅,少用注释,适合普通读者阅读。

---

① Robert Chard, "A Review of Burton Watson's Translation of the Tso Chuan: Selections from China's Oldest Narrative History", Bulletin of the School of Oriental and African Studies, University of London, Vol. 54, No. 3, 1991, pp. 612–613.

② 杨静:《美国二十世纪的中国儒学典籍英译史论》,博士学位论文,河南大学,2014年,第81页。

③ Ronald C. Egan, "The Tso Chuan: Selections from China's Oldest Narrative History by Burton Watson: Reviewed by Egan Ronald", The Journal of Asian Studies, Vol. 49, No. 1, 1990, pp. 144–145.

④ 参见Stephen Durrant, "Smoothing Edges and Filling Gaps: Tso Chuan and the "General Reader"", Journal of the American Oriental Society, Vol. 112, No. 1, 1992, p. 41.

⑤ 参见Brooks, B. & Brooks, T., "Book Review: The Analects of Confucius by Burton Watson", The China Reviews, Vol. 9, No. 1, 2009, p. 165.

当然，沃森的翻译也并非完美无缺。他的中国典籍英译受到了英语世界对待非英语作品译入的"归化"倾向的影响，努力运用自然地道的当代英语来表达，译文浅显易懂、通俗流畅，不留原文的痕迹，但在考据和风格方面有时难免要打折扣。例如，在评论沃译《左传》时，Robert Chard 认为，为了向读者把事情解释得更浅显易懂，沃译牺牲了《左传》中大多有别于其他典籍的风格。①

Stephen Durrant 认为《左传》含蓄的风格给翻译带来了挑战，有时甚至令译者焦头烂额。应当多大程度减少原文的含蓄呢？这对于译者来说是个难题，但他认为沃译做得太过了。在翻译《左传》时，沃森"为了减轻读者的负担，调整了原著中人物的姓名，简化了古代中国的用以表示地位和职位的名称，这种做法实际上将中国古典著作的特殊性一点一点地抹去，变成了一种新造的新闻体裁式的语言"。② 制造"明白易懂"的英译文的想法促使沃森把原文本扩展了很多，与原著简洁优雅的风格背道而驰。

在欣赏沃森的《论语》英译用词简单、通顺流畅的同时，白牧之和白妙子夫妇也认为《论语》是与当时的时政有密切关联的，许多语句都不能作为一般的智慧来解读，但沃森的《论语》英译却丢失了原文的政治语境，给当代读者留下了不少解读难题。

而且，沃森的译文口语化色彩很浓，没有吸纳和借鉴英文书面语中的精彩成分，因而减色不少。例如，《论语》第13篇中第22章的最后一句，"不恒其德，或承之羞。"沃森译为"You don't just divine and that's it."而在白牧之和白妙子夫妇看来，《圣经新约》中有一句"virtue is not enough"很适合借用作这句话的译文，并且与第4篇的第25章"德不孤，必有邻。"的译文"Virtue is not solitary."形成对称，是一句很有文采的译文，比沃森口语化的译文要强多了。③

---

① 参见 Robert Chard, "A Review of Burton Watson's Translation of the Tso Chuan: Selections from China's Oldest Narrative History", *Bulletin of the School of Oriental and African Studies*, University of London, Vol. 54, No. 3, 1991, pp. 612 – 613.

② Stephen Durrant, "Smoothing Edges and Filling Gaps: Tso Chuan and the 'General Reader'", *Journal of the American Oriental Society*, Vol. 112, No. 1, 1992, p. 37.

③ Brooks, B. & Brooks, T., "Book Review: The Analects of Confucius by Burton Watson", *The China Reviews*, Vol. 9, No. 1, 2009, pp. 165 – 166.

第六章 中国哲学典籍译作在美国的读者评价

科罗拉多大学博尔达分校教授保尔·科罗尔（Paul W. Kroll）在评介沃森的《哥伦比亚抒情诗》时认为，"沃森的译诗经常是平淡无味，很难反映原诗那暗喻式的语言，意象和用词。沃译的语言很少有张力，译者很少认真考虑英语中各个近义词在意义上的细微差别，结果，沃森译诗的用词范围比原诗要贫乏得多，读者在沃森的译诗中无法欣赏到原诗语言的生动。因此，英语世界的读者不得不耐心等待一部真正能包含所有类型的传统中国诗歌的诗集，同时也真正能够传递汉语诗歌中语言的朝气和精准"[①]。

1.2.2 伯顿·沃森的译作评论总结

从以上的评论文章来看，沃森的中国哲学典籍英译作品获得了当时国际汉学界的密切关注和高度赞誉，无论是翻译的产量、质量还是影响力，沃森的译作在当今国际汉学界都称得上首屈一指，独占鳌头。

沃森一直坚持翻译选材的经典性和流行性并重的原则，获得了专业人士们的一致赞同（Kroll，1985；Frankel, H. H., 1986；Egan，1990；Chard，1991）。经典性是沃森选择中国典籍译入的最重要的标准，他了解所选典籍的英译历史，知晓前人英译所选典籍的情况，并不避讳经典重译。但沃森坚持自己的译文要有独到的价值，特别注重译文的"可达性"，很少运用注释作解释说明，是典型的自然译。沃森明确表示他"从不试图提出新的解释，只希望自己的英译文能够恰当表达中国文化传统下读者普遍认可的解释"，[②] 这也是他的中国典籍（诗歌）重译本的与众不同之处。

当然，"沃森的中国经典英译不以经典性作为选材的唯一标准，译者还考虑了典籍在目的语文化中的潜在价值和流行性"。[③] 沃森较早向西方汉学界译介了中国古代的汉魏六朝"赋"文，并把处于中国文学边缘地位的唐代白话诗僧寒山的诗作译成当代英语诗歌，"使两者分别

[①] P. W. Kroll, "Book Review: The Columbia Book of Chinese Poetry: From Early Times to the Thirteenth Century", *The Journal of Asian Studies*, Vol. 45, No. 1, 1985, pp. 131–134.

[②] Burton Watson, "The Shih Chi and I", *Chinese Literature: Essays, Articles, Reviews*, No. 17, 1995, pp. 199–206.

[③] 吴涛：《华兹生的中国典籍英译对中国文化"走出去"的启示》，《昆明理工大学学报》（社会科学版）2018年第2期。

在学术市场和大众市场获得成功，这得益于他对作品的潜在价值和流行性的准确判断"。①

沃森的中国典籍英译面向的是普通英语读者。一般说来，普通读者比专业读者更难接受外来文化，因为他们在"接触外来文化信息的时候，往往处于自身母语为中心的文化立场，具有非专业欣赏和娱乐消遣的特点，不愿意或是拒绝走向他者文化"，②译者需要根据普通读者的阅读品味和期待来调整翻译方法，将译文处理得注释少、可读性强，语言清晰易懂、通俗流畅、自然地道，这是沃森中国典籍英译最显著的特点和最大的优点，为各家一致公认，也是沃森译本的销量相对其他中国典籍译本遥遥领先的主要原因。

但是，对于专业人士来说，他们阅读中国典籍或是出于文学欣赏、研究的需要，或是出于历史、哲学研究的需要，因此，他们对译作的评价采用的是其他标准，例如，有学者认为译文的用词要能"体现原作用词的生动"，③从"沃森流畅的译文很难察觉到原诗发出的不同声音"。④也有学者认为一部作品的"风格也包含细节"，而沃森"去掉细节"的做法就等于"去掉典籍特色鲜明的部分"，⑤没有很好地再现原著的风格。作为历史学家，白牧之和白妙子夫妇在出版《论语辩》这部译著时提出了"层累"这一学说，即把《论语》视为孔子及其几代传人的语录，并且是孔子后人政治博弈的产物，因此，他们不同意沃森把《论语》看作超越时代的智慧，也不赞同将其仅视为孔子本人的贡献。⑥

---

① 吴涛：《华兹生的中国典籍英译对中国文化"走出去"的启示》，《昆明理工大学学报》（社会科学版）2018年第2期。

② 汪庆华：《传播学视阈下的中国文化走出去与翻译策略选择——以〈红楼梦〉英译为例》，《外语教学》2015年第3期。

③ P. W. Kroll, "Book Review: The Columbia Book of Chinese Poetry: From Early Times to the Thirteenth Century", *The Journal of Asian Studies*, Vol. 45, No. 1, 1985, p. 133.

④ H. H. Frankel, "Book Review: The Columbia Book of Chinese Poetry: From Early Times to the Thirteenth Century by Burton Watson", *Harvard Journal of Asiatic Studies*, Vol. 46, No. 1, 1986, p. 295.

⑤ 参见 Stephen Durrant, "Smoothing Edges and Filling Gaps: Tso Chuan and the "General Reader"", *Journal of the American Oriental Society*, Vol. 112, No. 1, 1992, p. 38.

⑥ 参见 Brooks, B. & Brooks, T., "Book Review: The Analects of Confucius by Burton Watson", *The China Reviews*, Vol. 9, No. 1, 2009, pp. 165 - 166.

第六章　中国哲学典籍译作在美国的读者评价

1.3　安乐哲中国哲学典籍译作的国际期刊评论

说起当代中国哲学典籍的海外英译，安乐哲的译作在国内可谓大受好评。他的译作以还原中国文化特色及彰显中国哲学之独特性为重，被誉为"让中国哲学讲中国话"（《人民日报》2015年8月10日）的翻译。安氏的比较哲学论著也因此倍受学界关注，几乎每一部著作都有中文译本。在"走出去"文化战略的大背景下，安氏的中国哲学典籍英译一时间在国内创造了"安乐哲现象"。但是，要考察安氏译作的海外传播与接受情况，就必须把目光转向其译作在英语世界的评论。

据调查，安乐哲的大多译作在出版后不久，美国的各种汉学研究期刊上就发表了相关评论。此处笔者收集了七篇，其中三篇是安乐哲和罗思文合译的《论语》的评论，还有三篇文章评介了安乐哲和郝大维合译的《中庸》，另一篇评介了安乐哲、罗思文的《孝经》译本。

1.3.1　《新近出版的〈论语〉英译》

加州大学洛杉矶分校（UCLA）中国研究中心主任史嘉柏（David Schaberg）是中国史学和古典文学研究领域的专家，致力把中国经典推介给美国读者。他著述等身，还与人合作翻译了《尚书》《春秋》《国语》等中国古代经典。史嘉柏为《中国文学》（*Chinese Literature Essays, Articles, Reviews*）撰写的书评《新近出版的〈论语〉英译》（*Sell it! Sell it!: Recent Translations of Lunyu*）评介了六部1992年至1998年间出版的《论语》英译。

史嘉柏认为，这些新近出版的《论语》译作与人们普遍认为的中国人的特征并无多大关系，更多则是揭示这部经典的当代价值。"信""达""雅"曾被认为是翻译的金科玉律，但他评介的六部译作中，没有一部符合上述标准。也就是说，每一部译作都在为目标读者服务，都有吸引读者的亮点。其中安乐哲和罗思文的《论语》英译旨在鼓励读者寻求一种实用的方法来化解中西文明的冲突。[①]

史嘉柏认为"安乐哲和罗思文的译本是西方对中国考古新发现的简帛

[①] 参见 David Schaberg, "'Sell it! Sell it!': Recent Translations of Lunyu", *Chinese Literature: Essays, Articles, Reviews*, 2001, p.116.

本研究的优秀之作,对两位译者在挖掘中国哲学独特内涵上所作出的努力表示肯定,并认为他们的术语翻译有清晰的翻译原则并能够一以贯之"。①

他评论道:"译者们对于关键词的翻译提出了合理的解释,并在译文中坚持一个关键词使用一种译名,而有些《论语》译本,如刘殿爵的译本,哲学关键词的译法不统一,使得非汉语读者不可能把握到这些术语的语义范围"②。

史嘉柏认为译文的总体质量很好:"他们的翻译是不错的,整个译文甚至行话的接受性都还不错"。③"因此,即使译者们关于视觉的假设在被指出不可靠之后,他们的《论语》英译仍具有相当好的声誉,能实现译者目的,且没有什么败笔损坏原作意义"。④

但史嘉柏对安乐哲和罗思文两人的理论预设持批评意见。他指出,对古汉语"视觉假设"(visual hypothesis)是安氏和罗氏开展《论语》哲学英译的理论基础,它认为古汉字的一大表意方式就是对象形文字和表意文字有意义地排列。译者们认为该理论十分有助于古汉语典籍的解读,因此将其用于关键词的诠释,并且"对自己译本的可信度信心满满"。⑤

但是,在翻译的过程中,译者们并没有运用这一理论假设,该假设也没有从《论语》的具体章节中得以引证,只是在一些术语的诠释上得以体现。但是,词汇这一层次的视觉假定无法显示和支持任何句法层次上的视觉推论。

"最重要的是,史嘉柏认为译者为了遵循其术语翻译原则,贯彻其哲学翻译观",⑥ 在某种程度上忽略了对术语原义的解读。

---

① 参见 David Schaberg, "'Sell it! Sell it!': Recent Translations of Lunyu", *Chinese Literature*: *Essays, Articles, Reviews*, 2001, pp. 117 – 125.

② David Schaberg, "'Sell it! Sell it!': Recent Translations of Lunyu", *Chinese Literature*: *Essays, Articles, Reviews*, 2001, p. 123.

③ David Schaberg, "'Sell it! Sell it!': Recent Translations of Lunyu", *Chinese Literature*: *Essays, Articles, Reviews*, 2001, p. 125.

④ David Schaberg, "'Sell it! Sell it!': Recent Translations of Lunyu", *Chinese Literature*: *Essays, Articles, Reviews*, 2001, pp. 123 – 124.

⑤ David Schaberg, "'Sell it! Sell it!': Recent Translations of Lunyu", *Chinese Literature*: *Essays, Articles, Reviews*, 2001, p. 118.

⑥ 杨静:《美国二十世纪的中国儒学典籍英译史论》,博士学位论文,河南大学,2014 年,第 159 页。

第六章　中国哲学典籍译作在美国的读者评价

"有一两处关键词的翻译与整部典籍的翻译不协调。例如,'仁'译做'authoritative conduct',意思较模糊,意味着既仁慈又盲目的专制。'知'译做'to realize'也很成问题。……这两个术语的译名,与其他术语的译名一样,显然证明了该翻译项目是以哲学建构为动机。……一部具有'社群主义观'的《论语》可能是有价值的,即使它公然偏离了原文,或者悄悄撕毁了忠实的契约"①。

因此,史嘉柏认为安乐哲和罗思文一方面"反对套用西方哲学的本质主义去诠释中国哲学;另一方面,支撑他们翻译实践的也是一套理论框架,因而也表现出诠释中国哲学和语言的本质主义倾向"②。

1.3.2 《孔子的声音:〈论语〉的阅读、翻译和阐释》

郑文君(Alice W. Cheang)是美国麻省大学阿默斯特分校一名研究中国古代经典的高级研究员。她撰写的书评《孔子的声音:〈论语〉的阅读、翻译和阐释》发表在《政治学评论》(The Review of Politics)上,其中评论了四部90年代出版的《论语》英译,其中包括安乐哲和罗思文的译本。郑文君认为,她评论的"每个译本都添加了一些便于读者理解的东西,结果就是,原本属于读者的解读权转交给了译者,译者拥有了许多自由发挥的空间"③。

在郑文君看来,译者们不遗余力地提醒读者不要掉入文化挪用的陷阱,不要想当然地把自以为正确的东西强塞进另一种文化。可是,尽管"goodness"和"benevolence"这些常用的译名都不是"仁"的最佳对等词,它们至少向英语读者传递了一些有意义的信息,而安氏等人的"authoritative conduct"却让读者摸不着头脑。还有"government"一词,尽管它具有西方法律的色彩,不适合用来作"政"的译名,但安氏的"governing properly"也未必有更好的效果④。

---

① David Schaberg, "'Sell it! Sell it!': Recent Translations of Lunyu", *Chinese Literature: Essays, Articles, Reviews*, 2001, p. 123.
② David Schaberg, "'Sell it! Sell it!': Recent Translations of Lunyu", *Chinese Literature: Essays, Articles, Reviews*, 2001, pp. 124 – 125.
③ Alice W. Cheang, "The Master's Voice: On Reading, Translating and Interpreting the 'Analects' of Confucius", *The Review of Politics*, Vol. 62, No. 3, 2000, p. 569.
④ Alice W. Cheang, "The Master's Voice: On Reading, Translating and Interpreting the 'Analects' of Confucius", *The Review of Politics*, Vol. 62, No. 3, 2000, p. 570.

郑文君的评论深受现代阐释学的影响。她指出，安乐哲与其合作者都认为《论语》中存在着一种"真正"的意义，具备相关的历史和文化知识的读者通过仔细研读文本就能重新获得这种"意义"。这一问题上，郑文君持不同的见解。她声称，当代人所了解的儒学都是历代读者创造的产物，每个人都是根据历史语境和各人需求去理解文本。她相信，重读经典的意义就在于读出新意。一部经典的永久价值就在于它具有解读的开放性。①

1.3.3 《中国研究书评》中的相关评论

《中国研究书评》（*China Review International*）1999年第1期发表了澳大利亚阿德莱德大学麦克汉姆（John Makeham）撰写的书评，评论了1998年在美国出版的两个具有浓厚学术色彩的《论语》英译本，一个是白牧之和白妙子夫妇的译本，另一个就是安乐哲和罗思文的译本。

总体说来，麦克汉姆对安乐哲和罗思文的《论语》英译评价颇高，认为译者们将该典籍提升到了几乎前所未有的高度，在《论语》的众多评注中占有一席之地，值得研究中国的学生认真研读。② 并且，麦氏赞同译者们把英语看作是物质性的语言，把古汉语看作是关联性、事件性语言的这一区分。他还认为翻译的水平很高。③ 但是，麦克汉姆的批评意见也不少。他对译者们关于文本原意、解读语境和古汉字的视觉表意等假设提出了质疑。

首先，译者们假设原文本可以毫无疑问地作为孔子教义的可靠来源。这一假设与他们的另一假设自相矛盾。例如，他们认为《论语》原文是经历长期累积而合成的，直到西汉早期才出现在我们今天读到的《论语》文本。那么，麦氏质疑，原文究竟在多大程度上能够代表孔子

---

① Alice W. Cheang, "The Master's Voice: On Reading, Translating and Interpreting the 'Analects' of Confucius", *The Review of Politics*, Vol. 62, No. 3, 2000, p. 572.

② J. Makeham, "The Review of The Original Analects: Sayings of Confucius and His Successors and The Analects of Confucius: A Philosophical Translation", *China Review International*, Vol. 6, No. 1, 1999, pp. 18 – 27.

③ 参见 J. Makeham, "The Review of The Original Analects: Sayings of Confucius and His Successors and The Analects of Confucius: A Philosophical Translation", *China Review International*, Vol. 6, No. 1, 1999, p. 20.

第六章　中国哲学典籍译作在美国的读者评价

思想呢？① 麦氏还认为，作为一部经典，《论语》的意义不可能封闭在一个有限的历史范围之内。给文本贴上"原"意的封条，就等于否认了文本意义在阅读中产生这一过程。他相信，经典的意义是开放的，期待着新的解读。②

其次，译者们声称"《论语》中大多数具有哲学意义的汉字不是象形字就是会意字，本来就具有意义，要更多地通过视觉而非听觉的方式来判断汉字的语义"。③ 对此，麦克汉姆提出了质疑，认为这一论断与译者们依据总体语境来解读文本意义的观点相互矛盾。④ 关于如何选择解读文本的语境，麦氏认为，尽管译者们在注释中引用《孟子》《左传》《荀子》等儒家文本的段落，来为《论语》提供解释的语境，可又会产生另一些问题，例如：解释的挪用、引用段落的出处，以及怎样判断原文中个别段落出现的年代等问题。⑤

最后，麦克汉姆对安氏的一些哲学关键词译名提出了异议。他认为，为克服西方哲学传统的缺陷，译者们从古代中国哲学的"他者"性中选择性地挪用了一些能够解决当下问题的元素。例如，"道"这一术语的动态性是译者们强加上去的，其译名蕴含了"道路"这一暗喻。⑥ 还有，把"生"译做"natural propensity"有些牵强，违背了中国古代对"气"的认识。

---

① 参见 J. Makeham, "The Review of The Original Analects: Sayings of Confucius and His Successors and The Analects of Confucius: A Philosophical Translation", *China Review International*, Vol. 6, No. 1, 1999, pp. 16 – 17.

② 参见 J. Makeham, "The Review of The Original Analects: Sayings of Confucius and His Successors and The Analects of Confucius: A Philosophical Translation", *China Review International*, Vol. 6, No. 1, 1999, p. 17.

③ Roger T. Ames & Henry, Rosemont, *The Analects of Confucius: A Philosophical Translation*, New York: The Ballantine Publishing Group, 1998, p. 41.

④ 参见 J. Makeham, "The Review of The Original Analects: Sayings of Confucius and His Successors and The Analects of Confucius: A Philosophical Translation", *China Review International*, Vol. 6, No. 1, 1999, p. 19.

⑤ 参见 J. Makeham, "The Review of The Original Analects: Sayings of Confucius and His Successors and The Analects of Confucius: A Philosophical Translation", *China Review International*, Vol. 6, No. 1, 1999, pp. 24 – 25.

⑥ J. Makeham, "The Review of The Original Analects: Sayings of Confucius and His Successors and The Analects of Confucius: A Philosophical Translation", *China Review International*, Vol. 6, No. 1, 1999, p. 20.

1.3.4 《孝经》的英文书评

肯塔基州学院的伯利尔文理学院的雷切瑞（Jeffrey L. Richery）在《中国哲学》（*Journal of Chinese Philosophy*）期刊上评论了安乐哲和罗思文英译的《孝经》。

书评认为，安乐哲与亨利·罗思文合作翻译的《论语》，目标读者为西方知识分子。译者把《孝经》从具体语境中分离出来，放置在普遍性的话语之中，强调其输出的是一种与西方的"德行伦理"相对的"角色伦理"，致力于为儒家思想在全球哲学界开拓出一席合法领地。

一开始，雷切瑞引用了《孟子·万章上》中的段落："说《诗者》不以文害辞，不以辞害志"，以提出解读文本的原则。意思是，解读者不要拘泥于辞义而误会、曲解作者原意。他认为，《论语的哲学阐释》中，译者们集中精力对一些"特别的术语"所做的"高雅的译名"破坏了典籍的原意。例如，译者们把用来描述儒学"角色"的传统词汇，如"superiors"和"inferiors"替换成"benefactors"和"beneficiaries"，还把"仁"译作"authoritative person"，使得读者不明其意。这些所谓"高雅"的译法，显得更像一件粗俗的、不合体的文化外衣，导致他们将术语从文本的具体语境中剥离出来，与现实格格不入。[①]

不过，雷切瑞认为，尽管有以上缺陷，安氏和罗氏的译作中还是有许多地方可圈可点。例如，它提供了中文原文和关键词的译名，长达八页的参考文献包含了许多有用的引语。译者们坚持认为"儒家无神的宗教观……肯定了通过积累而成的人类经验本身就是神圣的"，这些观念，对于许多学生读者来说既新颖且有益。[②]

以上几篇均是西方学者对安乐哲中国哲学典籍译作的书评。不难看出，尽管他们对安氏译作不乏溢美之词，如承认其译作有创新的解释，并一致认为翻译的"质量高"。但批评多于欣赏，意见集中在两个方面：一是认为译者运用的理论多有自相矛盾之处；二是批评其哲学术语

---

① 参见 Jeffrey L. Richery, "A Review of The Chinese Classic of Family Reverence: A Philosophical Translation of the Xiaojing", *Journal of Chinese Philosophy*, No. 2, 2010, pp. 145 - 146.

② 参见 Jeffrey L. Richery, "A Review of The Chinese Classic of Family Reverence: A Philosophical Translation of the Xiaojing", *Journal of Chinese Philosophy*, No. 2, 2010, p. 147.

第六章　中国哲学典籍译作在美国的读者评价

的译名不知所云，或故弄玄虚、以辞害义。这些评价是否公允尚且存疑，但它们对美国乃至英语世界读者产生的影响却是可想而知。一群供职于世界著名高校、专门从事中国研究的专家学者在权威的中国研究期刊发表的批评意见，有多少非专业人士的读者能够反驳呢？除了书评之外，一些通过报刊、网络和社会会话等渠道发表的关于安氏译作的其他各种评论也表达了相似见解。

例如，美国的《出版周刊》（*Publication Weekly*）（2002年12月）为安乐哲和郝大维的《道德经》译本做宣传时明确表示：译者们关于中国哲学的预设"并不很有说服力，似乎有矫枉过正之嫌"。笔者在亚马逊网站上调查安氏《道德经》的接受情况时，看到网评上反对派的观点主要是："译者似乎故意在写作中随意使用一些晦涩难解的所指，并选择了最复杂的词汇和句型来表达其思想。"有读者认为安氏译本"让理解道变得更难，而不是更容易"。笔者曾与一位名叫Susan的美国读者通信，谈及了安乐哲的译作。Susan是一名热爱中国哲学，并对《易经》有着常年研究的老太太。在通信中，她说道："阅读安教授的《道德经》译作令人非常迷惑不解，让我更难把握原作的内容。""说实话，我不认为有任何必要使得术语复杂化。例如，把'正'译作'optimal appropriateness'显得很造作。这样的译名把读者和文本的距离拉得更远。"

"事实上，以上提及的通过不同渠道以各种形式发表的评论并非孤立存在，而是交织互动、相辅相成，融汇成美国有关阅读的公共话语中一个意见网络。"处于"这一网络中的各种涉书观点相互参考、冲突、烘托、制衡而造就的舆论氛围内，从书店顾客、图书馆借阅者到媒体读书栏目的编辑及书评作者等知识背景各异、阅读情趣各异的个体读者，形成了其阅读动机、倾向、期待、解读策略及评价标准"。[①]

所幸的是，从20世纪初开始，在以美国为代表的西方学术界中，有一个从事中国研究的海外华人群体，一直充当着中国作品译介的主力军。当代美国的中国学界，除了陈荣捷、梅贻宝、秦家懿等代表译者，还有杜维明、倪培民、李晨阳等人，专门从事中国哲学及其英译的研

[①] 刘亚猛、朱纯深：《国际译评与中国文学在域外的"活跃存在"》，《中国翻译》2015年第1期。

究,在权威学术期刊上发表中国哲学英译作品的评论,运用东西方比较的视角,就如何理解原作及如何使用英语表达原作的思想内涵直接诉诸英美读书界。

安乐哲和郝大维英译的《中庸》由夏威夷大学出版社 2001 年出版。该书出版后不到三年,《比较哲学》(Dao: Comparative Philosophy) 2004 年第 3 卷第 2 期专出一期发表该译作的评论文章,其中就有倪培民的《从功夫论的角度解读〈中庸〉》、李晨阳的《作为大和的"中庸"——安乐哲、郝大维〈中庸〉英译的另类解读》和温海明的《从实体语言转换为过程性和变化性的语言:〈中庸〉的哲学关键词翻译》。他们的评论肯定了安氏译作对中国哲学术语英译的创新,回应了西方学者的质疑。

1.3.5 《从功夫论的角度解读〈中庸〉》

倪培民系美国大河谷州立大学哲学系教授、东亚研究项目主任、"中外比较哲学"丛书主编、北美中国哲学家协会前会长。他的书评《从功夫论的角度解读〈中庸〉》,评介了安乐哲和郝大维的《中庸》英译本,特别就其中关键词的译名能否传递儒学教义中"功夫"指导的意义做了详细的评论。

首先,倪培民承认《中庸》所蕴含的形上学是非实体的,因此,他赞同译者们采用过程性的词汇,或者,用译者们的话来说,是"点和域的语言"来阐明《中庸》所反映的形而上学思想,认为"此举对于揭示《中庸》中所蕴含的整体性和动态的世界观极具深意,它迫使人们在诠释儒家经典的时候对浸透了形而上学意蕴的语词保持清醒的警觉"。[①] 然而,倪氏却认为,"译者对形而上学的强调,却遮蔽了《中庸》的另外一个重要层面——功夫指导的层面"。[②]

其次,倪培民认为,"儒家的修身养性完全可以被称为'儒家功夫',即一套有关修身养性的功法及其功能、功力、功用和功效的学说"。[③] 两

---

① [美] 倪培民:《从功夫论的角度解读〈中庸〉——评安乐哲与郝大维的〈中庸〉英译》,《求是学刊》2005 年第 3 期。
② [美] 倪培民:《从功夫论的角度解读〈中庸〉——评安乐哲与郝大维的〈中庸〉英译》,《求是学刊》2005 年第 3 期。
③ [美] 倪培民:《从功夫论的角度解读〈中庸〉——评安乐哲与郝大维的〈中庸〉英译》,《求是学刊》2005 年第 3 期。

第六章　中国哲学典籍译作在美国的读者评价

位译者"对《中庸》的翻译集注意力专注于形而上学的过程语言与实体语言的对比，却忽视了书中功夫的层面"。① 进而，他用安乐哲和郝大维对"中""庸""诚"几个关键词的英译举例说明了这些译名未能反映原作的"功夫"指导的意义。例如："中"译为"focus"虽能表达"场域"的意思，却抹杀了"中"这一术语所表达的"居'过'与'不及'之间""执用两端""不偏不倚"的意思。译者选择"familiar"作为"庸"的译名，未能表达原术语带有的"平常"这层含义。一些人很熟悉的事，却不一定是人类生活中平常、一般的事。② 不过，倪培民相信，虽然两位译者对《中庸》核心术语的翻译"未能对原典功夫指导的层面给予足够的重视，他们所做的从实体语言到过程语言的转化却为进一步揭示其功夫的层面打下了基础"。③

1.3.6 《从实体语言转换为过程性和变化性的语言——〈中庸〉的哲学关键词翻译》

夏威夷大学博士、安乐哲的学生温海明的评论文章高度评价了安乐哲和郝大维的《中庸》英译，认为该译作为反思和改进中国哲学的解读和翻译提供了机遇。

评论首先回顾了"中庸"这一术语的英译历程，通过翻译实例详细说明译者使用的"点和域"的语言对于翻译中国思想的优势。

例如，理雅各首次把"中庸"译为"The Doctrine of the Mean"，后来又改译为"The State of Equilibrium and Harmony"。尽管改译更接近《中庸》的核心思想，却也只传达了标题的部分意义，"庸"字的意义被忽略了。再一个问题就是，"state"意味着静止而非运动。辜鸿铭的"中庸"译名"Central Harmony"也存在这个问题。杜维明的"centrality & commonality"揭示了"中"和"庸"两个字的基本意义，然而，这两个名词表达的仍然是静态的实体而非动态的事件。休斯的译名

---

① ［美］倪培民：《从功夫论的角度解读〈中庸〉——评安乐哲与郝大维的〈中庸〉英译》，《求是学刊》2005 年第 3 期。
② 参见［美］倪培民《从功夫论的角度解读〈中庸〉——评安乐哲与郝大维的〈中庸〉英译》，《求是学刊》2005 年第 3 期。
③ ［美］倪培民：《从功夫论的角度解读〈中庸〉——评安乐哲与郝大维的〈中庸〉英译》，《求是学刊》2005 年第 3 期。

"The Mean-in-Action"很接近参与的过程，可仍然把"Mean"作为一个名词强调，拉开了该词与中国哲学过程性观念的距离。只有安乐哲和郝大维的"Focusing the Familiar"涵盖了两个汉字的大部分原义。"focusing"意为人因恪守"人道"而参与"中道"（"天道"），"familiar"意为把儒家的自我修身作为一种惯例及日常生活的一部分。因此，"Focusing the Familiar"是原标题"中庸"最合适的译名。①

该评论在结尾部分总结了安氏和郝氏的《中庸》英译对中国哲学典籍英译和传播的三大贡献。评论认为，安乐哲和郝大维的中国哲学术语英译不仅纠正了西方汉学家的误读，也是对于术语在自身传统中如何还原其本原意义的一种反思。例如，译者使用"creativity"而非"sincerity"作为"诚"的译名，目的是传达其"动态的、能产生新意的活动，让人类在自我和天地结合的活动中实现自我"② 这一意义。

其次，中国哲学的英译除了预防"西方主流文化预设"③ 之外，还需注意把中国概念"哲学化"的方式，即使在中国学界，这也是一个关键问题。例如，金岳霖、冯友兰、张东荪和熊十力等中国哲学家对于"天"的理解各不相同。金岳霖认为"天人合一"是中国哲学的特质，其中主体和客体没有区别（Jin, 1998）。冯友兰（1988）从考据学中查证"天"有五种基本含义，他的结论是：孔子的"天"就是"有意志的神"。张东荪认为"天"在西方是自然和上帝的结合（Zhang, 1998）。熊十力清楚地表明儒家的"'天'是实体的名称，而非上帝"（熊十力，1977）。从以上讨论来看，我们意识到即便使用中文解释中国哲学观念的时候，也必须小心选词。仅凭母语是汉语也不能保证正确地把中国术语"哲学化"。

最后，在自身传统里重新审视和解读中国哲学是必要的。20 世纪

---

① Wen Haiming, "From Substance Language to Vocabularies of Process and Change: Translations of Key Philosophical Terms in the Zhongyong", *Dao: A Journal of Comparative Philosophy*, Vol. 3, No. 2, 2004, pp. 218 – 220.

② Roger T. Ames & David, Hall, *Focusing the Familiar: A Translation and Philosophical Interpretation of the Zhongyong*, Honolulu: University of Hawaii Press, 2001, p. 30.

③ David L. Hall & Ames Roger T., *Anticipating China: Thinking through the Narratives of Chinese and Western Culture*, Albany: State University of New York Press, 1995, p. 16.

第六章　中国哲学典籍译作在美国的读者评价

初"中国哲学"的原初建构,诸如胡适和冯友兰著作中关于中国哲学的论述在很大程度上受到了西方哲学话语的影响。一些中国哲学术语的传统译名,例如"天"译作"Heaven"可以一直追溯到早期耶稣会士的拉丁语翻译。一些中国学者甚至跟从西方的解释,认为"天"是基督教的上帝,不加思考地使用这些带有西方色彩的译名。安乐哲和郝大维使用"点和域"的语言建立在一种更深入地理解中国哲学的基础上,取代了以往基督教式的语言和西方哲学式的语言。

因此,该评论指出,当两种哲学相遇时,有必要建构新的哲学术语。读者们也必须摈弃传统上有关这些概念的误读,予以重新理解。安乐哲和郝大维创造的"点和域"的语言将会成为中国哲学术语英译的一块基石。他们的学术研究有助于东西方文明的交流。

另一篇评论文章《作为"大和"的中庸:安乐哲郝大维译本的另类解读》的作者李晨阳是新加坡南洋理工大学的哲学教授,早先供职于美国中央华盛顿大学。他称安乐哲和郝大维的《中庸》译本为"近年来有关《中庸》研究的最有雄心、最具创新也是最重要的作品"。[①] 在哲学观上,李晨阳赞同安氏和郝氏两位译者运用非物质主义和非本质主义的方法去解读和翻译《中庸》。在具体的解读问题上,也认为该译本突出了"诚"这一概念是一个贡献。但是,李晨阳认为,安乐哲和郝大维未能清楚说明《中庸》之有益于人类生活——帮助人们进入一个更高境界,而这一境界又是创化和鼓舞世界的源泉。因此,他把"中庸"译为"equilibratory moderation",以"适时""时中"为特点,认为,君子履行中道之时,适合具体的时间和情况,就能和天地、他人保持和谐的关系。

"从以上对权威评论提出的异议来看,美国读书界的意见网络并未完全封闭固化,仍然有希望通过讨论及争议影响并改变其舆论氛围"。[②] 有中国文化背景的学者认同译者的哲学观,有力地反驳了那种认为译者

[①] Li Chenyang, "Zhongyong as Grand Harmony: An Alternative Reading to Ames and Hall's Focusing the Familiar", *Dao: A Journal of Comparative Philosophy*, Vol. 3, No. 2, 2004, p. 173.

[②] 刘亚猛、朱纯深:《国际译评与中国文学在域外的"活跃存在"》,《中国翻译》2015年第1期。

的哲学观具有"本质主义"特征的论调。不过,译者学生的参与难免会让人觉得不如旁人那样中立,使得支持译作的声音总体上弱于反对的声音。

1.3.7 安乐哲译作的国外接受情况的反思和启示

"翻译作品要想融入新的语境,作品应该被译成'可激活文本'"。① 从以上安乐哲的中国哲学典籍译作的国际出版和评论情况来看,其译作显然属于"可激活"的文本:所有英译本均由美国知名的出版社出版,大多译作出版后不久就有权威的学术刊物发表译评。究其原因,这些译作在翻译选材和整体风格方面颇能契合美国当代读者的需求。

从翻译选材来看,恰逢当代美国"中国典籍翻译的第二次高潮",② 安乐哲选择了《孙子兵法》《道德经》《论语》《诗经》等西方最受欢迎的中国典籍,来回应读者们当下的"具体关注、渴求、情趣、焦虑和失落"。③ 例如,《孙子兵法》为二战以后的美国军事和商界提供了重要的战略战术的参考。《道德经》中"天人合一"的思想为解决当前全球面临的人类和环境关系的问题提供了思想资源。据报道:美国大学生对道家表现出浓厚的兴趣。其倡导的崇尚个人的内在自由不仅契合年轻人的想法,也被认为是消解竞争压力、缓解现代性焦虑的一剂良药④。美国学生们还发现,现代科学的研究有不少都能在数千年前的中国古代哲言中找到验证。此外,安乐哲还从《论语》《中庸》等经典中读出了儒家社群思想,彰显了人类在创造中的积极作用,对克服目前西方社会中充斥的个人主义和客观主义思想有着积极的作用。

从翻译的整体风格来看,安乐哲的译作没有删译、漏译和增译,行文流畅、翻译质量高、可读性较强,即便是对安氏译作持批评意见的

---

① 刘亚猛、朱纯深:《国际译评与中国文学在域外的"活跃存在"》,《中国翻译》2015 年第 1 期。
② 杨静:《美国二十世纪的中国儒学典籍英译史论》,博士学位论文,河南大学,2014 年,第 68 页。
③ 刘亚猛、朱纯深:《国际译评与中国文学在域外的"活跃存在"》,《中国翻译》2015 年第 1 期。
④ 参见刘晨《在哈佛最当红的"中国课"上当助教》,《文汇报》2014 年 2 月 13 日第 9 版。

第六章 中国哲学典籍译作在美国的读者评价

Shcaberg 也不得不承认其"翻译是不错的,整个译文甚至行话的接受性都还不错"。① 这一点,不仅是评论者的主观判断,译作的销售数字也显示了一定的说服力。"近年来获诺贝尔文学奖的非英语作家的代表作英译在亚马逊网上书店销售排行榜上能位列万名之后十万名之内以属难得,所有主要著作的英文版在这一榜上都只列第几十万名的也并非不可思议,连尚未售出过的新书都在打折促销的则比比皆是"。② 著名的翻译理论家道格拉斯·罗宾逊(Douglas Robinson),在谈及中国哲学作品英译在美国的传播情况时曾说过:"众所周知,任何类型的翻译作品对美国读者来说都不具吸引力。比起来自欧洲国家的通俗小说,中国通俗小说英译的魅力要小得多,而任何国家的哲学文本的英译又远不如它们的小说英译能吸引美国读者。"③

在这样的生存逆境中,我们看看安乐哲译作的销售排名:《孙子兵法》在亚马逊图书网的销售排名为第99785名,销售排名位列几十万名之内,《论语》《孙膑兵法》《道德经》和《中庸》的销售排名也在几百万名之内,能取得这样的销售成绩实属不易。

从哲学术语的翻译方法来看,安乐哲使用了新异的方法来表现术语所蕴含的哲学思想。但是,使用新造词,或大量使用动名词组使得译名笨拙别扭,这些方法不仅遭到了普通读者的反对,在学术界获得的认同也不多。就这一点看来,译者并非很在意"目标社群特有的情趣及价值",④ 或者对其读书界实际上采用的评判标准有所考虑。

安乐哲及其合作者在中国哲学术语翻译实践中,大量使用了音译法和创译法,忽略了五六十年代以来美国学界盛行的术语英译的原则和评判标准。这或许也是他们遭到学界诟病的原因之一。不过,对中国的研究及中国文本的英译在美国发展很快,学界的意见在不断更新。当前,

---

① David Schaberg, "'Sell it! Sell it!': Recent Translations of Lunyu", *Chinese Literature*: *Essays*, *Articles*, *Reviews*, 2001, p.125.
② 刘亚猛、朱纯深:《国际译评与中国文学在域外的"活跃存在"》,《中国翻译》2015 年第 1 期。
③ 引自 Robinson 与笔者的通信。
④ 刘亚猛、朱纯深:《国际译评与中国文学在域外的"活跃存在"》,《中国翻译》2015 年第 1 期。

越来越多的学者认为没有什么固定的译法，具体语境是决定翻译方法的唯一依据。例如，著名的中国哲学典籍英译者、现任香港城市大学教授的艾文荷在接受笔者的访谈时说道："没有什么放之四海皆准的原则。通常，最好的办法是找到一个合适的英译名。即便这样，译者也可能需要用详细的注释来说明为什么要这样译，以及所选译名的语义范围。有时，最好的做法是音译，再作一条长长的注释"。[①]

而西方的大众读者更是缺乏为真正了解其他文化传统而付出艰辛努力的勇气。著名的美国汉学家宇文所安（Stephan Owen）在"什么是世界诗歌"一文中，谈论到西方读者的诗学情趣时说道："他们（西方读者）感兴趣的是那种使他们骨子里觉得熟悉（essentially familiar）同时又因为带有某些地域色彩及异域主题而略显陌生的译诗"。[②] 他还认为，这些读者"所寻求的绝非诗歌本身，而只是用以观察其他文化现象的窗口"。[③] 这话同样适用于英语读者对中国典籍译作的鉴赏。例如，Stephen Mitchell 的《道德经》英译明显引入了基督教和西方哲学的视角，译作却取得了极好的市场效益，在亚马逊图书网的销量排名为第 3489 名，遥遥领先于亚里士多德、歌德、狄更斯、但丁等哲学大师和文学巨匠的作品译本的销量排名，也比《道德经》的其他英译排名靠前，[④] 原因在于英语世界的普通读者更愿意享受被"归化"、简化和同化过的"假翻译"带给他们的舒适感。在亚马逊图书网上，Stephen Mitchell 的《道德经》英译不仅销量排名位居前茅，获得的评论也是最多的。"Mitchell 看透了一些译作中臭臭的学究味，他的译作是轻而易举的改写"。"Mitchell 的译作没有歧视性的语言，举例得当，向当代西方人展示了怎样理解和接受道学这种智慧又简单的哲学"。"译者的职责是尝试向他/她的同代人用他们最容易理解的语言重新阐释经典"。这样的

[①] Lyu Jianlan, Tan Xiaoli & Lang Yong, "On the translation, promotion and acceptance of Chinese philosophy in English-speaking world: an interview with Prof. Philip J. Ivanhoe", *Asia Pacific Translation and Intercultural Studies*, No. 2, 2016, p. 2.

[②] Stephen Owen, "What is Poetry?", *The New Public*, No. 19, 1990, p. 29.

[③] Stephen Owen, "What is Poetry?", *The New Public*, No. 19, 1990, p. 29.

[④] 参见 Paul R. Goldin, "Those who Don't Know Speak: Translations of the Daodejing by People Who Do Not Know Chinese", *Asian Philosophy*, Vol. 12, No. 3, 2002, p. 192.

评论在 Amazon 网站上比比皆是。

1.4 艾文荷、万百安的中国哲学典籍译作的国际期刊评论

菲利普·艾文荷教授致力于研究和传播中国哲学思想。他的中国哲学典籍全译本有《道德经》（The Daodejing of Laozi）、《孙子兵法》（Master Sun's Art of War），选译有《伦理学和历史：章学诚的小品文及书信》（On Ethics and History：Essays and Letters of Zhang Xuecheng）和《陆王学派文集选读》（Readings from the Lu-Wang School），节译有《坛经》（The Platform Sutra）和《墨子》（The Mozi）。另外，他和其他著名的中国哲学研究专家万百安等合编了《中国哲学典籍选读》（Reading in Classical Chinese Philosophy）、《荀子思想中的德行、人性与道德主体》（Virtue，Nature and Agency in the Xunzi）和《孟子伦理学选集》（Essays on Mencius' Moral Philosophy）等 11 部有关中国哲学思想的选集。其中艾文荷的个人译作《道德经》（The Daodejing of Laozi）以及与万百安合编的《中国哲学典籍选读》自出版以来受到了学术界的广泛好评，也得到了广大普通读者的青睐。

1.4.1 《孔子和〈论语〉》的书评

万百安主编的《孔子和〈论语〉》英译本由牛津大学出版社 2002 年于牛津和纽约出版。该书出版的第二年，也就是 2003 年，"亚洲研究学会"会刊《亚洲研究》（Asia Studies）发表了该书的评论文章，文章作者为 Berea 学院的 Jeffrey L. Richey。

评论者认为，这部书的出版标志着公元前 15 世纪中国思想家及其代表作品在英语世界以文集的形式面世。《孔子和〈论语〉》发挥了两个重要的作用：一是收集了亚洲、欧洲和北美洲的有关孔子和《论语》的学术研究并将其消化呈现给各类读者：学者和学生，汉学家和非汉学家；二是它开启了关于孔子的西方研究的过渡，将文本的解读视角从过去单纯的历史主义过渡到一个多元的、和谐的、解释性的解读，并将引领这类主题作品今后的解读趋势。评论者指出，这部译作可能是过去几年来该领域出版的著作中最重要的一部。

万百安所做的前言内容丰富而又简洁，是这部集子中最重要的资

料，Joel Sahleen 提供了一份极佳的有关孔子和《论语》的研究书目，与该书的前言相得益彰。它将孔子那种和谐的、有细微差别的观点与一种对于孔子和早期中国思想"历史性"的理解综合在一起。在这方面，万百安的前言无疑为该文集奠定了基调。

这部集子收录的文章中，各篇文章所运用的解读方法之区别都清晰可见。例如，Joel J. Kupperman 运用的是哲学分析，Kwong-loi Shun 运用的是宗教和历史的分析，Stephen Wilson 用的是文学批评，而万百安和他以前的老师 Lee H. Yearley 则交替运用了语文学和哲学的方法。

另一个特征是各位作者对《论语》所持的不同观点。"传统派"将《论语》视为一个完整的文本，运用整体性的视角来解读，同时又承认文本具有与整体性相违背的语文学证据。"解构主义"读者将其理解为早期中国社会有关孔子本人及弟子的零碎的、层累的记录，而非历史上有关孔子思想和行为的单一的、权威的解释。多数论文的作者都是坚定的解构主义学者，只有 Kupperman，Shun，Wilson 少数几人坚持传统学派的路子。

尽管这部文集的大多数作者站在解构的立场解读《论语》，他们在许多方面也持不同见解。总的说来，这部书保留了统一性而未牺牲其多样性，将早期中国思想的核心问题介绍给读者而没有强加给他们一个单调的或惯常的解读。

1.4.2 《孙子兵法》英译的书评

艾文荷的《孙子兵法》英译本于 2011 年由 Hackett 公司出版。该书出版后不久，夏威夷大学哲学系学生 Ian M. Sullivan 就该译本撰写了书评，发表在《中国研究书评》(China Review International) 2012 年第 19 期上。

书评说，艾氏这部译作没有长篇的前言、尾注和附录介绍各种学术信息，因此算不上严格的学术型译作。不过，这并不能否定该书的学术价值。在前言中，作者声明：《孙子兵法》原著并非一套完整的军事教程，也无法做出确定的解读，期待读者开放性的阅读，去开启新的洞见来解释原著中那些关于战争冲突的、难以捉摸的，同时又具有诱惑力的现象，并成功地予以回应。①

---

① 参见 Ian M. Sullivan, "Master Sun's Art of War trans. By Philip J. Ivanhoe (review)", *China Review International*, No. 19, 2012, p. 30.

第六章 中国哲学典籍译作在美国的读者评价

艾文荷的目的是把《孙子兵法》用最清晰、最简洁的英语呈现给当代读者，为达到这一目的，他吸取了原著的优点，省略了一些与战争、冲突无关的细节：既不在技术术语上讨论不休，也没有列举大量的历史范例。这样的处理，使得译文更适应读者日常生活中的对抗和冲突，并能引发读者反思。

译作的其他部分也是简明扼要。例如，该译本的前言讨论了原著的成书及作者身份的问题。传统认为，《孙子兵法》是由孙武在公元前五世纪独立完成的一部作品。但是，新近的研究表明，该经典更可能是在公元前四至前三世纪，由几位不同时代作者的作品合成的。艾氏的观点是，翻译不应该在这一问题上过多纠缠，很多早期的中国经典也存在类似如作者身份及窜改的问题，更重要的是如何将它解读为一部连贯性强、具有说服力的作品。

评论者认为，艾文荷善于运用中西文化对比的方法吸引读者的注意力。例如，艾氏提出：《孙子兵法》中的哲学反思与人们对欧洲历史上的军事行为的反思大不相同，它把战争比喻为疾病，是生命周期的一部分，而不像西方军事经典那样从战争引申到政治。与中国思维相关的哲学概念是"文"和"武"。"文"是"文化"，有关道德培养，是获得政治领导权的首要条件。一个能够保持人际关系和谐的领袖自然能够帮助社会实现和谐。另一方面，"武"是一个实际问题，就像治病。一个人具有战争才华无疑对社会是有价值的，但没有理由去相信，他在战斗中的勇猛使他有能力治理社会。这种评价与欧洲人对前线和政治的敏感形成鲜明的对比。一个人擅长治病并非意味着他自己身体健康或能够给他人带来健康，于是，解决冲突时，"文""武"之事，两者都是必要条件，两者都不能向对方示弱。然而，在西方范式里，军事经验似乎可以直接转换为政治上的可靠。这一对比就给西方读者上了一课，艾文荷的译文中，经常出现这样的中西文化对比。

评论者认为，艾氏译本有两个优点：一是对原文的忠实；二是为读者提供了解释。许多尾注运用得当，既拉近了读者与文本的距离，又生动地传递了原文。例如，第六章中的"我不欲战，画地而守之，敌不得与我战者，乖其所之也"，这句话直译就是"If I do not desire battle, I draw a line in the earth and defend it. The enemy is unable to do battle with me because my location is contrary to where he is going. "艾氏注意到这与读者的常识不一致:"站到一边,让敌人继续进犯",这是一种什么战略?军人需要保护他的人民、财产和同盟,而敌人的目标,如果不是军队的话,大概就是这三者了。艾文荷发现直译会违背逻辑,因此将这句话译为:

> When I do not desire to join battle, even if all I do is draw a circle on the ground as my line of defense, the enemy still cannot engage me, because I misdirect and mislead their forces far afield.①

还有一些地方译者采用了直译的方法,另外使用一些尾注起了解释说明的作用。例如,在第九章中,原文强调将部队驻扎在面南高地上的重要性。如果译文不做解释说明,原文的这个建议似乎有些武断:面南与寻找一个理想的扎营地有何关系?读者会猜测"南方"一定带有宗教含义,"树梢摇动"也有占卜的意义。艾氏的尾注将这一军事策略明晰化:因地处北半球,中国的阳光总是照向南面的,因此,在高地驻扎面朝南方能让部队享受到阳光的温暖。至于树梢在动,艾氏解释说这是路边建筑物倒下或伐木导致的树木倒下,意味着敌军在行动。

在第十一章中,艾氏还运用尾注解释了一个无法靠直觉解释的问题。原著中说,用拴住马、埋葬战车车轮这些方法来激励将士是不可靠的。艾文荷的尾注提供了历史背景,指出这些通常是部队在没有退路时的做法,目的在于逼迫将士们以更大的决心去应战。

在指出该译作的诸多优点之后,书评同时也指出,该译本也有不足之处。为了译文的可达和简洁,艾氏译本尚未解决几处文本中有争议的地方。有时,为了追求生动的表述,译者运用简单的翻译,拒绝使用另一种表达以及运用多种评注,因而牺牲了译文的准确性。

1.4.3 《陆王学派文集选读》的书评

《东西方哲学》2011年第2期发表了 Jeeloo Liu 撰写的书评,评论

---

① P. J. Ivanhoe, *Master Sun's Art of War*, Indianapolis: Hackett Publishing Company, 2011, p. 37.

第六章　中国哲学典籍译作在美国的读者评价

了艾文荷的《陆王学派文集选读》的英译。

书评认为，艾文荷的《陆王学派文集选读》英译具有重要的学术价值，是除了陈荣捷的《中国哲学资料书》之外，英语世界开展新儒学研究的重要文献资料。

读者在必须依靠现有的翻译作品来接近中国哲学时，他们自然会问，这些选篇是否能代表哲学家的观点？译文是否准确地捕捉了哲学家的思想精髓？艾氏的译本可以让读者排除这些顾虑。一是因为这部译作介绍了新儒学代表人物陆象山和王阳明的多部作品，对两位学者的思想做了全面介绍，比陈荣捷的《中国哲学资料书》还要全面，其中包括陆象山与朋友的通信、散文集及有记录的言论，都涉及哲学问题。

读者可以从《陆王学派文集选读》中风格各异的各个选篇中了解到王阳明和陆象山两位哲学家迥异的性格特征。评论者常为艾文荷的巧妙选词所打动，这些选词反映了艾氏对于所讨论的哲学问题的深刻洞见。

例如，人们倾向于把王阳明的术语"本体"译为"substance"，陈荣捷的《中国哲学资料书》就是这样翻译的，这也是该语汇在其他一些语境中的标准译名。但是，这样一来，似乎王阳明在其本体论中假定了一些超越性的实体。

艾文荷不生搬硬套地用同一个英文词汇来翻译同一个汉字，因为他知道一个汉字因语境不同，意义也不相同。例如，艾氏把"本体"译为"the original state""the fundamental state"或者"the embodied state"，取决于不同的语境需要，比如"Knowing is the original state of the heart-mind"①或者是"The nature is the embodied state of the heart-mind"。② 这样的翻译不仅使得王阳明的哲学思想更容易理解，还能防止人们把其思想理解为"万有精神"的一种形式。

再如，"实"这一术语在艾氏的译文中有好几个译名"the real thing itself""actual""substantial"或者"concrete"。③ 一个段落里，陆象山

---

① P. J. Ivanhoe, *Master Sun's Art of War*, Indianapolis: Hackett Publishing Company, 2011, p. 37.
② P. J. Ivanhoe, *Master Sun's Art of War*, Indianapolis: Hackett Publishing Company, 2011, p. 145.
③ 参见 P. J. Ivanhoe, *Master Sun's Art of War*, Indianapolis: Hackett Publishing Company, 2011, p. 49.

讨论了为何各个学派有不同的教义（说）及实质（实），为何各种各样的做法都能与他们的教义相对应。① 此处，艾文荷把"实"译为"the actual forms of life"，这样就把说话人的意图明晰化了。艾氏把"实见"译成"substantive view"，把"虚见"译为"insubstantial view"，② 这样的翻译增进了读者对原著的理解。从这些英译选词来看，就知道译者对原作的哲学思想和语言有着深刻的把握。

艾氏译作最大的特点是有详细的注释，有的是背景信息，有的是原著个别段落的出处，有的是人物简介，对那些不具备中国传统文化背景知识的读者来说，这些注释必不可少，因为它们经常指涉典籍中的话语并传达特别的意义。例如，"like water pouring off a high roof"被解释为源自《史记》，含义是"如果一人能掌握事物的根本，其他也就自然而成了"。③ 另一个相似的例子是"one will be like the person who tried to build his house [according to advice he received from people passing by] on the road; the task will never be completed"。④ 艾文荷解释说这一段来自《诗经》，这样的例子比比皆是。艾氏所做的不仅是翻译，他在一边介绍两位哲学家思想的同时，一边介绍他们的思想发展历程，不仅能帮助读者理解原著的意义，还有助于了解哲学家的思想渊源。

总体看来，艾文荷的《陆王学派文集选读》英译是一部值得大力推荐的好译著。它很好地反映了陆象山和王阳明的哲学观点和文采，是研究陆王思想的可靠的资料书，是一部很好的新儒学教材。

不过，评论者认为该译作还有几处需要改进。首先，该译本虽题为《陆王学派文集选读》，第一部分却是对禅宗佛教的代表作《坛经》的译介。译者解释说："这样做是为了提醒读者对禅宗佛教的关注，禅宗佛教对新儒家产生了影响，但其教义深奥难懂，不为人理解，因此常常

---

① 参见 P. J. Ivanhoe, *Master Sun's Art of War*, Indianapolis: Hackett Publishing Company, 2011, p. 51.

② 参见 Ivanhoe, P. J., *Master Sun's Art of War*, Indianapolis: Hackett Publishing Company, 2011, p. 64.

③ 参见 Ivanhoe, P. J., *Master Sun's Art of War*, Indianapolis: Hackett Publishing Company, 2011, p. 77.

④ 参见 Ivanhoe, P. J., *Master Sun's Art of War*, Indianapolis: Hackett Publishing Company, 2011, p. 81.

第六章　中国哲学典籍译作在美国的读者评价

遭到忽视"，① 但把《坛经》作为译作的开篇容易误导读者，以为它与陆王学派一脉相承。尽管陆王哲学思想与禅宗佛教有一定渊源，但陆象山和王阳明二人在世时都严厉批评过佛教思想，并拒绝与佛教的联系。因此，只介绍《坛经》似乎过分强调了禅宗佛教对陆王思想的影响。

还有一处术语的翻译值得商榷，即"Pure knowing lies within human beings"中的"pure knowledge"。艾文荷解释说"pure knowledge（良知）是个艺术术语，来自《孟子》"。② 尽管"良知"的确是王阳明的一个艺术术语，陆象山这里用的是"良心"而非"良知"。陆、王二人对于人心的本初状态的理解是不同的：陆氏关注的是一个人的先天道德敏感性，例如同情心、羞耻感或愤恨、崇敬或谦逊心；而王阳明的观点似乎更集中在认知的方面。陆、王二人的观点是否真有不同？这一点值得探讨，可是艾文荷对"良心"一词的翻译没有体现这个区别，可能会导致读者把王阳明的观点误以为是陆象山的观点。

1.4.4　艾文荷、万百安的译作评论总结

从以上几篇评论文章来看，艾文荷与万百安的中国哲学典籍英译获得了学界的密切关注和高度重视，多部译著有汉学家撰写书评发表在重要的哲学（汉学）研究刊物上。各家一致认同他们的译作具有重要的价值（Richey，2003；Liu，2011），无论是他们的集大成之作《中国古典哲学读本》，还是他们翻译的、编撰的《陆王学派文集选读》《孙子兵法》《孔子与〈论语〉》等，对在美国推动中国哲学的传播及汉学界对新儒学思想的研究均有重要的意义。

评论也一致认为，译者能够深刻理解原作的哲学思想和语言，选词精妙，能以清晰、简洁的英语把原作呈现给当代读者，同时，译作也不乏学术性，包含了大量的尾注为读者提供解释性的信息，因此，对专业读者和大众读者都适用（Richey，2003；Liu，2011；Sullivan，2012）。评论还认为，艾文荷善于运用中西文化对比的方法，引导读者理解中国文化。译文虽然是解释性的，却能较忠实地传递原文信息（Sullivan，

---

① P. J. Ivanhoe, *Master Sun's Art of War*, Indianapolis: Hackett Publishing Company, 2011, p. 3.
② P. J. Ivanhoe, *Master Sun's Art of War*, Indianapolis: Hackett Publishing Company, 2011, p. 91.

2012)。此外，评论还认为，艾文荷、万百安编辑的中国古典哲学读本收集了西方最新的研究并将其消化呈现给读者，克服先前单一的历史主义视角，采用了多元化的编辑视角，将各种方法的研究、翻译和谐地融为一体，这种多元视角的方法将开启并引领中国哲学作品在美国的解读趋势（Richey，2003）。

不过，评论文章也对艾文荷的中国哲学典籍英译提出了一些批评意见和建设性的建议，对今后的中国哲学典籍英译有启示作用。例如，Liu 和 Sullivan 都批评了艾文荷的译文，有时为了追求清晰和简洁而牺牲了译文的准确性（Sullivan，2012，Liu，2011），这是不足可取的。

1.5 西蒙·利斯《论语》英译的国际期刊评论

西蒙·利斯的《论语》英译 1997 年由著名的诺顿（W. W. Norton & Company）公司出版，随即引起了学界的关注和兴趣。笔者收集到 3 篇相关书评，都是在该译本出版后不久发表在专门的汉学期刊上，一篇是 Jonathon Spence 于 1998 年发表在《当代亚洲》（*Journal of Contemporary Asia*）期刊上的评论，一篇是 David Schaberg 于 1999 年发表在《中国文学》（*Chinese Literature: Essays, Articles, Reviews*）期刊上的书评，还有一篇是 Alice W. Cheang 于 2000 年发表在《政治评论》（*The Review of Politics*）上的书评。

1.5.1 Jonathon Spence 的书评

Jonathon Spence 认为，西蒙·利斯的《论语》译本是至今收集孔子言行的最权威的一个译本。有关哲学问题的细节，利斯完全参考了企鹅出版公司 1979 年出版的刘殿爵版本，但译作的可读性很强，就像是一部用英文创作的文学作品，能与原著的风格媲美。译文之后是为普通读者提供的范围很广的解释性注释。

过去已有的《论语》译本已经塑造了孔子在西方的形象：陈荣捷和其他译者根据宋代思想家的传统创造了一个理想的人道主义者；而阿瑟·韦利等人笔下的孔子形象是威严的、安详的、学识渊博、伶牙俐齿、慈悲心肠；刘殿爵的译作受制于哲学传统，他笔下的孔子是一位哲学家；郝大维、安乐哲也和刘殿爵一样，希望通过其译作向读者介绍孔子观察人与世界的方法。西蒙·利斯笔下的孔子能言善辩，说话得体，妙语迭出，其有价值的意见总是为人倾听。尽管译本也有几处用词不当，但总体来说，译者还是设法令人信服地把孔子塑造成为一个圣人形象，所说的话很能符合人物的时代和年龄。

不过，评论者认为，利斯不关心《论语》中基本术语的翻译，其术语译名对于想以哲学的视角研究原文的读者是不可靠的。例如，核心术语"仁"被译为"goodness"或"humanity"，译者没用任何理由来说明为何要转换译名；"忠"和"信"在同样的语境中出现了三次，"信"被译为"faithfulness""trust"和"faith"，同样也没有说明理由。另外一个例子就是"礼"，不得不承认仅用一个英文词汇来翻译该术语是很困难的。但是，利斯不必要地变换这个词的译名，在第一篇的12、13章中用"ritual"，在同一篇的15章中又译为"considerate"，他使用"considerate"是为了解释"observant of the rites"。此处，他解释了"奉行礼仪"是富人和有权势的人体贴他人和表达谦逊的方式。然而，光有解释性的评注而没有原文，读者还是不能完全领会孔子的一系列观念。

1.5.2 David Schaberg 的书评

宇文所安和史景迁都曾评论说，利斯的《论语》译本在风格上胜出其他《论语》译本一筹，他笔下的孔子形象较其他的孔子而言，警句频出，引人入胜。但译本还是不免有遗憾，在选择优雅的警句式风格与选择忠实于原文的句法和修辞之间，他选择了前者，因此，他的译文在优雅方面不逊色于刘殿爵译本，但很遗憾的是，二人努力的方向却截然相反，而且利斯在有些方面做得太过了。例如，利斯在翻译《论语》选段（2.18和3.21）时，避免使用平行句式，而是以动词短语结束的。特别遗憾的是利斯在多处把"仁"译为"good"，这个译名导致了好几处说法混淆，以及术语译名的不一致，还有个别段落中理解的混乱，例如，在7.3中，"善"的译名也是good。

在史嘉博看来，利斯的《论语》英译在风格上胜出安乐哲、罗思文译本，但和他们一样，利斯也是不负责任的阐释者，将自己的见解和孔子的见解混为一谈。而且在译本的最后乐观地将社会等级制重新介绍进来，使得读者大失所望。例如，在其译本178页，他写道：

（儒学）是一种教义，即使在今天，也没有失去其相关性：我们这个时代道德混乱——成年人发育不全，儿童早熟犯罪，个体性别混乱，男女不分，同性恋的家庭，专横的领导人，反社会的公民，乱伦的父亲，等等——反映的都是这个社会坠入不安与混乱之中，具体角色应当承担的义务，年龄的区分甚至是性别身份都不再分得清楚。在这种紧要的情形之下，人类学家、社会学家和心理学家正在重新发现社会对礼仪的需求以及角色的重要性，以确保个人和谐地融入社会。①

通过传唤风格上的权威，利斯带着一种利用根本的等级制度，角色专有制来改造社会的兴趣，使得一种实用主义的、专制主义的观点在译本中抬头，而这些观点似乎又是他反对的。人们不禁会怀疑历史人物孔子难道真的是这样说的吗？

1.5.3　Alice W. Cheang 的书评

Alice W. Cheang 认为，西蒙·利斯的《论语》英译重视对孔子这一人物的刻画，回避了原文一些错综复杂的东西，而这些学术考据是区分历史上孔子这一人物和译者塑造的孔子形象所必需的，取而代之的是根据孔子生平中发生的重大事件所隐含的时间顺序，对文本采用了一种自然主义的、也是传统的解读法，即使在未明确表现之处，读者也往往能够推测出叙述的进程，因此，在大部分译文中，利斯的评注在政治问题上都保持沉默。但是一条想象的时间轴使得译者能够创作出一个发展中的人物形象，他的声音能够流露出所有人类的情感。这是一种亲密的、倾吐的描绘，笔触细致，感情丰富，读者能分享其生动的情感。于是，读者对孔子的言行举止感同身受，体验着他的情绪变化。利斯将文本与英语读者的关系协调得很好，以致读者能够在文本中与孔子交流人类的共性。同时，在译者的评注中，也是基于人类共性，译者让孔子与西方思想家、作家和讽刺诗人平起平坐，并用他们的话语解释并放大孔子那更加带有说教性的断言。利斯还以西方传统来附会孔子思想，也是

---

① Simon Leys, *The Analects of Confucius*, New York and London: W. W. Norton & Company, 1997, p. 178.

以人类共性为基础。这样一来，孔子就成为每个人心目中的孔子。

评论者认为这部译著的缺陷，就是利斯过度强调《论语》的实用性，因此频繁地将古汉语换置为现代英语习语，以至于把"执鞭之士"这个短语译成"janitor"，把核心术语"圣人"译成"saint"，而这一词通常译为"sage"。这两处都是过度翻译的例子。原文的词义在语境中很明显，"执鞭"是一种卑贱的工作，社会地位很低；而"saint"尽管让读者觉得很熟悉，却是一处很大的误译。还有一处格言如"君子不器"，利斯将它译为"A gentleman is not a pot"，尽管很有魅力，但仔细一想，还是令人难以理解。利斯所说的"pot"就是"器"，在古汉语中的意思是"vessel"，后来有了"utensil, implement"之意。君子不该只是个容器，满足于被动接受而非付诸行动。或者，他应该具有广博的能力而不是仅有工具性的专门用途。但"pot"一词无法传递这两种意思的任何一种。有时，利斯从古汉语词汇中读出了现代意义，例如，他把"不行"译做"it would not do"，其实该词表达的语气要强得多，译作"it would go wrong"更为合适。不过，瑕不掩瑜，这些失误都不至于破坏这部总体质量优秀的译著。

1.5.4 西蒙·利斯《论语》英译的评论总结

从以上几篇评论文章来看，西蒙·利斯的《论语》英译自出版便得到了学界的关注和高度重视：由美国出版经典著称的诺顿公司出版，两位重量级的专业评论家宇文所安和史景迁为其撰写评论文章，发表在《纽约书评》(New York Review of Books)这样重要且有影响力的期刊上，可见推介的力度不同一般。

各位评论家一致认同利斯的《论语》译作风格优雅（Jonathon Spence, 1998；David Schaberg, 1999；Alice W. Cheang, 2000），可读性强，堪比原著风格，就像是一部用英文创作的文学作品（Jonathon Spence, 1998），且对孔子圣人形象的刻画引人入胜（David Schaberg, 1999），塑造了一个说话得体、妙语频出，又不失现代性的圣人形象（Jonathon Spence, 1998；David Schaberg, 1999；Alice W. Cheang, 2000），但对于译作的总体质量，评论者们则意见不同：Jonathon Spence 和 Alice W. Cheang 认为译作的总体质量不错，但 David Schaberg 却认为，译者不负责任地将自己的观点与孔子的观点混为一谈，使得译本表现出实用主义的、专制主义的观点，偏离了原著的本旨。①

关于利斯译本中的细节，评论家们也有不少讨论。Jonathon Spence 和 David Schaberg 都认为利斯译本中的术语译名不成功，译者经常使用好几个英文译名来翻译同一个术语，却不向读者交代转换译名的原因；另一方面，原文中的不同术语却共有一个英文译名（例如"仁"和"善"都译为 goodness），译者也未做交代。Alice W. Cheang 也认为，利斯过度强调《论语》的实用性，频繁地将古汉语置换为现代英语习语，有不少用词不当的地方。

2 普通读者在亚马逊图书网上的阅读评论

前一部分我们详细分析了专业读者对一些代表性的中国哲学典籍英译作品的书评，并根据评论的内容作了反思，挖掘了这些评论对于中国哲学对外传播的启示意义。必须指出，当今世界，除了专业的期刊书评之外，互联网大大增强了读书界中作者、读者和译者的互动，其用户可以畅所欲言地回应任何想回应的问题，而且不受时间限制，无论是专业人士还是大众读者都可以在互联网上发布他们的读书感受，网络俨然成了思想传播的重要平台。仔细阅读图书网上的读者评价，"我们可以了解到读者的需要和期待，甚至也能观察到读者为了影响译者和其他读者，会采取何种言论和策略。这些读者实际上构成了翻译作品的大众读者群"。②

亚马逊图书网是美国乃至全世界最大的图书网之一。在美国，该网站每月就有将近五千万次的消费。"美国互联网浏览者调查网站于 2008 年对亚马逊图书网的访问量做了调查，发现该网每年的访问量达 61 亿次"。③ 如此高的访问量证明了亚马逊图书网在全球的普及，因此对该

---

① 参见 David Schaberg, "'Sell it! Sell it!': Recent Translations of Lunyu", *Chinese Literature: Essays, Articles, Reviews*, 1999, p. 178.

② 陈德鸿：《阅读全球：作为消费者的读者与"村上春树翻译现象"》，《亚太跨学科翻译研究》2018 年第 7 期。

③ 陈梅、文军：《中国典籍英译国外阅读市场研究及启示——亚马逊图书网上中国典籍英译本的调查》，《外语教学》2011 年第 7 期。

第六章　中国哲学典籍译作在美国的读者评价

网上发布的中国哲学典籍英译本的读者评价调查在很大程度上能说明该译本在国外，尤其是美国的读者接受情况。

2.1　陈荣捷中国哲学典籍英译本的读者网评

由于亚马逊图书网上的读者评论信息是动态显示的，因此笔者以 2019 年 8 月 21 日的数据为调研对象。以下表格是笔者输入陈荣捷的中国哲学典籍英译本书名所得到的读者参评人数和读后评分排名。

表 6-1　陈荣捷中国哲学典籍英译本在亚马逊网站的评论情况

排名	书名	读者参评人数	读者读后评分
1	A Source Book in Chinese Philosophy（1963）	24	4.4
2	The Way of Lao Tzu, A Translation and Study of the Taote Ching（1963）	8	4.6
4	Reflections on Things at Hand: the Neo-Confucian Anthology by Chu His and Lu Tsu-chen（1967）	2	5.0
5	Instructions for Practical Living and Other Neo-Confucian Writings by Wang Yang-ming（1963）	1	5.0

读者参评的人数和读者读后评分都可以真实地体现读者对译本的接受情况。根据参评人数的多少排名：第一名是普林斯顿大学出版社 1963 年出版，由陈荣捷翻译和编辑的《中国哲学资料书》（A Source Book in Chinese Philosophy），有 24 位读者购买后参与评价，其中给 5 分即满分的读者有 61%，给 4 分的读者为 31%，给 3 分的读者有 4%，给 2 分的读者有 4%。第二名是由印第安纳布利斯的 Bobbs-Merrill 出版社 1963 年出版的《老子道德经》（The Way of Lao Tzu, A Translation and Study of the Taote Ching），8 位参与评价的读者中给 5 分的占 75%，给 4 分的占 25%。第三名是由哥伦比亚大学出版社 1967 年出版的《近思录》（Reflections on Things at Hand: the Neo-Confucian Anthology by Chu His and Lu Tsu-chen），2 位参与评价的读者都给了 5 分。排名第四的是哥伦比亚大学出版社 1963 年出版的《传习录》（Instructions for Practical Living, and Other Neo-Confucian Writings by Wang Yang-ming）英译，仅有 1 位读者发表评论，给了 5 分的好评。但后面两部译作参与评论的人

数太少，不能客观反映读者的整体评价情况。

从以上读者评价的调查数据来看，亚马逊图书网上就陈荣捷的中国哲学典籍英译的读者评价比较少，好几个译本都没有读者给予网评，如陈氏英译的《六组坛经》(The Platform Scripture, the Basic Classic of Zen Buddhism by Hui-neng, 1963)《老子王弼注本》(Wang Pi's Commentary on the Lao Tzu, 1979)和《北溪字义》(Neo-Confucian Term-Explained Chen Chun, 1986)。在已有的网络评价中，参与评价的读者也很少，例如《近思录》的英译只有2名读者参与评价，而评价《传习录》英译的读者仅有1名。这说明，对朱熹的著作英译本熟悉或感兴趣的读者很少，抑或是因为陈荣捷先生的译本出版年代较早，已不为当代的普通读者所关注。

当然，对于那些在西方产生了较大影响，广为人知的译本，普通读者参与评价的积极性仍然较高。例如，《中国哲学资料书》因包含了中国古代、现代乃至当代的几乎所有哲学流派的代表作的英译节选，是一部不可多得的哲学基础读物，受到众多读者的关注和青睐。还有《老子道德经》，尽管这是一部已经有过多个英译本的经典，但一旦有了新的译本出版，仍然会吸引读者的注意力，这与《道德经》这部典籍在西方受欢迎的程度密切相关。

一般来说，参与评价的读者给出的评分较高，而且，评价的人数越少，给出的评分越高。例如，《近思录》和《传习录》虽只有一、两位读者发表评论，均给了5分的评价，但因参与评论的人数太少，不能客观反映读者的整体评价情况。《老子道德经》的平均分数为4.6，而发表评论读者最多的《中国哲学资料书》平均得分为4.4。

从读者参评人数排在第一位的《中国哲学资料书》(A Source Book in Chinese Philosophy)

读者的具体评价来看，绝大部分读者给出了好评及赞同意见，只有极少数持反对意见。赞同派的观点主要关于译著的价值、风格以及译者对中国哲学的见解：

（1）是第一部反映整个中国哲学发展史的资料合集，包含了古今所有伟大的思想家及流派的思想选编，是一部不可或缺的资料书。

（2）是研究新儒家的巅峰之作。

第六章　中国哲学典籍译作在美国的读者评价

（3）除译文之外，有大量的注解及相关参考文献，是典型的学术性译作。

（4）文本易读，注释有助于读者理解。

（5）译者对中国古籍有独到的理解，对中国哲学有独到的见解，值得一读。该书中的第一、第二页包含摘要、梗概的前言非常好。

持反对意见者尽管是少数，但反对的意见涵盖的方面却较多，包括术语的翻译、解释的准确性、译文的连贯性、评论的客观性及易懂性、选材的真实性以及印刷质量等方面：

（1）涵盖的历史是全面的，但翻译不是很深入、精确。缺乏细致、微妙的解释。

（2）有严重的局限性。译者的英语有时缺乏连贯性。个别之处，他对于译文的评论令人困惑。

（3）陈教授喜欢用西方哲学术语，但又用得不好。例如，用"rationalistic"，或者用"dynamic idealism"来描述新儒家的程朱派既不准确，又没有用。

（4）作为那些对中国哲学感兴趣的读者的入门书较好，但不适用于那些想在这个领域做深入研究的读者。

（5）这部书太旧了，选材太传统，对于哲学的定义太狭窄。公孙龙子和董仲舒的选材部分的真实性有很大问题。

（6）即使在它的年代，这也是一部保守的书。作者过于轻信一些早期对年代的测定。关于老子的讨论尤其有问题，对一些时期，例如汉代的思想有明显的轻视。

（7）此书有些传统的偏见。全书贯穿了新儒家的立场，这削弱了对新儒家以前的文献的讨论。

（8）印刷、装订质量不好，书页快要掉出来了。

读者参评人数排名第二的《老子道德经》（*The Way of Lao Tzu, A Translation and Study of the Taote Ching*），给予5分的读者占75%，25%的读者给了4分。好评意见集中在以下几点：

（1）译著最大可能地接近古代中国；

（2）译者的评注范围广且易懂；

（3）译者能出色地使用英文和韵律；

（4）译作清晰易懂，很有启发作用；

（5）译著有长篇的前言介绍原著，概括道家的主要思想，并涉及原著的作者及产生的语境；

（6）翻译准确，保留了原著的诗歌。

上述好评涉及译作的文体、译文的准确性、可理解性及包含的有用的解释性资料。

2.2 伯顿·沃森中国哲学典籍英译本的读者网评

由于亚马逊图书网上的读者评论信息是动态显示的，因此笔者以2019年8月21日的数据为调研对象。以下表格是笔者输入伯顿·沃森的中国哲学典籍英译本书名所得到的读者参评人数和读后评分排名。

表6-2 伯顿·沃森的中国哲学典籍英译本在亚马逊网站的评论情况

排名	书名	读者参评人数	读者读后评分
1	Chuang Tzu: Basic Writings	29	4.1
2	The Complete Works of Chuang Tzu (1968)	12	4.4
3	Han Fei Tzu: Basic Writings	9	4.9
4	Basic Writings of Mo Tzu, Hsun Tzu and Han Fei Tzu (1967)	9	4.0
5	The Analects of Confucius (2007)	4	4.8
6	Hsun Tzu: Basic Writings	4	4.8

读者参评的人数和读者读后评分都可以真实地体现读者对译本的接受情况。根据参评人数的多少排名：第一名是哥伦比亚大学出版社1996年出版的《庄子入门》（Chuang Tzu: Basic Writings），有29位读者购买后参与评价，综合评分为4.1。排名第二的是1968年出版的《庄子全书》（The Complete Works of Chuang Tzu），有12位读者参与评价，综合评分为4.4。《韩非子入门》（Han Fei Tzu: Basic Writings）与《墨子、荀子、韩非子入门》（Basic Writings of Mo Tzu, Hsun Tzu and Han Fei Tzu）各有9位读者参与评分，前者综合得分较高，有4.9分排名第三，后者综合得分只有4分排名第四。《论语》（The Analects of Confucius）和《荀子

第六章　中国哲学典籍译作在美国的读者评价

入门》（*Hsun Tzu：Basic Writings*）译本并列第五名，均有4位读者参与评分，综合得分均为4.8分。但后面两部译作参与评论的人数太少，不能客观反映读者的整体评价情况。

从以上读者评价的调查数据来看，亚马逊图书网上就伯顿·沃森的中国哲学典籍英译个别作品的评价较多，如《庄子入门》和《庄子全书》，吸引了众多的普通读者参与评分，既因为译作被普遍认为是西方汉学的代表性作品，是英语世界最好的《庄子》英译本之一，同时也与《庄子》原著在西方的受欢迎程度是分不开的。但根据一般规律，参与评分的读者越多，综合得分越低，例如《庄子入门》的综合得分仅有4.1，《庄子全书》的得分也只有4.4分；相反，参评读者较少的《论语》和《荀子入门》则得分较高。还有一个普遍规律，越是熟悉的译本，普通读者的评分越是苛刻；相反，对于那些较为陌生的译本，普通读者无法做出较为专业的评价，得分反而较高。由此看来，单纯的网络综合评分是不能反映一部译作的实际受欢迎程度的，必须要结合这些译作的专业评价以及销量，才能做出更全面、客观的结论。还有一个事实必须说明，与近年来出版的由其他译者翻译的中国哲学典籍相比，参与评价沃森的中国哲学典籍译作的普通读者较少，这说明其译本出版年代较早，已不大受到现在的普通读者的关注。

从读者参评人数排在第一位《庄子入门》（*Chuang Tzu：Basic Writings*）读者的具体评价来看，好评主要是称赞译著选材精当、语言风格优美。

（1）译作的语言生动、雄辩有力；

（2）最适合初学者阅读，虽为节译本，但选段几乎包括了原著最精彩段落的内容；

（3）译笔自由且轻松，兼顾了简单与复杂、滑稽与严肃，把庄子对自然意识的把握、直觉和洞见体现得淋漓尽致；

（4）译本很少有费解难懂的学术型内容。

反对的意见主要表现在译本内容、结构以及印刷的质量、纸张等方面：

（5）买来的书缺页，导致阅读困难；

（6）没有导言或解释，帮助读者把内容放置在语境中阅读；

（7）印刷的译本纸张质量差。

（8）一些段落是废话。

读者参评人数排名第二的《庄子全书》(The Complete Works of Chuang Tzu)，给予5分的读者占75%，8%的读者给了4分，评价3分的读者有17%。好评意见集中在以下几点：

（1）语言再现了原著语言那尖锐、幽默、讽刺、深刻的风格，具有改变人生的潜质；

（2）沃译最能捕捉庄子的思想和性格，反映原作的精神；

（3）脚注不长、幽默有趣，十分有用；

（4）译文是经过深思熟虑的，可读性很强；

（5）是最全面的译本，译文既深刻又微妙；

（6）译文紧贴原作的风格，脚注不多，靠译文自己说话。

上述好评涉及译作的语言、风格、可读性以及副文本的作用。

2.3　安乐哲中国哲学典籍英译本的读者网评

由于亚马逊图书网上的读者评论信息是动态显示的，因此笔者以2019年8月21日的数据为调研对象。以下是笔者输入安乐哲中国哲学典籍英译本书名所得到的读者参评人数和读后评分排名。

表6-3　安乐哲的中国哲学典籍英译本在亚马逊网站的评论情况

排名	书名	读者参评人数	读者读后评分
1	Sun-tzu: The Art of Warfare (1993)	37	4.7
2	Daodejing: Making This Life Significant (2002)	29	3.6
3	The Analects of Confucius: A Philosophical Translation (1998)	26	4.2
4	Sun-bing: The Art of War (1996)	3	5.0
5	Sun Bin: The Art of Warfare: A Translation of the Classic Chinese Work of Philosophy and Strategy (2003)	2	5.0
6	Yuan Dao: Tracing Dao to its Source (1998)	5	4.8
7	Focusing the Familiar: A Translation and Philosophical Interpretation of the Zhongyong (2001)	1	5.0

读者参评的人数和读者读后评分都可以真实地体现读者对该译本的

第六章　中国哲学典籍译作在美国的读者评价

接受情况。根据参评人数的多少排名：第一名是由 Del Ray 出版社 1993 年出版、由安乐哲翻译的 *Sun-tzu：The Art of Warfare*（《孙子：战争的艺术》），有 37 位读者购买后参与评价，其中给 5 分即满分的有 32 位，4 分 2 位，2 分 1 位，1 分 1 位。第二名是由 Ballantine 出版社 2002 年出版、由安乐哲与郝大维合译的 *Daodejing：Making This Life Significant*（《道德经：使此生富有意义》），26 位参与评价的读者中给 5 分的 15 位，3 分 2 位，2 分 5 位，1 分 4 位。第三名是由 Ballantine 出版社 1998 年出版、安乐哲与罗思文合译的 *The Analects of Confucius：A Philosophical Translation*（《论语的哲学诠释》），23 位参评的读者中给 5 分的 15 位，4 分 3 位，3 分 1 位，2 分 1 位，1 分 3 位。第四名是由 Ballantine 出版社 1998 年出版、安乐哲翻译的 *Yuan Dao：Tracing Dao to its Source*（《原道》），5 位参评的读者中给 5 分的 4 位，4 分的 1 位。第五名是由 University of Hawaii Press 出版社 2001 年出版、由安乐哲与郝大维合译的 *Focusing the Familiar：A Translation and Philosophical Interpretation of the Zhongyong*（《切中伦常：中庸的英译与新诠》），只有一位读者参与评价并给 5 分。第六名是由 Ballantine 出版社 1996 年出版、由安乐哲与刘殿爵合译的 *Sun-bing：The Art of War*（《孙膑：战争的艺术》），也只有一位读者参评，给 5 分。

从以上读者评价的调查数据来看，亚马逊图书网上就安乐哲儒学典籍英译本的读者评价比较多，绝大部分读者给出的评分较高，给 4—5 分的读者占大多数，1—3 分的读者极少，但大部分读者的评价是有关已为西方人熟知的中国哲学典籍，排名前三的如《孙子兵法》《道德经》和《论语》。

从读者参评人数排在第一位 *Sun-tzu：The Art of Warfare*（《孙子：战争的艺术》）读者的具体评价来看，绝大部分读者对安乐哲的英译本持赞同观点，只有极少数持反对观点。赞同派的观点主要有：

（1）翻译流畅、精确、可读性强且忠于原著。如有读者评论："在市场上所有的《孙子兵法》英译本当中，安乐哲译本是将可读性和精确性把握得最好的译本"。

（2）实用性强，书中的兵法可以应用到日常生活和工作当中。如有一位读者感慨:"Business is warfare(商场如战场)"。

(3)附有中文原文、相关图片和介绍相关历史和文化背景的前言。有读者认为"安乐哲在前言中对相关历史文化背景的介绍为读者理解译本做了很好的准备。"

(4)排版和编辑精良。有一位读者指出:"Ballantine 出版社编辑认真负责,出版的书学术水平高……"

持反对观点的读者只有两位,其中一位认为中文原文和前言完全是多余,另外一位读者则认为安氏英译本中存在误译但没有给出具体例子。

读者参评人数排名第二的 Daodejing: Making This Life Significant(《道德经:使此生富有意义》)的读者具体评价也是赞同者占多数,反对者占少数。而且赞同者基本上是专业读者,反对者主要是普通读者。赞同者对安乐哲译本给予的肯定主要在以下几方面:

(1)翻译质量高,有哲学深度,启发性强。有读者认为其译本"美且不失精确。"更有读者感慨:"我有《道德经》的16个不同的译本……没有一个译本达到安乐哲译本的深度。"

(2)附有介绍相关背景知识和研究方法的前言、术语表和译者评论。

(3)引入了"道"的实用主义的新视角。有读者指出:"安乐哲与郝大维介绍了在当今社会如何理解此中国哲学典籍。"

反对派的观点主要是:艰涩、难懂、术语过多。有读者认为安乐哲译本"让理解道变得更难,而不是更容易。"大部分持否定态度的读者认为其"学术性太强,不适合普通读者阅读"。

读者参评人数排名第三的 The Analects of Confucius: A Philosophical Translation(《论语的哲学诠释》)读者具体评价也是赞同者占多数,反对者占少数。赞同者大部分是对原著即《论语》比较熟悉的读者,而反对者基本上是不熟悉原著的读者。赞同者给出的理由主要有以下几点:

(1)翻译可读性强、忠于原著且有哲学深度。有不少读者认为其翻译质量高,其中有一位更是感叹:"这是我至今读过的最深思熟虑和合乎情理的译本。"

(2)附有长达70页的前言,介绍孔子所在时代政治和文化背景及古代汉语相关知识,有详尽的注释和评论。多数读者认为安乐哲在前言中对相关语言和文化背景的介绍使得他们对《论语》有了更深刻的理解,有一位读者甚至说:"这本书中我最喜欢的就是前言部分。"

(3) 呈现了与人们传统认识上不同的孔子,并对一些关键词给出了与以前的译本不同的翻译。有读者评论其译本"质疑了许多有关孔子哲学的基本推测,值得仔细用心研读。"

持否定态度的读者很少,3 位给出评分为 1 分的读者中,有一位主要对其购买的版本不满意,但认为内容是一流的,另外两位读者认为译者从哲学角度对《论语》进行的诠释反倒让译本变得更晦涩难懂。

2.4 艾文荷中国哲学典籍英译本的读者网评

笔者以 2019 年 8 月 21 日的数据为调研对象。以下表格是笔者输入艾文荷中国哲学典籍英译本书名所得到的读者参评人数和读后评分排名。

表 6-4　艾文荷的中国哲学典籍英译本在亚马逊网站的评论情况

排名	书名	读者参评人数	读者读后评分
1	Readings in Classical Chinese Philosophy (2005)	26	3.9
2	The Daodejing of Laozi (2003)	22	4.6
3	Mengzi: With Selections from Traditional Commentaries (2008)	4	3.4
4	Master Sun's Art of War (2011)	3	4.0
5	Readings from the Lu-Wang School (2009)	2	5.0

参评的读者人数和读后评分都可以真实地反映读者对该译本的接受情况。根据参评人数的多少排名:第一名是哈克特出版公司(Hackett Publishing Company) 2005 年出版的,由艾文荷和万百安编辑并参与翻译的《中国哲学典籍选读》(Readings in Classical Chinese Philosophy),有 26 位读者购买后参与评价,其中给 5 分即满分的读者有 64%,给 4 分的读者为 12%,给 3 分的读者有 12%,给 2 分的读者 8%,还有 4% 的读者给了 1 分的评价。第二名是艾文荷英译的《道德经》(The Daodejing of Laozi),由哈克特出版公司 2003 年出版。22 位读者参与了图书网的评论,其中给 5 分的读者有 78%,给 4 分的读者为 13%,给 3 分的读者为 9%。排在第三位的是万百安的《孟子》(Mengzi: With Selections from Traditional Commentaries)英译，出版方仍然是哈克特出版公司，2008年版。四位读者购买后发表了评价意见，其中两名读者给了5分，一名读者给了3分，还有一名读者给了2分。排在第四位和第五位的分别是万百安英译的《孙子兵法》（Mater Sun's Art of War）和艾文荷、万百安两人合译的《陆王学派文集选读》（Readings from the Lu-Wang School），前者有3位读者给予评分，后者只有2名读者参与评价，给5分的读者有34%，给4分的读者为33%，给3分的读者为33%，综合评分为4.0，后者的综合评分为5.0。

从以上读者评价的调查数据来看，亚马逊图书网上就艾文荷和万百安的中国哲学典籍英译的读者评价比较少，好几个译本都没有读者给予网评，如《章学诚的小品文及书信》（On Ethics and History: Essays and Letters of Zhang Xuecheng, 2009）和《坛经》（The Platform Sutra）。即使在已有的网络评价中，参与评价的读者也很少，例如《孟子》和《孙子兵法》的英译分别只有4名读者参与评价，而评价《陆王学派文集选读》英译的读者仅有两名。这说明，尽管陈荣捷等学者自20世纪60年代起开始在美国大力传播新儒学，但对新儒学熟悉或感兴趣的普通读者还是很少。

当然，对于那些在西方产生了较大影响的，广为人知的译本，读者参与评价的积极性还是很高。例如，《中国哲学典籍选读》收集了先秦时期所有的哲学流派的作品英译，是一部宝贵的先秦资料全集。还有《老子道德经》，尽管这是一部已经有过多个英译本的经典，但一旦新的译本出版，仍然会吸引读者的注意力，这与《道德经》在西方受欢迎密切相关。

一般来说，参与评价的读者给出的评分较高，而且，评价的人数越少，给出的评分越高。例如，《陆王学派文集选读》虽只有两名读者发表评论，却获得了5分的最高评价。参与评价的读者多的译本反而没有很高的评分，不过，艾文荷英译的《老子道德经》是个例外，22位读者给出的平均分为4.6，说明该译本受到读者的一致欢迎，这样的评价成绩已实属难得了。

从读者参评人数排在第一位《中国哲学典籍选读》（Reading in Classic Chinese Philosophy）的具体评价来看，多数读者给出了好评及赞同意

第六章 中国哲学典籍译作在美国的读者评价

见,少数持反对意见。赞同派的观点主要涉及译作的价值、译本的体例、译文的准确性、可读性、翻译质量,等等:

(1)可能是迄今为止最好的中国早期哲学文集,是对中国古代最伟大的哲学家思想的精彩回顾。

(2)每一部分的开始几页都详细叙述了所介绍的哲学家的思想和中心信念。译文正文中有大量脚注解释了语言上的问题、相关的互文引用以及其他一些细节,书后所附的词汇表很有用。所有这些使得这个译本信息量大、读起来轻松。

(3)翻译质量好。

(4)译文准确,评注有见地。

(5)既有学术性,可读性也强。不仅对专业读者有用,且对一般读者也有用。

持反对意见者是少数,意见集中在一些具体的文本解读和个别词汇的翻译处理上,基本上是对经典选段的解释。

(1)《庄子》的译者对原著的理解不到位,第二章的翻译尤其成问题。

(2)希望一些来自《论语》的段落没有被删掉。

(3)有异议的地方:一,为何用"hsiao"来翻译"孝"?这个译名是理雅各等第一次用的,带有宗教性,不适合用作儒学关键词译名。二,森舸澜的《论语》译本中的注释较为陈腐。

读者参评人数排名第二的《老子道德经》(*The Daodejing of Laozi*),给予5分的读者占78%,13%的读者给了4分,9%的读者给了3分。好评意见集中在以下几点:

(1)译文清晰、流畅、准确;

(2)将学者的严格和诗人的潇洒完美地结合起来;

(3)似乎捕捉到了原作的神秘意味,是冥想的绝佳来源;

(4)译作成功地传递了原文的多义性:原著每一段都可以有不同的解读,这个译本没有偏离原作这个重要的特性;

(5)它将原著中的许多意义原封未动传递给英语读者,且通俗易懂;

(6)风格优雅、有趣;

(7)译本既有见地又有启发意义。

3 通俗型译作的读者网评

3.1 利斯《论语》译本网评

美国亚马逊图书网站不断有读者对西蒙·利斯、森舸澜和蔡志忠与布莱恩·布雅合译的《论语》英译本发表评论。笔者以2019年8月21日的数据为调研对象,以下表格是笔者输入这三个《论语》英译本书名所得到的读者参评人数和读后评分排名。

表6-5　　　　　三个《论语》英译本在亚马逊网站的评论情况

排名	书名	读者参评人数	读者读后评分
1	*The Analects of Confucius*（1997）	36	3.9
2	*Confucius analects: with selection from traditional commentaries*（2003）	26	4.6
3	*Confucius Speaks*（1996）	6	4.1

比较起来,这三个《论语》英译本中,西蒙·利斯的译本获得的顾客评价最多,有36为顾客点评了这部书,其中给5分的读者有33%,给4分的读者为22%,14%的读者给了3分的评价,14%的读者给了2分的评价,还有17%的顾客给了1分的评价。可以看出,虽然这个译本获得的读者关注最多,但读者的意见也是褒贬不一,只有12位的顾客认为满意。给予好评的顾客使用了"best""great""satisfactory""good""enjoy""helpful""readable"等词汇来表达他们对这个译作的肯定,意见主要集中在以下方面:

（1）可读性强,通俗易懂,语言流畅;

（2）副文本很有价值,前言介绍了语境,注释很有用;

（3）翻译很棒,表达了孔子的观点;

（4）读起来有趣;

（5）实用性强,现代感强;

（6）塑造了孔子的个性、声音以及独特的在场感,翻译的成果丰富了中西方文化。

个别顾客的评价十分专业,不仅能综合介绍《论语》原典的历史背景、大致内容和涉及的人物，还能从读者的视角出发来评价这个译本的适用性："对儒学初学者来说很好；对中级程度的读者来说还不错，如果说学术性，就要找别的译本了""注释只是对那些读过《论语》其他译本，可以比较阅读的读者有启示作用"。有的读者十分赞赏利斯译本的实用性："对于发现古代中国文化中的领导力原则十分有用，可以用来支撑变革型领导理论和服务型领导理论"。

但大众网评的负面评价也较多，意见集中在这几个方面：

（1）译本不完整；

（2）内容枯燥乏味，没有用；

（3）对孔子的话没有什么深刻的印象。

有些读者甚至认为这个译本很糟糕，简直是浪费钱。也有几位顾客以较客观的态度表达了他们的意见。一位顾客认为利斯译本包含了长篇注释，甚至是全文引用了 Borges，Pascal，Stendhal，C. S. Lewis，Marcus Aurelius，Nietzsche，甚至 Pancho Villa 等许多西方哲学家、作家和诗人，因此读起来更像一部选集。他认为这个译本作为翻译只能得 3 分，而作为选集能得满分。还有顾客认为译者以广博的文学知识和保守的评论来吸引读者，作为翻译则不可靠。

3.2 森舸澜《论语》译本网评

有 26 位读者在亚马逊图书网上评价了森舸澜的《论语》译本，其中给 5 分即满分的读者有 73%，给 4 分的读者为 19%，还有 18% 的读者给了 3 分的评价。26 位读者给出的平均分为 4.6，说明该译本受到读者的一致欢迎。有 5 名读者使用了"最好"（best）一词，7 名读者用了"great""excellent"或"quite good"，4 名读者用"helpful"这些词来表达他们对译作的欣赏，有读者甚至把该译本作为必读书籍。读者们多是为修相关大学课程购买这部译作，他们认为该译本的优点是：

（1）评注很有用，能够帮助读者理解原文意义和孔子思想；

（2）可读性很强，很适合普通读者和初学者使用；

（3）副文本特别是其中的注释很有价值，包含的信息量大；

（4）值得一读，能够引发有趣的讨论。

个别的反对意见认为译文有几处有意地偏离了正常的理解，使得句子的意思前后倒置，使得孔子听上去像是一名亚里士多德派的学究。

3.3 蔡志忠和布莱恩·布雅的《论语》译本网评

有6位读者评价了蔡志忠的《孔子说》，其中4位给了5分的满分，表示非常满意。一位给了2分，还有一位给了1分。6位读者都使用了"great""excellent""amazing""good""intriguing""pleasant"的词汇来表达对该书的满意，其中两位认为该书值得推荐给每个人阅读，有两位表明购买此书的目的是用作大学的课程教材，但其作用不止于此，值得每一位汉学入门者阅读，两位认为愿意将该书推荐给他人。读者们认为该书的优点是：

（1）既可达又准确；

（2）读起来轻松有趣；

（3）译文还带有中文原文，有助于学习。

但有两位读者认为：漫画这种形式不能很好地表现孔子教义，插画对于文本解读来说没有很大帮助。

4 小结

综上所述，学术型译作，或者由著名出版机构推出的中国哲学典籍译作都比较容易获得学界的关注和评论。美国学界对翻译作品的讨论十分详细，既关注翻译的总体质量，讨论译本的完整性、准确性、内容和风格的传译等问题，也涉及译本的副文本价值、哲学术语的翻译、翻译方法、选词等具体问题。评论不空谈，不发表印象式的意见；也不尽说好话，批评的意见和建议都落到实处，还常常发表自己的解读或改译的见解，学术风气十足。但在笔者看来，尽管随感性、印象性的评论不多，但一些评论缺乏理论依据，系统性不强，受传统评论的影响较大，特别需要指出的是，撰写评论的都是在美国高校东亚系、历史系或哲学系任职的教授，他们的评论都会从自己的研究视角展开，目前尚未有研究翻译的专业人士对这些翻译作品发表过专业评论，这不能不说是个遗憾！

第六章　中国哲学典籍译作在美国的读者评价

从评论的内容来看，学者们一致认为好的翻译作品应当能准确反映原作内容，语言流畅，能体现原作的风格，译者是否能准确理解原文、选词精当十分关键。评论家们对中国哲学术语的英译问题都很关注，赞同陈荣捷提出的术语翻译的一致性和语境化的原则，但不赞成其反对音译的做法；对安乐哲、郝大维、罗思文等人哲学术语的音译和创译方法表示赞赏，但反对他们将中国术语翻译得晦涩、累赘、难解。评论家们都十分关注译本中的副文本，肯定了那些能为读者提供有用信息和解读帮助的前言、注释、术语表和附录等副文本的价值。虽然评论者们对清晰、简洁的译作表示赞赏，但反对译者为追求简洁而牺牲译文的准确性以及舍弃原作的语言细节，特别反对译者加入个人的见解，导致过度翻译。

这些专业人士的评论文章形塑着读者的阅读观，并起到了影响译者、影响翻译的作用。在它们的影响下，后来的译者在探索中国哲学术语的翻译方法和语汇的选择上有了一些创新之举。例如，"音译"已成为翻译中国哲学术语的基本方法之一，"深度翻译"（thick translation）也被广泛运用到哲学典籍的翻译中，成为一种有效的阐释手段，以保证译文在具备流畅性的同时，还有空间讨论大量艰深的学术问题，发挥解释的作用。

评论文章还对怎样运用深度翻译的方法提出了合理的建议。在这种翻译方法的观照下，译文的"引言"等附加的、解释性的内容应当是作为"导读"性质的材料，表明译者的翻译意图和方法，暗含了译者的翻译价值取向，是对读者接受"相异"文本的引导和指示。因此，它们应当与译文是一个有机的整体，而不应是一堆"拼凑"的学术条目。[①]

这些有影响的国际译评在一定程度上影响了一个阶段美国翻译政策的调整和制定。例如，有学者指出，20世纪70年代以后，美国国家人文基金会在其翻译资助条件中明确规定："提交之译文必须附有批评性的序言及解释性的注释。"[②] 依照这个条件，只有在某一领域的专家才能胜任典籍翻译的工作，进而获得国家资助。

---

① 参见 John W. Haeger, "A Review of Reflections on Things at Hand: The Neo-Confucian Anthology", *Journal of the American Oriental Society*, Vol. 89. No. 1, 1969, p. 230.

② [美]斯蒂芬·康格拉特-巴特勒：《国外翻译界》，中国对外翻译出版公司1979年版，第61页。

根据亚马逊图书网上的调查，以上中国哲学典籍的代表英译作品中，按照参评顾客的数量和评分来看，得分前五名的分别是安乐哲的《孙子兵法》（37 人评价，得分 4.7）、森舸澜的《论语》（26 人评价，得分 4.6）、艾文荷的《道德经》（22 人评价，得分 4.6）、陈荣捷的《中国哲学资料书》（24 人评价，得分 4.4）以及伯顿·沃森的《庄子入门》（29 人评价，得分 4.1）。

从收集的读者评价来看，对于中国哲学典籍英译作品来说，普通读者主要关注以下几个问题：

一、译著经典化的问题。从译作的网上评价来看，评论人数最多的译作分别为《孙子兵法》《庄子》《论语》《古代中国哲学选读》《中国哲学资料书》和《道德经》。这充分说明，在西方读者、特别是美国读者眼里，先秦哲学是中国哲学的代表，部分中国先秦哲学典籍在西方已成为了经典，其英译本不仅种类多，而且感兴趣的读者多，参与评论的人数也多。当然，也有部分先秦典籍在普通读者中的人气不高，它们要么表达艰深的哲学思想，要么语言艺术性较强，一般读者难以理解，如《中庸》《孝经》，等等。而朱熹以后的新儒学经典，普通读者阅读困难较大，更谈不上评价了。

二、译作的翻译质量与准确性。从以上的网评不难看出，普通读者对译作是否能忠实地反映原作的思想内涵，是否能准确地传译关注度较高，不少评价都是围绕这一主题开展的。

三、译文的可读性及有效注释。读者对可读性强的译作评价较高，此外，读者还喜欢包含了解释性的前言和注释的译作，认为这些副文本有助于读者理解。森舸澜的译作获得了很高的评分，原因之一就是提供了多个评注的译文，由读者自行判断和理解。

四、译作的实用性。普通读者关心他们阅读的内容是否能运用到生活与工作之中，这也是《孙子兵法》《论语》和《道德经》在西方大受欢迎的主要原因。

五、译者的独到见解和译作的哲学深度。既然是阅读哲学典籍，读者当然还是期待有一定哲学深度的、有独到见解的作品。这也是安乐哲、森舸澜译本较受欢迎的主要原因。

第六章 中国哲学典籍译作在美国的读者评价

六、排版、编辑和印刷。亚马逊图书网的评论中,有关于所购书籍的排版、编辑和印刷的评论也不少。这些貌似不重要的翻译之外的问题也是影响译作销售的因素之一。

而普通读者提出的一些反对性意见,表达了他们不喜欢出现以下问题的译作:

一、译作的内容和注释都是传统见解,太陈旧、老套;

二、译本艰涩、难懂,术语过多;

三、译者在诠释中加入了自己的观点。

综上所述,普通读者网络评论的意见与专业人士的评论意见方向基本一致,有不少观点相似,专业人士的评论更为细致、更具有专业性和建设性,而普通读者能将评论意见传播得更广。唯有例外的是两类读者对于伯顿·沃森中国典籍译作的评价相互矛盾,普通读者大都表示欣赏,而专业读者提出的意见较多,集中在清晰简单的语言是否能体现原文风格这一问题上。

译评不仅是读者们交流阅读感受,发表个人见解的场所,也是在接受文化语境中形塑公众的阅读习惯、阐释策略及价值判断的重要工具。安乐哲在接受笔者访谈时就承认,在美国,除了翻译评论之外,没有什么政策能够影响译者的选材和翻译策略。[①] 可见,在当代美国的翻译场域之中,专业人士的意见对翻译起着最大的影响作用。因此,我们必须高度重视国际译评,考察译作在接受语境中的阅读情况,就应时刻关注那些发布于权威平台、具有广泛影响力和巨大号召力的国际译评,深刻领会体现于其中的情趣、品味、标准及期待,借此来指导和改进中国哲学典籍的英译,并助推典籍译作更好地"走进"世界。

[①] 参见 Tan Xiaoli & Huang Tianyuan, "Translating Chinese Philosophy on Its Own Terms: An Interview with Professor Roger T. Ames", *Asia Pacific Translation and Intercultural Studies*, No. 2, 2015, p. 140.

第七章 美国汉学家访谈及普通读者问卷调查

针对中国哲学典籍在美国的译介情况、译介模式、译介过程、译者工作模式,以及作品的传播与接受等问题,笔者当面访谈了六位美国汉学家,其中有国际汉学界的著名学者安乐哲教授和菲利普·艾文荷教授,有美国汉学界的新生代人物安靖如教授和林安迪教授,也有在美国高校讲授中国哲学的中青年学者布莱恩·布雅(Brian Rruya)博士和萨拉·麦提斯(Sarah Mattice)博士,他们都从事中国哲学典籍的研究和翻译工作,都有译著等身,对本书涉及的问题有较为全面的了解和深刻的体悟。

笔者还在美国普通读者群中开展了问卷调查,书面问卷调查对象大多为具有大学本科及以上学历的美国读者,一些人虽没有美国国籍,但常年在美国生活和学习、工作,已接受了美国的生活习惯及文化价值观,可视作美国读者。

1 美国汉学家眼中的中国哲学典籍英译与传播

1.1 安乐哲教授访谈

安乐哲是继陈荣捷、刘殿爵等华人学者之后,致力于向英语世界推介中国哲学、系统地英译中国哲学典籍的西方学者。他的中国典籍译作既有鲜明的哲学意识,又表现出对中西哲学、文化差异的严肃思考。通过其比较哲学研究和中国典籍的哲学英译,安乐哲尝试纠正西方传统对中国哲学的误读,进而向西方哲学界证明中国哲学的合法性和独特性。

第七章　美国汉学家访谈及普通读者问卷调查

这种尝试，无论在西方还是东方都是第一回。他的中西对比哲学研究和中国典籍翻译极大提升了英语世界对中国哲学的认知水平。2014年，安乐哲开始担任国际儒学联合会副会长。以下是本书作者于2015年4月对安乐哲教授的当面访谈。

问：安教授，早上好，我们了解到您翻译了很多中国哲学典籍，并且您的译著也被中国学者翻译成了中文。您的译著在中国和美国都受到了极大欢迎。能请您介绍一下中国哲学在美国的研究和翻译的总体情况吗？

答：我认为，在过去的一代，我们在试图就其本身而论理解中国传统的努力中取得了实质性进展。在许多方面，中国典籍的翻译质量都是由陈荣捷先生《中国哲学文献选编》一书决定的。他为我们在翻译中国哲学术语时提供了英语词汇，并建立了一种理解中国传统的框架。在那个时代，这当然是一个十分重要的贡献。陈荣捷是夏威夷大学哲学系的第一任主任，同时也是该系的终身教授。我们对这位先驱有着崇高的敬意和仰慕。但是，如果我们的工作做得好，那么我们的贡献就不会只停留在某一段时间，我们的学生也会不断超越我们，那就是我们一直想和"Wing"一样努力达到的目标。我们尊重他的贡献，但我们需要做的是不断巩固并超越他为此所做的一切。他向西方学界推介了一种在西方思维的框架内所能理解中国哲学的方法，但我们现在要做的是追溯过去，创建一种诠释性语境，就中国哲学本身而论去理解中国文本。

问：请问在美国有多少种不同的中国哲学典籍翻译模式？比如：学术翻译、商务翻译、政府出资的翻译和出自个人兴趣的翻译。您能就您和翻译发起者、出版商、翻译机构和读者之间的合作等方面描述一下您自己的翻译特点吗？您的翻译是属于那种模式？

答：我只能说我的翻译属于第一种和最后一种，即学术翻译和出于个人兴趣的翻译。我不是为了赚钱而翻译，也不是因为政府要我翻译而翻译。我之所以翻译，是因为我相信中国传统中有一些重要的内容能与世界共享，通过这些资源在世界得到广泛传播，世界会更加美好。同时我认为学术翻译应该设立特定的翻译标准，而商业翻译的标准有可能就要糟糕些。

问：有没有一些源文本的选择和译者翻译策略选择的相关政策？中

国哲学作品的目标读者是谁？如果有这些翻译政策，那么是谁制定的？这通常都是中国的案例：当政府发起一个翻译项目，比如英译毛泽东理论著作，它就会组织一批专家和译者挑选准备翻译的作品并规定好翻译中需采取的翻译策略。同时也会确定好哪些人是符合要求的译者。

答：你所说的案例的确是中国的案例。作为公职人员，我是一名由政府付工资的教授，从这方面而言，你可能会说我的翻译是政府出资的翻译。但美国政府不会出钱给个人去翻译，我们没有那种项目。毛泽东理论著作翻译是一个很有意思的案例。如果你读过毛泽东理论早期的版本，不是1950年版，会发现它很接近于马克思主义中国化理论。但是后期的版本就更接近于毛泽东思想——中国的毛泽东。你会感受到一个马克思主义的毛泽东和一个中国的毛泽东，发现这种过渡是很有趣的。当然，在美国，没有所谓的这种翻译政策，翻译不是政府的事情。我们唯一有的政策就是在学术范围内学者的评判。我翻译一些东西，有人会写关于它的评论，并根据他们自己的标准来开展批评，这些标准会在相互批评的过程中不断改进。这和我们前面所说的不是同一种类型。

问：您曾否考虑过应该翻译哪些内容？我注意到您译作的时间顺序，首先是《孙子兵法》和《孙膑兵法》，然后是道家经典《原道篇》和《道德经》，像《论语》《中庸》和《孝经》等儒家经典是您近来的翻译作品。您是想表达出中国哲学与西方哲学有互通的共性吗？您认为哪些中国哲学作品应该引入到英语世界？

答：实际上，这个顺序只是一个偶然，并非有意安排。我只是随机翻译了《孙子兵法》。但后来，我发现这是个很好的练习，也认识到了翻译的重要性。对于我的事业，一种更好的方式也许是要首先从中国自身角度去理解中国传统，因此我与他人合著了《孔子哲学思维》《汉哲学思维的文化探源》等作品。我花了多年努力去理解古代中国的诠释性语境，去体悟这些文本源起的地方。后来，我意识到以前的翻译没能反映出那个诠释性语境。如果你读到一本流行的《道德经》译作，你会遇到诸如基督教徒式的翻译、黑格尔式的翻译及海德格尔式的翻译，但不会有中国式的翻译。所以我努力在做的就是将中国传统带入其自身语境中去。对我来说，那是非常重要的。我认为汉学家和比较哲学家之

第七章　美国汉学家访谈及普通读者问卷调查

间需要有一个明确界定。汉学家有文献学上的系统训练，但没有受过哲学训练。如果我选择翻译的这些文本——《道德经》《淮南子》《孙子兵法》《孙膑兵法》和《论语》，如果这些文本都是哲学典籍，那么最好让一些有哲学素养的人去翻译它们。我认为我们在中国典籍翻译质量上取得进步，其中一个原因就是哲学家参与到了这个过程中。

问：按照您的说法，在英语国家中哪些人是中国哲学的译者呢？他们的职业是什么？他们翻译是出于个人兴趣、商业原因还是其他原因呢？在翻译中他们通常会采用什么翻译策略呢？

答：现在大部分的中文英译作品是由专业学者完成的。我认为传教士没再参与进来了。但是我们现存的一个问题是汉英字典和汉字字典是不一样的。同传教士翻译中国典籍一样，汉英字典将西方世界对于中国哲学概念的假定释义都收入进去了。所以当西方学者翻译中国作品时，他们趋向于把"天"理解成"Heaven"，而不会把"天"当作"天"（tian）。他们的这种翻译有点接近于西方的形而上学，而偏离了中国古人的宇宙观。不过，我认为我们正在阔步向前，一个重要的标志就是比较哲学家正在编纂他们自己的字典。例如，在翻译中国典籍时，其中一个我有所改动同时又能让人接受的术语就是"仁义"当中的"义"，"义"过去常被翻译成"正义"（righteousness），我将其译为"最适当的"（optimal appropriateness），我想现在很多人都接受了这一译名。"正义"是一个圣经术语；"适当"不完全是个哲学术语，和关联性有些联系。我想我所改动的另一个术语是"知"或者"智"。"知/智"过去常被翻译成"知晓"（to know）。但在中国传统的世界观中，"知晓"就是你所"做过"的一些事情；这些事的体悟并非仅靠认知。我把"知"翻译为"意识到"（to realize）。所以现在一些哲学家开始使用"知晓"的含义：在"实现想法"中去"知晓"。也就是说，知晓某些事情并非仅仅靠认知或被动接受，它需要参与到认知的过程中去，并预测呈现一个世界的方式。

问：一些学者说您的翻译能够保留作品原有的特点，而其他人则批评您的翻译属于一种过度诠释，因为您在翻译之前就已预设好应以这种或那种框架来解释中国哲学和文化。请问您如何看待这两种对立的评价？

答：我们对直译和意译有一个区分。首先我会说所有的翻译都是一种释义，其次，我会说那些批评我的人自认为他们是直译文本，但是他们必须得依赖字典，而那些字典里充斥着同中国传统本身相对立的西方亚伯拉罕传统的设想。他们所做的就是将中国文本连根拔起再移植到西方土壤中。单词"植根"和"根本的"是意义相近的术语，所以在移植文本过程中，他们生成了一个"激进的"翻译，这是他们在这种意义上"诠释"的翻译。我的翻译是"保守型"的，因为我想尽力保留文本本身的意思。当然，我对中国文本的释义只是许多版本当中的一种，你可以说我的翻译是属于我自己的版本，和其他人的不同，但所幸的是我的理解与一些最优秀的学者达成了一致，比如葛兰言、理查兹、唐君毅、李约瑟和葛瑞汉，等等。我很高兴自己能与这些致力于理解中国宇宙学并将中国文本定位于其中的学者们联系起来。在这种意义上，我很愿意被称作"解释者"或"激进派"。我想说的第二件事是我真的不在意汉学家对我的批评，他们要批评的是我进入了一个不同的方向。我真正感兴趣的是像张祥龙、陈来、李泽厚、牟钟鉴和庞朴这些中国学者的评价。同时我很欢迎有人来批评我，我不喜欢所有人都说我是对的，我更愿意他们问这是什么，那是什么，那样的话我也可以学到一些东西。我认为我们都在尽最大努力去做得最好。我不认为任何人都是正确的。批评能帮助我们做得更好。

问：既然您相信每种语言都含有一种隐性的世界观，那您的中国典籍英译中，您是怎样去解决用英文来表示中国世界观的问题呢？

答：非常好，那是一种挑战。我尽力在我的讲座中把这个隐性的世界观突显出来。我曾举过索绪尔对"语言"和"言语"进行区别的例子。"语言"是任何语言的一种概念性结构。当概念结构沉淀为一种语言，它便是人们日常生活的缩影。概念性结构真正讲述了一个群体的"知识"生活。"言语"属于一种特定文化，所以在英语中我们没有一个能说"天"的环境，我们也没有一个能可以说"义"和"仁"的环境。这种概念性语言是属于古汉语语境的。但是索绪尔又说，自然语言的力量能使我们在使用英语的情况下清楚地表达出汉字"仁"的意思；我们也可以使用汉语来清晰地表达出西方人所意味的"上帝"，尽管在

第七章　美国汉学家访谈及普通读者问卷调查

汉语传统中没有相对应的词语。我的策略非常简单：我不想以其他一些不准确的翻译来替换一个他们不懂的术语，我想做的就是能让学生在我的译作中自己去体会这些中国哲学术语。如果学生掌握了如"仁""义""礼""智"等 30 或 40 个中文术语的词汇量，那他们在阅读汉语作品时就能妥善处理好作品本身。就如同有些人想读英文版的希腊哲学一样，为了正确地阅读文本，他们必须掌握特殊的哲学词汇。当然，对你而言，阅读这些中文文本会很容易，但是如果这些学生不能，至少他们能学会 30 或 40 个术语，并能理解这些术语的意思。因而我的目标就是以一种能教会学生这些术语来历的方式去翻译典籍。在我所有的翻译作品中，你会发现有一个术语列表，在列表中我会尽量去讲述它们的来历，并努力去辩明我为何要用这种特定的方式来翻译。你还可以看到在这些特殊术语中，我经常会标注一些汉字或罗马化汉字。我的目的是让英语学生能学一些中文。维特根斯坦说"我们语言的界限，意味着世界的界限"。如果真是这样，那么学习中国哲学的学生需要更多的语言，他们需要的是汉语。

问：您经常与一些哲学家合作，比如刘殿爵、郝大维和罗思文。你们之间是怎样配合的？或者换个说法，在你们的合作中各自扮演哪种角色？

答：很好！我们扮演的角色各异。刘殿爵是我的老师，所以他是我们的领头人，在合作翻译的过程中，有时我得遵照他的意思，尽管与我自己的意见相反。如果你看到《淮南子·原道训》的翻译，作品由刘殿爵与我合译，由我做的前言介绍。如果由我来教刘殿爵说些什么会有失礼貌和尊重。他有自己的看待中国传统的视角，与我不一样的。所以我必须要尊重我们之间的差异。与他共事，我不仅学到了中国语言知识还了解到许多关于英语语言的知识。我只能惭愧地说他的英语比我好得多，更不用说汉语了。当你把英语当作第二语言来学的时候，你具有一些不属于英语母语者感知的差别。刘会对我说"你是指谨慎（cautious）吗？"或者说"你是指细心（careful）吗"？接着我会问他"它们两者有什么区别吗？"他会告诉我说有区别，并会指出区别是什么，会很有效地把这两种意思区分开来。当我期望与其他人合作时，仅仅是人好并不能成为合作的一个充分理由，找到具有不同技能的合作伙伴是非常重要的。我与郝大维合作时，他更多是一名哲学家，而我则是汉学家；我和罗思文合作时，我是汉学家和哲学家，罗思文则是另一名汉学家和哲学家。我认为我们必须要把不同的技能和各异的视角带到翻译的文本中去。罗思文是著名语言哲学家诺姆·乔姆斯基的学生，他受过语言哲学的训练。郝大维是从芝加哥大学和耶鲁大学毕业的哲学博士，他具有多样才能，我们合作时就能合二为一。对于合作，真正重要的是一旦开始合作，就要以合作的项目为重。我不能说这是刘殿爵的翻译，或者说那是郝大维的翻译，我必须负责全局。我必须清楚我们一起做了些什么，为保护我们的译作，我必须认同这些。合作是一种实现自我成长、挑战个人理解传统极限的绝佳方法。

问：您与合作者有不同的见解吗？

答：太可怕了。合作是一件可怕的事情。我记得自己曾从郝大维那收到修改版，将它扔掉地上，围着屋子转，十分生气地大声吼叫。合作的开端并不是件愉快的事，但随着时间的变化，当你成功完成任务后，我们会不断共同成长。就像郝大维和我一样，我们能在一起合著五六本书，罗思文和我一起也合作了几本书。你在合作中变得成熟后，就可以成为合作者中的发言人。如今，当我出版一本书时，我真的认为我应该将郝大维、罗思文和刘殿爵列为合著者，是他们成就了我，因为我将他们的卓识和视角融入到了我的作品当中。

问：您认为谁才是最好的中国典籍英译者？是母语为汉语的译者？母语为英语的译者？抑或中英文互通的译者？您是否认为一位熟知中国哲学的中国学者同一位擅长语言转换、熟悉营销和出版界并了解英语国家读者品味的英语译者之间的合作是一种理想的模式？

答：是的。我想中西方学者之间的合作是一种理想模式。但我认为这不单是汉语和英语语言的问题。就双方而言，你应该将一个哲学文本当作一个哲学文本，你们的最佳组合是一位中国比较哲学家和一位西方的比较哲学家。

问：我注意到大多数中国哲学英译作品都是由学术出版社出版，比如纽约州立大学出版社。这是不是意味着这些翻译作品仅仅是被一些对中国哲学感兴趣的学者阅读？这儿有没有一些商业出版社资助中国哲学

第七章 美国汉学家访谈及普通读者问卷调查

英译作品？您的哪部译作是最为畅销的？您认为有哪些因素促成了它的成功营销？

答：我们通常所说的大学出版社和商业出版社有一个明显区别。你所提到的商业出版社有哈珀·柯林斯出版社和兰登书屋等。我的翻译作品中大学出版社和商业出版社都有，不过，商业出版社只会出版那些能让他们赚钱的作品。我的《孙子兵法》译作为兰登书屋挣了一大笔钱，估计不下两百万美元，售出了大约10万本。在与他们合作发行《孙子兵法》的同时，我也出版了《孙膑兵法》的译作。由于《孙子兵法》是一部典籍，而《孙膑兵法》是新近出土的文本，后者在最初两年仅卖出了两三千本。兰登书屋不打算重印《孙膑兵法》，纽约州立大学出版社将该译本重新出版，所以就有了两个《孙膑兵法》译作的版本。

对译作进行广泛营销的商业出版社只会出版有名的、读者熟知的书籍。所以我的《道德经》英译本是由兰登书屋出版，但其他作品如《孝经》《中庸》都是由大学出版社出版，因为原著不具有《论语》《道德经》那样的知名度。《论语》是由兰登书屋出版，它非常有名，现在也许销量达到了三万五千到四万本。当然，在中国，你们的出版社更大。在美国，出版社一次出版一种学术著作的数量为1000本，而且他们经常会出版一些精装本卖给图书馆以收回投资。如果你注意到西方出版社，一本精装本的费用通常是平装本的三到四倍。所以出版社发行的精装本是为了卖给图书馆，出版平装本卖给大众读者。

问：谁是你翻译的发起人？他们是否有为您的翻译作品制定一些标准？通常您是否会与出版商、编辑和代理商进行谈判？你们一般会讨论些什么？您有目标读者吗？在您的翻译中，通常会为他们做些什么呢？

答：我的翻译由我自己发起。我没有任何代理，也不会以那种方式去翻译。或许我可以这么做，如果我那么做，我可能会赚到更多的钱。但我是一名学者，所以我的翻译是以高校学生为目标读者的。我称它们为"哲学"翻译，并提出翻译需要哲学视角的观点，因此，我的翻译是与众不同的。如果你去亚马逊图书网看看人们对我的翻译作品的评论，会发现有些人喜欢《孙子兵法》，所有人都认为这部作品非常好。相比而言，人们对于《道德经》的态度有喜有恶。这也本是它的现状。

《道德经》可能有300种英译本，我本人也出版过两种。多年前，我还是一名研究生的时候，就翻译过陈鼓应版的《道德经》，后来与郝大维合作对其做了复译。

但对某些人而言，他们希望《道德经》在每种译本中的内容一成不变，仅仅有些不同的词汇就行。我试图要做的就是改变这种翻译框架。我利用《易经大传》、中国医学、唐君毅和其他当代中国学者的思想来努力构建一种文本阅读的框架。然后我会在这个框架范围内去阅读。很多时候，译者查字典就是想把一个单词翻译成他们心目中最合适的意思，但效果往往相反。最佳译名并不是西方人最熟悉的东西，也许恰恰是他们不熟悉的东西。

问：我注意到，您的翻译作品被一些美国期刊、报纸和网站做了介绍和评论。您会指定一些媒介来宣传中国哲学英文译本吗？这种推广方式对于译作营销会起作用吗？

答：我不知道会有什么计划。人们出于自己的兴趣去评论翻译作品。近年来，中国有许多人都在研究我的翻译，学者和学生们频繁地给我发电子邮件咨询相关问题。所以我认为，中国的一些年轻人都在积极探寻一种负责的文化比较方法。去年夏天我去中国时，同一些对这个领域感兴趣的年轻人做过很多次交谈。但我认为这不是由任何人操纵的，我也不觉得这是为宣传任何东西而去做的。我认为仅仅是对于这个项目，我们彼此之间尽量去做到相互理解。

问：作为一名杰出的学者，您具备有利条件来推广您的译著。例如，您可以将您的译著用作学生的教材，当您在各大学演讲或在一些国际会议上发言时，可以顺便介绍您的作品。您有没有采取过这些策略？这些措施有效吗？

答：是的。二十五年来，我是亚洲研究发展计划署（ASDP）——夏威夷大学和东西方中心合作伙伴关系的项目主任。这一计划的目标就是培训教育者。我在亚洲研究发展计划署的讲座对象不仅有学生，也有教师。这些教师购买我的书在课堂上使用。我并非为了推销我的书而有意识地这么做，但它的确起了作用，成为影响市场的一个非常有效的方法。我感兴趣的是去看看谁在课堂上用我译著作教材，对我而言那是一

第七章 美国汉学家访谈及普通读者问卷调查

件很有趣的事。但是在课堂上有很多翻译作品被使用。当我有机会同教师们交流并推荐我的译作时,我能够说服他们。如果你看到我的翻译,我所说的都是关于世界观的假设,我会尽力解释为什么会用这种方式去翻译文本,在这种意义上我的作品是诚恳的。有人不会这样做,他们仅仅是去翻译文本。我的译本是自我批评式的,试图通过宇宙学来思考,而他们则不是,他们仅仅是从自己的文化背景去阅读文本。所以我是有文化自觉的翻译,他们是在不加批评地解读。

问:听闻您的译著《孙子兵法》被美国西点军校用作教材。您是否认为这是由于您对中国哲学和中国文化的诠释能使美国人接受呢?

答:我认为学者们犯的一个错误,就是他们往往看不起军队,把军队看作缺乏自由的一个群体,而这种自由是我们学术圈所享有的。由于翻译《孙子兵法》这部作品,我花费了大量时间与美国高级军官相处,我发现他们是一群非常有智慧的人。我在翻译《孙子兵法》时,编辑要我摒弃哲学理念,从哲学中走出来,因为哲学对一般读者而言太过深奥。我坚持要求保留哲学思想,正因为翻译作品中含有哲学观念,这些聪颖的军人觉得我的翻译很有挑战性,而且很有趣。他们能从中学到一些东西。这不是一个简单的翻译作品,对他们而言,这是努力就其本身理解中国传统的一个挑战。由于这些年轻军人的聪慧,这部作品取得了很好的效果。

问:请问在您的译著中,哪部最畅销?您认为有哪些因素促成了这种营销的成功呢?

答:最畅销的是《孙子兵法》。取得成功部分要归功于兰登书屋优秀的营销,同时也归因于不幸的战争。你看过我翻译的《孙子兵法》吗?书的封面非常美观大方,他们的包装工作做得很好。对军人来说,这是一件很好的礼品。我觉得很多人都会买这本书赠给那些即将奔赴战场的年轻人。我们这个时代有太多战乱,这个原因促成了《孙子兵法》的畅销。它同时被翻译成多种其他语言,如荷兰语、德语、印尼语和西班牙语。

问:您认为在美国有哪些人组成了中国典籍英文译本的阅读群?他们对这些译作有何期待?

答:我认为一个非常重要的群体就是学者。也许这些人就是我所做翻译的服务对象。但有时我也会遇到另外一些读者，他们对中国有着浓厚的兴趣，同时也有一些在中国的经历。如果你问我是如何证明自己的翻译是合理的，我可以说个故事你听。我十七岁去香港，开始生活在一个中国人的世界里。我同时研究中西方哲学。我花了大量的时间在中文世界中，这对我很有帮助。我不是单纯学术性地翻译文本。对我而言，中国不是一个博物馆而是一个生活的世界。正因为它是一个生活的世界，我可以通过观察中国人的生活方式并理解他们的思维方式使我的翻译具有说服力。哲学与思维有关。我觉得自己从在中国生活、教学和研究中学到了很多中国人的思考方式。

问：我知道您获得了来自中国政府的嘉奖。您可以向我们介绍一下这些奖项吗？您从西方国家获得过其他奖项吗？您有没有想过西方世界有可能会为中国哲学英译作品颁发一个奖项，就像诺贝尔奖颁给了莫言的小说一样。

答：孔子文化奖是由中国文化部和山东省政府联合颁发的。但是获奖名单是由 15 位中国著名的儒家文化学者组成的委员会决定。所以当我去领奖时，牟钟鉴对我说："这个评选过程是非常严格的。"这不是一个政府想给谁就给谁的奖项，它必须要与学者有关联，这也是让我感觉很好的地方。我是和李学勤同时获得这个奖项的。李学勤是一个很厉害的人，他是当今中国最有名的考古学家。其他的获奖者是庞朴、汤一介、牟钟鉴和杜维明。这些人都是非常有名的学者，把我和他们放在一起是我莫大的荣幸。有些人会说杜维明有一个西方框架，但他对儒学研究的贡献是巨大的。杜维明为整整一代中国最优秀的年轻学者提供了去美国最好的大学深造并积累国际经验的机会。他促进了一整代年轻学者的发展。我认为他领取这个孔子文化奖是完全合适的。我不认为西方国家会很快颁发一种中文文本英译的汉学奖。但是在中国台湾，有一种汉学奖叫作唐奖。一个富裕的台湾家族为推广中国文化，在美国的大学里设立了教授职位。我觉得他们正试图建立一种像诺贝尔奖一样的认可方式。我认为中国文化的奖项会来自中国这边，而不是西方，奖项的设立会来自于想推行中国文化的中国人。

中国与日本、韩国和越南之间的关系局势是紧张的。为尝试建立国

第七章　美国汉学家访谈及普通读者问卷调查

际新儒学,今年十月,我们将在夏威夷召开首次儒家文化研究世界联盟会议,届时将汇集四个儒教国家,也有其他的学者。儒家中的"儒"是一个阶层,一个知识分子阶层。中国有儒士。庞朴和李学勤都是儒士。日本、韩国和越南也有儒士。如果把儒士汇集在一块,也许我们就会发现一个更为有效的相互交流的方法。中国遭到过日本的残暴对待。但是日本在中国的虐行和美国对越南的野蛮行径有何差异呢?作为一个人,我们需要找到使战争过时的社会智慧,我们要做的就是找到一个用儒学来互相交谈的方法。也许我们可以发现一些解决这些紧张关系的儒学方案。

问: 应动员哪些类型的媒体来协助推广中国典籍英译作品?是学术期刊的书评还是网上书评?还是采用电影或电视剧改编的方式?

答: 我认为不需要什么媒体宣传推广。中国正逐步发展自身,中国的崛起使其成为每个年轻西方人教育中的一个重要话题。诚然,英语作为一种世界语言正不断扩展,而中文文本的英译版本也在紧随潮流。世界各国的人们都在阅读英语:德国人阅读英文译本,印度尼西亚人阅读英文译本,日本人也读英文译本,英文译本在全世界流传,没有人会对英语作为一种国际语言正不断强大的事实有争议。但是第二个值得考虑的是中国对于全世界人民生活的重要性在不断增强。上一个世纪,中国是世界的唐人街,如今,中国是世界工厂。因此,中国自身的发展将促进世界更好地了解中国。中国是世界上人口最多、经济增长速度最快的国家,是有着最为古老文化的国家之一。如果中国和美国———一个年轻但充满活力的世界最大经济体国家,能够建立一种相互信任、相互理解的关系,那么其他问题,朝鲜、伊朗和中东问题都能够解决。如果中美能合作,那么21世纪的世界秩序可以有效管理。如果这两个国家没能建立友好关系,那么21世纪的局势依然严峻。我一直认为哲学作为一门学科,没有什么技术性,但会对世界的发展具有重要意义。哲学与社会智慧有关,与促进社会智慧有关。我的翻译旨在促进相互了解,激发让世界更加美好所必需的社会智慧。

问: 安乐哲教授,您知道,中国政府已经开始了它的国外文化项目。为了组织对中国文学和哲学典籍的翻译,中国会资助西方国家的一些出版机构出版中国读物。您认为这个项目会激发高水平的译者、创造新的销售纪录吗？

答：我认为有可能做得很好，也有可能结果很糟糕。中国所面临的一个问题就是外国对政府和学界之间的合作有些怀疑。因为这些合作形式通常都是政治宣传，都是用作推行一个特定的政治项目。当然，美国有个富布莱特项目，国务院也会做着一模一样的事情。美国每年派送2400名教授到全球各地，以使人们更加喜爱美国。中国从传统上就十分看重政府和学界之间的合作。在美国，我是一名终身教授，因而政府不能解雇我。我走进课堂谴责美国政府，那是我的自由。因此，一般在西方，尤其是美国，政府和学界之间的关系太过密切并不被看作是件好事。但是，如果中国政府，国家汉办和教育部能够有最好的学者来管理这种项目，如果有这些最好的学者和西方学者一起合作来管理这种项目，他们将会取得很大的成功。我知道在汉办，有些人往往更官僚，有些人的确对学术有着敬仰之心。所以，我希望的是学术一方能够发扬光大。如果仅仅是政府为主，那它将会和新加坡一样在这方面做得失败。20世纪80年代，新加坡政府试图推行儒家文化，得到了杜维明和余英时先生的积极推动，在学校推广儒学以对抗基督教和伊斯兰教，让儒学成为可以传授给学生的东西，使儒学变得教条化和政治化。它是一个政治项目，而非知识项目。我们必须确保中国政府有效地利用好这方面的资金。

1.2 艾文荷教授访谈

菲利普·艾文荷教授是一位研究中国思想、特别是儒家和新儒家思想的历史学家。他专职研究东亚哲学和宗教史及其对当代伦理、政治和社会思想的潜在作用。在2007年转入香港城市大学之前，他在波士顿大学担任哲学教授，目前，艾文荷教授在香港城市大学东亚及比较哲学和宗教中心担任讲座教授及东亚及比较哲学中心主任。他翻译了好几部中国典籍，例如，《老子道德经》《孙子兵法》和《孟子》，等等，和万百安一起主编过《中国古代哲学读本》。本书作者于2016年4月通过邮件访谈了艾文荷教授。

第七章　美国汉学家访谈及普通读者问卷调查

问：您的译著中最畅销的是哪一部？什么原因使得它大获成功？

答：多年以来，《中国古典哲学读本》和《老子道德经》的译本销量都很好，因为它们被广泛采用为学生教材。

问：您的译作有意向读者吗？您在译作中为他们做些什么？

答：我只翻译我认为是有趣的和重要的东西。我做翻译的时候会考虑到学生，寻求可达性，也会提供足够的学术型信息，以便学生能够深入钻研。

问：您考虑过要翻译什么吗？您认为哪些种类的中国哲学作品应当被介绍到英语世界呢？

答：我是一名哲学家，当然会把具有有趣的哲学思想的文本放在优先地位。目前，在东亚和北非，越来越多的人对新出土的文本有最大的兴趣，而我却认为这些文本不具备什么哲学价值。

问：既然每一种语言都隐含一种世界观，您是如何在翻译中解决用英语呈现汉语的世界观呢？

答：我不相信这个强烈的语言决定论。在汉语和英语里有许多世界观，不会造成相互不可逾越的障碍。如果它们是相互可理解的，我们就能够以足够的小心和耐心跨语言传递思想。

问：您认为谁是最好的中国哲学典籍的英译者？是以汉语为母语的译者呢？还是以英文为母语的译者？或者说两位译者的合作？

答：在以英语为母语的译者中，我最推崇阿瑟·威利。他的译文以某些方式树立了标准，因为他对古汉语的理解很到位，同时是一名很棒的英语作者。当然，以汉语为母语的译者往往来说对古汉语的理解要好一些，可很难找到一个将英语写得如他希望的那样好的译者。或许，这就是几百年来《中国经典》一直是中国哲学典籍英译代表作品的原因吧。理雅各因这部作品而受好评，不过，它却是翻译团队的杰作，主译是王韬，给理雅各帮了很多忙。在过去的150年中，没有人做得这么好。像这样的合作团队仍然保持巨大的潜力，不过，必须组建合适的团队。

问：您认为什么是合适的翻译哲学术语的方法？您认为"异化"的方法会帮助读者了解更多的中国文化和哲学吗？

答：那要视情况而定，没有一个固定的法则适用于每一种情况。一般来说，最好是找一个合适的英译名，但即便是这样，它可能要求译者解释他的选择，并用一个详细的注释解释这个术语的语义范围。有时候，最佳的办法是仅使用罗马拼音来表示一个术语并用一个长长的注释来解释。这样的例子经常导致这个词汇成为英语的一部分。

问：您知道有出版社大量出版中国哲学的英译作品吗？如果有的话，是哪些出版社？

答：哥伦比亚大学出版社过去常常牵头出版中国哲学的英译作品，但现在没有那么活跃了。哈克特出版社在不断地出版最佳的中国哲学作品及英译。夏威夷大学出版社在这方面做出了巨大贡献，私立出版社如企鹅出版社已经出版了好几部优秀的译作。

问：您知道美国政府或民间学术机构有支持中国哲学的英译和传播的政策吗？

答：许多基金会支持这项工作，但没有特别的项目。其实，学界一般瞧不起翻译。西方学术界的普遍常识是：翻译是不受待见的。人们想要"理论"，却经常导致毫无意义地尝试"理论化"，却一事无成。可在我看来，这很无语，因为翻译是一个人能做的最重要的工作。

问：在美国存在着多少种中国哲学典籍的英译呢？例如，学术翻译、商业翻译、政府资助的翻译还是凭个人兴趣做的翻译？

答：据我所知不存在后面两种翻译。对于我来说，我做的是学术翻译，我的译本的对象是大学本科生，不过往往只选择我喜欢让他们了解的。第二种往往导致低质量的译文（经常是带图片的）。

问：有没有什么翻译政策是与原作的选择、翻译的策略相关？谁是中国哲学作品的目标读者？

答：一般来说，人们把最大的优先权给予了那些重要的，却没有译本或者是没有好译本的作品。因此，《道德经》《孟子》《论语》不应当放在需要翻译的书目的清单里。我认为最大的读者群体是大学本科生，然而出版社能够轻易地把这些作品推销给更多的读者。

问：在美国，是哪些人群构成阅读中国哲学典籍英译作品的读者？他们对译作有什么样的期待？

答：最大的一批读者是高校本科生，阅读中国哲学典籍是他们的课程作业。因此，高质量的、价格不高的译本非常重要。我依旧认为哈克特在这个方面树立了标准，他们对其他文化，特别是中国文化感到好奇。一般来说，中国传统文化自伏尔泰时代以来一直在西方很受尊重。

问：能否请您描述目前中国哲学在英语世界的现状、特别是在美国的现状吗？您认为中国哲学对美国人的思想、行为和日常生活有任何影响吗？如果有的话，是怎么样的影响呢？

答：中国哲学正在吸引越来越多严肃的西方哲学家的关注，在一流的哲学院系里有优秀的学者。不过，他们大多数人在一流的本科院校，也有几个州立的研究型院校。在顶尖的研究型院校没有全职的中国哲学教授。我认为，中国哲学开始在年轻学生中产生了影响，他们有好奇心、有创造力，对非西方文化不带偏见。几乎所有的职业哲学家都对中国哲学或非西方哲学一无所知，仅仅因为懒惰和缺乏好奇心。一般说来，他们是人文社科领域最具有地方性的、最排外的学者。

问：专业读者和大众读者，哪一个是更重要的意向读者？您对中国哲学英译和在英语世界的传播有什么建议吗？

答：我不知道谁是专业读者。大多数认真的学者都能阅读原文，除非是他们正在把指定的中国典籍中的材料用来涵盖更多的宽泛的主题，如伦理、政治或宗教。一般读者最熟悉的仅仅是少量的文本，如《道德经》。译者应当选择大众读者能懂的，并且是他们认为有趣的文本。技术性很强文本通常没有多少吸引力。我认为应当使用各种形式的媒介传播中国哲学，例如，书评、电影或改编的电视剧，等等。可惜的是，目前，几乎没人传播中国哲学。

1.3 安靖如教授访谈

安靖如是美国著名汉学家、哲学家，国际中西哲学比较学会的前任会长，曾为北京大学哲学系富布莱特访问学者。安靖如拥有"密歇根大学哲学博士学位，主要研究方向为中国哲学，尤其是现代（19、20世纪）中国思想和儒学传统，以及当代西方道德心理学、元伦理学、语言哲学。现任美国威斯里安大学（Wesleyan University）哲学系主任、教授。近年来出版的著作有：《圣境：宋明理学的现代意义》《人权与中国思想》《当代儒家政治哲学》等"。① 本书作者于 2018 年 10 月通过电子邮件访谈了安靖如教授。

问：安教授，早上好。我们知道您的普通话和古汉语都很好，对中国哲学的传播十分热心。您是什么时候开始对中国和中国哲学感兴趣的？为什么呢？

答：在耶鲁大学学习的第一年，我开始学习西方哲学，也选修了史景迁教授的现代中国历史课。史景迁教授的课点燃了我对中国的兴趣，因此，第二年，我开始研究中国。我还选修了余英时教授的中国古代历史课，这是第一次接触中国哲学。我一直在哲学系修西方哲学课，但哲学系不开中国哲学课。到了大学高年级，我决定攻读博士研究生，最终成为一名学者。我当时面临的一个重大选择就是：学习中国学术史还是中国哲学？最终，我选了中国哲学，我喜欢哲学课是因为哲学涉及的是活生生的问题，是我们需要理解的事情，是与现实生活相关的，而不仅仅是为了理解过去。在哲学课上，我学会了与先贤们密切对话，我会判断他们的观点是好是坏，并追问他们的立场会如何遭到我们已知事情的挑战。随着我对中国和其哲学传统的了解越来越多，我希望以研究西方哲学同样的方式去研究中国哲学。带着这种想法，我来到了密歇根大学学习哲学，后来获得了博士学位。

问：您出版和发表了不少中国哲学的书籍和论文。是什么样的动力驱使您把中国哲学翻译成英文呢？

答：我最早出版的专著名为《中国人权读者》，是与一位瑞典学者合作的，选译了六十几篇 20 世纪中文论文、发言和其他文献，都与人权的思想相关。一些文献支持人权，而一些则批评人权。我们翻译了所有的文献，并为它们一一写了短篇介绍，向读者介绍它们产生的语境。从事这个翻译项目的动因是，我们想让英语世界的学生了解当代中国思想有多么复杂，让他们看到中国知识分子讨论人权问题所使用的有趣的论据。我认为，翻译的重要性是它允许读者以更直接的方式理解哲学，

---

① 孙敬鑫、安靖如：《在对话中实现中国文化崛起》，《对外传播》2012 年第 10 期。

第七章　美国汉学家访谈及普通读者问卷调查

而不是仅仅读教科书中有关哲学家观点的总结。尽管《中国人权读者》是我所做的唯一的一部翻译作品，翻译则在我其他的著作中起着重要的作用，尤其是我最新的作品《新儒学：哲学入门》。那部书包含了许多新儒学哲学家的段落译文，Justin 和我花了大量的时间来讨论如何将其中的一些重要术语翻译成英文。我们都认为尽管一些意义在翻译的时候丧失了，但也获得了一些意义。我的意思是，人们用中文谈论其中一个概念时，一般不去思考这个术语究竟是什么意思。但要用英语表达时，你不得不解释它的意思，这对学生尝试去理解哲学家们究竟在说什么很有帮助。

问：您最喜欢的中国哲学英译本是什么？

答：有许多出色的译本，我不认为一部既定的原文本有一种"完美"的译本，因为翻译面对的读者不同，目的也不同，一些译本针对学者而另一些则针对学生。一些译本要求精准，而另一些则要求可读性较强。而且，译者必须得依靠他们对原作的解读，经常会有多种解读，因此，一个原文本需要有多种译本。我很欣赏一些译本，例如，Daniel Gardner 的《朱子语类》中的"学问"一章译得很精彩，题为"学做圣人"。这部译著通俗易懂，有助于学生理解新儒学的基本理念和目标。

问：您认为谁是最好的中国哲学典籍英译者？以中文（英文）为母语的译者？还是中英语言学者间的合作？

答：一般来说，最好的情况是译入自己的母语，不过，好的合作会产生更好的效果。我还有一部很喜欢的译作，叫作《四七辩》，是著名的韩国新儒家的辩论，原本是用古汉语写的，如今已成了现代英语。是 Michael Kalton 和其他几人合作翻译的。通过合作，将各人掌握的背景知识整合起来，这个翻译团队设法产出一个既准确又可读的译本。

问：您认为翻译哲学术语，什么是合适的方法？您是否认为"异化"的方法会帮助读者更多地了解中国哲学和文化？

答：这是一个重要的问题。答案很复杂，不过我可以概述一下：翻译必须符合两个标准，首先，一个术语的译名必须充分表达该术语的基本意义，如果译文无法做到这一点，那么我们最好将这个概念留下不译，使用罗马拼音就行了。我说的"充分地表达词汇意义"，意思是译文必须要充分地与译入语概念相关，以致译文对读者真正有用。译文能够让读者摸清门道如何理解该术语，以至于能够在新的语境下利用它。通常，一些读者十分熟悉的词语被用作译名，这样可能会误导他们认为自己理解原概念的含义，其实不然。翻译不能仅仅是一个标签，如果我们需要的仅仅是标签，我们只需要这个词汇的罗马拼音版就行了。同时，我们也不应该期待一个完全匹配的译名，设想基本概念与译者表达给读者的译名意思完全一样是不可能的。最后一点，如果有一种译文符合"充分表达基本概念的意义"的标准，那么，第二个标准是，同一个原文本有两种译文，如果旧的译文已经产生了广泛的影响，那么，新的译文必须要比它好得多，才值得选择，才能为替换所带来的麻烦正名。

问：您知道有哪些出版社大量出版中国哲学的翻译本吗？

答：这些年里，哥伦比亚大学出版社出版了许多优秀的译本，近几年，Hackett 出版社也出版了不少，耶鲁大学出版社已经开始出版名为"世界思想翻译系列"丛书，首批出版的就是中国哲学的翻译，其他几所大学出版社也有相似的出版计划。

问：您知道美国政府的政策或是非官方的学术机构，对中国哲学著作的英译有支持政策吗？

答：有几个学术机构在传播中国哲学，包括：国际中国哲学学会、亚洲和比较哲学学会、美国中国哲学家协会以及国际中西方比较哲学学会。

问：在美国，阅读中国哲学英译作品的读者可以分为哪些人群？您可以概括一下吗？各个读者群对译本的期待又分别如何呢？

答：有许多来自不同人群的读者，最小的来说吧，从学者、研究生到本科生最后到大众读者，各个群体对译作的期待也不相同：第一组读者可能希望一个双语的版本，而普通读者希望译本尽可能通俗易懂。

问：您认为中国哲学对美国人的思想、行为和日常生活产生了影响吗？如果是，产生了怎样的影响呢？

答：在美国，佛教是人们研究和应用的最广泛的东亚思想，当然，人们也认为道家思想具有启示作用。我得说儒家是影响最小的。例如，两天前，我在西雅图的一个书店里。书店里有"东方思想"的专柜，其中摆放的书 90% 是佛教的（包括一些译本），9% 的书是道家的（大多是《道德经》的各种英译本），还有 1% 的书是儒家的（只有两本，译本是刘殿爵翻译的《论语》，另一本是 Joseph Adler 翻译的朱熹对周敦颐思想的注本，由纽约州立大学出版社出版）。还有一些道家的通俗读物，如 The Tao of Pooh。许多人都在不同程度上践行佛教，有 300 万美国人是佛教徒，甚至更多，占美国总人口的 1%，而成为道教徒的人很少，儒家还要少得多。

问：从您举的例子我明白您的意思了。但是，为何人们对儒家思想这么不感兴趣呢？

答：我认为有两个主要原因：一是人们认为儒家与中国或东亚联系得很紧密，而佛教则不是。佛教似乎普世性更强，而儒家则本土化程度较高；二是儒家被认为是旧式的、传统的，而佛教则不然。如果你想一想过去百年来儒家屡遭中国知识分子诟病，被认为是封建的、反科学的，你就不难理解外国人对儒家思想的看法是从哪里来了。我本人的观点是：儒家思想不是过时的、保守的，但许多中国人不这么看。

问：您对中国哲学的传播有什么建议吗？

答：我认为，更多的翻译是有帮助的。我相信，人们了解中国哲学越多，就越对它感兴趣。针对我刚才说的那些读者群继续推出高质量的译作。不过，最重要的问题是传播中国哲学思想，比如儒家思想是一种鲜活的、持续发展的且与当代传统相关的思想。

1.4　林安迪博士访谈

林安迪博士任教于纽约城市大学斯坦顿岛分校（College of Staten Island）哲学系，美国夏威夷大学比较哲学博士。他师从中西比较哲学家安乐哲教授，是美国比较哲学学会的创始人之一。林教授也是学术著作翻译家，从事中英及日英的哲学著作的翻译，即将出版中国著名学者李泽厚的杰作《中国古代思想史论》的英文首版。其译文发表在权威西方比较哲学学报中，比如 Frontiers of Philosophy in China，Philosophy East and West.

林安迪博士的主要论著有《现代中国哲学英译中的作者与读者》《李泽厚：三位译者的介绍》《关怀伦理学和儒家思想》《公正、亲密的友谊和儒家传统》《李泽厚的决定论与个体自由问题》《中国哲学教学中的挑战和方法》《球迷的道德观》，等等。其学术论文发表于世界著名的哲学与汉学国际期刊，例如，Philosophy East and West，Journal of Chinese Philosophy，China Review International，Metaphilosophy，《华东师范大学学报》（哲学社会科学版），等等。研究领域为：中西比较哲学、先秦儒家思想、伦理学及运动哲学。

问：下午好，林教授。非常感谢您接受这次访谈。我正在从事国家社科项目"二战后中国哲学在美国的英译、传播与接受"的研究，作为一名在美国大学教授中国哲学的学者，请问您是否可以介绍一下当今中国哲学在美国的英译概况？

答：当今美国，至少研究中国哲学的学者对当代中国哲学是很有兴趣的。但问题是许多美国大学的哲学院系没有开设中国哲学课程，许多权威哲学家怀疑中国是否真的有哲学。因此，或许首先应当说服他们，中国哲学很重要，有必要将其翻译成英文，增加其流通性和普及性。因此，尽管人们对中国哲学的兴趣在增长，但同时，反对的声音来自那些对中国哲学不太了解的人，他们不愿意把中国哲学看作哲学。

问：那么，现在的美国社会是谁在翻译中国哲学呢？是大学教授？职业翻译家？还是那些对中国哲学感兴趣的普通人？不同的翻译人群的翻译作品各有什么特色呢？

答：有不同的群体在翻译中国哲学，或许最多的要数美国高校哲学院系的研究生，通过翻译，他们能获得经验，或许最终可以发表，能提高他的学业成绩。一些像我这样的教授也做些翻译工作，不过，我们也在从事研究，因此没有多少时间。第二个问题是，尤其对于哲学来说。你知道，近年来，我在从事李泽厚的《中国古代思想史论》的英译工作，这是一个300多页的大项目。我有点担心。我问系主任，这个能算研究成果吗？他告诉我不用担心，可以算的。但对于其他的教授来说，可能就不算数了。一般来说，大学教授所做的翻译工作，总体质量都比较高。可一旦他们不能因这项工作获得学术声誉的话，就不想做了。至于普通大众所做的翻译，这个我不大了解。这里仅举一个例子，五年前，出版了《墨子》的英文版全译本，译者是一名新加坡的普通人士，翻译的质量很不错，但情况并不总是这样的。总的说来，几种翻译没有很大的差别。或许教授们更有知识，更有经验，其译本中的概念也更多一些，翻译质量也更高。但我不认为他们的做法有什么很大不同。

问：但据我所知，大学教授把翻译作为他们研究的一个部分，比方说安乐哲和郝大维的中国哲学典籍的英译是他们比较哲学研究的一部分；白牧之和白妙子夫妇对中国哲学的英译是他们战国研究项目的基础部分。

答：我认为，有必要在不同的学科之间做一下区分，诸如哲学研究、英文研究、翻译研究，等等，不同的研究会采用不同的方法，不同的理论框架。对于安乐哲教授来说，他特别强调中国哲学典籍英译中出现的问题。不同的专业视角会强调不同的东西。我认为，问题在于，一些哲学家在做翻译的时候，他们或许没有中国历史、中国文化的背景知识，因此，他们往往依赖一个特定的概念框架，例如，安乐哲的概念框架、森舸澜的概念框架、理雅各的概念框架，等等。他们没有真正考虑翻译中的哲学问题，他们仅仅运用平常所接触的相同的概念。当然，有人会说，安乐哲很清楚每种翻译中所蕴含的假设，例如理雅各的宗教假设，等等。但是，另一方面，他还是在运用概念框架，是吧？有人质疑这种概念框架与其他的概念框架其实并无二致。

问：据我了解，几乎所有的中国哲学的古典文本都有了英语的译本，还有好多是重译本。那么，对于现代和当代的中国哲学文本呢？是不是都能找到英译本？

答：还有一些文本没有翻译成英文版。现在是一个热门话题，看看是否能找到一个还没翻译成英文的文本，这样可以出名。但是未翻译过的文本不多了。例如去年，出版了《吕氏春秋》的第一个英文全译本，大多数重要的著作已经有了英译本了。《礼记》有理雅各的版本，虽然有点问题，可又没有新的版本，需要人来翻译，但这个难度很大。

问：那么您在翻译选材时是否首先考虑那些没有翻译的文本？或者哪些文本最具有哲学价值。您首先考虑哪个因素？

答：应该是第二个。还有一个方面，就是我们需要讨论热门话题来发表文章，同时也把很有价值的材料翻译成英文。但是还有一点，我们会考虑这本书翻译出来会不会有人看。比如说唐君毅，他有五、六本著作，但没有一部有英文版，学者们现在对他很感兴趣。如果有人能翻译他的著作，会很有价值。不仅要考虑译者的兴趣，还要考虑市场因素。

问：请问政府或基金会是否会出台翻译政策来影响译者对翻译文本的选择呢？

答：有啊！不过差不多都是在中国这方面的。比如说翻译李泽厚这本书，上海有个企业家特别喜欢李泽厚的书，他亲自出资赞助翻译这本书。在美国，一般来说，出版社要求译者先付5000美金，赞助商可能会替你付这笔钱，不然就没法出版。大多数美国出版社都有这种要求，尤其是大学出版社，它们没有钱。但有些条件好的就不需要。

问：如果想获得资助的话，译者需要具备什么样的条件？

答：依我个人的经验来看，比如说安乐哲觉得我水平怎样，他会请我来做翻译，我就同意了。但没有具体的要求吧。我的印象是，现在从事哲学翻译的人都是教授、研究生以上层次的，所以他们不需要特意去证明自己有这种能力。

问：出版社在出版译作之前，为了更好地适应市场，会不会要求译者对译作改动、编辑呢？

答：有啊。美国的大学出版社有自己的标准，它们的要求很高，对翻译作品的要求也是一样的。比如说，我翻译完李泽厚的书，第一个要求是校对，第二个要求是把稿子发给两个专家评审，有好评的话就可以出版了，不好的话也许会被拒绝。

问：那么他们的评价会是什么导向呢？是认为要接近原作呢？还是以市场为导向才给好评呢？

答：我认为是第一个，比如说看翻译是否准确啊，用的词是否合适，等等。

问：一些当代作者，他可与译者交流，他们是否允许译者改动译作，适应市场的需要呢？

答：有啊。我翻译过李泽厚的三本书，他对翻译有自己的要求。比如说，这个词该翻译成什么，等等。我给他做翻译的时候有点不太同意，比如说，这个词不是最好的，等等。但是他会说不，不管怎么说，

第七章　美国汉学家访谈及普通读者问卷调查

这是我的书，应该用这个词。除此之外，我们在选择一个合适的出版社，作者也希望能够扩大他的译作的影响。所以我帮他找到 Routledge，我现在与出版社讨论能否出版李的译作。

问：我读过您的文章，也看过您的讲座课件，您特别强调读者才是作者——译者——读者中最重要的一方。但是有不少学者认为译者才是最积极、最主动的主体，您对这个说法有什么看法？

答：从某种角度来看我同意这一观点，因为译者只做翻译，一些小问题得由自己决定。但当代中国哲学作品的英译我觉得既要考虑市场，又要考虑读者。否则你译得再好也没有人看。我认为译者很重要，译者也应当享受翻译的乐趣，但我不认为译者应当与读者发生冲突。我认为问题在于译者决定如何译，他总是有主动权的，但问题是你的选择是什么，你是怎样反思的？你是怎样思考原作的历史背景、时间和地点或者思考应该怎样阅读翻译。因此，我承认读者和译者都很重要。

问：刚才我们讲到读者这一话题，那么现在的美国，有哪些读者在阅读中国哲学的英译本？是需要做研究的职业翻译家呢？还是研究生？或者是对中国哲学感兴趣的普通读者？他们阅读的目的分别是什么呢？

答：要看是什么样的书吧。如果是《论语》《道德经》这样的经典的话，那么普通大众都会看。如果是当代中国哲学，比如说唐君毅或李泽厚，他们的书写得有点难懂，所以普通人看的话没意思吧？这样的书教授上课要用，特别是给研究生用，让他们了解当代中国的思想家怎么了解自己的传统。还有一个问题：目前在美国、欧洲，有很多先秦诸子的作品译本，但我们很少问自己，当代的思想家怎么看待自己的传统。不过近五年，有人开始对中国当代哲学感兴趣，开始做翻译，目的还是方便他们研究，这是新的方向。

问：功能主义者认为，翻译是一个有目的的行为，每个译者都会有自己的目的，那么译者怎样去平衡自己的目的、原作者的要求和读者的兴趣呢？他怎样平衡这三者之间的关系呢？

答：你看过我的文章，讨论的就是这个问题。后现代主义学者斯皮瓦克强调做翻译的时候真的要考虑原文的语境，对选词要郑重考虑，有些词语法上是没问题，但不能表达原来的意思，最重要的一部分，所以她说原本最重要。我的看法是读者更重要，为什么呢？就像我们说，因为读者大多是大学教授，是在美国的高等学府，控制了学术话语权，所以你必须说服他们，中国真的有哲学，他们才能开设中国哲学课。他们现在指导的博士生很少有学中国哲学的人，所以要说服他们，中国哲学很重要，等于帮助我们自己。

问：如果作为一名译者有明确的翻译目的，那么你是否就能清楚地把握自己的翻译方法呢？

答：没有固定的译法。我不是靠理论来做翻译，要凭读书才有语感。但有些翻译方法很重要，比方说注释，你可以用注释的方法来帮助西方读者了解中国历史，我的读者是西方哲学家，他们不懂中国历史，但他们不在乎。他在乎的是这本书与他的研究有什么关系，所以，目的是给西方的哲学家一些启发，用注释介绍一些有关材料。比如说，现在原本讨论这个问题，这些问题相当于西方哲学中的那个问题，这样的注释可以创造一些有趣的联系。例如，那本书提到的"礼"，可以加这个注释，如果你对"礼"感兴趣，你可以去读西方哲学家关于"礼"的一篇文章，因为比较哲学家可能用中国哲学的一些材料，也用西方哲学的一些材料。

问：据我所知，美国读者对一些当代的中国文学很感兴趣，他会采用这样一些方法，比如说一边翻译当代中国小说，一边把部分译文发布在网上，会有很多评论。这些评论一方面可以增加译作的影响，另一方面还会提出一些建议，比如说这部分译得好不好，该怎么译啊，这样的建议。您认为这个做法是否适合用作中国哲学的翻译呢？会不会有的译者把一部分译文发布到网站上去，大家来讨论怎么翻译呢？

答：我个人没有这么做，但这样做很好。目的可能是为了请教，或者提出意见，可能也有广告的作用吧！

问：对。一方面是提出建议，另一方面是网上的读者可能更多。现在是不是有人这么在做？

答：我知道有人会写博客，会在网上发布一些讨论，但不是系统性的，偶尔有人会这么做。

问：我也了解到美国一些主流媒体，比如各大报刊会发布一些评论和广告。那么各大报刊、主流媒体是否会提及新出版的中国哲学译作呢？

答：一般不会出现在《纽约时报》这么重要的报刊上。但一些期刊会发表评论文章。还有亚马逊图书网。例如，我有个朋友刚出版一本书，就请我在亚马逊给该书发表好评。有人也考虑到这一方面，要提高他们的知名度。最受欢迎的作家才可能这么做，而中国哲学译作的市场不会有那么大的。

问：中国哲学在美国的英译有 100 多年的历史了，您发现它对当代美国人产生了什么影响吗？

答：嗯，知道一些。例如，哈佛的一名教授叫 Michel P. 他开了一门课，就叫《中国哲学》，这门课在哈佛非常流行，在所有课程中受欢迎的程度是排名第三，真让人很吃惊。可能美国在面临一些社会问题，他们要找到一些新的答案，所以要开始读中国哲学。

问：我知道您是安乐哲教授的学生，你们已经形成了一个"夏威夷"学派，能否描述一下该学派在整个哲学界的地位与影响？

答：本学派的学术特征是运用实用主义哲学和过程哲学诠释中国哲学。与斯坦福大学等哲学院系研究中国哲学的方法比较起来，这是一个很有创意的方法，相对来说，他们就保守多了。他们会说儒家很保守，而"夏威夷"学派就说不一定，可能会有新的理解方式，而且要加上一些新的框架，会有新的了解，新的读法，这就是"夏威夷"学派的主要特征。说到影响，"夏威夷"学派的学生有很好的学术声誉，他们找工作很容易。近年来，安乐哲教授还提出了新的观点，20 年前，人们会问"真的吗"，而现在，人们会说"当然啦"，所以，他们成了主流学派。例如，拿过程哲学来说，现在当人们阅读《道德经》《易经》，几乎所有人都运用过程哲学的话语来谈论这两部作品。当然，还有不同的解读方法，不过我认为"夏威夷"学派可能是最出名的，因为它的一致性、连贯性很强，许多人都拥有同样的框架。

问：那么现在的中国哲学英译在美国有哪些传播方式呢？

答：还是在大学之内吧，因为内容太专业了。还有一个就是孔子学院。他们现在美国的影响挺大的，他们可以把信息传递给其他的机构。

当代中国哲学难度很大，只有专业人士可以读得懂，他们写书是为了向西方哲学家证明中国真的有哲学。

问：您对中国哲学走入西方世界有什么建议吗？

答：我认为重要的是在西方哲学系开设中国哲学课程，鼓励普通的本科生来学习，培养更多的专业研究生，能够教授中国哲学课。

1.5 布莱恩·布雅博士访谈

美国学者布莱恩·布雅是蔡志忠漫画中国思想系列的英译者。布雅在夏威夷大学获得了比较哲学博士学位，现任东密歇根大学哲学系助理教授。他是中国早期哲学领域的专家和译者。除了翻译蔡志忠的中国典籍漫画系列丛书之外，他正在从事《孔子家语》的学术英译，还是一个关于中国哲学研究的网站——"书海文苑"的总编辑。以下是2019年5月，本书作者在山东大学与布莱恩·布雅博士的当面访谈，布雅博士时任山东大学孔子文化合作创新中心的驻校学者。

问：请您介绍一下您的学术背景和翻译的中国哲学作品。

答：我在华盛顿大学接受的大学教育，拥有哲学和中国语言文学两个本科学位。我的硕士和博士学位都是在夏威夷大学完成的，专业都是哲学，研究方向是中国哲学和美学。我没有翻译多少纯粹的哲学文献，只翻译了北京大学教授汤一介的文章。目前，我手上有好几个翻译项目，其中一个是《孔子家语》的全译，是我作为山东大学访问学者的一个官方任务。我从事的一个最大的翻译项目，也是我25年以来反反复复、做做停停的一件事，就是翻译蔡志忠的漫画中国古代典籍系列。20年以前，普林斯顿大学出版社和Anchor, Doubleday出版社出版了8部我的译本，其中大多数都绝版了。近年来，普林斯顿大学出版社正在出版或重版这一整套丛书作为它的中国古典系列插图丛书。目前，《论语》和《孙子兵法》已经出版了，《庄子》今年稍后出版，明年会出版《道德经》。对于把中国的美学介绍给西方，我也很感兴趣。今年，我出版了《掇珍集》的英译本，是当代美术和工艺的系列散文集。今后，我打算翻译一部中国美学的通史。

问：我认为，中国人愿意阅读蔡志忠的中国典籍漫画英译本是可以

第七章　美国汉学家访谈及普通读者问卷调查

理解的，因为他们一边学英语一边可以对照中文版本。可是，美国也有读者喜欢阅读中国漫画书的英文版，这可真有意思！您能解释一下谁是这些漫画书的读者吗？

答：尽管蔡氏的中国典籍漫画英译本是由普林斯顿这样的学术出版社出版的，但面对的既有专业读者也有普通读者。或者说，它适合任何类型的读者。读者可能是一名选修中国哲学课程的大学生，也可能是一名仅仅想了解中国传统文化的商人、工人，或高中生。尽管许多大学生在大学里学哲学，我认为非大学学生也需要哲学书。我记得小时候我读了不少通俗的哲学书籍，它们培养了我对哲学的兴趣，因此最终我学习了哲学并以它为终生职业。我知道有些人瞧不起通俗哲学书，特别是漫画书，认为它太简单，不过，我还没遇上这样的人。作为一名大学教授，我从事漫画书的翻译是有些冒险，可我知道这些书都很不错，质量方面是有保障的。别的学者也是这么告诉我的，因此，风险在于漫画这一原型，而不是这些书本身。在西方，漫画书这一载体越来越受到尊重，因此，原型的风险也在减小。

问：在美国，或者在别的文化中，还有运用漫画来介绍其哲学和宗教吗？或者，它们被改编成了电影或卡通画吗？

答：我很难评价漫画的流行趋势。我喜欢蔡志忠的漫画。在我还是孩子的时候，我就喜欢看报纸上的漫画，并爱上了周六早上的电视卡通节目。我也读过其他的漫画书，如超级英雄之类的。我的确知道普林斯顿大学出版社还出版了其他一些有关古典哲学、物理学及当代哲学的漫画书，但我不知道这是不是一种更宽泛的趋势。我想应该是吧。

问：关于对中国哲学作品原本的选择，是什么因素影响译者做出决定呢？换言之，译者如何决定哪些作品是重要或不重要的？

答：如果你认为一些重要的思想没有充分表达出来的话，重译一部典籍肯定是有价值的。我相信你熟悉安乐哲的翻译，他认为现存的翻译没能传递出早期中国哲学思想，我想他的重译是很有价值的。梅维恒决定全译《庄子》，之前它的英文全译本只有一个，而《道德经》则有上百个英译本了。我认为每一种翻译都为解读经典开启了一个新的视角。我喜欢要自己的学生阅读一部经典的多个译本。如果他们不能阅读原文,那么获得的解读视角越多越好。我来山东大学之前,曾考虑过好几个翻译项目,因为我想重新捡起翻译工作,不仅只翻译蔡志忠的漫画书。漫画书的翻译让我忙碌、充实并且有趣,但我想尝试一些新东西。我在考虑重译一部经典或者是翻译一部能参与英语世界哲学对话的当代的哲学作品,而后来,我选择了《孔子家语》,这个典籍目前还没有英文全译。之所以选择它是因为它能帮助我们更好地把握早期儒家思想,而且,这部经典一直以来被忽视了。

问:蔡志忠的漫画书里,中国哲学故事多少有些改编。您认为他的漫画书有什么特点?他的书以什么吸引英语世界的读者?蔡志忠把古汉语翻译成了现代汉语,您认为他的文内翻译是否准确?您的翻译是根据原文呢?还是蔡志忠的白话译文?

答:蔡氏的白话文解释很准确。在改编任何文本之前,蔡氏花了相当长的时间研究原文本,评注以及文本的年代。他的解释很标准,与传统注释很接近。我的翻译主要根据蔡氏的白话译文,因为,那毕竟是他的书嘛。不过,我的确将他的白话译文与原文对照过,看看他是否是自由解释或他的诠释有何特别之处。如果是那样,我就试着尽最大努力将两者平衡。其次,我还试着将英文译得好理解,并且是自然的英语。如果一个段落读起来蹩脚,我得自己做出解释的决定。我推崇流畅的英译文。

问:我注意到您保留了一些中国哲学术语的传统译名,例如"benevolence"(仁),"the way"(道),"Heaven"(天),"sincerity"(诚),等等。就安乐哲教授和他的合作者看来,这些译名是"带上了基督教和西方哲学的色彩"。可是,另外有一些中国哲学术语,您和安教授选择的译名是一样的,如"propriety"(礼)。您怎样解释这种做法呢?同时,您对一些术语有自己的译名,如,把"中庸"译为"Moderation" & "Convention"或"the Middle Path"。请您解释您对这些术语的翻译。

答:翻译哲学术语很难,要考虑很多因素。我很喜欢安乐哲翻译的术语,经常在我的课堂上用到这些术语,他为帮助我们重新思考汉语传统中的哲学术语做了重要的工作。我在翻译《孔子家语》的时候,我用的方法与他的相近。我试图找到最好的术语英译名,而不管它在过去

第七章　美国汉学家访谈及普通读者问卷调查

是怎么译的。我经常使用音译加解释的做法。而漫画书的翻译，我没法使用长长的注释，而且译文要求读起来流畅，不能让读者为不熟悉的英语感到不快，因此，我有意选择较为标准的术语译名。如果我认为一个标准译名有误，就会用自己的翻译。如果一个非哲学术语的译名今天看来过时了，如"贤"译作"worthy"，或"万物"译作"the myriad things"我会大胆使用我自己的更为口语化的译名。

问：您在翻译的时候遇到的最大的困难是什么？哲学术语所带的文化信息很强，很难翻译成另一种语言。但对于漫画书来说，译者用来添加注释或作解释的空间有限，您认为这是您遇到的最大的困难吗？

答：为漫画书的翻译添加哲学解释不是我的任务，而是漫画家要考虑的问题。因此，我仅仅让他的现代汉语译文用读得懂的英语传译。他有自由完全不解释某个术语。他可以采用早期中国术语如"仁"或"气"并把它们原封不动放进现代汉语，而把这些复杂的思想转换成易懂的英语则是我的任务，一个简单的办法就是使用这些术语已有的标准译名。不过，有时候，我可以加进去一点东西。他的大多数书里，每一章的结尾都有一个额外的框架，他会在其中总结这一章的主要观点。在这里，他或是我能为读者提供一点儿额外的哲学解释。至于选择合适的词语英译，那是翻译过程中最有挑战性也最有回报的事情。从某种意义上来说，它是我选择合适的词汇解释难懂的思想，成为作者的机会。许多人说翻译与艺术相对，是一门技艺，好像你做的只不过是使用字典，将其中的词汇转换成另一种语言的词汇。可翻译并不是像这样的。事实上，翻译是一种再创作。

问：作为一名大学教授，您为何选择翻译不那么具有学术性的蔡志忠的中国典籍漫画？

答：最初，我翻译蔡志忠的漫画书时还是一名大学生。那时，我在台湾博物馆工作，翻译学术文章。在华盛顿大学学习了三年汉语之后，我暂时离开学校去台湾进修汉语。在台湾学习了两年之后，我开始在博物馆工作。晚上闲暇的时候，为了消遣，我开始翻译蔡氏的《庄子说》，开始对道家有了更深入的了解。翻译完成后，我联系了蔡志忠，问他是否能让我在美国出版英译本。蔡氏同意了，普林斯顿大学说他们有兴趣出版这个译本。于是，大学毕业之前，我就与它签了出版合同，出版了一部哲学作品的翻译。后来，蔡志忠决定换一家出版社，他选择了 Anchor Doubleday，这家出版社出版了这一系列的 7 部书。几乎就在我当上大学教授的时候，Anchor 出版的书绝版了。十多年过去了，我没怎么管漫画书的翻译一事，但总带有负罪感，因为我做好了一整套书的翻译初稿，并且认为它们应该有读者阅读。终于，2018 年，我成为终身教授之后，我把全部的漫画书翻译稿寄给了出版社，希望能出版这一系列。在我将译稿送给出版经纪人和商业出版社之前，我想过再找一下普林斯顿大学出版社，它在中间的几年里已经重复出版了整个系列的漫画书。其实，在我们贸然改换出版社之前，普林斯顿大学出版社就决定这么做了。所幸的事，这次他们同意出版我的译本。对于大学教授出版漫画书译本之说，我压根就没有受这种说法的干扰。我最初的目的不是成为一名教授，而是成为一名知识分子，一名能够参与时务高层次讨论并做出贡献的人。在我看来，这些书很有意义，因为它能将复杂的思想以容易理解的方式传递给人们。我能参与这件事，对我来说是实现了我的人生目标。

  问：谁是蔡志忠中国典籍漫画英译本的读者？您在翻译的时候考虑读者接受因素吗？

  答：当然，我们之前谈论过读者，我说过，漫画是为普通读者而做的，可读性对我来说是最高原则之一。一开始，我将翻译分为五个步骤，第一步就是迅速将他的白话文汉语翻译成英语，为的是传递基本意义。我基本上一个暑假都住在蔡志忠在台湾山上的别墅里，每天工作 14 个小时，做完了整套丛书翻译的这一步，感到很愉快。第二步花的时间就要长得多。我得阅读古汉语，调查书中引用的许多关于历史人物、地点和事件，例如树和动物的种类，等等。要确定每一个来自古汉语的词汇都准确无误，要做大量的研究，而且那个年代还没有互联网。我把这个过程叫作"完善中文"。第三步叫作"完善英译文"，意思是选择合适的译文措辞，让它听上去像是英语母语者所写，而不像是翻译过来的东西。第四步是一边阅读英译文，一边对照中文漫画书，检查它们是否对应。我想要的效果是让漫画译本读起来不像是翻译过来的文本。你也注意到了我的姓名没有印在书的封面上，这是我的决定。我不希望人们的第一印象就是——这是一部翻译作品，那样往往会造成人们的偏见。最后一步是回过头来，弥补前四个步骤中出现的一些不足之处，这一步叫作相互妥协。

问：您的漫画英译本出版已经一段时间了，您是否注意到它在美国的传播和接受？

答：旧版本已经在美国绝版很多年了。但是间或我会听到有人提及它，包括我的学生。有人甚至告诉我，蔡志忠的中国典籍漫画英译本改变了他的人生。听到这些话，我很有成就感。新版本出版的时间还不够长，不足以产生影响。不过据我所知，传播效果很好。普林斯顿大学出版社甚至把它们销到了中国。

1.6 Sarah Mattice 博士访谈

Sarah Mattice 于 2011 年在夏威夷大学马诺阿分校获得哲学博士学位，目前任教于北卡罗来纳大学哲学系。其博士论文导师是安乐哲教授和 Vrinda Dalmiya 博士，论文题目为《概念隐喻和原哲学》，牵涉到中西方哲学。论文于 2014 年出版，标题为《隐喻和原哲学：作为战斗、玩耍、审美经历的哲学》。发表了一系列有关中国先秦哲学的论文和著作章节，翻译了古代典籍《论语》《孟子》《道德经》和《庄子》中的段落。目前正在从事一项与翻译研究有关的写作，关注的是佛教典籍《心经》汉语本的翻译。其他著述涉及钱钟书的翻译。

问：您为何要从事中国哲学著作的翻译？

答：我认为翻译是比较哲学一种很关键的训练。我自己翻译作品不仅为了展示我对原文的熟悉程度，还是理解一个给定的短语的意义范围和内涵的重要工具。因为古代汉语和英语的差别很大，依赖别人的翻译也意味着依赖他人的假设和框架？

问：您在翻译时是更多地考虑再现原文还是更多地考虑读者接受？为什么？

答：我不认为翻译中这两个方面是截然分开的。原文总是为一个或一群特有的读者阅读的，理解读者的需求并为读者做准备对于怎样表现原文很关键。这是一种协商，不是一种非此即彼的情况。

问：您认为在美国乃至西方介绍中国哲学，哪个读者群更重要？是专业人士？还是普通读者？

答：为了准确地回答这个问题，我认为有必要与不同出版社的编辑交谈。我最熟悉的是专业读者，他们中有教授也有学生。我认为有一件事情能帮助中国哲学在西方获得更多的接受，即美国的大学教材不断收入中国哲学作品的翻译，因此，专业读者非常重要。不过，通俗文本的翻译例如《孙子》的翻译也向非专业读者介绍了中国哲学。

问：西方（美国）哲学院系的教授如今是怎么看待中国哲学的？

答：我所在的大学的哲学院系其实是一个多学科的院系，意思是说，我们不仅是一个西方哲学的院系，而且是一个广泛意义上的哲学院系。不过，一些大学仍然对中国哲学抱有敌意。在我的一些著作中，我把这种现象叫作哲学的双重束缚，从他们的视角来看，中国哲学要么就是与西方哲学太接近，一点都不有趣，要么就是与西方哲学相差太远以致根本就算不上哲学。这确实是个问题，不过，情况在慢慢改变。我相信许多教师对中国哲学文本提供的深刻洞见和言论都评价很高。

问：在您任教的大学是否有中国哲学院系？有多少从事中国哲学研究和教学的教授？有多少学生选择中国哲学作为专业？

答：没有。在我任教的大学，有一个哲学和宗教学系。我们颁发哲学学位或宗教学学位。学生可以选择中国哲学或与中国哲学相关的几门课程，包括：中国哲学、儒学、道学、佛学入门、东西方伦理学及一些具体话题的课程。这些课程总是很受欢迎，无论是专业还是非专业学生，选修的人不少。在我的系里，有三位教师在中国哲学的研究和教学方面有专长。

问：您认为翻译中国哲学典籍，译者要关注的重点和解决的难题是什么？当代西方学者经常讨论的是语言、版本等技术性的问题，但对于注疏这一问题，少有学者论及。您认为这是西方学者忽视了中国的注疏传统还是他们缺乏这方面的知识？

答：我认为与中国哲学文本翻译相关的有好些问题，译者或作者谈论的问题更应与他们试图要那个文本所表现的某一个要点相关。既然许

第七章 美国汉学家访谈及普通读者问卷调查

多专业读者不熟悉中文,一些有关古汉语性质的基础背景及其与英语的主要差别非常重要,它们能帮助读者理解为何一些事情可能听起来有点"怪"。许多译者会参考不同的注释,近来有几种译著在原文中包含了内嵌式的评注,这在以欧洲语言为译入语的翻译作品中实不多见,尽管有时这些评注是有价值的,这种翻译能帮助学生理解"原文"将被如何使用。不过,第一次阅读译文的学生会感到困惑。包含了大量评注的译文往往十分专业,主要用于专业途径。我还要加上一句,有时,哲学家会带有学科的视角,例如汉学家的学科意图就很明显,将文本置于优先地位,想不使用任何解释工具来呈现文本。一些情况下,如果一些评注在评论版中无法获得,学者们引用就可能有风险。

问:您认为向西方读者介绍中国哲学,是以表现中西思想的共性为主呢,还是以表现中西文化思想的差异为主?为什么?

答:我认为中西哲学有很重要的共同点,我认为理解这些共同点也要求理解不同之处。特别是,不了解中国传统的显著特征,一些哲学家或读者往往带着自己的假设去阅读,没有获得任何新的或有洞见的东西,其实这些东西真正存在于文本之中。我还认为这里有一点需要特别说明,那就是当谈论哲学时,许多西方哲学家往往把欧洲哲学当作金科玉律,总是试图寻找中国哲学与西方哲学的共同点以此来证明中国哲学是如何去附会西方哲学的,却极少有人做相反的事情。例如,我们在中国哲学中寻找各种各样的西方哲学的范畴,而不是在西方语境中寻找中国哲学范畴。因此,对于文本解释来说,了解两种哲学的共同与差异尤为重要。

问:请您介绍一下您译作的特点。例如,您是怎样翻译中国哲学术语的?怎样处理译文与原文风格差异的问题?

答:我尝试通过还原语境的方式来翻译中国哲学术语,不过,我不赞同在不同的语境下,一个术语只能有一个并且是唯一的一种翻译这个命题。

问:有人说外国学者在理解中国哲学和文化方面不可能有中国学者一样好,因此就不能翻译好中国哲学。您是怎样看待这个说法的呢?

答:我认为在这么多不同个体中做一个笼统的划分是不容易的。有可能一些中国学者对于所给文本的理解比一些外国学者要强一些,但是，也有另外的情况，外国学者对文本的把握比中国学者要好。对于你提出的这个问题，一个通常的做法就是考虑组建一个翻译团队，其中不同的成员在翻译项目中发挥自己的优势。即便是这样，要将哲学材料很好地翻译成非母语还是很困难的，要说一位非母语译者比母语译者翻译得更好，似乎不大可能。我们应当判断一个译本作为哲学作品译本的优点。我还认为一个文本有多个译本是一件好事，它们能为读者提供丰富的解读。

问：您的中国哲学文献翻译选择了与人合作吗？如果是，是与什么人合作？你们在翻译中是怎样分工的？

答：那就要看翻译怎样的文本了。我经常向其他学者请教一个难译的术语或短语，既有说英语的学者也有说汉语的学者。不过，我还未出版任何完全是合作的翻译作品。

问：一般来说，在翻译过程中，要修改好几次才能定稿，您的翻译中国哲学文献是否也是如此？每一次修改的重点是什么？

答：我会对译作做大量的修改和编辑。一个小段落可能修改3至4次，一整篇文章要修改上至10次。每一稿我修改的内容都不一样，有时寻求精准地表达原文，有时关注译文的流畅，有时关注语法问题，等等。

问：目前关于中国哲学术语的译法大致有两种：一种十分关注两种语言和思维的差异，并力图在翻译中体现这些差异，译者会因此选择音译和创译的方法。另一种情况是，一些学者认为术语的翻译要真正反映词汇的意义和内涵，要采用意译或解释的方法。您更倾向于哪种译法呢？为什么？

答：我认为根据不同情况，针对不同的读者，要使用不同的技巧。对于一些技术性的哲学词汇来说，我倾向于不译，也不采用任何解释的手段，而是让读者自己去做解析、分辨的工作。我还认为不同传统中的哲学术语进入另一种传统是一件好事，这会使得每一种传统更加宽泛和有趣。比如，我就喜欢"礼"（li）这个术语以汉字加拼音的形式进入英语哲学词汇，而不采用一个常用的注释或译名，就如其他语言中的术语进入英语哲学词汇那样，（如：Dasein, differance, arete, 等等）。不过，译者有责任帮助读者理解事情，因此，澄清概念也是很重要的。

第七章　美国汉学家访谈及普通读者问卷调查

问：您是否认为译者所用的术语和进路要与表现原著的方法一致才好？例如，一些中国学者认为，安乐哲采用的是后现代的，解构的观念，不能用来翻译《道德经》。中国的"天""上帝""道"都属于本体论形而上学的范畴。您怎样看待这种观点？

答：我认为之所以引发这样的矛盾其中一个原因就是认为翻译总是解释，没有一种翻译不是带着自身的解释性框架的。所以，对于一些译者来说，形而上学是从中提取翻译词汇的一个好的领域；而对于另外一些学者来说，"形而上学"这一范畴不一定要强加给原文本（安乐哲教授从 20 世纪哲学家张东荪那里获得了解释性框架）。我认为，译者一定要向读者清楚地解释他们所做的选择，尤其是那些带有哲学分量，可能引起争议的选择，这是很重要的。

问：请问美国有基金会、学术机构和出版社对大学教授的中国哲学翻译提供资助吗？如果有，资助的条件是什么？

答：不少出版社出版翻译作品，大多是出版学术系列的翻译作品。也有一些机构，如"美国博学学者理事会"资助翻译项目，申请其经费资助的竞争很激烈，其董事会审核翻译作品，同时也挑选译者。更多的大众翻译作品经历的审查要少一些。

问：能否请您简要概括一下当前美国的中国哲学的翻译情况？例如在选材，译者、读者、方法、市场等方面的情况。

答：我不能将这些情况一一介绍清楚。就选择原文而言，译本最多的往往是战国时期的文本如《论语》或《道德经》。有许多种译本，一些是哲学的一些则不是，由不同的出版社出版。

问：中国哲学目前在西方哲学界是怎么样的地位呢？

答：我想，这个问题的回答因人而异。对我来说，学术圈子之外对中国哲学的兴趣在与日俱增，这说明大多数人对中国哲学的印象是很正面的。然而，也有这样一些人，认为中国哲学算不上"哲学"。还有很多中国哲学作品没有翻译成英文，因此在学术小众之外知道的人不多。

问：您认为目前介绍给西方的中国哲学思想是否对西方人产生了影响？如果有影响的话，表现在哪些方面？

答：我真不能讨论如此宏大的问题。的确有一些学生告诉我，在中国哲学课上学到的一些思想已经对他们个人产生了影响。我认为,《孙子》可能是最具广泛影响的一部典籍。

问：我们从传统中国文化思想中汲取营养，能不能创造一个新的文明？您是否能为我们展望一下未来的前景？

答：我没有能力回答这样的问题。近年来，中国开始对其自身传统文化对当代世界的启示产生了兴趣。我认为，这里有两个挑战：第一，不要陈腐地去理解古典文本；第二，也不要使用这些古典文本为权力的操纵来正名。中国哲学能为世界哲学提供许多资源，而且，不同文化和传统之间的交流将为各方保持永久的活力。

2 美国普通读者问卷调查

姚斯（Hans Robert Jauss）将"读者接受分为'垂直接受'和'水平接受'"。① "垂直接受侧重对不同历史时期读者对同一作品的接受，水平接受侧重对同一历史时期读者对同一作品的接受"。② 因受时间和材料的限制，本书对美国普通读者阅读中国哲学典籍英译本的接受情况的调查将仅限于水平接受，调查个体读者因社会背景、文化水平、知识结构、兴趣爱好等差异对同一翻译作品的不同认知和理解，以求从复杂现象中寻找规律。

我们选取了德克萨斯大学大河谷分校、肯特州立大学、杜鲁门州立大学、东密西根大学、加州州立理工大学波莫纳分校、伊利诺伊州惠顿学院 6 所大学的个别教师和学生及高等院校之外各行各业的美国普通读者开展了问卷调查，采取了当面调查与电子邮件调查两种方式，共发出 200 份问卷，收回 120 份问卷。

从 120 份问卷统计的个人信息来看，120 位调查对象的从业情况为：教师 8 人，大学生 83 人，IT 工程师 1 人，大学行政管理人员 1 人，接待员 1 人，销售员 1 人，咖啡馆服务员 1 人，还有 24 人暂无职业。

---

① 季红琴：《基于读者接受的〈孟子〉英译与传播研究》，博士学位论文，湖南师范大学，2016 年，第 40 页。

② 姚斯、霍拉勃：《接受美学与接受理论》，辽宁人民出版社 1987 年版，第 6 页。

第七章 美国汉学家访谈及普通读者问卷调查

调查对象的年龄跨度为 17—60 岁，其中 95% 介于 17 岁至 40 岁之间。调查对象的学历层次：拥有博士学位者 2 人，在校本科生及研究生 93 人，高中学历者 25 人。美国为移民国家，公民的宗教信仰较为复杂。120 位调查对象中，约 37% 的人信奉天主教，27% 的人信奉基督教，14% 的人持不可知论，11% 的人无宗教信仰，1% 的问卷对象信奉伊斯兰教等其他宗教，另 10% 未填写宗教信仰。

总体看来，调查对象具有中等程度的文化水平，大多具有本科及以上学历，具有阅读中国哲学典籍英译作品的语言能力，其中有半数多的人阅读过中国典籍英译作品，为本研究问卷调查的可行性和有效性提供了保障。

本书主要从三方面对美国普通读者阅读中国哲学典籍英译本的情况展开水平调查："一是读者是否接触或阅读过中国哲学典籍英译作品及其获取的途径；二是读者阅读中国哲学典籍英译作品的动因；三是读者对中国哲学典籍英译作品的整体评价及评价要素"。[①] 通过调查结果，我们得知 120 位问卷对象的相关情况如下：

在 120 人中，有 74.50% 的人知道有中国哲学，25.50% 的人对中国哲学一无所知。这些读者所知的中国哲学流派中，知道佛教的人最多，有 90.80%，其他依次为儒家（76.60%）、道家（64.25%）和禅宗佛教（45.40%），还有 13.65% 的人知道中国哲学的其他流派。这一调查结果与美国大学开设的中国哲学及相关课程的情况一致：美国读者普遍认为佛教具有较强的普世性，是在美国传播最广的中国哲学思想，而儒家、道家等其他流派的思想则被认为是中国本土思想，与西方思想差别较大。

本问卷调查的 120 位调查对象中，知道《孙子兵法》的人最多，有 60.03%，其他依次是《道德经》（31.20%）、《论语》（29.65%）、《庄子》（21.55%）、《易经》（14.40%），还有 24.95% 的人说得出其他的中国哲学经典，知道《中庸》的人最少，比例只有 7.10%。该调查结果表明，作为中国兵学圣典的《孙子兵法》，不仅在美国军界、商界有应用价值，还得到了史学界、哲学界人士的关注，在美国普通读者中也流传最广。

---

① 季红琴：《基于读者接受的〈孟子〉英译与传播研究》，博士学位论文，湖南师范大学，2016 年，第 41 页。

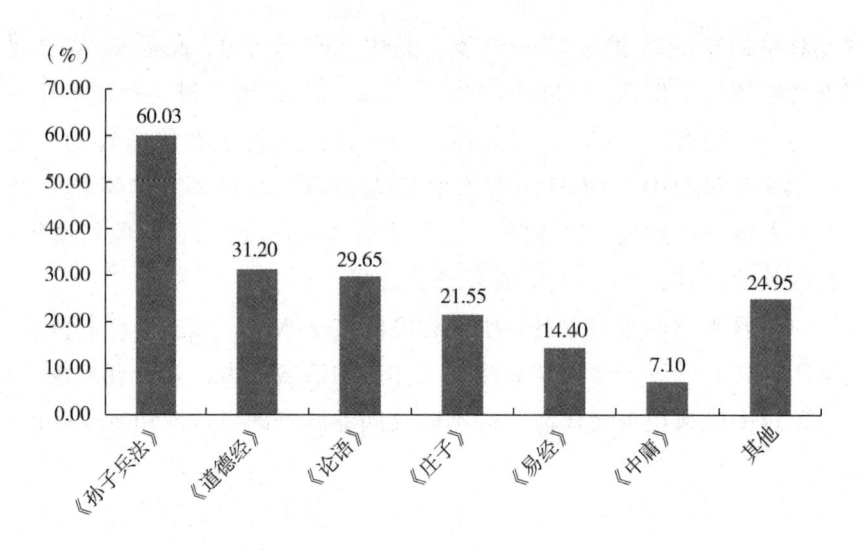

图7-1 知晓各种中国哲学典籍的美国普通受众比例

典籍	比例(%)
《孙子兵法》	60.03
《道德经》	31.20
《论语》	29.65
《庄子》	21.55
《易经》	14.40
《中庸》	7.10
其他	24.95

在调查美国受众是通过什么渠道了解中国哲学的时候,本书作者发现,120位调查对象中,有56.99%的读者是在大学课堂上接触到中国哲学的,还有40.37%的读者是通过观看影视节目接触到中国哲学的。这一结果提示我们,对中国哲学典籍的通俗化、大众化改编和翻译很重要,它是中国哲学典籍走向西方大众的一条重要途径。有23.46%的读者表明,他们是通过大学图书馆阅读到中国哲学及相关读物的,这一数据显示,中国哲学典籍的英译作品中专业读本居多,因此多为大学图书馆收藏;与之相对的是,在美国公共图书馆和社区图书馆阅读过中国哲学相关读物的读者有19.61%,不过,这个比例较中国典籍在美国公共图书馆的收藏平均比例7.60%要高,这说明,美国读者期待中国哲学典籍的翻译作品能更多走入美国公共图书馆、社区图书馆,同时也说明,相关读物的传播潜力和空间还是很大。

有32.92%的受众是通过别的途径,例如维基百科词典(wikipedia)知道中国哲学的相关知识的。还有15.20%和12.30%的受众是通过书店和图书网购买中国哲学的相关书籍。有10.35%的受众表示,他们阅读过由中国哲学典籍改编过的漫画书。这些是美国大众读者接触中国哲学最主要的媒介。

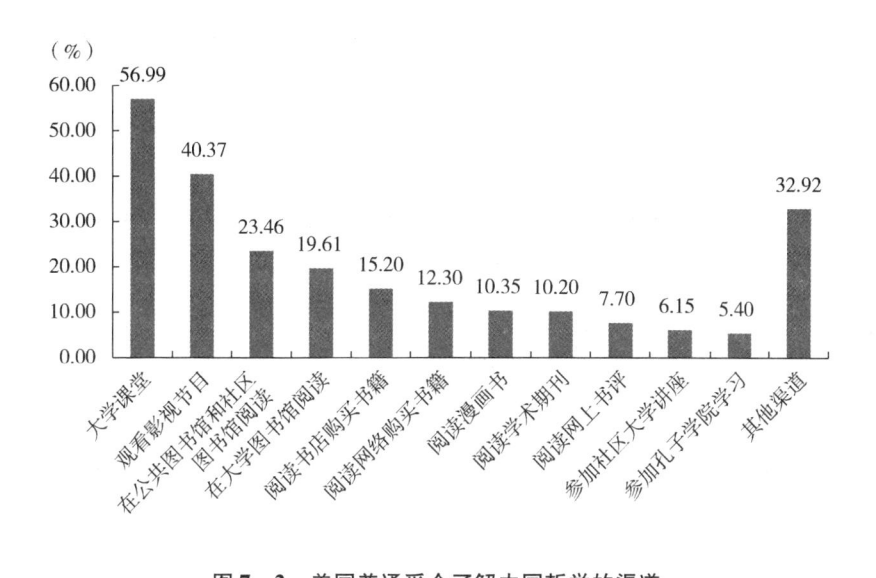

第七章　美国汉学家访谈及普通读者问卷调查

图 7-2 各渠道数据（%）：
- 大学课堂：56.99
- 观看影视节目：40.37
- 在公共图书馆和社区图书馆阅读：23.46
- 在大学图书馆阅读：19.61
- 阅读书店购买书籍：15.20
- 阅读网络购买书籍：12.30
- 阅读漫画书：10.35
- 阅读学术期刊：10.20
- 阅读网上书评：7.70
- 参加社区大学讲座：6.15
- 参加孔子学院学习：5.40
- 其他渠道：32.92

图 7-2　美国普通受众了解中国哲学的渠道

在 120 位调查对象中，尽管有 74.50% 的人知道有中国哲学，但问卷调查显示：真正阅读过中国哲学典籍英译作品的人只有 59.46%。

68 位实际读者的阅读动因是什么？表 7-1 显示了这项调查的结果。

表 7-1　　　　　　　　　　读者的阅读动因

阅读动因	选择人数
丰富知识	52
了解中国思想/文化/价值	50
修学分	25
兴趣	19
去中国学习/旅游	17
其他	11
工作需要	5
祖籍中国	3

从表 7-1 的调查结果来看，美国普通读者是出于某种实际需求，选择阅读中国哲学典籍英译本。"丰富知识""了解中国思想/文化/价值"成为阅读最主要的动因，这说明当代美国大众一方面秉承前辈开放、好学，对外来事物有浓厚兴趣的传统；另一方面说明，随着中国经

— 333 —

济迅速发展、社会日益开放,中国的思想文化及价值观念也开始吸引了美国大众的关注。"修学分"是美国大众阅读中国哲学典籍译本的第三大动因,这说明在美国高校、社区大学或其他课堂开设中国哲学方面的学分课程将十分有利于中国哲学典籍的对外传播。此外,"兴趣""去中国学习/旅游"等也成为阅读中国典籍译本的主要动因,这些调查数据正好证实了部分专业人士的说法,即美国"学术圈子之外的人对中国哲学的兴趣与日俱增"(Sarah Mattice 博士访谈),而且,日益发达、开放的中国正在吸引着越来越多的美国人来旅游、学习。

读者对在美国传播的中国哲学典籍译本的整体看法和评价如何?通过问卷调查,我们了解到,有65%的读者对译本质量不很满意或者不了解。由此看来,对中国哲学典籍的英译研究及对现有译本的重译是十分必要的。接下来这道选题是调查影响译作质量的原因。

表7-2　　　　　　　　　　影响译本质量的原因

影响译本质量的因素	选择比例(%)
内容混乱表达不清	44.95
误译	44.52
缺乏必要背景信息	44.34
语言错误	38.45
语言难以理解	34.6
注解不充分	29.13
其他因素	20.31

从表7-2的统计来看,影响读者对译本质量评价最重要的两个原因为"内容混乱表达不清"和"误译","造成这两方面缺陷的原因与中国哲学典籍本身的结构和内容表达有很大的关系。许多典籍的篇章之间没有英语读者所期待的逻辑联系,且表述内容较为零散,很多思想散于各章节之中,需要读者从中提炼"。[①] 例如,朱熹在阅读《中庸》这部古书时,曾为该书的结构"大费思量",经过数年的"沉潜反复",终于"得其要领",于是将《中庸》分为五个部分,方"脉

[①] 季红琴:《基于读者接受的〈孟子〉英译与传播研究》,博士学位论文,湖南师范大学,2016年,第44页。

第七章 美国汉学家访谈及普通读者问卷调查

络贯通、详略相因"。① 语内解读尚且如此，更不用说跨语际阐释了。安乐哲、郝大维也赞同朱熹的意见，认为《中庸》是一部衔接完好、结构紧密的文本。在他们《中庸》英译本的附录中，两人声明：

> 我们赞同朱熹的观点，即首章不仅是整体的一部分，其实为整个作品的中心。在新近发现的文本中，"天"、"性"、"命"等几个关键词，与"心"和"情"一同构成了子思思想的几大区别性术语。子思的思想主题，以《中庸》为例，就是人类如何通过努力与天道保持协调，使天、地、人形成三位一体。②

正是因为两位译者的用心解读、重新架构以及突出原典的核心概念，安乐哲与郝大维的《中庸》译本才取得了较好的阅读效果，尤其获得了专业读者的好评。由此看来，从读者理解角度出发，译者在翻译中国典籍文本时，有必要对原文结构和内容做出适当调整，以适应译入语读者对于文本内在逻辑关系的理解。

另外，在美国出版了不少中国哲学典籍的大众译本，由于个别译者一味追求翻译作品的市场业绩，追求满足西方读者在宗教、意识形态等方面的期待，加上译者本人缺乏对古汉语、中国哲学及中国传统文化背景知识的了解，造成了翻译作品不能传达原典的意旨，甚至有意引入基督教和西方哲学的视角，造成了不少误译。

"缺乏必要背景信息"也是影响译本质量的重要原因。"这说明外国普通读者十分需要哲学典籍译文副文本所提供的辅助信息，它们能极大地帮助读者理解译本的思想和内容。因此，副文本信息在中国哲学典籍英译中应得到重视"。③

此外，读者认为译本的语言质量也很重要。因此，"对于中国哲学典籍这种需要二度翻译的哲学文本，译者必须具备较高的语言

---

① 朱熹：《四书章句集注》，中华书局1992年版，第15页。
② Roger T. Ames & David, Hall, *Focusing the Familiar: A Translation and Philosophical Interpretation of the Zhongyong*, Honolulu: University of Hawaii Press, 2001, pp. 143 – 144.
③ 季红琴：《基于读者接受的〈孟子〉英译与传播研究》，博士学位论文，湖南师范大学，2016年，第44页。

素养",① 译文的语言质量直接影响了其可读性和接受性。

读者对译本的选择依据哪些因素？根据图7-3来看，起最大影响的因素是译文的"可懂""可读"性强（77.72%），其次是译文"语言易懂"（61.13%），再次是"内容对日常生活和工作"有用（40.68%）。这里的"译本可懂"和译文"语言易懂"并非一回事，译文要"可懂"，除了文字要浅显易懂之外，逻辑结构也要符合英语的习惯，还要附带必要的背景信息，有助于读者理解译文。

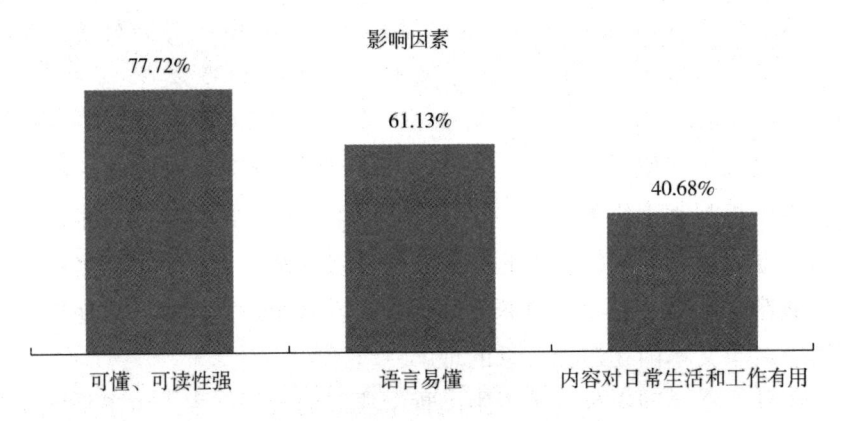

图7-3 影响译本选择的因素

哪种形式的典籍译作最受欢迎？最受读者欢迎的还是与原作形式一样的译作（45.34%），这一选择可能有两方面的原因，其一，当代美国汉学的"中国中心观"对中国哲学典籍在美国的英译和阅读产生了正面的影响，美国读者倾向于了解原著的思想内容和创作风格，而不青睐于那些动辄以西方框架对中国典籍进行改编、诠释的作品；其二，本研究选取的美国大众读者中多数人对中国哲学典籍了解不深，甚至没有阅读过相关书籍和译本，因此，他们也不知道，一些结构和形式上的调整在翻译中是必要的。其次，读者也喜欢改编成故事（40.00%）和漫画形式的译本（18.86%），也有读者喜欢叙事型的译文（16.36%），还有8.75%的读者认为译文需要调整结构，按照英语语言逻辑重新编

---

① 季红琴：《基于读者接受的〈孟子〉英译与传播研究》，博士学位论文，湖南师范大学，2016年，第44页。

第七章 美国汉学家访谈及普通读者问卷调查

排。这个调查结果说明,中国哲学典籍译作可以有多种形式,能够保持原文结构的形式自然最好,否则应当根据英语的习惯重新调整。典籍改编的漫画故事译本对于在普通读者中传播中国文化起着重要的作用。

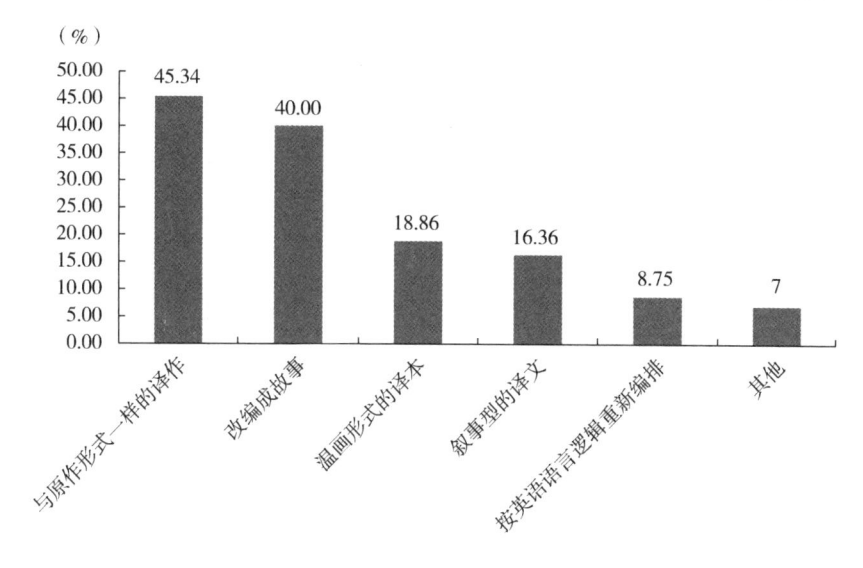

图 7-4　典籍译作形式的受欢迎程度

刚才的调查结果已经显示,副文本信息能够为读者理解典籍译本的内容和思想提供很大帮助,已经引起了西方读者的关注。副文本的各部分中,读者认为最重要的是注释,它能提供各种背景信息和文字解读;其次是导言,作为一种"导读"性质的材料,"导言"表明译者的翻译意图和方法,暗含了译者的翻译价值取向,是对读者接受"相异"文本的引导和指示。此外,图片、索引和前言这些部分也很重要,最低选择率不低于 24.43%。

表 7-3　　　　　　　　副文本中各部分的重要程度

副文本部分	选择人数比例(%)
注释	81.25
导言	50.34
图片	34.09
索引	30.22
前言	24.43

哲学术语指的是哲学典籍中反复出现、并提纲挈领、表达中心思想的概念。核心术语的翻译是哲学典籍翻译的首要问题，翻译得当则纲举目张，哲学的堂奥不难窥见，读者会对典籍传递的哲学思想有整体的理解。根据该问卷调查，美国大众读者认为"音译+汉字+注释"（63.40%）的术语翻译是最合适的方法，其他依次为"音译"+"注释"（59.31%）、"直译"（40.00%）和"意译"（38.97%），最后才是"创译"（13.06%）。由此看来，随着美国汉学研究的"中国中心观"转向，中国哲学典籍的翻译也有向源语文化倾斜的趋势，读者普遍认为外来术语的译名应当包含其"音""形"和"义"，或至少是"音"和"义"，这样才可能与西方术语有所区别。"直译"和"意译"法相比，"直译"能保留源术语的表达方式，因而优先；无法保留源术语的表达方式之时，才不得已使用"意译"的方法。而"创译"是最不可取的方法，因为所造的新词需要很长一段时间才能为读者接受。

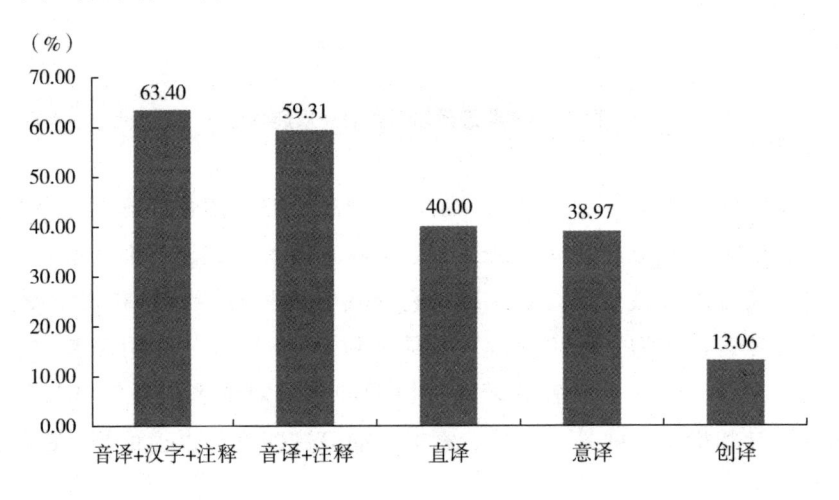

图 7-5 哲学核心术语的翻译方法

各种翻译方法中，"全译"法最受青睐（40.22%），指的是将原文的内容和形式都完全翻译的方法；其次，38.97%的读者认为应当根据不同的语境采用不同的翻译方法。"变译"法也是受读者认为必要的方法（35.22%），它意味着哲学典籍的翻译需要在内容或形式上有所改变。另外，与"归化"相比，"异化"也被认为是更合适的方法（30.90%），

第七章 美国汉学家访谈及普通读者问卷调查

它是为了保留原文的意义而违反目标语规范的一种方法，不似"归化"（14.31%），为了符合译入语文化规范而导致原文意义的丢失。这个调查结果表明：以往在英语世界中流行的"归化"的翻译方法不再受大众读者青睐，读者也意识到，哲学典籍的翻译要凸显源语文化与西方文化的相异之处。而且，在形式及内容无法兼顾的时候，需要采用"变译"的方法。"综合法"则需要译者根据语境去判断、寻找合适的翻译方法（38.97%）。

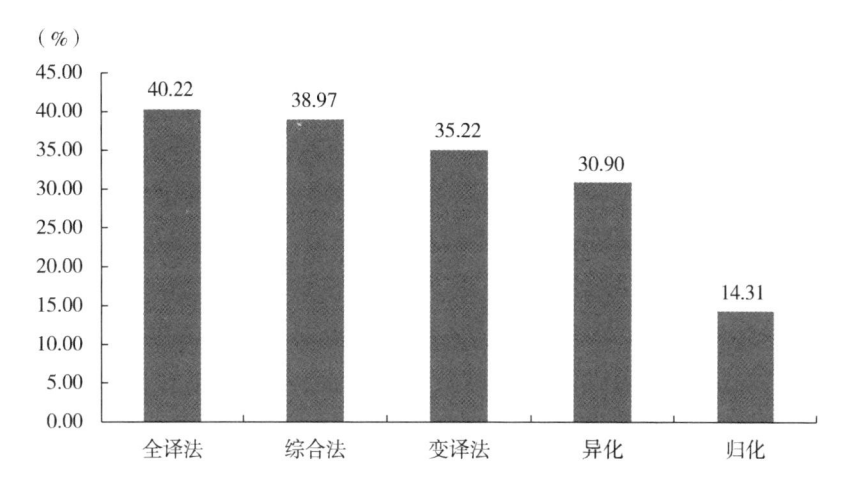

图7-6 各种翻译方法的受欢迎程度

"什么是好的翻译"？读者认为最高标准是"既忠实于原文又可懂"的译文（85.90%），其他依次是译文"语言可读性"强（57.74%）、"有丰富的副文本"（38.12%）、"形式易接受"（31.30%）。看来，大众读者把译文的"准确""可懂""可达"看作译文最重要的特质，而"形式"是否接近原文则显得没那么重要。

最后一个问题是关于中国哲学典籍英译作品有效传播的问题。读者认为，最有效的传播方式是大学课堂教学（88.75%），其次是电影和电视节目（65.11%），再次为各级各类图书馆（40.77%）。这就需要美国大学在课程设置中增加中国哲学的内容，同时，多出翻译产品，包括采用漫画、影视剧等形式对中国典籍进行改编，多利用广播、电视等媒体传播中国哲学思想，增加各类图书馆和书店的中国哲学典籍英译本的数量和传播范围，等等。

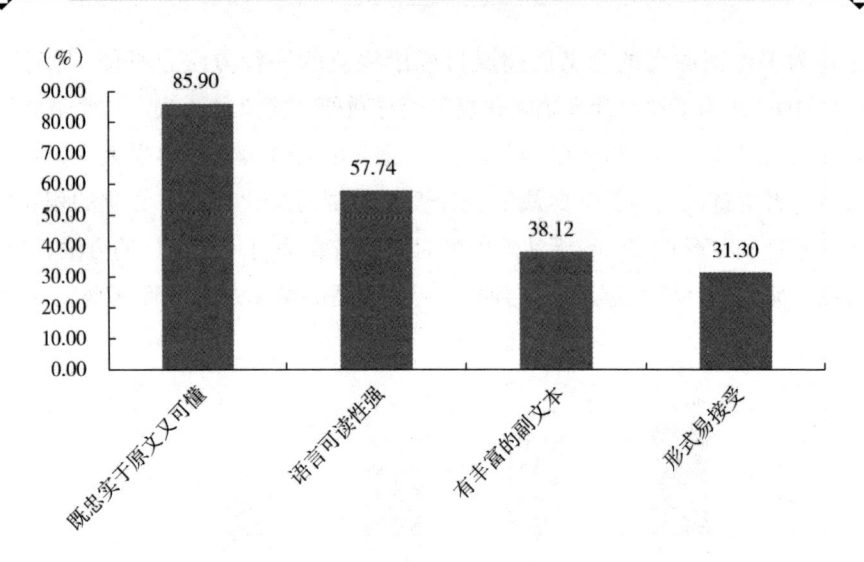

图7-7 "好翻译"的标准

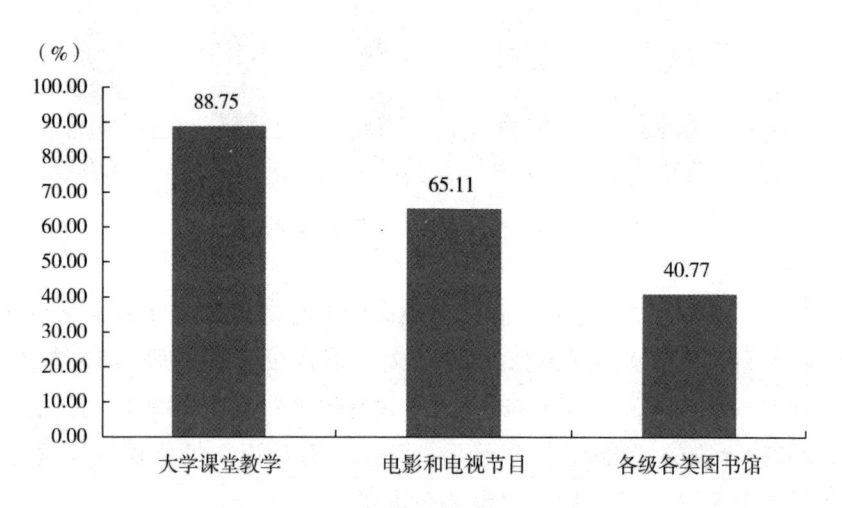

图7-8 中国哲学典籍英译的传播途径

3 小结

以上对美国不同层次的汉学家译者的访谈以及大众读者的问卷调查，较为全面地反映了当代美国的译者和读者对中国哲学典籍在美国的英译、传播及接受现状的认识和思考，以及对未来做法的建议。专家译

第七章　美国汉学家访谈及普通读者问卷调查

者与大众读者的看法存在着分歧，在一些方面也达成了共识。

专家学者和大众读者一致认为，中国哲学正在吸引越来越多的美国人。例如，菲利普·艾文荷就认为"中国哲学正在吸引越来越多严肃的西方哲学家的关注"，[1] 林安迪认为"专业学者对当代中国哲学很有兴趣"，[2] Sarah Mattice 认为"许多专业人士对中国哲学文本提供的深刻洞见和言论都评价很高，在大学课堂里，与中国哲学或与其相关的课程很受欢迎"，同时她也认为"学术圈子之外对中国哲学的兴趣与日俱增，大多数人对中国哲学的印象是正面的"；而普通读者的问卷调查也反映，美国普通读者对中国文化感"兴趣"，想"去中国学习/旅游"，这些已成为美国大众读者阅读中国哲学典籍译作的主要动因。

谁是中国哲学英译作品当下在美国最主要的阅读者？专业人士与大众读者一致认为，大学生和研究生构成了最大的阅读群体。因此，翻译和出版好的中国哲学译本作为好的教材，这一任务就显得十分必要和迫切。但是，哪部分读者对中国哲学在美国的传播起着更重要的作用？不同人有不同的看法，安乐哲、林安迪和 Sarah Mattice 认为大学教授或学者型读者起着关键性作用，他们主导着哲学界的学术话语，决定是否承认中国哲学在世界哲学中有一席之地，决定美国大学的哲学院系是否开设中国哲学及相关课程，因此，他们的影响力至关重要，且直接影响本科生和研究生对中国哲学思想文本的接受。不过，艾文荷则认为大众读者发挥的作用更大，这个群体指专业读者之外的读者，人数众多，构成最大的阅读群体，而且，在当今互联网及新媒体高度发达的时代，大众读者通过网络、漫画、影视和有声读物等媒介阅读、评价、改编中国古典哲学文本，产生了不可忽视的社会影响，对中国哲学典籍的传播起到了重要的作用。本书作者认为，这种意见上的分歧，既要结合中国哲学在美国的传播与接受现状，也要放在当下美国这一大众文化高度发达的社会背景中来分析。

---

[1] Lyu Jianlan, Tan Xiaoli & Lang Yong, "On the translation, promotion and acceptance of Chinese philosophy in English-speaking world: an interview with Prof. Philip J. Ivanhoe", *Asia Pacific Translation and Intercultural Studies*, No. 2, 2016, p. 3.

[2] 谭晓丽：《当代中国哲学英译中的译者与读者——林安迪教授访谈》，《衡阳师范学院学报》2019 年第 2 期。

中国哲学典籍在当代美国的译介与传播

中国哲学在美国的传播历史不算长,不足两百年,传播的效果已有了明显的改善,特别是第二次世界大战以后,美国政府的资助研究、在美华人学者的积极推介以及美国本土学者的兴趣转向,都在客观和主观方面推动了中国哲学在美国的传播,提升了中国哲学在美国乃至西方的地位。但是,我们要看到,中国文化在全球的影响力以及学术界森严的壁垒使得西方的职业哲学家仍对中国哲学抱有很深的偏见(见艾文荷、Sarah Mattice 访谈),中国哲学要在西方学界获得普遍认可,还有一段很长的路要走。而且,在海外受访者(大众)的心目中,中国哲学并没有作为中国文化的代表,"发达国家受访者倾向于选择中餐为最能代表中国文化的元素,而发展中国家受访者对中医药和武术的选择比例更高"。[①]

尽管在读者的问题上专家译者们的意见有分歧,但对原文本的选择问题上意见却基本一致。林安迪在访谈中告诉作者,作为哲学学者,他选择原文本的标准有两条:一是源文本应具有哲学价值;二是源文本应与当今哲学讨论的热门话题相关。[②] 而同样作为学者的艾文荷,对于原文本的选择条件也十分相似:一是要求源文本具有有趣的哲学思想;二是应当选择大众读者能懂的,并且是他们认为有趣的文本。[③] 由此可见,他们选择原文本的标准之一是为学者型的读者考虑,必须要有哲学思想、哲学价值,还要有趣;二是为大众读者考虑,源文本所讨论的话题是否具有普遍意义?能否引起读者的关注和兴趣?这些都是翻译之前应当认真考虑的问题。

中国哲学术语的翻译,合适的方法有哪些?这一问题上,大众读者的看法比较有规律,而专家学者的看法却各执一端。大众读者认为"音译+汉字+注释"的术语翻译是最合适的方法,其他依次为"音译"加"注释""直译"和"意译",最后才是"创译"。大众读者普遍认

[①] 于运全、王丹、孙敬鑫:《2018 年中国国家形象全球调查分析报告》,《对外传播》2019 年第 11 期。

[②] 参见谭晓丽《当代中国哲学英译中的译者与读者——林安迪教授访谈》,《衡阳师范学院学报》2019 年第 2 期。

[③] 参见 Lyu Jianlan, Tan Xiaoli & Lang Yong, "On the translation, promotion and acceptance of Chinese philosophy in English-speaking world: an interview with Prof. Philip J. Ivanhoe", *Asia Pacific Translation and Intercultural Studies*, No. 2, 2016, p. 2.

第七章 美国汉学家访谈及普通读者问卷调查

为外来术语的译名应当包含其"音""形"和"义",或至少是"音"和"义",这样才可能与西方术语有所区别。"直译"和"意译"法相比,"直译"能保留源术语的表达方式,因而优先;无法保留源术语的表达方式之时,才不得已使用"意译"的方法。

专家学者的看法则比较多样化。安乐哲惯用的方法是将音译、意译和汉字结合,还在译著前言的术语表中详细讲述这些术语的来历,认为这样才能避免术语的译名带上译入语文化的色彩。艾文荷主张"音译"与"注释"并用,才能充分传递术语的"音"和"义"。林安迪认为"注释"是一种必不可少的补译方法。Sarah Mattice 推崇其师安乐哲提出的"还原术语语境的方法",提倡多采用"音译"或"不译"中国哲学术语。安靖如对于术语翻译的问题阐述得最详细,也最发人深省,他认为,术语的译名必须要满足两个条件:第一,译名必须充分表达术语的基本意义,否则最好音译;第二,同一术语的新译名必须有强于旧译名的充分理由才值得选择。专家学者们对于术语英译的方法都源自他们各自的翻译理念及翻译实践的体认,因此也不尽相同,但可以看出,"音译""注释"与"释义"是他们运用较多的具体方法。

关于中国哲学典籍英译作品的推广方式与媒介,安乐哲、艾文荷与林安迪都认为,当今美国社会传播范围最广的是大学教材,艾文荷与林安迪还认为应当发展和利用网络书评这一媒介,让中国哲学典籍英译作品广泛传播,艾文荷还认为应当使用各种形式的媒介传播中国哲学,如书评、广播、影视,等等。由此可见,做好中国哲学典籍的翻译工作和国际传播都很重要,都直接关系着中国哲学海外接受的效果。

对中国哲学典籍英译的建议,专家学者们也各抒己见。安乐哲认为外译项目应当由最好的学者来管理,这样才能保证翻译的质量和学术性。安靖如认为目前,在美国传播的中国哲学典籍英译作品不是太多,而是不够,需要有更多的典籍译作,从不同学科、不同视角、针对不同层次的读者,以传播中国哲学思想助推翻译的发展,才有可能起到更好的传播效果。Sarah Mattice 建议:不要陈腐地、一成不变去理解古典文本,言下之意,是需要译者开放地、动态地解读古籍,要揭示古籍的当代意义;不要使用这些古籍的权威性来为权力的操纵正名。

第八章　中国哲学典籍英译及世界传播的未来构想

根据本书所做的跟踪调研，总体来看，中国哲学当前在美国的发展以及中国哲学典籍在美国的英译和传播还有很多方面的不足。尽管本书调研的范围限于第二次世界大战后的美国，但就当今美国在全球文化、教育方面的影响力以及美国汉学在西方汉学中的地位、发展及影响，这个调研的时间长度和地域范围能够反映中国哲学在西方世界的地位和影响状况。这种情况，同我国的国际政治、经济地位相比，同我国的综合实力相比还极不相称。尽管中国已成为了世界第二大经济体，在国际社会的地位大有提升，发挥的作用越来越大，但中国的哲学理论，中国人的宇宙观、人生观、伦理观、价值观、推理法、辩证法等具有民族特色的思想和思维方式，在世界哲学话语体系中还未占据重要位置、发出响亮的声音。中国哲学在美国的传播与发展，尤其是古典时期以后的哲学思想的译介，总体上还显得比较寂寥，不少中国哲学家和作品，大多处于不为西方读者所认识、阅读和评价的状态。这种状态，既与中国目前在全球化格局中的地位大有关系，与中国哲学在世界哲学体系中的地位有关，也与行为主体的翻译能力和传播能力有关。

为了切实提升中国哲学在世界哲学体系中的地位，为了积极有效地塑造正面而丰富的中国国际形象，我们必须坚定不移地依据习近平主席提出的"文明互鉴"的理论，推进中国文化走出去的战略部署。我们应该依据扎实的调研，不断整合国际和国内、学界和大众的力量，通过丰富而多样的手段、借助或宽或窄的渠道，以灵活而机动的方式推动中

第八章 中国哲学典籍英译及世界传播的未来构想

国哲学在海外的发展，以丰富多彩而行之有效的交流方式，促进中国与世界其他国家之间的思想交流与文明互鉴。

为了实现这一目标，我们有必要对现存的中国哲学在海外的翻译和传播策略进行理性的反思，认真研究中国哲学对外翻译和传播的重要问题和相关要素，构建一套中国哲学（文化）外译及传播的理论体系，用于指导相关实践活动。具体而言，我们可以从如下多个方面来探索和推动中国哲学在海外的英译和传播。

1 翻译与传播的内容

中华文明源远流长。中国哲学典籍是"中国古老文明的结晶，是世界文明的一个重要的组成部分，是应该让世界各国人民都能够共同分享的精神财富"。[①]

1.1 译介能够体现民族核心价值的内容

从西方传教士译介四书五经，到第二次世界大战后美国政府有计划地引入中国传统文化典籍，再到20世纪90年代以后西方学界对中国哲学的更多关注，我们可以看到，西方对中国哲学输入的缘由是从宗教、政治、经济、文化等现实方面的需求逐渐发展到学术上的兴趣，是由外在需求刺激引起，经历了几百年的时间才将重心转移到中国哲学的内在特质上来。而且，中国哲学自身发展的局限也限制了西方对它的译介：除了先秦时期的诸子百家思想之外，汉代以后的哲学思想大多是对传统思想的诠释，尤其是"五四"以后，"新文化运动"的兴起将批判的目标对准以儒家思想为代表的传统旧文化，中国传统哲学的发展自此中断，取而代之的是西方主流哲学和马克思主义思想的输入。这种文化语境之下，中国的知识分子和青年学生视传统思想文化为糟粕，谈哲学必论西方，更加剧了中国哲学在西方的失语，这种局面一直延续到21世纪才有所改观。

[①] 汪榕培：《中国典籍英译的几点认识》，《燕山大学学报》（哲学社会科学版）2013年第3期。

此外，接受国的政治、经济、外交、主流意识形态以及汉学传统和发展趋势制约着中国哲学典籍译介的方方面面，从文本选择、译本的生产过程、译本的形态和功能乃至译本的传播都受到了影响。第二次世界大战以后，美国在实行文化输出战略的同时，也大量输入了中国传统思想文化，这在客观上刺激了中国古代典籍在美国的译介，其中就包括蕴含着中国古代哲学思想的典籍，如《道德经》《易经》《论语》《庄子》《孙子兵法》，等等。"冷战"以后，随着美国经济的下行以及中国战略地位的下降，美国政府大量减少了对中国研究的资助，只有少数政府和私人基金会资助中国典籍、宗教、艺术、政治等方面的书籍出版，对原著的选择，译著的体例规范都有严格的要求，例如，美国国家人文基金会在1979年规定的翻译资助条件之一是原著在思想上和历史上具有价值（巴特勒，1979），该资助条件决定了选择翻译的文本必须是经典，也意味着尚未获得经典地位的中国哲学作品难以得到资助出版。

翻译选材的片面性直接影响了西方学界对中国哲学的认识。如陈荣捷先生所说，过去西方学界的视野只限于古代中国的先秦思想，以为先秦之后中国再无哲学，直到20世纪六七十年代，通过陈荣捷、狄百瑞、秦家懿等学者的努力，宋明理学才译介到美国，但仍然无法改变古典作品译介的数量和种类远远超过后世作品这一事实。不过，美国新一代学者对中国哲学的兴趣正在慢慢扩展，林安迪在访谈中提到，目前，美国学界已经开始注意到中国当代哲学，有人在翻译李泽厚的著作，有人对唐君毅等新儒家的著作很感兴趣。[1]

这些历史遗留问题与现实情况向中国哲学翻译的选材提出了要求：一方面，我们要向西方（美国）推介中国的哲学典籍，但并不是什么都能推介，杜维明先生说过，"没有差别，就没有必要交流"。[2] 首先，我们选择译介到西方文化中去的，是那些能够体现中华民族核心价值的哲学典籍，同时也应当是力图回答或表现人类永久性问题的文本，否则，就没有必要翻译，或者说即使翻译了也很难获得读者的关注。"从

---

[1] 参见谭晓丽《当代中国哲学英译中的译者与读者——林安迪教授访谈》，《衡阳师范学院学报》2019年第2期。

[2] 杜维明：《儒家传统与文明对话》，河北人民出版社2006年版，第107页。

第八章　中国哲学典籍英译及世界传播的未来构想

翻译史的角度来看，各国在译介与传播的进程中都首先将本民族最优秀的、最具代表性的经典作品介绍出去"。① 而且，这个工作应当由哲学界发起，认真挑选那些具有中国文化代表性的，能为构建新的人类文明发挥作用的作品，开展大量的、深入细致的研究，吸引国外学者共同研讨、交流对话，使原典获得西方学界的关注，才有可能获得翻译的机会，译作也才有可能获得西方读者（因为读者大多是专业人士）的关注，之后再一步步进入普通读者群。选择的典籍原著不仅要是中国哲学文化的主要文献，还应集中在体现核心价值的思想文献上，去除一些边缘性的文类，翻译选材既要代表中国文化特色还要讲求中西融汇、古今贯通。组织国内、国外专家联合翻译，推送到国外著名出版社出版；也可以直接资助国外学者，翻译中国当代作品。国家社科基金中华学术外译项目可以在这方面发挥引导作用。

另一方面，我们也要提倡经典重译，因为有些经典还缺少高质量的译本，有些经典还需要更多类型的译本，这就需要我们的翻译有明确的定位、读者对象、翻译目的、目的语文化的接受规范，等等，特别要明确新译与已有的译本有何区别，明确新译的贡献在哪里。

"在中华文明史的理念下，确定所译介典籍的上限和下限。作为文明古国，中国典籍浩如烟海，其上限自然不能有什么限制，但下限则不能直接延伸到当代文献。晚清和民国是一个可能的下限"。② 同时，我们欢迎那些对中国当代哲学感兴趣的海外汉学家向西方译介中国当代哲学家的代表作品。例如，本书采访的林安迪博士正在从事中国当代哲学家李泽厚的《中国古代思想史论》一书的翻译，之前，他还翻译过李泽厚的三本书。本书访谈的另一位美国汉学家安靖如教授也翻译了不少新儒学哲学家的代表作品。

1.2　译介具有中西文化共性、实用性的内容

考虑到中国现阶段的国际地位和文化软实力，在文化传播上还需要

---

① 刘云虹：《中国文学对外译介与翻译历史观》，《外语教学理论与实践》2015 年第 4 期。
② 王宏印、李绍青：《翻译中华典籍 传播神州文化——全国典籍翻译研究会会长王宏印访谈录》，《当代外语研究》2015 年第 3 期。

走求同存异的路子。要积极寻找中西文化的共性，将具有共性的内容先传播出去；保留一定的文化异质，寻找能够促进国外读者理解和接受的译介途径和方法，助推中国哲学的全面传播。长期以来，西方学界不承认中国存在严格意义上的"哲学"，不仅因为中西哲学关注的中心问题不尽相同，更是因为一些西方学者认为中国的思想和语言与西方的存在巨大的、不可调和的差异，"一些中国传统典籍的哲学深度和语言表述使外国读者对文本的理解具有相当难度"，① 这一点在本书对美国普通读者的问卷调查中也得以证实。在中国哲学典籍的翻译与传播中，我们要寻找西方读者关注的内容和话题，助推中国哲学面向当下，从本土化向通俗化、实用化转向，改善其海外传播和接受效果。

陈来指出，"哲学智慧不应只是哲学家头脑中的逻辑思辨，哲学应该从书斋中走向人的生活世界"。② "在中国哲学的对外传播中，如果不能让国外读者从情感上认同中国哲学思想，对外推广将只是一种形式和观念的构想，传播效果很难有实质性的改善。争取外国读者对中国哲学思想的情感认同，必须寻求它在国外社会普遍的价值认同，即实现中国哲学思想的普世化"。③

广义上的普世化是指"不同种族、不同民族、不同阶级、不同阶层的人对一种文化精神的普遍认同"，即"某种特定文化意义下的精神价值转化为不同人群之共同的价值取向"。④ "就儒学而言，在发展作为形而上的建构的儒学时，我们更应该强调作为生活伦理的儒学，其任务或功能并不是直接推动当代世界的发展，而是在当代世界全球化和现代化等种种趋势之下提供与其相补充的一种人文主义精神，来引导人的一般精神方向"。⑤ 如今，一些国内外的汉学大师们正在努力使得儒学、

---

① 季红琴：《基于读者接受的〈孟子〉英译与传播研究》，博士学位论文，湖南师范大学，2016年，第144页。
② 李念：《在这里，中国哲学与世界相遇——24位世界哲学家访谈录》，人民出版社2018年版，第98页。
③ 季红琴：《基于读者接受的〈孟子〉英译与传播研究》，博士学位论文，湖南师范大学，2016年，第144页。
④ 蒋国保：《儒学普世化的基本路向》，《中国哲学史》2003年第3期。
⑤ 李念：《在这里，中国哲学与世界相遇——24位世界哲学家访谈录》，人民出版社2018年版，第98页。

第八章　中国哲学典籍英译及世界传播的未来构想

道学这些地方性知识成为全球性的知识，比如，汉学家杜维明提出了"精神人文主义"、成中英提出用"易学"思想作为建立国际新秩序的指导思想，安乐哲与罗思文共同提出了"角色伦理"作为与西方伦理的一种智性对话，都是将儒家思想普世化的尝试。在此问题上，安乐哲有更独到的见解。他认为当代哲学的责任是作社会智慧的领导，应当从过去的"知识论"转型为"智慧论"。如果没有日常生活，就没有智慧，而智慧恰恰是实用性的。他认为，"当今世界存在的很多困惑，包括全球变暖、食品安全、水质污染、传染病肆虐、环境破坏以及收入不平等各种问题，除了推进科技进步之外，人类还需要用哲学的/道德和伦理学的思考来解决这些问题"。① 在当今西方传统思维无法有效解决这些问题的情况下，中国哲学思想能够为问题的解决提供另一种思维。

将中国哲学思想与全球性的现实需求相结合，促进其对普遍性的现实问题的指导，有益于中国哲学的自身发展和海外传播效果的提升。

2　翻译的方法

怎样才能有效地把中国哲学成功传播出去，让它走进西方学界乃至西方世界？这是一直困扰学界及翻译界的一个问题。关于这个问题的讨论也不计其数，有相当一部分讨论还纠结于"异化""归化"以及"翻译的标准"这些老生常谈的理论问题，而没有以历史的、动态的眼光关注典籍英译在方法上的演变以及去思考当前中西文化交流的阶段性问题。

本书第六章里，作者回顾了中国哲学核心术语英译方法的演变，认为在经历了一段相当长的字面译或套用（adaptation）过程之后，译者们开始使用意译、音译、注释等方法。各种方法均有其优缺点，但是随着人们对中国文化独特性的意识越来越明显，音译和音译加注释的使用频率越来越多。"2018年2月中国外文局发布的《中国话语海外认知度调研报告》，通过采用结合调查地域与样本量等定量与定性方法，得出

---

① 李念：《在这里，中国哲学与世界相遇——24位世界哲学家访谈录》，人民出版社2018年版，第311—312页。

认知度前 100 名的词汇特点：一些中国传统词汇以汉语拼音的形式进入英语话语体系"。① 这说明，国外读者已经逐渐接受了中国独有的概念，未来会有更多以拼音形式立足于世界的中国概念与思想。不符合音译条件的术语则应该根据其特征考虑使用意译或套用等方法。

不过，以上情况只是对核心术语的翻译而言。翻译方法的选择还与文化传播所处的阶段有关。"根据美国学者林顿（Ralph Linton）对于文化传播阶段的划分：第一阶段为接触与显现阶段；第二阶段为受众选择阶段；第三阶段才进入采纳和融合阶段"。② 中国哲学思想的对外传播虽然已经具有较长的历史，但整体来看，仍处于第一阶段和第二阶段，因此，应当以"求同存异""中西融通"为主。仔细研究那些在英语世界接受程度较好的中国哲学典籍译作，发现还是那些基本准确、用词简洁、通俗流畅、表达地道，且注释不多的译本较受读者的欢迎。阿瑟·威利的中国典籍翻译如此，伯顿·沃森的翻译作品亦如此。毕竟，中国作品"走出去"，指的是面向广大的普通读者和大众读者，作品的可读性应当作为最重要的因素之一来考虑。两种语言文化之间不可能具有完全对应的同时代性。"当今西方各国的中国（文学）作品和文化典籍的普通读者，其接受水平相当于我们国家严复、林纾那个年代的阅读西方作品的中国读者"，③ 因此，在现阶段中国哲学典籍的对外译介中，考虑到目的语文化语境中普通读者的接受问题，有必要适当采用简化、归化、改编等翻译方法。

学术型的译作则另当别论。因翻译的目的不同，面向的读者不同，译者采用的翻译策略及方法也应当不同。学术型译作大多采用"深度翻译"（thick translation）的方法，即采用多种类型的副文本介绍原著的大致内容、产生的社会语境、版本的出处、其中的人物及头衔、译者的翻译目的、使用的策略与方法，等等，还有长篇的注释及术语语汇表，为引导阅读提供详细的信息。目前，"深度翻译"的方法已广为学

---

① 范敏：《新时代〈论语〉翻译策略及其传播路径创新》，《西安外国语大学学报》2019 年第 3 期。

② 季红琴：《基于读者接受的〈孟子〉英译与传播研究》，博士学位论文，湖南师范大学，2016 年，第 130 页。

③ 谢天振：《中国文学走出去：问题与实质》，《中国比较文学》2014 年第 1 期。

第八章 中国哲学典籍英译及世界传播的未来构想

界认同并发展成为学术型译作的翻译标准。

总而言之,中国哲学典籍翻译的有效方法不能一概而论,应当分学术型翻译和普通(大众)型翻译;术语翻译和非术语翻译;早期译本和当代译本来讨论,以获得动态的视角、全面的思考。"我们应当意识到,任何为现阶段需要而采取的翻译策略和翻译方法既不能被绝对化,也不能被模式化,更不能被视为唯一正确的方法。无论怎样翻译,都是一种历史的、阶段性的选择"。[①] 对于目前在普通、大众读者群中接受较好的,同时也在学界引起争议的简化、归化、改编等翻译方法,"在承认其合理性并适当运用的同时,我们也要认识到,这些方法只是在目前中西文化交流不平衡"(同上),外国读者对中国文化典籍普遍认知度较低的情况下而采取的权宜之计。"将目前获得成功和认可的翻译方法视为中国(文学)对外译介中唯一正确的方法、唯一可行的模式,这同样是一种片面的认识"。[②]

3 传播的对象

本书在前面的章节已经讨论过中国哲学典籍英译作品在美国的读者对象,除了专门从事汉学研究的专家学者之外,还有不少对中国文化、思想、哲学感兴趣的青年学生和一般读者,他们构成了中国哲学典籍英译作品在美国的不同读者群。但是,哪些读者会是中国哲学典籍最重要的传播者?在本书的第二章,我们曾讨论过,在翻译和传播活动中,政府是主流意识形态的引领者,扮演着赞助人的角色,对翻译及传播活动能起到支持或阻碍的作用。因此,翻译及传播活动要顺利进行,官方人士、媒体、出版机构等赞助人的认可颇为关键。其次,本书访谈的汉学家对该问题的看法基本一致:安乐哲、林安迪、Sarah Mattice 等人都认为专业学者、大学教授是决定中国哲学能否在美国顺利传播的关键人群,因为他们掌握着学术话语权。大学哲学系是否要设置中国哲学专

[①] 刘云虹:《中国文学对外译介与翻译历史观》,《外语教学理论与实践》2015 年第 4 期。
[②] 刘云虹、许钧:《文学翻译模式与中国文学对外译介——关于葛浩文的翻译》,《外国语》2014 年第 3 期。

业？是否要聘用以中国哲学为学术背景的教师？是否要开设中国哲学专业博士课程？是否要对大学本科生开设在中国哲学及相关领域的通识课程？中国哲学若要与西方学术产生更有影响的对话，成为全球性、普世性的知识和智慧，首先必须获得西方学术界，特别是哲学界的关注和重视，使其得以从西方大学课堂这一最大的、权威的平台传播出去，从而获得大学生以上学历人群的认知和认同。为此，我们要有目的地选择高层读者群体和专业读者群体，实现传播效果的最优化。

3.1　高层读者的传播路径

在中西文化交流史上，将西方文化引入中国，产生较大传播影响的成功案例都是以上层社会作为传播对象，经过统治者、政府官员或学术权威等上层阶级人物的认可或默许后，西方文化才得以顺利地进入中国社会。

16世纪晚期，意大利传教士利玛窦来华传教。他入乡随俗，蓄发留须、身着儒服与中国上流阶层及社会名流打交道，对部分汉籍作品倒背如流，博得了对方的认同和好感，甚至得到了明朝皇帝的接见。此外，利玛窦还通过传播当时中国人知之甚少的西方数学、天文学，获得了朝廷官员的崇拜。因得到了社会上层人士的帮助，利玛窦在中国传教大获成功。

德国传教士汤若望是在华传教最成功的西方传教士。汤氏运用自己的语言知识与天文知识译介了多部西方天文学书，在修订明朝历法，促进中西天文学交流沟通方面取得了重大成就，深得明朝崇祯皇帝的赏识。后来，他还运用自己的医学和天文学知识，为顺治皇帝治病解惑，深得其信任。因得到了皇帝的信任和许可，汤若望在华传教畅通无阻，为天主教赢得了在中国的地位。

再以晚清民初时期，我国知识分子译介、传播西方小说、社会科学经典著作为例。晚清民初，中国遭受了鸦片战争的惨败，被迫签订了《南京条约》等一系列丧权辱国的不平等条约之后，知识分子们开始认识到，变革社会、救国保种，不仅需要向西方学习科学技术，更需要从西方输入先进的社会思想和管理模式。严复这位曾留学海外的工程师选

第八章 中国哲学典籍英译及世界传播的未来构想

择了译介西方的政治经济、社会学经典作为呼吁变革的利器。但在文体上，他毫不犹豫地选择了桐城古体，即当时的上流社会士大夫乐于接受的文体，这也是他那著名的"信达雅"的翻译主张的由来。在其翻译实践中，为了坚持译文文体的"雅"，严复甚至不惜牺牲了译文的可读性，即"达"，目的还是让上层社会易于接受。

"政府高层作为国家意识形态的引领者，在文化传播中发挥的作用是其他传播力量不可比拟的"。[①] 例如，历届美国总统访华发表演说或出席招待会时，都引用了出自中国典籍的名言或诗词，这已成了不成文的惯例。例如，1998 年美国总统克林顿访华，在北京国宴的祝酒词中说道"A good citizen in one community will befriend the other citizens of the community; good citizens of the world will befriend of the other citizens of the world"这句话出自《孟子·万章下》"一国之善士斯友一国之善士，天下之善士斯友天下之善士"。2008 年，美国总统奥巴马在上海 Town Hall 的演讲中引用了一句"Consider the past, you shall know the future"，显然这是《论语》中的名句"温故而知新"的改编。当然，这些都是美国总统在华发表的演说，作为受众的中国人听上去会倍感亲切。如果孔子学院能利用其平台邀请到外国政要，并协助他们在演说中添加一些出自中国哲学典籍的名句，一定会吸引孔院学员和现场观众关注中国哲学典籍。

改革开放以来，我国各层政府官员出国考察与文化交流活动日趋频繁，建议借助这些出国交流的机会，向国外政府及教育机构推介中国哲学文化典籍，介绍中国传统文化精髓。2019 年 6 月，"湖南省教育厅向全球第一家孔子课堂——泰国曼谷岱密中学孔子课堂负责人推介并捐赠了《心学智慧——〈传习录〉中英文双语漫画读本》一书"，[②] 做为对外文化交流的礼品，就是一个很好的例子。

此外，"国家领导人或政府官员在对外会谈、答外国记者问等重要

[①] 季红琴：《基于读者接受的〈孟子〉英译与传播研究》，博士学位论文，湖南师范大学，2016 年，第 141 页。

[②] 李臻、游玉增、郝文婷：《宁大"阳明文化海外传播"团队让阳明之声在世界回响》，https://kuaibao.qq.com/s/20191010A08FAM00，2019 年 10 月 10 日。

活动中引用中国经典名言，也是提高中国传统文化国际知名度和影响力的重要方式"①。"习近平主席无论是谈论治国理政的重大问题，还是在国事访问中阐述中国对重大国际问题的观点立场，都善于从诸子百家和历代文人的经典名句中旁征博引"。② 例如，"图难于其易，为大于其细。天下难事，必作于易；天下大事，必作于细"，"大道之行也，天下为公"，"圣人无常心，以百姓心为心"，等等，均出自《道德经》《礼记》等中国古代经典。政府高层的政治态度和言行等对政治发展方向和前景有重要的影响，在对外传播中也能起最大化的效果。

3.2 专业读者的传播路径

知识分子通常是文化精英，对整个社会产生的文化影响力是巨大的。人类文化发展史上，各种新的学术思潮都源自知识分子群体，并由他们推动向社会广泛传播，并可能发展成为影响力巨大的社会思潮。

中国哲学典籍翻译作品在西方专业读者群的翻译和传播应当从学术对学术的层面上展开。因为，鉴于以往的经验和教训，中国政府主导的文化外译工程，常被西方的媒体诟病，被视作是意识形态的推行。安乐哲在接受作者的访谈时曾直言："中国所面临的一个问题就是外国对政府和学术界之间的合作有些怀疑。因为这些合作形式通常都是政治宣传，都是用作推行一个特定的政治项目"。③ 鉴于这样的原因，学术界就要担当起文化外译和传播的艰巨任务。但是，现状是，在中华典籍外译与传播这一问题上，国内外学界的交流和沟通并非很顺畅，双方的目的、观念和做法不大一致。众所周知，国内从事典籍英译的人士基本都是外语界的学者，他们的翻译目的是向世界介绍中国哲学和文化。这些学者具备精通两种语言的优势，而这一优势是国内大多数人文社科学者所不具备的。但是，我们也要看到，目前国内既具备典籍英译所需的语

---

① 季红琴：《基于读者接受的〈孟子〉英译与传播研究》，博士学位论文，湖南师范大学，2016年，第142页。
② 杨立新：《习近平引用率最高的十大典故》，http://cpc.people.com.cn/xuexi/n1/2018/0601/c385474-30027609.html，2018年6月1日。
③ Tan Xiaoli & Huang Tianyuan, "Translating Chinese Philosophy on Its Own Terms: An Interview with Professor Roger T. Ames", *Asia Pacific Translation and Intercultural Studies*, No.2, 2015, p.148.

第八章 中国哲学典籍英译及世界传播的未来构想

言能力，又具备哲学、宗教、伦理学等研究能力的学者却为数不多。因此，国内学者英译出版的大部分中国哲学典籍更注重对原著风格的再现，更讲究翻译的语言质量，而少有诠释上的创新。例如，《大中华文库》推出的中国典籍英译系列，以典籍的传统诠释为依据，选择的仍然是具有上百年历史的阿瑟·韦利的《论语》译本，追求"文字简练、接近原文风格"。[①] 而综观国外汉学界，特别是美国汉学界，从事中国典籍研究和翻译的均为具有各种学科背景的汉学家，翻译的目的本质上是为了满足自身学术研究的需要。他们摒弃了传统汉学那种依仗语文学的诠释方法，大量借助20世纪人文社会科学，如历史学、考古学、人类学、哲学、宗教学、伦理学等学科的研究方法与成果，对中国哲学典籍的新诠和翻译层出不穷。尽管西方汉学家的理论与翻译实践都或多或少存在着偏颇与不足，却开放了中国哲学典籍的解读空间，丰富了它们的意义，实现了中西方话语的对接。因此，从翻译的角度来说，国内与国外学界的沟通并非很顺畅，因为彼此翻译的目的不同，关注的问题不同，诠释和翻译的方法也不同，这就是为何一方面我们经常听到国内学界质疑国外学者的译作"不准确""不忠实"，而另一方面国内一些被认为是"忠实""准确"的译本在国外却传播效果不好，影响不大的主要原因。要解决这个问题，还需要国内学者多了解国外汉学的发展现状及中国典籍英译现状，了解国外哲学界的热点话题，还需要国内外学者沟通交流，在如何英译中国哲学典籍这一问题上达成一些共识，在此基础上开展合作。"这本身就是一项需要耐心长期展开的基础性学术研究，那种认为可以抛开汉学界，中国翻译界自创一套话语的想法无疑违背了文化传播的基本规律"。[②] 再就是希望国内从事中国典籍研究、哲学研究、宗教研究及伦理学研究的学者能够早日具备与国际学界沟通、交流的语言水平，具备将中国典籍翻译成英文的语言能力与跨文化交流能力。然而，根据张西平的中国文化"走出去"年度研究报告（2015卷），"中国学者2012年和2013年在SSCI和A&HCI上发表的文章学科

[①] Arthur Waley, *The Analects*, 外语教学与研究出版社1998年版, 第34页。
[②] 张西平:《中国文化"走出去"年度研究报告（2015卷）》, 北京大学出版社2016年版, 第43页。

分布前十名的情况来看,中国学者在 SSCI 收录期刊发表的论文主要是经管商学类,在 A&HCI 期刊中,中国学者在传统文科方面的优势更明显,发表的文章集中在语言学、文学以及亚洲研究等学科,加起来的总占比超过了 60%,而哲学排第四位,总占比只有 12.89%"。[1] 因此说,还是有很大的提升空间。在与国外学界密切交流、沟通的基础上,与国外学者合作翻译中国哲学典籍,既作为合作研究的成果,又作为文化思想传播的内容,希望能产出翻译质量高、传播效果好的译作。

积极参与国际学术研讨会,公开自己的学术成果,参与国际学术讨论、对话,有效地发挥传播中国哲学的作用。每年,在全球范围都举办各种层次的哲学学术会议,有各种哲学学术团体的会议,还有更高级别的世界性的哲学会议,这些会议往往都收集中国哲学的相关议题,安排中国哲学的讨论议程。最为隆重的是 2018 年在北京举行的第 24 届世界哲学大会,这次会议的主办规模、论坛的场次、参加的人数、议题的丰富都是前所未有,更重要的在于其对中国哲学传播的贡献。这次大会的主题是"学以成人",颇具有中国特色,受到了国际学界的普遍欢迎。大会在国内学界也引起了热烈反响,引起了学界的一股参会热潮。国内外学者同场讨论儒家的"人伦日用中",讨论作为地方性知识的儒学如何能具有全球意义,讨论中国哲学如何为世界哲学提供资源,有力地推动了中国哲学的世界传播。而且,大会除了吸引学术界的专业人士之外,还吸引了不少非专业人士参与,充分显示了哲学对于现代社会中各界人士的吸引力,也显示了中国哲学传播的良好环境。我们要借这股东风,加强中国哲学在海外学界与社会各界的传播。

打造国际化的学术期刊,可以促进中国哲学与海外同行之间的交流与探讨,营造翻译评论与翻译实践和研究的良好氛围。2006 年 1 月,由教育部发起、高等教育出版社编辑出版、德国 Springer 出版公司负责海外发行的全英文哲学类季刊——*Frontiers of Philosophy in China*(简称 FPC)正式创刊出版。北京师范大学哲学与社会学院和价值与文化研究中心,为 FPC 的学术支持单位。目前,FPC 已成为世界学者了解中国

---

[1] 张西平:《中国文化"走出去"年度研究报告(2015 卷)》,北京大学出版社 2016 年版,第 54—55 页。

第八章 中国哲学典籍英译及世界传播的未来构想

哲学研究成果与发展动向的重要平台。诸如此类的学术期刊可以进一步开发，并刊发中国学者的译评，从而在与国外期刊的互动和交流中，相互认识、相互影响。

据了解，我国成立了不少全国性的专业哲学学会或研究会，如中国辩证唯物主义研究会、中国历史唯物主义研究会、中国自然辩证法研究会、中国马克思主义哲学史学会、中国哲学史学会、中华全国外国哲学史学会、中国现代外国哲学学会、中国逻辑学会、中国伦理学会、中华全国美学学会，等等。此外，各省、市、自治区（除西藏外），均有自己的哲学学会和研究会。一些有条件的学会可以定期召开国际学术会议，邀请国外专家参会，研讨中国哲学话题。有条件的学术团体可以创建自己的英文网站，开展一些专题讨论，吸引国外学者和中国哲学爱好者的关注和参与。

通过组织中外夏令营、工作坊、研讨班等人文交流活动形式，培养中国哲学国际传播的人才。国际儒学联合会与北京外国语大学联合主办的国际儒学与中华文化师资班为儒学国际传播创建了一个很好的平台。该师资班创立于2010年，至今已经举办了10年。来自世界各地，热爱中华文化的青年学者/学子面对面交流，运用中国"一多不分"互系型话语体系探讨东西方传统文化，比较中外文化差异，探索中华文化海外传播的路径与方式。该师资班已为亚、欧、美、澳、非五大洲21个国家培训了500余位文化交流使者，为全世界传扬中国文化。

在向海外汉学、哲学专业人士传播中国哲学的时候，重点需要关注这四类受众：一是西方年轻学者和学生，他们是思想开放的一代，"对待非西方哲学不抱有偏见，具有好奇心和创造力"，[1] 他们将成为西方学界未来的力量。二是要充分重视持续保持对东亚文化圈、儒家文化圈的影响力，巩固并扩大儒学乃至中国哲学在这两个具有高度重合性的文化圈内的传播与辐射。通过这样的传播与辐射，会引发中国哲学在这两个文化圈内的二次、三次乃至 N 次衍生传播或者副传播。这种衍生传

---

[1] Lyu Jianlan, Tan Xiaoli & Lang Yong, "On the translation, promotion and acceptance of Chinese philosophy in English-speaking world: an interview with Prof. Philip J. Ivanhoe", *Asia Pacific Translation and Intercultural Studies*, No. 2, 2016, p. 3.

播或副传播，首先表现为传播到这两大文化圈的中国哲学将极有可能被转译为第三国/地区的语言，为第三国/地区的读者所阅读、了解和评价。尽管人们对转译有种种批评，然而在实践领域，转译仍然是文化交流、沟通和对话的有效手段之一。如果中国哲学能够持续不断地提升其在东亚文化圈、儒家文化圈的影响力，那自然会为中国哲学走向世界提供更加广阔的舞台。三是与此相联系的是，我们要充分重视在海外华人中传播与发展中国哲学，这既可以让海外华人及时把握和了解中国哲学的现状和最新成就，也可以促进他们对包括中国哲学在内的中国文化的超时空认同，从而通过他们将中国哲学传播到这些海外华人所旅居、侨居、定居的非中国文化国家和地区。在这个意义上，我们完全可以把海外华人视为中国哲学海外传播的天然媒介。我们要积极发挥海外华人牵线搭桥的作用，充分依赖他们熟悉自身旅居、侨居、定居地的当地文化和当地习俗的优势，通过开展广泛的国际合作而整合资源、搭建平台，为及时有效地把中国哲学和哲学家推介出去提供新的增长空间，从而进一步丰富并拓展中国哲学海外传播与发展的有效渠道。四是"需要在政策层面上建立起'请进来'的目标读者和国际传播人才培养机制，鼓励外国青年来中国留学、访问和交流"。[①] 当这些人有了中国经历，就有可能成为海外新一轮的中国文化传播者。对于中国哲学、文化"走出去"而言，这或许是最行之有效的做法。

3.3 普通及大众读者的传播路径

大众读者也是不可小觑的一股传播力量。然而，过去众多的中国典籍英译，均以学术的形式呈现给读者，单一的翻译形式，限制在专业学者的小众范围，影响了中国思想的传播。比如，理雅各的中国经典译本是学术翻译的典范，至今仍被视为中国典籍在英语世界的标准译本，但其读者仅限于从事汉学、亚洲及东方哲学研究的学者们，很少有普通民众感兴趣，即便是各级各类学生也很难一字一句地认真研读此类译本。中国哲学典籍译作要在国外推广传播，就必须考虑国外大众读者的实际

[①] 胡安江：《中国文学走出去：问题与思考》，《中国翻译》2017年第5期。

第八章　中国哲学典籍英译及世界传播的未来构想

情况，以他们的阅读期待为导向，丰富和创新翻译形式。在与美国汉学家的访谈中，汉学家译者们多次提到，需要有更多的、各种类型的中国哲学典籍英译本，① 译者应当选择翻译那些普通读者易于理解的中国典籍。② 而且，本书对美国普通读者的问卷调查也显示，不少普通读者想通过阅读中国典籍译本了解中国的思想文化，丰富自己的知识，也有一些读者因为修学分的需要，或为了满足个人兴趣，或为了去中国学习、旅游的目的阅读中国典籍英译作品。这意味着中国哲学典籍要实现在美国的成功传播，就不能只关心专业读者的兴趣，而忽略普通读者的接受需求。

走大众传播路线，既要讲求传播内容准确得当，易于接受；也要讲求传播方式多样新颖。"中国哲学典籍要摆脱传播媒介单一的局面，就要综合利用人际传播媒介、大众传播媒介和互联网媒介，协调各种因素，实现典籍整体互动的传播格局"。③

要针对普通及大众读者推出喜闻乐见的普及型译本，此类译本可以是节译本、选译本，甚至是漫画插图译本，做到深入浅出、形式活泼，易于阅读和接受。

普通型及大众型译本，建议采取流畅、易懂的翻译。核心术语的翻译又分为两种情况。普通型的译本，核心术语的翻译可以采用音译加注释，或者干脆是音译的方法。根据"2018 年 2 月中国外文局发布的《中国话语海外认知度调研报告》，一些中国传统词汇以汉语拼音的形式进入英语话语体系。这说明随着中国的日益强大，当前海外民众对中国话语的认知度、理解度大幅上升"。④ 大众型的译本，建议核心术语采用近年来广为读者认可和接受的译名，一般不做新译。如果已有的译名

---

① 参见 Lyu Jianlan, Tan Xiaoli & Lang Yong, "On the Translation, Promotion and acceptance of Chinese Philosophy in the United States", *Asia Pacific Translation and Intercultural Studies*, Vol. 5, No. 1, 2018, p. 95.

② 参见 Lyu Jianlan, Tan Xiaoli & Lang Yong, "On the translation, promotion and acceptance of Chinese philosophy in English-speaking world: an interview with Prof. Philip J. Ivanhoe", *Asia Pacific Translation and Intercultural Studies*, No. 2, 2016, p. 3.

③ 郑建宁：《中国典籍海外译介整体互动传播模式初探》，《天津中德应用技术大学学报》2019 年第 1 期。

④ 范敏：《新时代〈论语〉翻译策略及其传播路径创新》，《西安外国语大学学报》2019 年第 3 期。

的确存在误导读者认知的错误，可以尝试重新翻译。术语的翻译建议多用套译法，即在英文中找一个意义最为接近的词汇，并且考虑要能体现术语在原文语境中的基本含义。在无法找到合适译名的情况下，采用音译加注释的方法。蔡志忠漫画中国典籍的系列英译本中，核心术语的英译做得既准确，又达意，值得其他的大众译本参考。此外，译者还可以多选用标准的现代英语，尽量避免使用外来语、生僻词语和不规范的词语，使译文语言符合当代读者的语言习惯，尽可能帮助读者阅读和理解。

　　一些具有中国本土文化特色的哲学思想在典籍文本中并未系统归纳，而是散落在各个章节中，需要读者识别并总结。例如，本书提到过的《论语》《中庸》等典籍，表达的哲学思想散见于各章之中，即便是国内学者也需要重新归纳，方能总结出典籍的要旨。因此，在翻译面向普通大众读者的译本之时，译者需要归纳总结，根据不同主题进行语篇重组，使译本在内容上更通俗易懂，这一点海外的华人学者做得较好。本书在第三章曾提到，陈荣捷先生在《中国哲学资料书》中每部经典的节译之前都加了一个标题，以表明自己对该经典主旨的理解。在同一部书中，陈荣捷对道家思想的总结和把握如"庄子的神秘之道""老子的自然之道"，力求标题能够突出每个思想家的主要特点。蔡志忠漫画英译的中国思想典籍系列也采用了这个做法，在《论语》《中庸》《大学》等译本中将原典的内容根据不同主题进行重组，然后提炼出一个词作为每一章的标题。

　　针对普通及大众读者群，利用多样化的载体，创新翻译形式，比如，可以根据哲学典籍的内容编译出漫画、寓言故事，甚至是诗歌读本，还可以借助影视和网络传媒翻译制作影视剧、动漫、网络游戏，等等。不过，并非所有的哲学思想都能通过漫画、卡通、插画等形式传递出来，因为许多中国古典哲学论说缺乏论据和论证的过程，也就是无故事可讲，这样一来，就不好运用改编的方法，而需要运用语篇重组或语内衔接的手段，例如，在英译文中增加结构词、连贯词等，使得译文读起来顺畅，逻辑性、连贯性较好。当然，无论采用哪种形式的翻译，都需要较为准确地传递典籍原作的基本概念和大致思想内容。大众读者通过阅读这样的译本，开始了解中国文化，培养对中国文化的兴趣，一些

第八章　中国哲学典籍英译及世界传播的未来构想

青少年可能通过这种阅读积累了知识和兴趣，为其日后选择从事中国研究打下基础。本书访谈的美国学者，蔡志忠漫画中国思想典籍系列的英译者，布莱恩·布雅博士就是从阅读漫画书、观看卡通电影培养起对中国文化的兴趣，而后走上了中国哲学研究之路。

可喜的是，国内高校已经有一些翻译团队开始着手中国哲学典籍的改编与传播工作。"宁波大学成立了一个'阳明文化海外传播'团队，近期完成了近千页的《心学智慧——〈传习录〉中英文双语漫画读本》。该读本一改传统的纯文字传播模态，将言微意丰、含宏万汇的王阳明思想变为灵动的漫画形象"。①"该书的电子版也受到了海外孔子学院的青睐。例如，冰岛北极光孔子学院、黑山孔子学院将它作为学生的课后阅读材料。教师们表示，书中的漫画插图增强了学习的趣味性，效果很好。学生们也表示受益匪浅，对王阳明的哲学思想和中国文化有了更深刻的理解，并非常期待继续通过漫画读本与圣贤对话"。②

要充分利用新技术、新媒体在中国哲学的海外传播中发挥作用。人类社会已经由读文时代进入到了读图时代。由于工作节奏加快，读者的阅读习惯发生了巨大的变化。随着智能手机、智能移动终端设备的日益普及，以及网上联机大型数据库的不断出现，加上人工智能技术的不断拓展，我们要积极主动地面向海外普通读者群，推出可供中国哲学、文化所到之处的当地读者，在不同操作系统、多种品牌、各种款式的智能手机、移动终端下载并阅读中国典籍翻译作品的不同格式的电子版、音频版、视频版、盲文版，从而有效改变以往基本依赖纸质媒介和音像制品等形式传播中国文化的单一化局面，使传播手段更加多样化、丰富化、时尚化。

"遴选优秀的中国文化典籍，增加跨体裁改编和海外公演，以艺术表演形式与普通受众见面"。③ 以元杂剧《赵氏孤儿》为例，"该剧于1698年为法国传教士马若瑟首次翻译，并将翻译的剧本于1735年在法

---

① 杨宝光、费周瑛、郭颖：《宁大学子：把王阳明故事讲到世界各地》，《中国青年报》2019年10月31日。
② 杨宝光、费周瑛、郭颖：《宁大学子：把王阳明故事讲到世界各地》，《中国青年报》2019年10月31日。
③ 郑建宁：《中国典籍海外译介整体互动传播模式初探》，《天津中德应用技术大学学报》2019年第1期。

国的《中国通志》上全文发表。之后,这一译本通过英、德、意、俄等几种语言的《中国通志》在欧洲广为流传",[①] 后经法国作家伏尔泰、英国剧作家阿瑟·墨菲的改编成为法文剧本和英文剧本,分别在巴黎、伦敦乃至美国上演,取得了成功的传播效果。再以昆曲《牡丹亭》为例,该剧在海外的舞台演出和文学译本是传播的两大方式。自问世以来,不仅在国内久演不衰,也是"我国目前在世界舞台上演出较为频繁的戏曲剧种和剧目,在海外传播产生了广泛影响"。[②] 在近年的海外传播中,该剧"秉人类爱情共性、文本传播先行、多元形式同步"为其海外传播的成功奠定了基础。有了这些成功的先例,我们不妨将中国典籍中有故事情节的改编成电影、电视、话剧或舞台剧,与海外普通读者见面,比如,"可以拍一部关于孔子的有英汉对照字幕的电影在国外放映,等外国(普通)观众对孔子这个人物感兴趣了之后,就会产生阅读《论语》的渴望,我们再在国外销售《论语》不迟。硬塞给人家远远不如人家求你喂"。[③]

"增加VR、AR或MR等新技术的跨媒介改写,利用旅游、展览等场合向海外观众开放,使典籍以活泼、直观、有趣的形式呈现"。[④] 例如,可以利用国外游客来中国旅游的机会,在各景点的民俗文化村表演一些中国传统文化的仪式或经典剧目,吸引游客对中国传统文化的关注,进而去了解。作者曾在江西婺源一个旅游景点欣赏了《弟子规》的表演,印象很深刻。

"广泛利用报纸、期刊、广播、电影、电视等大众传播渠道,定期向海外推出中国文化典籍系列专题栏目,对译作的出版、译者的获奖等信息及时给予报道"。[⑤]

"开发互联网信息传播渠道和建立资源共享平台,激发受众的主体

[①] 徐颖果:《中国戏剧在美国》,《中国戏剧》2010年第4期。
[②] 张一方:《昆曲〈牡丹亭〉的海外传播》,《当代音乐》2017年第17期。
[③] 王宏印、李绍青:《翻译中华典籍 传播神州文化——全国典籍翻译研究会长王宏印访谈录》,《当代外语研究》2015年第3期。
[④] 郑建宁:《中国典籍海外译介整体互动传播模式初探》,《天津中德应用技术大学学报》2019年第1期。
[⑤] 郑建宁:《中国典籍海外译介整体互动传播模式初探》,《天津中德应用技术大学学报》2019年第1期。

第八章　中国哲学典籍英译及世界传播的未来构想

性参与、行程交互式、即时性、广覆盖的传播格局"。① 要高度重视图书销售网站对中国哲学海外传播与发展所发挥的作用以及由此而带来的深远影响。大众读者的评论常常通过图书销售网站发布。扎实而深入地了解普通民众的阅读规范、兴趣和期待，有助于提升在海外传播中国哲学的针对性和功效性。

4　传播的方式

4.1　出版

"新兴媒介虽然具有传播信息的独特优势，但是纸质图书仍然是典籍英译与传播的重要载体"。② 纸质图书是知识性文字的重要载体，方便长期保存、传播，使受众进行深度阅读，这些优势和权威性是其他媒介无法超越的。另外，出版商"在中国典籍英译本的图书设计上，包括封面设计、版面装饰、书内图文搭配等方面都可以做出创新与改进"，③ 以迎合各类读者的审美情趣，促进销售。

对于中国哲学典籍的英译作品来说，出版的纸质图书仍然是传播的重要载体。而且，哲学翻译作品的经典化是其成为世界哲学的必要途径。在当今西方哲学仍占据哲学界主流地位的情况下，"处于边缘地位的中国哲学，如果不借助西方的经典化模式的运作，包括世界（特别是西方）公认的著名出版社的出版和著名文化经典选集的收录，也不能成为公认的世界经典"。④

要积极推动版权代理人制度。众所周知，许多国外作家，特别是欧美作家，早已经习惯了将自己的版权事物交给代理人去打理，从而腾出更多的时间用来构思、体验和创作。而对于代理人来说，如果有了合适

---

① 郑建宁：《中国典籍海外译介整体互动传播模式初探》，《天津中德应用技术大学学报》2019年第1期。

② 郑建宁：《中国典籍海外译介整体互动传播模式初探》，《天津中德应用技术大学学报》2019年第1期。

③ 郑建宁：《中国典籍海外译介整体互动传播模式初探》，《天津中德应用技术大学学报》2019年第1期。

④ 魏家海：《走向世界文学的宇文所安唐诗译本研究》，《外国语文研究》2019年第6期。

的利益分配，个人或机构就会充分调动各种手段与资源，尽可能多地销售作家的作品，并由此而占据更为广阔的图书市场份额。著名出版编辑李景端先生认为，译者要服务好三个"主人"，"除了作者、读者外，还有一个中间者，就是出版商、文字代理人或经纪人"。① "市场经济下，翻译兼具商品的属性，有两个层面，一是学术层面，二是传播层面。在传播层面，翻译是社会性劳动，其成果必须通过传播并被他人接受以后，翻译的价值才能实现"。② 作为商品的翻译产品，必须考虑如何实现传播效果最大化。因此，出版商、文字代理人或经纪人的作用就由此得以体现。葛浩文曾经提及，他在选择翻译文学作品时需要听取文学代理商的意见，这些人懂得判断拟选译的作品是否合适在目的语境中传播，因此，他们"在作品出版中的作用甚至超过读者，不仅能决定翻译成果能否以商品形式进入市场，甚至还能左右读者去接受什么样的翻译成果"。③ 安乐哲就承认经纪人发挥着传播作用。他认为，如果他的《孙子兵法》译本委托给经纪人出版、销售的话，应当会更畅销。④ 蔡志忠中国传统思想典籍的漫画英译者、东密歇根大学布莱恩·布雅教授在接受本书作者的访谈中也特别提到了图书出版经纪人。他谈到，完成了蔡氏的《庄子》漫画改编的英译之后，有经纪人主动为他们提供咨询服务，告诉他们当时美国图书市场对于出版漫画书的需求和要求，并帮忙联系了蔡志忠一直向往的普林斯顿大学出版社。译者的回答充分肯定了经纪人在中国哲学典籍英译作品的传播、销售中发挥的桥梁作用。

然而，在中国哲学英译作品的销售方面，国外的学者型译者基本都不去寻找经纪人帮忙销售，这里主要就两个原因，其一是观念问题。对于这些学者型译者而言，学术型译作的价值不能由市场和利润来决定，

---

① 李景端：《新时代需要升级版的翻译家》，《中华读书报》2019 年 3 月 25 日。
② 张慧玉：《中国图书翻译出版的发展历程、重要议题及新时代的挑战——李景端先生访谈录》，《外国语文研究》2019 年第 5 期。
③ 张慧玉：《中国图书翻译出版的发展历程、重要议题及新时代的挑战——李景端先生访谈录》，《外国语文研究》2019 年第 5 期。
④ 参见 Tan Xiaoli & Huang Tianyuan, "Translating Chinese Philosophy on Its Own Terms: An Interview with Professor Roger T. Ames", *Asia Pacific Translation and Intercultural Studies*, No. 2, 2015, p. 134.

第八章　中国哲学典籍英译及世界传播的未来构想

他们更看重的是由专业批评家和学者所构成的专业批评体系对自己译作的价值评论。其二是中国哲学的英译作品在国外的销售一般较少甚至很少，出版社支付给译者的版税额度尚不尽人意，让译者们难以雇佣经纪人。基于这一现状，我们就可以做一些事情，例如，与国外的版权代理人取得联系和沟通，促成中国典籍翻译作品的海外较知名的出版社出版。其实国外的版权代理人也在积极发掘中国市场，"市场化以后，真正有市场价值的，西方人他也在找"。[1] 西方的出版经纪人制度已经有效运转了漫长的时间，面对有商业效益的中国作品时，他们是没有理由拒绝的。

4.2　阅读

本书第四章对中国哲学典籍译本在全球及美国各类图书馆的馆藏做了详细的调研与分析，结果发现，尽管中国哲学典籍英译作品的足迹已遍及了全球各大洲和美国绝大部分地区，但馆藏量很少，且分布不均衡，在美国人口最多，拥有的各类大专院校最多、移民最多、多元文化盛行的各个州传播较好；在经济较欠发达、人口较少、大学较少的各州，中国哲学典籍的英译作品的传播较少，甚至没有传播过去。而且，绝大多数中国哲学典籍的英译作品为大学图书馆收藏，各州、各县市的公共图书馆以及社区大学图书馆馆藏很少。

这种现状，需要我们和国外汉学界针对国外的各个读者群继续推出高质量的译作，特别是面向大学生读者群体和大众读者群体的中国典籍译本，作为通识教材直接进入经典的行列，不仅能够拓展读者的范围，更是一个民族思想和文化保持经典地位的重要途径。本书的调研结果显示，一些进入经典行列的中国典籍译作被美国各大学校选为学生教材，不仅阅读者众多，而且流通好、销量大，取得了较好的传播效果。伯顿·沃森的《庄子入门》《荀子入门》、陈荣捷的《中国哲学资料书》、艾文荷和万百安的《中国古典哲学读本》、安乐哲的《孙子兵法》，等等，都进入了美国大学、中学课堂，拥有众多的读者。

---

[1] 姚建斌：《中国文学海外发展报告（2018）》，社会科学文献出版社2019年版（绪论第三部分）。

译作在世界图书馆的馆藏数量与译作依靠何种媒介传播有直接的关系。本书对 OCLC Worldcat 的检索数据显示，馆藏数量最多的利斯《论语》英译本，安乐哲的《孙子兵法》英译本和陈荣捷的《中国哲学资料书》均为电子版。相对于纸质版书籍来说，电子版书籍具有易保存、流通快、价格低等特点，能够帮助图书馆减少大量的保管和维护成本，也很受年轻读者的欢迎。因此，增加中国典籍译本的电子版本的馆藏，是图书馆和读者两相情愿的事，也是促进译本阅读的有效手段。

中国各级政府官员或学校领导、学者出访美国，也可以带一些优秀的中国哲学典籍大众译本，赠送给出访当地的公共图书馆及社区大学图书馆，增加此类图书馆中国典籍译作的馆藏量，吸引大众读者来阅读。

此外，本书的调查结果还表明，译作的馆藏数量与译作的可读性、现代性相关，与译作传播的媒介相关，且与译作出版社的声望有关。这就需要我们在译介中选择那些具有中西文化可通约性的、具有永久话题的典籍，以基本忠实原著，自然、流畅、可读性强的策略来指导普通型、大众型译本的翻译，且选择国外著名出版社出版，力争进入主流发行渠道，扩大译作的销售面和销售量。

4.3 销售

本书的调查结果显示，大学课堂是中国哲学典籍传播的一个十分重要的媒介，大学生是中国哲学典籍英译作品最大的读者群体，他们的购买倾向对译作销量的影响十分明显。被选作大学教材的中国哲学典籍译作都有较高的销售量。例如，伯顿·沃森的《庄子入门》、安乐哲的《孙子兵法》被用作大学教材，销量排名为本书调研的中国哲学典籍译作的前两名。

在美国，中国哲学典籍的英译作品大多由大学出版社出版，商业出版社则出版不多。"商业出版社的实力、声誉和市场号召力是确保译作成功传播的核心要素之一"，[①] 它们通常有自己的营销方案、营销团队和营销网络，因而在销售方面做得较为出色；而大学出版社则以出版有

---

① 汪宝荣：《中国文学译介传播模式社会学》，《上海翻译》2019 年第 2 期。

第八章　中国哲学典籍英译及世界传播的未来构想

价值的学术著作为重，不会过多考虑出版盈利，因而不会采用营销手段。为促进中国哲学典籍译本的销售推广，我们需要在海外建立图书译本的销售机构和版权代理人机制，将优秀的中国典籍英译作品推荐给知名的商业出版社出版。

除了发行和销售以纸质图书为媒介的译本，我们还应当积极利用互联网平台拓展中国哲学典籍英译作品的营销和流通。中国哲学典籍英译作品的信息一旦输入了互联网，就能迅速地传播到全球，有效促进译作的销售，例如，亚马逊图书网就是这样一个平台。而且，通过亚马逊等图书网站，典籍译作的意向购买者还可直接与销售商和已购者发生联系，了解他们想知道的图书相关信息，也能直接推动译作的销售。这样，出版社就能与销售网站相互连接，为中国典籍译本的传播和流通搭建强有力的营销与流通平台。

4.4　评论

中国哲学典籍的英译作品要想在国际上获得关注并保持影响力，就需要国际学界的知名学者对其进行评论和推介。"批评家在国际刊物上发表的译作书评对学术研究具有重要的指导意义，并直接影响读者的选择和接受，继而影响译作的发行、流通和阅读"。[①]

"中国文学作品英译除非赢得英语读书界有影响的书评家的正面评析及解读，几无可能在英美读书话语网络中引起广泛兴趣及议论"。[②] 中国哲学典籍的译作又何尝不是如此？国内学者必须高度重视国际译评。考察译作在接受语境中的阅读情况，就应时刻关注那些发表在权威期刊、平台上的，具有广泛影响力的国际译评，深刻领会其中所体现的评论者的品位、标准及期待。中国学者可以利用"读者来信"、跟帖等形式回应这些译评，就如何理解译作在接受体系内所具有的相关性及哲学价值，直接与西方学界交流探讨，并逐步争取发布在相应的期刊、平台上，利用各种机会促使西方朝着重视和积极评价英译中国作

---

① 魏家海：《走向世界文学的宇文所安唐诗译本研究》，《外国语文研究》2019 年第 6 期。
② 刘亚猛、朱纯深：《国际译评与中国文学在域外的"活跃存在"》，《中国翻译》2015 年第 1 期。

品的方向演变。

5　结语

在新的时代语境下，中国哲学典籍对外译介成为中国文化"走出去"战略的一个重要载体，肩负着向世界传播中国思想文化，为构建人类命运共同体提供精神引领的历史使命。这项事业既非一蹴而就，也非一帆风顺，既需要我们用多种手段和方式，更需要我们运用大智慧去切实推进。我们需要"以一种历史的、发展的、开放的眼光，为建立开放而多元的翻译与传播空间，为实现不同思想文化间的平等而长远的交流创造条件"。[①] 本书根据调研，针对第二次世界大战后中国哲学典籍在美国的英译和传播现状所提出的建议，仅代表作者目前对相关问题的认识，而不是也不能视为对中国哲学典籍海外英译所提出的一劳永逸的解决方案。

[①] 刘云虹：《中国文学对外译介与翻译历史观》，《外语教学理论与实践》2015 年第 4 期。

参考文献

[法]艾田蒲（安田朴）：《欧洲之中国》，许钧、钱林森译，广西师范大学出版社2008年版。

安乐哲：《和而不同：比较哲学与中西会通》，北京大学出版社2002年版。

安乐哲：《和而不同：比较哲学与中西会通》，北京大学出版社2009年版。

安乐哲：《野人献曝》，《中国时报·副刊》1982年6月30日。

安乐哲、郝大维：《道不远人：比较哲学视域中的〈老子〉》，学苑出版社2004年版。

安乐哲、罗思文：《论语的哲学诠释》，中国社会科学出版社2003年版。

安藤彦太郎：《日本研究的方法论——为了加强学术交流和相互理解》，吉林人民出版社1982年版。

[美]巴特勒，斯蒂芬·康格拉特：《国外翻译界》，中国对外翻译出版公司1979年版。

陈德鸿：《阅读全球：作为消费者的读者与"村上春树翻译现象"》，《亚太跨学科翻译研究》2018年第7期。

陈福康：《中国译学理论史稿》，上海外语教育出版社年2000年版。

陈君静：《大洋彼岸的回声——美国中国史研究历史考察》，中国社会科学出版社2003年版。

陈梅、文军：《中国典籍英译国外阅读市场研究及启示——亚马逊图书网上中国典籍英译本的调查》，《外语教学》2011年第7期。

陈荣捷：《王阳明与禅》，学生书局1984年版。

陈荣捷：《中国哲学文献选编》，江苏教育出版社2006年版。

陈荣捷：《中国哲学文献选编》，巨流图书公司 1993 年版。

陈思源：《现代漫画语言分析研究》，硕士学位论文，西安工程大学，2013 年。

程志华：《中国哲学术语系统的形成与发展》，《中国哲学史》2007 年第 2 期。

成中英：《从中西互释中挺立》，中国人民大学出版社 2005 年版。

崔建立：《冷战时期富布莱特项目与美国文化外交》，博士学位论文，东北师范大学，2011 年。

崔玉军：《陈荣捷与美国的中国哲学研究》，社会科学文献出版社 2010 年版。

崔玉军：《东西方哲学家会议与中国哲学研究在美国的发展》，《国外社会科学》2005 年第 4 期。

邓巨、刘宗权：《论典籍翻译中的意象转换》，《河北大学学报》（哲学社会科学版）2009 年第 4 期。

董璐：《传播学核心理论与概念（第二版）》，北京大学出版社 2016 年版。

杜维明：《儒家传统与文明对话》，河北人民出版社 2006 年版。

范敏：《新时代〈论语〉翻译策略及其传播路径创新》，《西安外国语大学学报》2019 年第 3 期。

冯友兰：《三松堂全集》，河南人民出版社 1988 年版。

冯友兰：《中国哲学史（上册）》，华东师范大学出版社 2000 年版。

龚献静：《二战后美国资助翻译中国文化文本的项目特点及启示》，《中国翻译》2017 年第 1 期。

顾华：《〈道德经〉在美国》，《岭南文史》1999 年第 1 期。

郭清香：《从民族性与普世性看儒家文化的现实意义》，《中国特色社会主义研究》2010 年第 2 期。

郭尚兴：《论中国哲学典籍英译认知的多重历史视域融合》，《大连大学学报》2010 年第 1 期。

韩家炳：《多元文化_文化多元主义_多元文化主义辨析——以美国为例》，《史林》2006 年第 5 期。

韩孟奇：《汉语典籍英译的语境补缺与明晰化》，《上海翻译》2016 年第

4 期。

郝大维、安乐哲：《通过孔子而思》，北京大学出版社 2005 年版。

何明星：《莫言作品的世界影响地图》，《中国出版》2012 年第 6 期。

侯且岸：《当代美国的"显学"——美国现代中国学研究》，人民出版社 1995 年版。

胡安江：《中国文学走出去：问题与思考》，《中国翻译》2017 年第 5 期。

胡文涛：《冷战结束前私人基金会与美国文化外交》，《太平洋学报》2008 年第 3 版。

胡治洪、丁四新：《辨异观同论中西——安乐哲教授访谈录》，《中国哲学史》2006 年第 4 期。

黄广哲、朱琳：《以蔡志忠典籍漫画〈孔子说〉在美国的译介谈符际翻译》，《上海翻译》2018 年第 1 期。

黄俊杰：《东亚儒学史的新视野》，台湾大学出版社 2004 年版。

黄俊杰：《战后美国汉学界的儒家思想研究（1950—1980）：研究方法及其问题——东亚儒学研究的回顾与展望》，华东师范大学出版社 2008 年版。

黄咏梅、陈宵：《余华：西方读者并不只想读"中国政治书"》，《羊城晚报》2011 年 10 月 23 日。

季红琴：《基于读者接受的〈孟子〉英译与传播研究》，博士学位论文，湖南师范大学，2016 年。

贾顺先、贾海宁：《论儒学与西方文化的交流、互补和创新》，《四川大学学报》2001 年第 1 期。

蒋国保：《儒学普世化的基本路向》，《中国哲学史》2003 年第 3 期。

蒋坚松：《文本与文化——评诺布洛克英译本〈荀子〉》，《外语与外语教学》1999 年第 1 期。

金学勤：《论美国汉学家白氏夫妇的〈论语〉"层累论"成书说》，《四川大学学报》（哲学社会科学版）2009 年第 2 期。

金学勤：《通俗简练　瑕不掩瑜——评戴维·亨顿的〈论语〉和〈孟子〉英译》，《孔子研究》2010 年第 5 期。

［法］蓝莉：《请中国作证：杜赫德的〈中华帝国全志〉》，许明龙译，

商务印书馆 2015 年版。

李景端：《新时代需要升级版的翻译家》，《中华读书报》2019 年 3 月 25 日。

李念：《在这里，中国哲学与世界相遇——24 位世界哲学家访谈录》，人民出版社 2018 年版。

李荣静：《当代美国政府的对外文化战略及其实质》，《理论与现代化》2004 年第 6 期。

李秀英：《华兹生的汉学研究与译介》，《国外社会科学》2008 年第 4 期。

理雅各：《四书（汉英对照）》，湖南出版社 1992 年版。

李玉良、罗公利：《儒家思想在西方的翻译与传播》，中国社会科学出版社 2009 年版。

廖志阳：《〈墨子〉英译概观》，《中南大学学报》2013 年第 2 期。

林嘉新：《美国汉学家华兹生的汉学译介活动考论》，《中国文化研究》2017 年秋之卷。

林同奇：《"中国中心观"：特点、思潮与内在张力》，柯文：《在中国发现历史——中国中心观在美国的兴起》，中华书局 2002 年版。

刘玲娣：《陈荣捷与〈道德经〉英译》，《华南农业大学学报》（人文社会科学版）2016 年第 6 期。

刘天明：《媒介与文学的双重变奏：以四大名著为例分析媒介在文学传播中的作用》，《东北师大学报》（哲学社会科学版）2010 年第 3 期。

刘笑敢：《诠释与定向——中国哲学研究方法之探究》，商务印书馆 2009 年版。

刘雪芹：《〈论语〉英译语境化探索》，博士学位论文，上海外国语大学，2010 年。

刘亚猛、朱纯深：《国际译评与中国文学在域外的"活跃存在"》，《中国翻译》2015 年第 1 期。

刘云虹、许钧：《文学翻译模式与中国文学对外译介——关于葛浩文的翻译》，《外国语》2014 年第 3 期。

刘云虹：《中国文学对外译介与翻译历史观》，《外语教学理论与实践》2015 年第 4 期。

龙迪勇：《图像叙事：空间的时间化》，《江西社会科学》2007年第9期。

吕俊、候向群：《翻译学导论》，上海外语教育出版社2012年版。

吕明：《美国孔子学院教师教学本土化的调查及培训策略》，《延边大学学报》（社会科学版）2014年第5期。

罗新璋：《翻译论集》，商务印书馆1984年版。

马祖毅、任荣珍：《汉籍外译史》，湖北教育出版社1997年版。

麦茨：《电影语言：电影符号学导论》，远流出版社1996年版。

孟庆波：《美国中国学的发端史研究》，《华南农业大学学报》（社会科学版）2013年第2期。

孟祥春：《中国文化与哲学翻译中的"立名"——一种中西融通的视角》，《当代外语研究》2018年第2期。

奈斯比特、阿博顿妮：《2000年大趋势：九十年代的十个新趋向》，东方出版社1990年版。

倪培民：《从功夫论的角度解读〈中庸〉——评安乐哲与郝大维的〈中庸〉英译》，《求是学刊》2005年第3期。

宁柯维奇、弗兰克：《美国对外文化关系的历史轨迹（续）》，《编译参考》1991年第8期。

潘文国：《从"格义"到"正名"——翻译传播中华文化的必要一环》，《华东师范大学学报》（哲学社会科学版）2017年第5期。

强晓：《海外〈论语〉漫画英译评鉴》，《上海翻译》2014年第2期。

仇华飞：《二十世纪上半叶美国汉学研究管窥》，《档案与史学》2000年第4期。

裘克安译：《联合国教科文组织各国代表作品丛书简介》，《中国翻译》1991年第2期。

邵培仁：《传播学》，高等教育出版社2015年版。

沈清松：《中国哲学文本的诠释与英译——以〈齐物论〉为例》，广西师范大学出版社2007年版。

史华慈：《研究中国思想史的一些方法问题》，《近代中国史研究通讯》1987年第4期。

宋晓春：《论典籍翻译中的"深度翻译"倾向——以21世纪初三种〈中

庸〉英译本为例》，《外语教学与研究》2014 年第 6 期。

孙建杭：《战略·利益·格局——冷战后世界格局的演变和 90 年代美国对华政策的调整》，《世界经济与政治》2000 年第 8 期。

孙敬鑫：《安靖如在对话中实现中国文化崛起》，《对外传播》2012 年第 10 期。

孙周兴：《翻译的限度与译者的责任——由安乐哲的汉英翻译经验引发的思考》，《中国翻译》2008 年第 2 期。

谭晓丽：《安乐哲、郝大维〈中庸〉译本与美国实用主义》，《中国翻译》2012 年第 4 期。

谭晓丽：《当代中国哲学英译中的译者与读者——林安迪教授访谈》，《衡阳师范学院学报》2019 年第 2 期。

谭晓丽：《和而不同：安乐哲儒学典籍英译研究》，中央编译出版社 2012 年版。

谭晓丽、Brian Bruya：《中国典籍译介的漫画媒介——蔡志忠漫画中国思想系列英译者布莱恩·布雅访谈》，《衡阳师范学院学报》2021 年第 1 期。

汤一介：《在中欧文化交流中创建中国哲学》，《北京大学学报》2005 年第 5 期。

屠国元、吴莎：《〈孙子兵法〉英译本的历时性描写研究》，《中南大学学报》2011 年第 4 期。

万京、李剑：《"5W 模式"下戏曲类 APP 的传播现状及思考》，《戏剧之家》2020 年第 16 期。

汪宝荣：《中国文学译介传播模式社会学》，《上海翻译》2019 年第 2 期。

王海珠、王洪涛：《中国文学在西方多媒介传播的社会学分析——以莫言〈红高粱家族〉为例》，《燕山大学学报》（哲学社会科学版）2020 年第 1 期。

王宏印、李绍青：《翻译中华典籍 传播神州文化——全国典籍翻译研究会长王宏印访谈录》，《当代外语研究》2015 年第 3 期。

王建开：《从本土古典到域外经典——英译中国诗歌融入英语（世界）文学之历程》，《翻译界》2016 年第二辑，外语教学与研究出版社

2016 年版。

王建开：《借用与类比：中国文学英译和对外传播的策略》，《外文研究》2013 年第 1 期。

王建开：《经典与当代的融合：中国文学作品英译的通俗形态》，《当代外语研究》2014 年第 10 期。

王建开：《中国当代文学作品英译的出版于传播》，复旦大学出版社 2020 年版。

王克非：《阐译与显化——许国璋翻译思想解析》，《现代外语》2015 年第 6 期。

汪庆华：《传播学视阈下的中国文化走出去与翻译策略选择——以〈红楼梦〉英译为例》，《外语教学》2015 年第 3 期。

汪榕培：《序》，《庄子（汉英对照）》，汪榕培英译，秦旭卿、孙雍长今译，湖南人民出版社 1999 年版。

汪榕培：《中国典籍英译的几点认识》，《燕山大学学报》（哲学社会科学版）2013 年第 3 期。

汪榕培、王宏印：《中国典籍英译》，上海外语教育出版社 2009 年版。

王蕊：《论典籍翻译中的意象转换——以〈道德经〉英译为例》，《文学界》（理论版）2010 年第 8 期。

王文：《庞德与中国文化》，博士学位论文，苏州大学，2004 年。

王琰：《汉学视域中的〈论语〉英译研究》，上海外语教育出版社 2012 年版。

王琰：《〈论语〉英译与西方汉学的当代发展》，《中国翻译》2010 年第 3 期。

魏家海：《走向世界文学的宇文所安唐诗译本研究》，《外国语文研究》2019 年第 6 期。

文军、甘霞：《国内〈庄子〉英译研究：回顾与前瞻》，《广东外语外贸大学学报》2012 年第 3 期。

武宏志：《美国大学哲学系的"中国哲学"课》，《中国哲学史》1999 年第 4 期。

吴涛：《华兹生的中国典籍英译对中国文化"走出去"的启示》，《昆明理工大学学报》（社会科学版）2018 年第 2 期。

吴元国：《隔绝对峙时期的美国中国学（1949—1972）》，上海辞书出版社 2008 年版。

谢天振：《中国文学走出去：问题与实质》，《中国比较文学》2014 年第 1 期。

熊十力：《明心集》，学生书局 1977 年版。

徐大平：《美国公共图书馆发展现状及启示》，《图书馆建设》2011 年第 11 期。

许钧：《文化多样性与翻译的使命》，《中国翻译》2005 年第 6 期。

徐秦法、秦磊：《充分认识新时代加强马克思主义意识形态话语体系建设的重要意义》，《党建》2020 年第 3 期。

徐新：《西方文化史续编：从美国革命到 20 世纪》，北京大学出版社 2003 年版。

徐颖果：《中国戏剧在美国》，《中国戏剧》2010 年第 4 期。

杨宝光、费周瑛、郭颖：《宁大学子：把王阳明故事讲到世界各地》，《中国青年报》2019 年 10 月 31 日。

杨大春：《梅洛-庞蒂哲学的复魅之旅》，《天津社会科学》2008 年第 6 期。

杨静：《论中国哲学典籍英译方法》，《学术探索》2014 年第 2 期。

杨静：《美国二十世纪的中国儒学典籍英译史论》，博士学位论文，河南大学，2014 年。

杨平：《〈论语〉的英译研究——总结和评价》，《东方丛刊》2008 年第 2 期。

杨平：《论中国哲学的翻译》，《外国语》2012 年第 6 期。

姚建斌：《中国文学海外发展报告（2018）（绪论第三部分）》，社会科学文献出版社 2019 年版。

姚斯、霍拉勃：《接受美学与接受理论》，辽宁人民出版社 1987 年版。

尹士刚：《叙事学视野下的连环画和漫画书的图文关系研究》，硕士学位论文，南京大学，2014 年。

于健：《漫画〈论语〉全译本》（上），于健、候萍萍英译，北京语言大学出版社 2011 年版。

于建福：《儒家文化教育对欧洲近代文明的影响与启示》，《教育研究》2007年第11期。

宇文所安：《中国文论：英译与评论》，上海社会科学院出版社2003年版。

于运全、王丹、孙敬鑫：《2018年中国国家形象全球调查分析报告》，《对外传播》2019年第11期。

张帆：《〈道德经〉中"道"与"德"的哲学阐释及其英译研究》，《周口师范学院学报》2015年第4期。

章红雨、蔡志忠：《漫画给苦涩的哲学加点糖》，《中国新闻出版报》2013年第8期。

张慧玉：《中国图书翻译出版的发展历程、重要议题及新时代的挑战——李景端先生访谈录》，《外国语文研究》2019年第5期。

张佩瑶：《传统与现代之间：中国译学研究新途径》，湖南人民出版社2012年版。

张若男：《美国孔子学院办学现状及其文化传播策略研究》，《上海教育评估研究》2017年第1期。

张西平：《儒学西传欧洲研究导论：16—18世纪中学西传的轨迹与影响》，北京大学出版社2016年版。

张西平：《中国文化"走出去"年度研究报告（2015卷）》，北京大学出版社2016年版。

张西平、李雪涛：《西方汉学十六讲》，外语教学与研究出版社2011年版。

张西平、［意］马西尼（Federico Masini）、任大援、［意］裴佐宁（Ambrogio M. Piazzoni）主编：《梵蒂冈图书馆藏明清中西文化交流史文献丛刊（第一辑）》（全44册），大象出版社2014年版。

张一方：《昆曲〈牡丹亭〉的海外传播》，《当代音乐》2017年第17期。

章媛：《〈道德经〉首句英译问题研究》，《宗教学研究》2010年第4期。

赵征军：《中国戏剧典籍译介研究》，博士学位论文，上海外国语大学，2013年。

郑建宁：《中国典籍海外译介整体互动传播模式初探》，《天津中德应用技术大学学报》2019年第1期。

郑元（玄）、（唐）贾公彦：《疏〈周礼注疏〉》，中华书局1980年版。

郑志民等：《英国剑桥大学威妥玛中文特藏》，《江苏图书馆学报》1992年第2期。

朱利安：《法国当代中国学》，中国社会科学出版社1998年版。

朱熹：《四书章句集注》，中华书局1992年版。

Ames, Roger T. & Hall, David, *Daodejing: Making This Life Significant*, New York: Ballantine, 2003.

Ames, Roger T. & Hall, David, *Focusing the Familiar: A Translation and Philosophical Interpretation of the Zhongyong*, Honolulu: University of Hawaii Press, 2001.

Ames, Roger T., "Review To Acquire Wisdom: The Way of Wang Yang-ming by Julia Ching", *Bulletin of the School of Oriental and African Studies, University of London*, Vol. 15, No. 2, 1977.

Ames, Roger T. & Rosemont, Henry, *The Analects of Confucius: A Philosophical Translation*, New York: The Ballantine Publishing Group, 1998.

Appiah, K., "Thick Translation", *Caloo*, No. 4, 1993.

Balcom, John, "An Interview with Burton Watson", *Translation Review*, Vol. 70, No. 1, 2005.

Barry, Ann Marie, *Visual Intelligence: Perception, Image and Manipulation in Visual Communication*, New York: State University of New York Press, 1997.

Bary, De ed., *Introduction, The Unfolding of Neo-Confucianism*, New York: Columbia University Press, 1975.

Bary, De ed., *Sources of Chinese Tradition, Volume I*, New York: Columbia University Press, 1960.

Berggren, Paula ed., *Teaching with The Norton Anthology of World Literature: A Guide for Instructors* (for Volumes A – C: Beginnings to 1650, D – F: 1500 to the modern world), New York/London: W. W. Norton & Company, 2002.

Bloom, Alfred, "A Review of A Source Book in Chinese Philosophy", *Journal of Bible and Religin*, Vol. 33, No. 2, 1965.

参考文献

Bodde, Derk, "On Translating Chinese Philosophic Terms", *The Far Eastern Quarterly*, Vol. 14, No. 2, 1955.

Boodberg, P. A., "The Semasiology of Some Primary Confucian Concepts", *Philosophy East and West*, Vol. 2, No. 4, 1953.

Brooks, B. & Brooks, T., "Book Review: The Analects of Confucius by Burton Watson", *The China Reviews*, Vol. 9, No. 1, 2009.

Buzelin, H., "Unexpected Allies: How Latour's Network Theory Could Complement Bourdieusian Analysis in Translation Studies", *The Translator*, No. 2, 2005.

Carlin Romano, "Chinese Philosophy Lifts Off in America: The Chronicle Review", *The Chronicle of Higher Education*, No. 9, 2013.

Chan, Wing-tsit ed., *A Source Book in Chinese Philosophy*, Princeton, N. J.: Princeton University Press, 1963.

Chan, Wing-tsit, "Review Confucius: The Great Digest and Unwobbling Pivot by Ezra Pound", *Philosophy East and West*, Vol. 3, No. 4, 1954.

Chan, Wing-tsit, *The Way of Lao Tzu, A Translation and Study of the Taote Ching*, Indianapolis: Bobbs-Merrill, 1963.

Chard, Robert, "A Review of Burton Watson's Translation of the Tso Chuan: Selections from China's Oldest Narrative History", *Bulletin of the School of Oriental and African Studies, University of London*, Vol. 54, No. 3, 1991.

Cheang, Alice W., "The Master's Voice: On Reading, Translating and Interpreting the 'Analects' of Confucius", *The Review of Politics*, Vol. 62, No. 3, 2000.

Cheng, Chung-ying, "A Review of Reflection of Things at Hand", *Philosophy East and West*, Vol. 20, No. 4, 1970.

Clavell, James, *The Art of War*, New York: Delacorte Press, 1983.

Cleary, Thomas, *The Art of War*, Boston: Shambhala Publication, 1988.

Cohen, Paul A., *Discovering History in China*, New York: Columbia University Press, 1984.

Cua, A. S., "Review Xunzi: A Translation and Study of the Complete Works,

Volume 1: Books 1 - 6 by John Knoblock; Xunzi", *Philosophy East and West*, Vol. 41, No. 2, 1991.

Davis, Paul Benjamin et al, *The Bedford Anthology of World Literature*, Book 1: The Ancient World, Beginnings to 100 C. E. , Boston: Bedford/St. Martin's, 2003.

Dawson, Raymond, *The Analects*, Oxford: Oxford University Press, 1993.

D. C. Lau, *Confucius: The Analects*, Hong Kong: The Chinese University Press, 1992.

Dubs, Homer H. trans. , *The Works of Hsüntze*, London: Arthur Probsthain, 1928.

Durrunt, Stephen, "Packaging the Dao", *Rocky Mountain Review of Language and Literature*, Vol. 45, No. 1, 1991.

Durrant, Stephen, "Smoothing Edges and Filling Gaps: Tso Chuan and the General Reader", *Journal of the American Oriental Society*, Vol. 112, No. 1, 1992.

Egan, Ronald C. , "The Tso Chuan: Selections from China's Oldest Narrative History by Burton Watson: Reviewed by Egan Ronald", *The Journal of Asian Studies*, Vol. 49, No. 1, 1990.

Fairbank, John K. , "Assignment for the 70's", *American Historical Review*, Vol. 74, No. 3, 1982.

Frankel, Hans, "Book Review: The Columbia Book of Chinese Poetry: From Early Times to the Thirteenth Century by Burton Watson", *Harvard Journal of Asiatic Studies*, Vol. 46, No. 1, 1986.

Goldin, Paul R. , "Those who Don't Know Speak: Translations of the Daodejing by People Who Do Not Know Chinese", *Asian Philosophy*, Vol. 12, No. 3, 2002.

Goodrich, L. Carrington, "Recent Developments in Chinese Studies", *Journal of the American Oriental Society*, Vol. 85, No. 2, 1965.

Haeger, John W. , "A Review of Reflections on Things at Hand: The Neo-Confucian Anthology", *Journal of the American Oriental Society*, Vol. 89,

No. 1, 1969.

Hall, David, "Commentary on the Lao Tzu by Wang Pi by Ariane Rump; Chan, Wing-tsit", *Philosophy East and West*, No. 1, 1981.

Hall, David L. & Roger T. Ames, *Anticipating China: Thinking through the Narratives of Chinese and Western Culture*, Albany: State University of New York Press, 1995.

Hansen, Chad, "Reviewed Work (s): Chinese Philosophical Terms by Yi Wu: Neo-Confucian Terms Explained by Wing-tsit Chan", *Philosophy East and West*, Vol. 39, No. 2, 1989.

Henderson, John B., "The Original Analects: Sayings of Confucius and His Successors; A New Translation and Commentary by E. Bruce Brooks and A. Taeko Brooks", *The Journal of Asian Studies*, Vol. 58, No. 3, 1999.

Hinton, David, *The Analects of Confucius*, Washington, D. C.: Counterpoint, 1998.

Huang, Alfred trans., *The Complete I Ching: The Definitive Translation*, Rochester, Vt.: Inner Traditions, 1998.

Ian Johnston, *The Mozi: A Complete Translation*, Hong Kong: The Chinese University Press of Hong Kong, 2010.

Idema, Wilt Lukas, "The Columbia Book of Chinese Poetry: From Early Times to the Thirteenth Century by Burton Watson", *Toung Pao*, Second Series, 1985.

Ivanhoe, P. J. & Bryan W. Norden, *Readings in Classical Chinese Philosophy*, New York; London: Seven Bridges Press, 2001.

Ivanhoe, P. J., *Master Sun's Art of War*, Indianapolis: Hackett Publishing Company, 2011.

Jeeloo Liu, "Readings from the Lu-Wang School of Neo-Confucianism (review)", *Philosophy East and West*, Vol. 61, No. 2, 2001.

Jianlan Lyu, Xiaoli Tan & Yong Lang, "On the translation, promotion and acceptance of Chinese philosophy in English-speaking world: an interview with Prof. Philip J. Ivanhoe", *Asia Pacific Translation and Intercultural Studies, No. 2, 2016.

Jianlan Lyu, Xiaoli Tan & Yong Lang, "On the Translation, Promotion and acceptance of Chinese Philosophy in the United States", Asia Pacific Translation and Intercultural Studies, Vol. 5, No. 1, 2018.

Knoblock, John, trans., Xunzi: A Translation and Study of the Complete Works, Stanford: Stanford University Press, 1988.

Knoblock, John, trans., Xunzi: A Translation and Study of the Complete Works, Vol. II, Stanford, Calif: Stanford University Press, 1990.

Kroll, P. W., "Book Review: The Columbia Book of Chinese Poetry: From Early Times to the Thirteenth Century", The Journal of Asian Studies, Vol. 45, No. 1, 1985.

LaFargue Michael & Julian Pas, On Translating of Tao-te-ching, Lao-tzu and the Tao-te-ching, New York: State University of New York Press, 1998.

Lau, D. C., Confucius the Analects, 中华书局 2008 年版.

Lau, D. C., Lao Tzu, Tao Te Ching, London: Penguin Books, 1963.

Lau, D. C., "Review The Philosophical Letters of Wang Yang-ming by Julia Ching; Wang Yang-ming", Bulletin of the School of Oriental and African Studies, University of London, Vol. 37, No. 2, 1974.

Lawall, Sarah and Maynard Mack, The Norton Anthology of World Literature, Volume B: 100 – 1500, second edition, New York/London: W. W. Norton & Company, 2002.

Lefevere, Andrew, Translation, Rewriting, and the Manipulation of Literary Fame, Shanghai: Shanghai Foreign Language Education Press, 2004.

Legge, James, The Chinese Classics, Vol. I: Confucian Analects, the Great Learning, and the Doctrine of the Mean, Hong Kong: Anglo-Chinese College Press, 1861.

Leys, Simon, The Analects of Confucius, New York and London: W. W. Norton & Company, 1997.

Li, Chenyang, "Zhongyong as Grand Harmony: An Alternative Reading to Ames and Hall's Focusing the Familiar", Dao: A Journal of Comparative

Philosophy, Vol. 3, No. 2, 2004.

Lin, Tongqi, Rosemont, H. & Ames, R. T., "Chinese Philosophy: A Philosophical Essay on the 'State-of-the-Art'", *The Journal of Asian Studies*, Vol. 54, No. 3, 1995.

Littlejohn, Ronnie, "A Review of Readings in Classical Chinese Philosophy", *Philosophy East and West*, Vol. 56, No. 4, 2006.

Löwendahl, Björn, *Sino-Western Relations, Conceptions of China, Cultural Influences and the development of Sinology Disclosed in Western Printed Books* 1477–1877, The catalogue of the Löwendahl-von der Burg collection by Björn Löwendahl, with a *foreword* by Han Qi, Hua Hin, Thailand: The Elephant Press, 2008.

Lynn, Richard John, trans., *The Classic of Changes: A New Translation of the I Ching as Interpreted by Wang Bi*, New York: Columbia University Press, 1994.

Makeham, J., "The Review of The Original Analects: Sayings of Confucius and His Successors and The Analects of Confucius: A Philosophical Translation", *China Review International*, Vol. 6, No. 1, 1999.

Munday, Jeremy, *Introducing Translation Studies: Theories and Applications*, London and New York: Routledge, 2001.

Needam, J., *Science and Civilization in China Vol. II*, Cambridge: Cambridge University Press, 1956.

Neville Robert Cummings, *Boston Confucianism; Portable Tradition in the Late-modern World*, Albany, N. Y.: State University of New York Press, 2000a.

Neville Robert Cummings, *Boston Confucianism: The Third Wave of Global Confucianism*, Albany, N. Y.: State University of New York Press, 2000b.

Neville Robert Cummings, *Ritual and Deference: Extending Chinese Philosophy in a Comparative Context*, Albany: State University of New York Press, 2008.

Newmark, Peter, *A Textbook of Translation*, Shanghai: Shanghai Foreign Language Education Press, 2001.

Nida, E. A., *Language, Culture and Translation*, Shanghai: Shanghai Foreign Language Education Press, 1993.

Nivison, David S., "Reviewed Work (s): Instructions for Practical Living and Other Neo-Confucian Writings by Wang Yang-ming and Wing-tsit Chan: The Philosophy of Wang Yang-ming by Frederick Goodrich Henke", *Journal of the American Oriental Society*, Vol. 84, No. 4, 1964.

Owen, Stephen, *Readings in Chinese Literary Thought*, Cambridge: Harvard University Press, 1992.

Owen, Stephen, "What is Poetry?", *The New Public*, No. 19, 1990.

Ponty, Maurice Merleau, *Sens et Non-sens*, Garlimard, 1996.

Richery, Jeffrey L., "A Review of The Chinese Classic of Family Reverence: A Philosophical Translation of the Xiaojing", *Journal of Chinese Philosophy*, No. 2, 2010.

Royce, T., *Intersemiotic Complementary: A Framework for a Multimodal Discourse Analysis*, New York: Routledge, 2007.

Schaberg, David, "'Sell it! Sell it!': Recent Translations of Lunyu", *Chinese Literature: Essays, Articles, Reviews*, 1999.

Schafer, E., "Non-translation and functional translation-Two Ssinological Maladies", *Far Eastern Quarterly*, No. 13, 1954.

Schirokauer, Conrad M., "A Review of Instructions for Practical Living and Other Neo-Confucian Writings by Wang Yang-ming", *The Journal of Asian Studies*, Vol. 24, No. 1, 1964.

Shih, Vincent Y. C., "Reviewed Work (s): Reflections on Things at Hand, The Neo-Confucian Anthology by Chu His, Lu Tsu-chien and Wing-tsit Chan", *Journal of the American Academy of Religion*, Vol. 38, No. 2, 1970.

Sia, A. trans., *The Complete Analects of Confucius* (Volume 1), Singapore: Asiapac Books, 1997.

Sih, Paul K. T., "Review A Source Book of Chinese Philosophy", *The Journal of Asian Studies*, Vol. 23, No. 3, 1964.

Slingerland, Edward, *Confucius Analects: With Selections from Traditional Commentaries*, Indianapolis/Cambridge: Hackett Publishing Company, Inc., 2003.

Slingerland, Edward, "Why Philosophy Is Not 'Extral' in Understanding the Analects", *Philosophy East and West*, Vol. 50, No. 1, 2000.

Smith, Huston, *The Religions of Man*, New York: Harper 7 Brothers, 1958.

Stambach, A., "Confucius Institute Programming in the United States: Language Ideology, Hegemony, and the Making of Chinese Culture in University Classes", *Anthropology & Education Quarterly*, No. 1, 2015.

Stephan Durrent, "Book Reviews: Packaging the Tao", *Rocky Mountain Review of Language and Literature*, Vol. 45, No. 1/2, 1991.

Sullivan, Ian M., "Master Sun's Art of War trans. By Philip J. Ivanhoe (review)", *China Review International*, No. 19, 2012.

Tan, Xiaoli & Huang, Tianyuan, "Translating Chinese Philosophy on Its Own Terms: An Interview with Professor Roger T. Ames", *Asia Pacific Translation and Intercultural Studies*, No. 2, 2015.

Thea, Hoekz-ema, "Publishing Translations with University Presses", *Translation Review*, No. 1, 1978.

Toury, Gideon, *Descriptive Translation Studies and Beyond*, Shanghai: Shanghai Foreign Language Education Press, 2001.

Tymoczko, Maria, "Trajectories of Research in Translation Studies", *Meta*, Vol. 50, No. 4, 2005.

Venuti, Lawrence, *Translation Changes Everything: Theory and Practice*, London and New York: Routledge, 2013.

Waley, Arthur, *The Analects*, 外语教学与研究出版社 1998 年版。

Ware, James R., *The Sayings of Confucius*, New York: The New American Library of World Literature, Inc., 1955.

Watson, Burton, *Complete Works of Zhuang Tzu*, New York: Columbia University Press, 1968.

Watson, Burton, *Hanfeizi*, New York: Columbia University Press, 2003a.

Watson, Burton, *Hsun Tzu: Basic Writings*, New York: Columbia University Press, 1963.

Watson, Burton, *Mozi*, New York: Columbia University Press, 2003b.

Watson, Burton, "The Shih Chi and I", *Chinese Literature: Essays, Articles, Reviews*, No. 17, 1995.

Watson, Burton, *Xunzi*, New York: Columbia University Press, 2003c.

Wen, Haiming, "From Substance Language to Vocabularies of Process and Change: Translations of Key Philosophical Terms in the Zhongyong", *Dao: A Journal of Comparative Philosophy*, Vol. 3, No. 2, 2004.

后　记

　　我对中国典籍外译与传播研究的兴趣，始于我在复旦大学的博士学习生涯。导师王建开教授以翻译史为主要研究方向，他不满于当前国内翻译史的研究现状，呼吁一方面要加强新史料的挖掘和考据，另一方面要更新翻译史的研究方法。尽管我没有选择翻译史课题为自己的博士论文选题，但导师关注的学术内容，特别是其提倡的研究方法，潜移默化地影响了我。

　　复旦大学的学术氛围十分浓厚，各院系经常邀请国际知名学者来校讲学，吸引了我这个外文学院的博士生经常到别的院系去蹭讲座。我在哲学系选听的由美国马里兰大学亨利·罗思文教授讲授的比较哲学课激起了我对中国典籍英译的兴趣，为我此后的学术道路指明了方向。亨利·罗思文与国际汉学的领军人物罗杰·安姆斯（安乐哲）教授合作，把比较哲学和比较语言学的视角引入中国哲学典籍的英译实践，运用其对中国哲学、古汉语的理解框架，重译了《论语》《孝经》等儒家经典，特别是他们对其中一些核心术语的改译，颠覆了以往海外汉学家的做法，彰显了中国思想的独特性和哲学价值。我深受两位学者文化观和翻译观的感染，对他们的中国哲学典籍英译产生了浓厚兴趣，决定以此为题，开展我的博士学位论文研究。后来，恰逢安乐哲教授来复旦讲座，我有幸结识了他，从此开启了我向安教授学习与合作的序幕。安乐哲教授得知我在研究他的翻译作品后，非常高兴。他在繁忙的工作之余通过邮件解答我的问题，还自费将他的译著《中庸》《孙子兵法》邮寄给我，让我深受感动。在导师和复旦外文学院其他教授的精心指导下，我顺利完成了博士学位论文的写作和答辩，还在核心期刊上发表了几篇以中国哲学典籍英译为题的学术论文，初步尝到了典籍外译研究的成果。

2013年，我计划赴美访学，继续中国典籍英译的研究。安乐哲教授得知后表示十分的欢迎。不到三天，他就给我发来了访学邀请函，并托付夏威夷大学的中国研究中心办公室主任为我办理所有的访学手续。

夏威夷得天独厚的地理位置和宜人的气候风景孕育了它包容、友善的品性和东西方文化交流的氛围。早在20世纪30年代，夏威夷大学就已形成了重视东方研究的传统，它是美国唯一一所具有东方哲学博士学位授予权的大学，也是东方研究与出版成果的荟萃之地。2013年8月，我来到了心驰神往的夏威夷大学，聆听了安乐哲、成中英等一众中国哲学典籍研究及英译领域的大师的讲学；也不时目睹普通的美国老人，带着对世界、人生的严肃思考，与在校大学生一起阅读、讨论《易经》《道德经》等中国典籍。在夏大宽敞明亮的图书馆里，我查阅了许多关于美国汉学及中国典籍英译的资料，一个想法出现在我脑海——一定要把美国人/西方人对中国典籍的这份关注记录下来。访学结束一年后，我获得了国家社科基金项目的资助，开始了本书的研究和写作。

中国哲学典籍在美国的英译已走过100多年的历史，特别是"二战"后，出于战略的考虑，美国政府和各类基金会对汉学研究投入了大量的财力和人力，客观上刺激了中国哲学典籍在美国的英译，至今出现了几次翻译高潮，译者、译作和译事可谓不胜枚举，要清晰地勾勒出中国哲学典籍在美国"二战"后至今的英译脉络并非易事。根据当代美国历史文化语境变化对翻译活动的影响，我把中国哲学典籍在当代美国的英译分为三个阶段，详细描述分析了三个阶段中翻译规范对翻译活动的影响，包括翻译的目的、翻译的选材、翻译的策略与方法以及译作呈现的形态。纵向、宏大的描述难以反映翻译活动的具体面貌，本书又详细研究了个别译者的翻译思想与代表性译作来展示中国哲学典籍在当代美国英译的几种范式演变，通过横向的个案比较，更为清晰地呈现了翻译活动与社会文化语境的互动关系。

图里认为，描述译学的重点是翻译的功能研究。本书以为，翻译的功能不仅体现于翻译的目的，也表现在译作的传播与接受，因为传播与接受的效果能够反映翻译是否实现了预期目的，反过来会影响翻译的规

后　记

范。目前，翻译的传播和接受研究处于薄弱环节，一是因为该研究在国内刚刚起步，学者们运用的理论框架和分析工具尚且有限；二是因为不置身于目的语环境中，很难开展此类研究。在此，我要感谢安乐哲教授及其弟子——林安迪教授、布莱恩·布雅教授和萨拉·麦提斯博士，他们身处异地，却能以同样的热情，耐心地回答我的访谈问题，特别是与萨拉·麦提斯博士的交谈，完全是通过邮件，耗费了她不少时间和精力，十分感激她的付出。还要感谢艾文荷与安靖如两位在中国哲学研究和英译领域耕耘多年的著名汉学家、翻译家。我与他们素昧平生，他们却毫无保留地与我畅谈翻译的体会以及中国哲学英译在美国的现状，为此书提供了珍贵的口述资料。在此深表谢意！

为了完成本书涉及的数据搜集、统计和问卷调查部分，我拜托了多位在美国工作、学习及访学的师友和亲属，他们是复旦大学的陶友兰教授、德克萨斯大学大河谷分校的郎勇教授、衡阳师范学院的吕剑兰、罗亚君、刘聪老师，还有我在美国南加州大学读书的儿子李明哲，他们帮助我完成了英译作品在世界图书馆馆藏数据的调查和美国读者问卷调查的工作，让本书的一个重要内容——"传播与接受"的调查研究得以完成。在此表达十分的感激！

感谢衡阳师范学院科研处的雷海玲老师和周承凤老师！此书修改和编辑的过程中，她们帮我解决了不少问题，谨记于此。

本书能够顺利出版，还应当感谢中国社会科学出版社的郭晓鸿主任及负责本书编辑的张玥老师。她们专业的意见和认真的编辑工作让我既感动又佩服。

本书虽已完成付梓，但我不会忘记写作过程中的艰辛探索和愉快收获。这项研究与探索不仅开拓了我的眼界，增长了我在中国典籍英语方面的知识，更为我呈现了精彩的研究前景和继续钻研的领域，例如，关于中国典籍英译理论话语的收集和总结、运用数字化技术开展核心概念的传播研究等。本项目的完成为我开启了新的研究空间。我会继续努力！

谭晓丽

2021 年 4 月